新版

家族構成

戸田貞三［著］

新泉社

大正5（1916）年　著者29歳

はしがき

　家族は人々が形づくっている集団生活の中で最も小さいものであるが、しかしそれは多くの場合、人々の日常生活に最も強く結びついている生活形式である。したがって家族生活について考察せらるべき問題は頗る多い。家族の成立存続およびその分解に関して定められている社会制度、すなわち家族制度の研究をはじめ、家族の機能と外部社会の機能との関係についての研究ならびに家族の集団的性質についての研究等、家族生活については、種々なる問題が既に研究せられており、また今後の研究に待たねばならぬ多くの問題が存している。

　これら家族生活について研究せらるべき多くの問題中、筆者が微力を注いでいるのは、家族の構成形式とその機能とに関する問題である。しかしこれら二つの問題もかなり大きい問題である故、これを明瞭にすることは容易でない。それ故ここには、これらの問題の一部分たる現代わが国における家族の構成形式について、筆者がいままでに考察したところを発表するに止める。もちろんわが国の家族の構成形式を考察する場合には、自ずからわが国の家族の機能についての考察にも及んでくるのであるが、機能の考察は構成形式のそれとは分けて観ることも可能である。このような考えからしてここにはその一部分だけを印刷に付することとする。

　しかしかく現代わが国における家族の構成形式として発表したところも、筆者が接し得た資料につ

1

いての考察の結果であり、いままでに見聞し得なかった事実に接するにつれて、今後修正して行かねばならぬ点もあるであろうと考えられる。したがってこのような問題について興味を持っておられる諸賢よりの有益なる示唆を得て、その修正を重ねたいと切望している。

昭和二二年一〇月

著 者

家族構成　目次

はしがき——1

凡例——6

序説——9

第一章　家族の集団的特質——23

　第一節　家族の性質に関する諸説——23

　第二節　家族の特質——48

第二章　わが国の家族構成——115

　第一節　家族の内における人々と外にある人々——115

第二節　家族構成員数 —— 141

第三節　近親者と家族構成員 —— 180

第四節　家族の構成形態 —— 298

解説 —— 喜多野清一 —— 381

表一覧 —— 巻末1

新旧地名対照 —— 巻末7

事項索引 —— 巻末8

人名索引 —— 巻末16

装幀　勝木雄二

凡例

一、底本には昭和一二年一一月弘文堂発行の初版本を用いた。
一、旧仮名づかいを新仮名づかいに改めた。
一、漢字は大部分略字を用い、現在用いられていない文語調の表現は多少口語体に変えた。
一、数字の表記を、現在主に用いられている様式に改めた。
一、引用された欧文書の表記を、現在主に用いられている様式に改めた。
一、日本年号に西暦年号を加え、引用文献の正確さを補ない、文中に（　）であらわした。
一、索引は新しく編集し、「人名索引」と「事項索引」とにわけ、「表一覧」と「新旧地名対照」とを添えた。

家族構成

序説

　家族に関する研究は従来多くの社会学者、法学者、経済学者等によって試みられている。家族生活の形式はあらゆる人的集団生活の形式中、諸社会科学研究者の注意を比較的多く惹いたものの一つである。国家生活の形式、宗教的諸団体の生活形式、または経済的諸集団の生活形式等もかなり多くの学者によって攻究せられているが、家族的集団生活の形式はこれらの諸形式と同様に、あるいはそれ以上に、多くの学者によって研究せられている。

　家族生活の形式に関する研究が、然らば何故にこのように多くの学者の注意を惹いたのであろうか。この問に対しては次のごとき事情がこれに答えるであろう。

　(1)　われわれが見聞する諸民族は原始的生活をなすものより、複雑高等なる文化を持つものに到るまで、すべて家族的集団を形づくり、これら人類の存するところには常にこの種の集団が存在している。もちろん各民族の持っている家族生活の形態は多少異なっているが、いかなる民族といえども家族なる小集団を構成しないものはない。近親者の共同によって成る家族生活は文化の程度いかんを問わず、あらゆる民族の生活に強く結びついていること。

　(2)　家族は人類の性的愛情、血縁的感情等のごとき強い感情的要求にもとづいて成立する非打算的の集団である。人々は家族生活において互いに感情的に融合一致し、行住坐臥の安定を得ている。す

なわち人々は家族において互いに日常生活の慰安と満足とを求め、内心の平衡を得ている。家族外の生活においては相互の間に心理的距離を置くため、内的安定を得ること困難であるが、家族内の生活においては互いに相愛する者を信頼し、これに自己を投入せんとする傾向あるため、外面的生活条件のいかんにかかわらず、人々はここに安住の場所を見出しやすくなっている。したがって生活安定が人々の切実なる要求である限り、この内的安定を人々に与える家族生活は、人々の強く要求する生活形式となっていること。

(3) 家族が人々の強い感情的要求にもとづいて成立し、かつ大多数の人々がかくのごとき家族生活を形づくる関係上、各民族、各国民、各宗教団体および地縁団体等は、それらの集団の成員が構成するところの家族生活を重要視し、それらの集団の成員が形づくる家族の存立ならびにその解体について種々社会的制約を加えている。すなわち各集団はその成員のなすところの家族生活がその集団の存立にいかなる影響を及ぼすであろうかを顧慮し、これら成員の形づくる家族生活の構成形式およびその機能等り好都合なる効果をもたらしめんとし、これら成員の形づくる家族生活の構成形式およびその機能等に関して、家族外から種々の規制を定め、家族の存立ならびにその分解について各種の社会制度を樹立していること。

(4) 家族は殆どすべての人々が形づくる小集団であり、またこの小集団の存立に関する社会制度は殆どすべての民族が持つ行動規準であるが、しかし民族の異なるにしたがい、この小集団の構成およびこれに関する社会制度は多少ずつ変わっている。而して各民族はそれぞれ固有の家族生活の形式を慣習的に維持し、またはこれを口碑伝説によって伝え、あるいはまた、これを歴史的記録に遺している。それ故にこれら種々異質性を持っている家族生活の慣習、これ

に関する社会制度およびこれらに関して述べられている伝説ならびに史的記録等は、これを見聞する人々の注意を惹きやすく、それらは見聞録、旅行記等に比較的多く記述されている。したがって家族生活に関する種々異なった形式ならびに諸制度等が、かなり豊富に、伝説、史的記録および旅行記等を通じて諸学者の眼に触れやすくなっていること。

(5) さらにまた家族生活の内においては人々の日常生活が最も安定を得やすくなっているにもかかわらず、近代文化の内容が高度に複雑化したところにあっては、家族内における人々の共同はややもすれば破壊されやすくなり、家族生活を通じての人々の生活安定は従来のごとくには保障され難くなっている。この傾向は国民生活の安定を背面より破らんとするものであり、社会生活上等閑視することの出来ぬ事象である。最近国民生活の安定について種々の考慮が加えられるにつれて、家族生活上に起こるこの事象が次第に人々の注意を促すようになったこと。

(6) 最後に、多くの民族または国民社会においては、将来その社会の成員となるべき者はそれらの民族または国民が構成する家族生活上の機能の一部たる子供の出生およびその扶育を通じて求められる。家族生活におけるこの種の機能実現の方法およびその消長は、一面にはそれらの家族を構成する人々が属する民族または国民の人口量に重大なる関係を及ぼし、他面には民族または国民の質に大いなる影響を与える。それ故に近来人口問題ならびに国民保健問題を研究する人々は家族における この機能を重視し、国民の人口の調節およびその優生学的効果を家族生活を通じて実現せしめんとし、家族生活に関して次第に多くの注意を払うようになったこと。

これら種々の事情が諸学者をして次第に多く家族生活の形式ならびにその社会制度に関する研究に向かわしめるようになったのであるが、これらの研究に志した諸学者が最初に注意したところのもの

は、各民族の神話伝説、歴史的記録、旅行者の記述および各民族または国民の持つところの法律、慣習等にあらわれた家族生活に関する社会的諸制度であった。これらの家族研究者は多大の努力と苦心とを重ねて、種々の民族の持つ家族生活に関する法制、慣習、伝説、神話ならびに歴史的記録等を比較考察し、主として各民族または国民が、それらの集団成員の家族構成に関して、その外的条件としていかなる規定を置いたかを注意し、これらの外部的条件が原始的状態からいかように変遷したかを明らかにせんと努めた。いわゆる婚姻に関する研究として挙げられる群婚制、掠奪婚、服役婚、購買婚、媒介婚、自由婚等のごとき配偶者をなす者の量的制限に関する研究、外婚制、内婚制というがごとき通婚範囲の制限に関する研究、その他優生学的見地または道徳的要求よりする通婚者の資格制限に関する社会的制約の研究、および血縁連鎖を辿る方法の研究としてみられる父系制、母系制等のごとき社会的慣習の研究、家族の内部統制の方法の研究として考えられる家長権の研究、すなわち社会が家長に認める権力と家長に対して求める責任とに関する社会的拘束の研究、ならびに家族の存続について定められた規律に関する研究として挙げられる家名相続、家督相続、家系継承、養子または隠居に関する諸制度の研究等は、家族研究に従事した多くの学者が最も好んで把えんとした研究題目であった。これらの学者はこの方面の研究において学的に興味の深い成績をかなり多く挙げているのであるが、今そのうち主なるものだけを挙げてみると次のごときものがある。

Henry Sumner Maine, *Ancient Law*, London, 1861.

J. J. Bachofen, *Das Mutterrecht; Eine Untersuchung über die Gynaekokratie der alten Welt nach ihrer religiösen und rechtlichen Natur*, Basel, 1861.

Fustel de Coulanges, *La Cité Antique; Étude sur le Culte, le Droit, les Institutions de la Grèce et de Rome*, Paris, 1864.

John F. McLennan, *Primitive Marriage; An Inruiry into the Origin of the Form of Capture in Marriage Ceremonies*, Edinburgh, 1865.

　これら四つの著述は家族研究の画時代的文献であるが、いずれも家族生活に関する外部的条件たる社会制度の研究である。メーンの『古代法』は一八六一年に出版され、古代家族は父権的家長権にもとづくものなりとの主張を載せている。同じ年にバホーフェンの『母権論』が出たのであるが、これは原始乱婚を説き、人類が形づくった血縁団体の最初の形式は母権制であったと主張している。この同じ年にクーランジはストラスブールの大学で「古代都市」を講じ、古代社会は父権制であり、古代家族は父権的統制にもとづいていたと主張し、この主張を一八六四年に『古代都市』なる著書として出版した。それより一年してマクルナンは『原始婚姻』を出版し、この著において原始乱婚を肯定し、掠奪婚制の社会的是認、外婚制の制定によって乱婚は終末を告げたと述べている。これらの著述はいずれも独立の研究としてなされたものであるが、それがいずれも一八六〇年代の初めにあらわれているのを観ると、家族研究の興味はこの頃より次第に強くあらわれたものと考えられる。さて、それはいずれにしても、この四大著述は後にあらわれた多くの家族研究書の指針となっており、後にあらわれた多くの著述はこれらの四大著述を基準とし、これらの著述にあってはいずれも人類の家族生活を規定する社会的制度（たとえば父権に関する法制、母権に関する慣習、婚姻に関する社会的制約等）の研究に重点が置かれてあったが故に、これらを基準としてなされたその後の家族研究が、主として社会制度の研究に向ったのは極めて自然なる道行であった。したがってこれら四著述に次いであらわれた

Lewis H. Morgan, *Ancient Society or Researches in the Line of Human Progress from Savagery through*

Barbarism to Civilization, New York, 1877.

ならびにこの著とほぼ同様な傾向を辿る

C. N. Starcke, *The Primitive Family in its Origin and Development*, London, 1889. (Copenhagen, 1888.)

等は、研究の方法において他の著述と異なり、親族称呼に関する一般的慣習を基準として家族生活の変遷形式を推定せんと試みるものであるが、前の四著述と同様に、家族の集団的特質に関して深く問うところなく、外的社会制度が家族の存立に関して与うる影響を考察せんとしているに過ぎない。その他

Herbert Spencer, *The Principles of Sociology*, London, 1876.

Julius Lippert, *Die Geschichte der Familie*, Stuttgart, 1884.

Friedrich Engels, *Der Ursprung der Familie, des Privateigentums und des Staates*, Hottingen-Zürich, 1884.

Joh. Richard Mucke, *Horde und Familie in ihrer urgeschichtlichen Entwickelung*, Stuttgart, 1895.

Ernst Grosse, *Die Formen der Familie und die Formen der Wirtschaft*, Freiburg i. B. und Leipzig, 1896.

G. E. Howard, *A History of Matrimonial Institutions*, Chicago and London, 1904.

F. Müller=Lyer, *Die Familie*, München, 1911.

Edward Westermarck, *The History of Human Marriage*, 1st ed., London, 1891. 3rd ed, 3 vols., London, 1921.

等は、家族生活の歴史的変遷について種々なる立場から考察せんとしているものであるが、いずれも家族の存立を規定する外的条件の研究に重きを置いたものである。なおまたわが国における家族生活に関する研究としては

栗田　寛編	『氏族考』	『続史籍集覧』　明治二九年（一八九六年）
萩野由之著	「中古の戸籍法」	〔国学院編、『法制論纂』所収　明治三六年（一九〇三年）〕
関根正直著	「古代婚姻に関する慣例法律」	〔同前〕

Nobushige Hozumi, *Ancestor-Worship and Japanese Law*, Tokyo, 1902.

太田　亮著	『日本古代氏族制度』	〔大正六年（一九一七年）〕
三浦周行著	『法制史之研究』	〔大正八年〕
同	『続法制史の研究』	〔大正十四年〕
中田　薫著	『法制史論集』第一巻「親族法相続法」	〔大正十五年〕

等あるが、いずれも婚姻、親子関係、家系の継承、家産の相続等に関する社会的規準、すなわち制度の研究を主とするものであり、家族自身の構成形式またはその機能を取り扱ったものではない。

これらの著述は従来家族に関する研究としてあらわれたもののうち、重要なる文献として知られているものであるが、その内容は主として伝説として伝えられた神話、物語等、史実として観られるもの、旅行記にあらわれたところまたは各民族の慣習として記されたもの等を根拠として、家族生活の成立存続ならびに分解に関して家族の外側にある諸集団が定めた外的条件を攻究したものである。かくのごとき研究は一八六〇年代頃より盛んに起ったのであるが、この種の研究は諸民族の間に行われている法制および慣習等が次第に明らかにせられるに従い、研究資料はますます豊富になり、学者の注意をますます盛んに惹くようになるであろう。殊にこの種の研究資料を最も多く提供するであろうと考えられている東洋諸民族については、従来その家族生活に関する諸制度の調査があまり多く行われておらぬ故に、これらの調査が行われるようになるならば、この方面の研究はさらに詳細を極める

ようになるであろう。

しかしながら家族生活に関する研究に志している人々は以上のごとき家族の成立、維持および解体に関する社会制度の研究に没頭するもののみではなかった。これらの研究者のほかにさらに家族生活にあらわれる機能に着眼し、この機能と国民生活上の要求との関係を考察せんとする者もあった。民族の消長と家族における出生と扶育との関係、近代的産業組織と家族における親子の共同との関係、国民教育の方法と家族的共同との関係、大都市生活と夫婦関係分解の傾向とに関する問題、国民保健と婚姻とに関する問題等の諸問題を新たに家族研究上の題目として把えてくる人々もあった。これらの問題を考察せんとする人々は最近に到って次第に多くあらわれつつあるのであるが、いずれも家族生活の上に認められる機能に着眼し、家族生活に関する社会制度とは別な方面より、家族生活とこれを包む外部社会の生活形式との関係を研究せんとしている。ただこの方面の研究は現在までのところでは未だ充分なる成果を挙げておらぬようであるが、将来はますます多くの研究結果が発表せられる機運に向っていると考えられる。今この方面の研究として多少注意すべきものを挙げるならば、次のごときものが数えられるであろう。

Helen Bosanquet, *The Family*, London, 1906.
Willystine Goodsell, *A History of the Family as a Social and Educational Institution*, New York, 1923.
Ernest R. Mowrer, *Family Disorganization; An Introduction to a Sociological Analysis*, Chicago, 1927.
Ernest Rutherford Groves and William Fielding Ogburn, *American Marriage and Family Relationships*, New York, 1928.

家族生活に関する研究として今まで発表せられたものは多くは以上に掲げたごとく、主として家族の成立存続または分解に関する外部的社会制度の研究であるか、然らざれば家族生活の機能と国民生活上の要求との関係の研究である。前者は主として家族に関する社会制度自身の発生論的研究であるか、またはかくのごとき制度の拘束を受ける家族生活ならびに制度自身の史的変遷に関する研究である。後者は主として家族生活が国民の生活安定およびその保健上にもたらす影響の考察であるか、然らざれば国民の生活形式殊にその家族的共同の上に及ぼす作用に関する研究である。これらの研究は、いずれも家族を形づくる人々が所属する種々の社会（たとえば国家、民族、教団等）がその所属員の構成する家族生活を直接統制する目的を以て規定した社会制度の研究であるか、またはこれらの社会がその所属員の構成する家族生活を間接に支配する社会生活の形式に関する研究であるか、もしくは反対に人々のなす家族生活がこれらの人々が家族外に行うところの社会生活の上に及ぼす影響についての研究であるかである。すなわちこれらは社会とその社会の成員が形づくる家族との間に生じ得る関係交渉を説かんとするものである。

かくのごとき家族生活と家族外に存する社会的諸生活との関係を明らかにすることは、家族なる集団生活を理解する上に極めて重要であるが、しかしこれだけの研究のみをもってしては家族的集団自身の性質を充分明らかにすることが出来ぬ。すなわち人々の内部的要求にもとづいて生ずる家族結合の意味ならびにこの意味に従ってあらわれる家族的集団の機能および形態を明らかにすることが出来ぬ。家族なる小集団は人々の内部的要求が基本となり、この内的要求が外部社会から課せられる諸条件に直接支配せられて、社会的に是認せられ得る形を取ってあらわれるものである。それ故にこの集団に関する研究としては単に外部的諸条件とこの小集団との関係を考察するばかりでなく、この

小集団自身の基本的性質を攻究しなくてはならぬ。然るに従来あらわれた多くの家族研究はこの小集団の集団としての性質、その内部構成および集団的形態等に関して比較的無関心であったように見える。この方面の研究については、多くの家族研究家は殆ど手を触れないでいるか、または僅かにその一端に触れているかに過ぎない。前記のクーランジ、グロッセ、ミュラーリヤおよびボサンケー等の著述は家族のこの性質についても多少の研究を試みているのであるが、研究の要点は家族生活と外部社会との関係に置かれている。ただ僅かに次の著書だけがこの方面の研究として観られるだけである。

W. H. Riehl, *Die Familie*, Stuttgart und Berlin, 1854.

Anna Garlin Spencer, *The Family and its Members*, Philadelphia and London, 1923.

恐らくリールのこの著述は家族の内部に見出され得る特質に着眼してこの小集団を研究せんとした著述の最初のものであろう。社会学者の内には家族のこの性質を把えてこれを社会学なる著述中に説いている者もあるが、いわゆる家族の研究書として知られているものの内では、このような方面の研究を試みているものはリールの著述が最初のものであると思われる。リールのこの著は前に出たのであるが、家族生活に関する諸慣習制度等の研究が種々新たなる研究資料に恵まれていたのに対して、家族の内部性に関する研究はその後継者を得ることが出来難かった。クーランジは前述の『古代都市』によって開拓せられたこの方面の研究もその後継者を得ることが出来難かった。それ故に早くリールにおいて、古代社会——特にギリシアおよびローマの社会生活の特質を明らかにするために、それらの社会において重要な意義を持っていた古代家族の性質について注意すべき説明を与えている。しかし彼の説明の主点は家族の特質を明らかにするというよりは、その当時の社会制度の叙述に向けられている。最近あらわれたスペンサーの著述はリールの著述とはその研究方法を異にするものであるが、家族構成員の性質を明らかにし

18

て、この方面より家族の集団的特質を攻究せんとしたものである。

　いわゆる家族研究者は主として家族生活と外部的社会条件との関係に考察の歩を進めているに反して、一般社会学の研究に従事している人々は、かかる方面の研究よりは、むしろ集団としての家族の意義を明らかにせんと努めた。社会学と名づけられる多くの著述中には、現実的歴史的集団の重要なる一種類としての家族につき多少とも説明を加えておらぬものはない。しかし一般社会学の研究においては種々なる集団を考察して集団の一般的性質を明らかにするのを以て主要任務としているが故に、集団の一種たる家族についてのみ特に詳細なる説明を加えることは出来難い。したがってこれらの著述においては集団としての家族の特質について説くところあるも、その説明は概して簡単である。

　家族は人類の強い要求にもとづいてあらわれる一つの集団である。人々がかかる集団を構成する場合には人々はこの集団の内において相互の間に特別なる身分関係を惹起し、また集団外の者に対してこの集団内の者は特別な態度を取るようになる。われわれが家族なる小集団を構成する場合には、われわれはこの集団の内において極めて排他性の強い合一化の関係を形づくるようになる。しかも一部少数の人々だけがこのような特種的集団を形づくるだけでなく、いずれの民族においてもまたは国民にあっても、大多数の者はこの種の集団をなして日常生活を送っている。それ故に家族生活は民族または国民社会にあってはその成員の重要なる生活形式となっている。したがって民族または国民社会においてはその成員が形づくらんとする家族生活の形式について一定の規準を定め、その成員が家族生活をなさんとする場合に取るべき一定の行動規準を定める場合が多い。かかる行動形式または規準は家族生活について定められた社会制度であり、通常家族制度といわれるものである。この家族制度

には明示的規定となれるものまたは黙示的慣習たるに過ぎぬものなどがあり、そのあらわれる方法は必ずしも一定していないが、いずれの民族または国民社会も常にこの制度を定めている。したがってこの家族制度を詳細に考察するならば、それによって各民族または国民が形づくる家族生活の発現形式の限界を尋ねることが出来ると考えられる。すなわち、制度の研究によってこの制度のもとに構成され得る家族生活の形式を求めることが出来ると考えられる。

従来多くの家族研究者はこのような考えからして、家族制度の研究を以て家族の性質を捉えんとした。而してまたこのような研究は家族存立の外的条件を明らかにする上において重要な効果をもたらし、家族研究上きわめて有意義であった。しかしながら家族はかくのごとき外部的制度によって形づくられるのではない。家族制度は家族存立の外部的条件であり、家族なる集団を一定の型に組み入れんとする外部的手段である。ただ実際家族生活が現実化の上にあらわれるためには、この手段たる制度の拘束を受けるが故に、この手段は家族なる集団の現実化の上に重大なる役目を演じているといわれ得るのみである。しかし手段は手段たるに過ぎない。それが直ちに家族なる集団をなすのではない。かりに外的条件たる家族制度が定まっておらぬ場合ありとしても、人々が家族生活をなさんとする態度を持つ限り、家族はここにあらわれ、また外部的制度はいかに完備していても、人々がこれらの制度の干渉を避けてそれとは別に、夫婦関係ならびに親子関係を形づくって共同生活をなす場合には、外的制度と無関係に家族なる小集団は成立する。それ故に家族の家族たるところはかかる制度のいかんにあるのではなく、人々の内的態度にもとづいて生ずる集団の特質にあると考えられる。もちろん人々の家族生活を一定の型の内に取り入れんとする家族制度は、家族の存立上重要視さるべきものではあるが、しかし家族が他の一切の集団と異なって存するところは、外部から課せられる制度にあるのでは

20

はなく、家族に固有なる集団的特質にあると考えられる。すなわち人々のいかなる態度にもとづいてこの集団が構成され、それがいかなる集団的形態をとってあらわれ、いかなる機能を営むかを明らかにすることによって、家族に固有なる性質を求めることができると思われる。したがって家族生活を考察するには、家族を構成する人々が家族の外側において形づくっている諸集団（国家、教団、民族団体等）の生活形式と家族生活との関係、およびこれら家族外の集団が家族存立に関する外的条件等を考察することも重要であるが、それと同時に家族の内部にみられる特質、すなわち家族の集団的性質を攻究することも必要である。人々のいかなる態度にもとづいて家族はいかように構成され、またそれはいかなる形態をとってくるかを考察することは、家族的集団の内部構造に関する研究であるが、かかる内部構造に関する研究は家族と外社会との関係を攻究する方面と相並んで、家族研究の二大部門をなすと考えられる。

第一章 家族の集団的特質

第一節 家族の性質に関する諸説

　家族は殆どすべての人々が日常生活において取るところの生活形式である。いかなる人々でも全生涯を通じて家族的生活から全く離れているというようなことは殆どない。家族はそれほど一般的に人人の生活に浸み込んでいる生活様式であるが、然らば家族とはいかなるものであるか、家族生活とは人間生活のいかなる方面を指していうのであるか、家族を一切他の人間生活から区別して特色づけるものは何であるか等の問題を出す場合には、これに対して与えられる答えは必ずしも明瞭でない。

　しかしながら家族の研究を試みんとする場合にはまずこの問題を明らかにしてかからねばならぬ。家族生活が政治的、経済的、宗教的生活等と異なるところは何であるか、家族の集団的特質は何であるかという問題が明らかにならぬ限り、家族の内部的構造、その集団的形態等の研究に入ることも頗る困難であり、また家族と外社会における生活様式との関係、外社会が提供する諸条件が家族に対す

る拘束性等の問題に深く進むことも出来難い。したがって家族の研究にあたってはまず第一に家族の意義、その集団的特質について考察することが必要であると考えられる。しかしこの問題について明瞭なる解答を与えている学者は比較的少ない。もちろん多くの社会学者および家族研究者等はこの問題について何程かの説明を試みている。しかしこれら多くの説明は家族生活についてみられる機能の一方面だけを断片的に捕えんとしたものであるか、あるいは家族の集団的特質とは直接関係なき事象を高調せんとするものである。家族生活の核心に触れて、その特質を説かんとしたものは概して少ない。ただコント、リール、マックス・ウェーバー、フィーヤカント等の与えた説明は家族の意義に関する諸説明中最も注意すべきものと考えられる。これら四人は家族を特色づけるものはなんであるかを中心として考察し、家族が他の集団と異なって存する所以を説かんと試みている。

社会学の科学的研究の可能と必要とをはじめて高調したオーギュスト・コント (Auguste Comte) はその著『実証哲学講義』(Cours de Philosophie Positive) 第四巻 (初版一八三九年) に家族の特質に関し述べている。彼の考によると、家族は社会生活の萌芽を含んでいる。人々は家族という生活過程を通じて他の人々と共同し、他の人々の中に住むことを習う。家族においては異性者が緊密に合一している。人々はその性的の差(分化)にもとづいて相互に接触結合する場合には、完全に合一化すること困難であるが、家族においては人々の結合はきわめて緊密に行われている。他のいかなる社会においても人々の融合は家族におけるほど充分には行われ得ない。かくのごとき家族の緊密なる合一化は共同の目的を求めんとする自然的の力がものとなっている。人々の形づくる社会結合は相互の従属関係にも不断の従属関係の実現と結びついているが故である。この社会結合の基本的条件は家族においてよく実現せられている。また家族には
注1
とづくのであるが、この社会結合の基本的条件は家族においてよく実現せられている。

多数の奴隷をも含むような古代的家族および夫婦間ならびにその最近親者だけを包含するような近代的家族、または家長権の強い家族およびその権力の弱いもの等種々異なるものがあるが、これら個別的差異はしばらく除き、いかなる社会にも常に見出される最も一般的なる形についてみるならば、家族の社会学的研究は性の従属関係と年齢の従属関係とに限定して考察される。前者は家族を構成せしめる関係であり、後者はこれを維持せしめる関係である。さらにまた家族においては個々人が異質的なる機能をもって共同に参加し、ここに機能分化の関係を形づくるのであるが、しかし家族がその集団的統一を保つためには、その所属員間の機能分化をある程度に制限するようになる。なぜならば、家族的集団にあっては、一面においてはその成員の数が少なく、そのために成員間の機能分化の増加が許され難くなり、それと同時に他面においては、家族結合の根本的要求がその所属員の異質化を許さぬようになっているからである。家族においては子孫を通じてその親の業務を伝え、両者の間に強い差異が起るのを許さず、一定の程度以上にその所属員が相互に異質化するのを防ぐようになっている。したがって家族は成員間の機能分化を基礎として成立するものではなく、むしろ人々の感情的融合を基礎として成立するものである。それは知的分析的のものではなく、感情的道徳的のものであると説明している。

これによって観ると、コントは夫婦間には強く感情的に接近せんとする傾向あるが、これらの者が相互に接近せんとする場合にはその間に自然的に性の従属関係、すなわち夫に対する妻の従属関係が生じ、ここに夫婦は不可分的に一体化し、而してこの一体化はまた親子関係を惹起し、かくして夫婦間の共同は親子間の共同となり、親子間の共同においては愛情が共同の基本関係をなし、この間に自

然的に生ずる年齢の従属関係、すなわち親に対する子の従属信頼の関係にもとづいて相互に離れ難き融合を形づくり、他にみることのできぬ緊密なる共同を維持するのであると考えるのである。したがって彼は機能分化を予想して人々が形づくる関係に夫婦および親子の共同の基礎を置かず、かかる打算的の関係を越えて人々が感情的に信頼し融合するところに、家族的共同の真の根拠があると考えたのである。すなわち彼は夫婦親子の感情的合一化、その自然的なる従属信頼の関係にもとづいて、家族的共同は存立し、その集団的統一は確立すると観たのである。

而して彼はかくのごとき家族的共同が家族外に存する社会の単位となり、人々はこの家族生活を通じて社会生活に入ると考えたのである。この家族を以て社会単位であるとみなす所説については、後にこれを支持する者があらわれたと共に、またこれに反対する者も出でたのであるが、しかしこの点をしばらく除いてみるならば、家族を目して夫婦および親子の感情的共同によって成る集団なりとし、これらの者の間に生ずる自然的従属信頼の関係にもとづく合一化であるとした彼の説明は、家族の集団的性質をかなりよく捉えたものといわれ得るであろう。

コントはこのように家族構成員間の感情的融合と従属関係とを高調したのであるが、これらの関係の存立を認めながら、なおそのほかに扶養の共同（Versorgungsgemeinschaft）という経済的機能を捉え、この機能に重きを置いて家族の集団的性質を説明せんとした者にマックス・ウェーバー（Max Weber）がある。彼は家族（Familie）という言葉の代わりに家共同体（Hausgemeinschaft）という用語を使用し、この用語を以て家族的集団の意義を説いている。彼によれば、男女の共同ももし純性的の関係だけに止まり、扶養の共同がないならば、その関係は極めて不安定のものであり、また父子の共同も単に生理的関係だけに止まり、扶養の共同がないならば、それは概して薄弱のものとなる。

性的関係にもとづいて起る共同社会的の関係中、最も原始的なるものは母子の共同であるが、この共同においてもそれが共同として存するのは扶養の共同がある間だけである。子供が独立して食物を求めるようになると、この共同は終りを告げる。さらにまた兄弟姉妹間に共同が存立するのも、それが単に同一母体から生れ出たものであるという事実にもとづくというよりは、いっそう多く扶養の共同という事実によって決定せられている。もちろんこれらの家共同体の共同の性質は、所によりまた場合によって必ずしも一様であるとはいわれない。しかし一般的にいうならば、それは経済的共同の傾向を持つものであり、また持続的にしてかつ根強き共同社会的傾向を持つものであると考えられる。この家共同体は従属と権威との源泉であり、家族的のあらゆる共同社会の根原である。ここには強者と経験家の権威、すなわち女子と子供とに対する男子の権威、戦闘および労働の能力なき者に対する勇士ならびに有能者の権威、年少者に対する年長者の権威の原形質が存し、権威者に対する権威なき者の従属が萌芽として存する。而してまたそれはその純粋なる形についてみるならば、経済的人格的性質を持っている。外部に対する連帯的共同と内部における生活用品の共産的使用とはここでは人格的従属関係にもとづく不可分的統一の内に組み入れられている。この外部に対する連帯性は過去の家族において強くあらわれ、したがって過去の家族は内部成員の生滅いかんにかかわらず不滅のものとして存したのであるが、今日もなおこのような家族を持っているところもある。また内部における共産的共同、すなわち人々は能力に応じて家族的共同のために力を致し、物資の存する限り必要に応じてこれを享受するという共同は、今日なおわれわれの形づくる家族の特質として存している、と述べている[註5]。

コントは家族を人々の感情的要求と自然的従属関係とのみより説明せんとしたのであるが、マック

ス・ウェーバーはこれを人格的従属関係にもとづく共同であるとみながら、この共同においては事物の生産または消費に共産的関係があるとし、殊に消費における共産的関係はいかなる家族にもみられる一大特質なりとし、この特質に重きを置いて家族を経済的の共産的関係の共同すなわち扶養の共同なりと考えた。彼はコントの所説よりはさらに別の点に重きを置き、家族においてみられる共産的性質に着眼し、ここに家族の存否を決する主要素があるとした。現実にあらわれている夫婦または近親者の共同においては常に何程かの程度に共産的傾向があらわれている。これらの共同においては愛情にもとづいて生ずる信頼感が人々の内にあらわれ、相互の間に従属的関係が形づくられるのみならず、経済関係においても自他相互間に強き差別を置かぬようにしようとする傾向が人々の間に起っている。この共産的傾向のあらわれる程度はそれぞれの場合に種々異なっているのであるが、家族的共同のあるところには常に多少の程度においてこの傾向があらわれている。この経済的共同の行われないところすなわちマックス・ウェーバーのいう扶養の共同のないところには、夫婦または近親者の共同がたとい成立するとしても容易に破壊されやすく、永続的の共同は頗る困難となる。それ故に家族におけるこの共産的特質は家族的集団の考察において見逃すべからざるものと考えられる。この意味においてマックス・ウェーバーの所説は家族の集団的性質の一大要点に触れているといわれ得る。ただ彼の説明では、この共産的性質と家族における権威との間およびこの性質と家族員の従属的態度との間にいかなる関係あるかが明瞭になっておらぬ。

これら二人の社会学者の説くところを綜合してみると、家族は夫婦および親子関係にある者の感情的要求にもとづく人格的共同であり、それは権威と従属とによる統一であり、共産的共同による集団である、ということになる。これらの特質は家族なる小集団においてみられる主要なる性質である

が、これらの諸性質をすべて捉え、さらに家長的家族においてみられる宗教的共同の性質をもこれに加えて、これによって家族の特質を説明せんとした者にフィーヤカント（A. Vierkandt）がある。彼は家族の機能はいわゆる大家族すなわち家長的家族において最もよくあらわれているとし、大家族の内においてみられる諸性質を捉えることによって家族の特質を定め得ると考えた。このような考えよりして彼は両親、その子供、その配偶者ならびにその他の近親者等多数の成員を含む有性的血縁的集団につき五つの機能を数え、これをもって家族の特質であるとした。第一に大家族は経済的共同社会である。それは主として自足自給による封鎖的家族経済である。ここにおいてはその日常生活における重なる必要品はこの集団の内で作られ、またここで使用され、人々はこの内において物的生活資料の保障を得ている。第二に大家族は対外的には完全なる一体としてあらわれ、強き連帯的関係を形づくっている。すなわちそれは内において法的政治的関係を構成し、内部において法的政治的関係をなすことによって対外的には常に全体として反応する。外部の者が家族の一員に加えた損害は家族の全体に対して加えられた損害と認められる。第三に家族における各個人は個人としての独立分化が許されず、個人は家族の内に没入し、善悪ともに全員の共同責任となり、個人の受け得べき名誉も誹謗も常に家族全体のものとなっている。第四に大家族はまた宗教的共同社会（Kultgemeinschaft）である。ここでは共同の範囲は霊界の祖先にまで延長せられる。此世の子孫は彼世の祖先へ接近せんとし、彼世の祖先は此世の子孫へ加護の手を延ばさんとしている。すなわち大家族は世代を通じての全成員の共同であり、個々の成員の現実的生滅いかんにかかわらず存続する永続的集団である。最後に家族的集団においては内的感情的要求が強くあらわれている。通常の場合人々の形づくる緊密なる共同においては、かかる内的の要求は相互の共鳴、同情、または友情等の形

29　第一節　家族の性質に関する諸説

をとってあらわれるのであるが、家族的集団においては、それは親子の愛情となり、夫婦の感情となって現われている。特にこの家族内において両親相互の関係についてみるならば親夫婦が共同に持つ関心と体験とは両親を離れ難き関係に立たしめ、また子供ら相互の関係についてみるならば、彼らに対して与えられた類似の境遇と運命とは子供らを同じ関係におらしめ、さらに親と子との関係についてみるならば、親は子の模範となり、指導者となり、保護者となり、これに対して子は活発なる生活活動によって親の要求するところに答えんとしている。これらの点からみると、大家族は人々に肉体的、社会的、精神的発達を保障する共同社会であるが、この共同社会の内には種々の関係に立つ多くの人々が互いに強く結びついているが、この結合関係においては、年長者に対して年少者が示す尊敬と年少者に対して年長者が持つ権威とが存立し、それによって集団の統一が維持せられ、その機能が実現せられている
註6
云々。

これらの諸特質はフィーヤカントが家長的家族の特質として認めるものであり、家族として最も発達したものの特色として考えるところのものである。このような機能が近代的家族の内にも何程か行われていることは彼も認めるのではあるが、しかし近代家族にあっては家族に固有な機能は著しく減殺されているが故に、ここに家族の特質を求めんとすることは困難であると彼は主張する。彼はこのような考えからして、主として大家族に認められる機能を考察して、それによって家族一般の性質を定めんとしたのである。しかしながら大家族の内に見出される諸特質を以て家族一般の性質を定めるということについて少しく疑問が起り得る。大家族に見出されるがごとき諸傾向は、何程かの程度において今日の小家族すなわち近代的家族の内にもあらわれている。したがってこの点からみると、大家族も

小家族も同様な機能を持つものであり、家長的家族も近代的家族同様な内容を備えているものとみられ、ただ小家族においてはこれら家族に特有なる傾向が著しく減殺され、そのあらわれ方が少なくなっているにすぎないと考えられる。このような考えからすると、家族の特質は大家族においてみられる諸性質を考察することによって充分に求められ得るとも考えられる。しかしながら少しく注意してみると、かくのごとき考え方には容易に首肯され得ないところがある。第一に大家族と小家族とはその構成原理に異なるところがある。大家族を構成する人々のとる態度と小家族をなす人々のそれとは異なっている。大家族の機能を縮小したとてそれが直ちに小家族となるのではない。前者において重点の置かれてあるところと後者においてそれのあるところとはかなり違っている。小家族においては大家族に見出される諸機能が減殺された形において行われているとしても、それ故に両者が同様なる根拠に立っているとは云われない。大家族の機能が小家族において減殺されているということ自身が、小家族は大家族とは異なる構成原理にもとづいていることを示すものである。それ故に大家族においてみられる特質を捕えてみても、これによって直ちに家族一般の性質を定めることは出来ない。次に、小家族においては家族的の諸機能が減殺されているが故に、これを考察しても家族に固有なる性質を捕えることが出来難いというのであるが、かくのごとき考え方は大家族における諸種の機能の強き光にのみ注意を奪われて、家族自身に固有なる特質がどこにあるかという問題を等閑視したものと云われ得る。小家族は大家族が持っているがごとき諸種の機能を実現することなく、極めて僅かの機能を持つのみであるが、しかもなおそれは家族として存立し、他のあらゆる人的集団とは異なる存在を形づくっている。それが僅かの機能を持ちながら、しかもなお充分に家族として存立しているということは、家族の特性を考察せんとする者に多大の便宜を与うるものである。大家族のごとき諸種

の機能の強くあらわれているものにあっては、真に家族に固有なる特質のほかに、他の人的要求がかなり多く混入している。然るに小家族にあっては他の人的要求の混入は比較的少なく、主として家族に固有なる特質のみがあらわれている。したがって家族に固有なる性質を求めんとする場合には、大家族を考察するよりも小家族を考察する方が一層適切であり、かつ便宜である。小家族を忠実に考察することによって、真に家族に固有なるものに容易に近づき得ると思われる。小家族を捨てて大家族にのみ考察の歩を向けるがごときは、かえって家族に固有なるものの外に彷徨しやすくなるのではなかろうか。このように考えてみると、フィーヤカントの考え方には直ちに賛意を表し難いところがあるのであるが、しかし彼はコント、マックス・ウェーバー等のごとき従来の社会学者が捉えた家族の諸特質を綜合し、これらの人々よりはさらに包括的に家族の諸属性を認め、家族生活においてみられる機能の最大なる場合について家族の特性を見出さんとした。この点は家族研究上における一つの寄与たることを失わない。

以上三人の所説は家族の特質について社会学者が与えた説明中最も注目すべきものである。なお、これらのほかにも家族の集団的性質について説明を試みている社会学の著書は相当に多いが、この性質を比較的適確にとらえているものとしては以上の三者を挙げねばならぬ。しかしこれらの説明は特に家族についての研究として出版せられた著述中に述べられているのではなく、社会学一般の問題を取り扱っている著書中に述べられているのである。いわゆる家族研究書と呼ばれている著述中には前にも述べたごとく、家族のこの性質について考察を加えているものが甚だ少ない。家族研究に関する著述中、この性質について攻究を加えているものとしては、リールの『家族』を挙げねばならぬ。彼は人性は男性でも女性でもなく、男女の合一化であると考え、男女の肉体的道徳的融合によって全人

性が再現し、ここに家族が成立するとし、この家族の成立すなわち夫婦の共同によって出生が促され、夫婦ならびに親子の共同があらわれ、人々はこの最小限の共同において相互の満足を求め、それ自身において内的の安定(daheim)を感じている。註7 したがって家族における人的の結合は不可分であり、全人格的感情的態度においてなされる。註8 また家族においては親に対する子の自然的服従、夫に対する妻の自然的従属あるため、ここに一定の権威の存立が認められる。かかる権威は外部的強制力を以て相手方の服従を求めんとするものではなく、相互に愛情を以て相手方の意に応じ相手方を保護せんとする態度にもとづくものであるが、この権威にもとづいて人々の従属関係による家族的統一が形づくられ、家族員は一定の家名を守り、一定の家族的宗教を奉じ、家族的集団の権威を実現する家長を信頼し、これを尊敬し、ここに家長の権威(Autorität)と家族員の従属(Pietät)とが存立する。この従属と権威との関係は根本的にはなんらの強制にもとづくものではなく、愛情と尊敬とよりする信頼感(Hingebung)にもとづくものである。この意味における権威と従属とは家族における人々の道徳的動機であり、家族的共同の要諦である。国家のごときにあっては、法的権利義務の意識が第一義的に人々を支配し、ここにいう意味の権威と従属とは第二義的のものとなっているが、家族においてはこの愛情と信頼とにもとづく権威と従属とが第一義的のものとなっていると述べている。註9

家族におけるこの愛情と信頼との関係、この関係にもとづく権威と従属とが家族的共同の基本であるというリールの考は、コントの説明による家族の意義に近いものである。ただコントはこの従属関係と夫婦および親子間に働く愛情との関係を充分に説明せず、家族は根本的には夫婦および親子の感情的要求にもとづいて成立する共同であるが、この共同はこれら成員間に生ずる自然的の従属関係

33 第一節 家族の性質に関する諸説

によってさらに強い統一となると考えていたのに対して、リールはこの従属関係は性的血縁的の愛情と別なものではなく、愛情にもとづく信頼感が家長ならびに親に対する敬度の念となり、従順となり、この従順よりして家族または親の権威が自ずから認められるようになり、これに対して家族員が服従の態度を取るに至るのであると説明する。すなわちリールによれば、性的ならびに血縁的の愛情が転じて信頼感となり従属感にもとづいてこれに対する権威が生じ、かくして従属と権威との関係が家族員と家長との間に生ずるのであるということになる。家族の一体化はその基本的性質についてみるならば、外部より加えられる強制や他の目的実現のために形づくられるものでなく、家族員相互の愛と信頼とにもとづいている。この点に着眼して家族の統一を維持している権威と服従とを説明したリールの考えは、家族の集団的性質を説明したものとしては、おそらくその後にあらわれた多くの家族研究書よりは優れていると云い得る。ただしかし彼の説明は家族員の内的態度の考察について忠実であるが、この態度が具体生活にあらわれる形――殊に経済的共同の形――について述べるところが少ない。この方面の説明に関しては彼の所説は前に述べたマックス・ウェーバーの所説によって大いに補われなくてはならぬと考えられる。

今までにあらわれた家族の集団的性質に関する説明の主なるものは、以上述べたコント、マックス・ウェーバー、フィーヤカントおよびリール等の所説中にみられると思われるが、さらにこのほかに家族内に行われている人々の生活保障、すなわち個体保存の機能と種族保存の機能とを重視して、ここに家族の特質を見出さんとする者、および家族の宗教的性質すなわちフィーヤカントのいう第四の機能を重視してこれを以て家族の特性であると主張する者がある。前者は有機体論者シェフレー等によって述べられ、後者はクーランジによって代表せられている。

個体保存と種族保存との機能を重視し、家族を以てかかる機能を実現するために形づくられた構成体であるとみる人々は相当多いが、この考えを最もよく述べている者はシェフレー（A. E. Fr. Schäffle）である。彼の説明によると家族は特殊なる形式に結びつけられた財産と人々とから成立っている。家族の財産は家族員全体の財産であり、個々人の私有物ではなく、家族員全体の生活要求の充実と家族的共同の実現のために存するものである。家族の成員は夫婦、親子、同胞および奴婢らよりなり、これらの者は一定の住居に住まい、物的ならびに精神的要求において相互に扶助し共同している。而してかくのごとき家族共同体においてあらわれる重なる機能は、第一には種族保存の実現であり、第二には個々人の経済的生活の保障であり、第三には人々の精神的道徳的要求の充実であり、第四には家族財産の保存である。すなわち彼の考えは種族保存の要求と個体保存の要求（物的ならびに心的の生活要求）とを実現するために特殊的に形づくられた夫婦ならびにその近親者の共同体を以て家族とみるのであり、而してかかる家族においては、これらの機能を実現するに必要なる手段として、家族自身に属する財産を保有するに到るというのである。かくのごとき考えは家族を以て他の目的実現のための手段としてある機能とみなし、第二、第三の機能は個体の生存要求の両面であり、第四のものは前の三機能実現の手段としてある機能である。もちろん彼も道徳的相互扶助を家族生活上の一特質と観ているのであるが、しかし彼の説明する限りでは、生物的要求から蝉脱した愛情、すなわち相手方となる人に対する愛着心から起る人格的の共同が重視されているのではなく、個体保存および種族保存というがごとき功利的要求が重きをなしている。それ故に彼が家族に対して与えた説明は人格的要素の比較的少ない機械的の見方に終っている。このような見方は単にシェフレーだけの見方ではなく、それは社

会有機体説の立場にある多くの学者によって採用せられ、スペンサー[註12]、リリエンフェルト[註13]、ラッツェンホーファー[註14]等によってもまた主張せられている。

以上の諸学者の所説とは全く異なってクーランジは古代家族について独特なる考察を試みている。彼の考えによると古代家族の結合を致さしめたものは炉と祖先とである。古代家族は自然的結合というよりはむしろ宗教的結合である。家の祭祀に加わると否とが家族員と否とを決定する。家族は一つの炉に祈り、同一の祖先に供御することを許された人々の集団にほかならない。さらにまた養子は血縁関係を持たないが、祭祀を無視する者は真の子供であっても一家族以上のものを共同に持つが故に、息子として取り扱われ、これに反し家の祭祀を自家の祭を棄てた後はもはや家族中に数えられない。妻は宗教的儀式が彼女を婚家の祭祀に加わらしめることによってその夫の家族中に加えられ、また家の息子といえどもの共同という血縁以上のものを相続に加わることができぬ云々[註15]。

クーランジは古代家族をして一つの家族団体たらしめたものは自然的感情にもとづく人々の和合でもなく、出生にもとづく血縁的連鎖でもなく、炉を中心として祖先に供御し、祖先と合一するという宗教的共同であると主張している。彼が説かんとするところは古代家族の特質である。それは家族一般の性質ではなく、古代家族が近代家族に比して異なるところの特色である。彼は古代家族、殊に家長的家族について宗教的機能の存在の理由を与えたものはこの機能にほかならないというのである。したがって家族一般の特質いかんということを問題とする場合に、彼の所説が不充分であることは云うまでもない。しかししばらく彼のいうところに従って古代家族の特質を問題とする場合においても、彼の所説についてはなお疑問が生じ得る。まず第一に彼世の祖先と此世の子孫との融合という宗教的共同は家族にのみ固有の事象ではなく、氏族においても行われている。

祖先に供御し、これと精神的に融合するもの必ずしも常に同一家族員として寝食を共にしているのではない。支那における家廟と家族生活との関係をみればこの点は極めて明瞭である。家廟に来集して祭祀に参加する者は同一祖先よりの流れではあるが、現に家族的共同をなしている者ばかりではない。次にまた祖先の祭祀という宗教的行事の故に古代の人々が家族的に共同したのではなく、この共同は古代においても、近親者に対する愛情にもとづくものではないか。ただ古代家族をして近代家族と異なるものたらしめたところは、かかる愛情を以て接近せんとする人々が、自分らのみが享有し得る祖先伝来の家名、家系、家伝ならびに家風について強い執着心を持ち、子孫を通じてこれを永続せしめんとする態度を持ったことにあるのではないか。家族における宗教的行事はかかる執着心と態度とのあらわれの一形式ではないか。このような疑問を起してくると、彼の所説は極めて注意すべきところを多く含むにかかわらず、それは直ちにそのまま肯定され難くなる。

家族の集団的性質に関しては右に述べたように種々の説明が試みられているのであるが、今これらの説明を要約すると、家族は次のごとき特質を持つものと観られていることになる。

(1) 家族は夫婦、親子およびそれらの近親者よりなる集団である。
(2) 家族はこれらの成員の感情的融合にもとづく共同社会である。
(3) 家族的共同をなす人々の間には自然的に存する従属関係がある。
(4) 家族はその成員の精神的ならびに物質的要求に応じてそれらの人々の生活の安定を保障し経済的には共産的関係をなしている。
(5) 家族は種族保存の機能を実現する人的結合である。
(6) 家族は此世の子孫が彼世の祖先と融合することにおいて成立する宗教的共同社会である。

まず第一に家族は夫婦または親子関係にあるものおよびそれらと近親関係にあるものによって形づくられる集団である。家族構成員の範囲はこのような特殊関係にあるものの内に限局せられている。この家族構成員の範囲の問題については何人も殆ど異論を挟まないようである。集団としての家族の性質に関して説くところ少ない家族制度の研究者も、家族のこの性質だけは是認しているようであり、家族が国民生活へもたらす効果のみに重きを置く功利論者も、この点には異議を申し立てないようである。前に掲げた欧米の家族研究者も殆どすべて家族のこの構成上の性質を認め、またわが国の社会学者も皆この点を是認している。[註16] 夫婦または親子関係にあるものは相互に感情的に接近し、非打算的に合一化せんとする傾向強く、容易に離れ難き融合をなしやすい。これに反してかくのごとき性的または血縁的の関係なき者は、なんらかの利益を予想する場合に目的的に相互に接近し得るとしても、全く打算的態度を捨てて共同することは概して少ない。またたといこれらの者が感情的に結合する場合ありとしても、この結合を永続せしめることは極めて少ない。もちろん多くの人的関係中にはかくのごとき血縁連鎖のない人々が永く水魚の交りをなすという場合もあるであろうが、しかしこのような場合は極めてまれである。しかるに夫婦または親子にある者の間にあっては内心における合一化が普通であり、離れ難き融合一致は尋常茶飯事である。これらの者の間にあっては内心における合一化が普通であり、分離は例外的である。したがってこれら夫婦または血縁者が加わる場合には、前者の間に強き合一化が起るに反して、前者と後者との間には何程か隔てを置いた関係が起りやすくなり、両者の間にはある程度の心理的距離が置かれやすくなる。たといこれら両者の間に緊密なる共同が一時成立するとしても、早晩それは分裂すべき運命を担うようになる。すなわち夫婦または血縁者は感情的に融合しやすいが、これらの者が非打算的に合一化する場

第一章 家族の集団的特質 38

合には、他の者に対して排他的態度を取り、その共同に参加する者を自分らと同じ族的関係にある者の間だけに限らんとする傾向がある。

第二に家族は人々の感情的融合にもとづく共同である。家族を構成する人々は目的的打算的態度にその根底を置くことなく、相手方に対して感情的に接近せんとしている。家族のこの性質に関しても大体諸学者間に異論は少ないようである。ただ家族または婚姻の起原を論ずる者の中には、家族は人人の感情的要求にもとづいて成立するものではなく、人々がその経済的要求を満すために、他の者の服従を捉えた支配関係にもとづくものであると主張する者がある。たとえばウォード (Lester F. Ward) は家族を以て婦人と子供との奴隷化と服従化との機関であると主張し、人類原始の生活形式たる女性中心の時代には家族なるものなく、男性中心の時代に到って女子と子供との隷属化の手段として家族なる生活形式が始められたと述べ、註17 またラッツェンホーファーは家族は父の権力統制による組織であり、それは不平等の関係であり支配関係であると唱え、またムッケも個別的夫婦関係を持つ家族は性愛または性的本能にもとづくのではなく、自己に奉仕する者、自己に服従して労働を提供する者を得んとすることより生ずるものであり、掠奪婚姻はかかる家族を構成せんとする人類がとったところの婚姻形式であると述べている。註18 かくのごとき考えを持つ人々は家族は感情的要求によるよりもむしろ他人の服従隷属を求むる手段として形づくられた生活形式であるとみるであろう。さらにまたわが国の封建時代に頻繁に行われた政略婚または支那に行われている購買婚、その他未開人の間に行われている掠奪婚、服役婚等のごとき、当事者以外の者の意志によって決定せられる婚姻形式を考察する人々の中には、これらの婚姻が感情的融合にもとづくものでなく、全く他の打算的要求にもとづくものなるとを主張し、家族が感情的の共同であることを否定せんとする者もあるであろう。

39　第一節　家族の性質に関する諸説

しかしながら家族的結合の起原またはその結合の直接の動機の問題をしばらく措いて、事実上家族として共同している人々の内的態度について観るならば、ここには感情的要求が常に働いていると考えられる。たとい政略婚、購買婚等による婚姻であっても、夫婦が夫婦としてある限り相手方に対する愛情が起り、相手方の人格に直接的に接触せんことを求めるようになり、この内的態度はすぐに相手方に反映して両者の間に存し得る心的距離は縮小され、かくしてこれらの者は感情的に融合してくるようになる。もちろん打算的要求を動機として成立する家族結合にあっては、各成員の提供する機能にかなり重き期待が置かれているであろう。しかしこの場合においても、この機能の実現がないとて直ちに夫婦関係が分解し、親子が分離するのではない。かかる場合においても、夫婦の和合、親子の共同は比較的よく維持せられるようである。このような動機にもとづく家族結合においても、夫婦の離別または親子の別居が起るのは、かかる機能実現の有無によるよりは、感情融和の通路の遮断によることが多い。してみれば家族結合の動機が打算的要求にある場合においても、結合の存続は主として人々の感情的要求にもとづくものであるまたは非打算的要求がそれである場合において打算的要求が結合の動機となっている場合においてもまたはその根拠を置いていると考えられる。も、持続的に存立する家族は成員の内に働く感情融合にその根拠を置いていると考えられる。

第三に家族生活をなす者は自然的従属関係に立つ。家族が一つの集団として存する限り、その内には自ずから統制的関係が何程かあらわれ、強制的にせよまたは自発的にせよ成員の任意は何程か制限せられ、人々は相手方のために何程か自己を犠牲にし、かくして成員間に従属関係が生ずるようになる。この点も多くの家族研究者によって認められている。この従属関係を前述のウォードおよびラッツェンホーファー等のごとくに外部的強制にもとづく服従という意味に解するならば、かかる従属関

係の存在については異論を唱える人もあるであろう。殊に近代的家族を考察の中心に置く人々は、かくのごとき意味の従属関係を否定せんとするであろう。しかしこれを相手方に対する信頼感から家族の成員が自発的にとるところの従属という意味に解するならば、かかる従属関係の存在を否定せんとする人々は比較的少ないであろう。ただ未開人の家族には、ウォードおよびラッツェンホーファーの所説のごとき強制的隷属関係が認められる場合もあるが、しかしかくのごとき隷属関係は一般に家族に認められる特質ではなく、また家族に認められる従属関係も、その家族員が家族的共同を続けている限り、次第に感情的自発的に生ずる従属関係へ転化する傾向をもっている。なぜならば人々が家族的共同を形づくり、直接相接触して日常生活の行事を共にしている限り、互いに相手方に対して親しみの感情を持つようになり、相手方を信頼するようになり、また相手方がなんらかの点において優越性をもっている場合には、この優越を承認して相手方を尊敬するようになり、かくして元来は外部的強制にもとづく支配服従の関係であったものも、次第に自発的に自己を相手方へ投入せしめんとする従属関係へ移り変わりやすくなるからである。

第四に家族は打算を離れた感情的の共同であるが故に、経済的には共産的関係を形づくり、構成員は相互にその生活を保障している。ここでは人々は感情的に融合し、許される限りにおいて扶養の共同を実行し、相互に生活の安定を助長している。この点は家族に認められる最も重要なる特質である。家族はリールが主張するように内的安定を人々に与える。ここでは人々は相互に隔意なく接触し、打算的関係にもとづく対人的接触において自他の区別を厳密に立てんとするとは全く異なる特殊なる安定と落着きとを体験する。家族員は相互に自他の融合化一体化を求めんとしている。彼らはさらに強くさらに深く自己を相手方に結びつけ、その内心に近づかんと

するよりして、相互に信頼的となり没我的となる。而してこの信頼と没我的合一化の態度とはあらゆる経済生活において相互に差別的排他的であることを許さない。かくして家族的共同をなすようになる。古代の封鎖的自給自足の家族が共産的であり、生産においても消費においても全員の共同を主とし、個別化を許さなかったと同様に、近代的家族においても奉仕と享受との共同が行われている。個々人の奉仕の程度いかんに関係せず、人々の享受生活は許される限りにおいて共同に保障せられている。近代家族にあっても家族員は各自の持っている能力の限りにおいて家族的共同のために奉仕し、相互に対価を予想することなく享受の必要を満している。すなわち家族員はその能力に応じて共同のために奉仕し、その必要に応じて成員の生活を保障するという理想的の共産的関係を形づくっている。

家族のこの共産的共同についてはマックス・ウェーバー、フィーヤカント、シェフレー等のみならず多くの社会学者がこれに注意している。わが国においても田崎博士は家族は小規模なる社会的共産団体であると述べ、[註20]また高田博士は家族は生活の種々の方面において利害を相共に分享し負担する生活共同団体であると説明している。[註21]またサムナーおよびケラーの共著になる『社会の科学』は家族のこの性質に関して、家族は仕事を共にし、住居を共にし、食事を共にし、所有を共にし、所属を共にすることによって特色づけられると述べ、[註22]家族の特徴を最も平易に説明している。

前に述べた家族の従属関係とこの共産的関係とは家族的共同を促進する上に重大なる効果をもたらすものであるが、これらはいずれも各員の感情的人格的接近の要求を基底としてその上にあらわれる結合の形式である。もしこれらの関係だけに注意して家族を考察するならば、家族は共産関係によって保障せられる成員の経済的利益および従属関係によって求められる政治的経済的利益を追求せんと

して、形づくられた打算的関係であるかのごとく観えるところのものは表面の関係であり、家族を構成する人々の真の要求はこのようなところにあるのではない。人々の打算的要求はかくのごとき従属関係ならびに共産関係を惹起せしめることありとしても、家族におけるこれらの関係は打算を基準としているのではなく、人に対する愛情、人に対する信頼を究極の根拠としている。かくのごとき内部的態度が対人関係の表面にあらわれてここに従属関係および共産的関係を形づくったのである。したがって家族においてはこれらの従属ならびに共産的関係は人々の内部要求において主動的に期待せられているのではなく、人格的非打算的態度からして副次的に生ずる結合形式である。それ故にこれらの関係は常にいかなる家族にもあらわれているとはいえ、また時としては弱くあらわれている。たとえば家長的家族においては従属関係が最も鮮やかかつ明瞭にあらわれ、また時としては強くかつ明瞭にあらわれているに従い、時としては強くかつ明瞭にあらわれているとはいえ、この副次作用に影響を及ぼす外部的諸条件の異なるに従い、時としては強くかつ明瞭にあらわれ、また時としては弱くあらわれている。たとえば家長的家族においては従属関係が最も鮮やかかつ明瞭にあらわれているのに対して、近代的家族においてはそれは比較的影の薄いものとなっている。また農業的大家族においては生活のあらゆる方面にわたって共産的関係が行われているが、近代都市の小家族にあっては共産的関係は消費生活の一部分だけに限局せられやすくなっている。

第五に家族生活においては大多数の場合種族保存の機能があらわれている。出生と子供の扶育とは多くの場合家族生活の重要機能と認められている。わが国古来の慣習では家長的家族のこの機能が重要視され、「子無きは去る」という慣習的道徳律さえ立てられている。一般に家長的家族においては家名の連続、家系の維持、祖先の祭祀の実行、家業および家産の相続を以て重要事とし、この重要事を行うためには子孫の出生および養育を家族生活上不可欠の事項とした。したがってかかる家族にあっては種族保存の機能は極めて重くみられている。なおまた最近に到っては家族生活上あらわれるこの機能と

国民保健問題とを結びつけ、優生学的要求よりして家族のこの機能を重要視し、家族の特質を主としてこの方面に求めようとするものもある。[註24]

しかしながら第一に子供の出生は親となるべき男女の生理的条件に支配されること多く、夫婦の性的共同が行われるとしても出生は必ずしも期待し得られぬ。それは人為以外の自然的作用に俟つところが多い。それ故にかかる自然的生物的作用を以て人為的に構成される家族の重要機能と観ることは出来ぬ。次にまたかりに出生によって子供を得ることが出来るとしても、子供を扶育する親は自己の種族保存のため、または家系の継承のためというがごとき功利的の要求のみを主としているのではない。家族的家族にはかくのごとき態度を持って子供を養育する場合ありとしても、近代的家族には、このような功利的意味を持って子を育てるものはない。育児は近代的家族においても一般に行われているが、それは他の目的要求にもとづくものでなく、子に対する限りなき愛情のあらわれである。また家長的家族においても血統の連続、家系の存続というがごとき要求にのみ従がって子供が養育せられているのではなく、家系の維持に直接関係あると否とを問わず（たとえば他家へ嫁すべき運命を持つ女子のごとき）、育児のためには多大なる犠牲が払われている。このように考えてみれば、子供の扶育は多くの家族において行われる日常生活の一面であるが、それは血統の維持、種族の保存、または家系の存続というがごとき目的遂行の手段としてのみ行われているのではなく、主として親の愛情の具体的発現である。それは結果を予想した目的的行為というよりは、はるかに強く人間自身に対する愛情に基礎を置いたものと云い得る。したがって育児は家族における感情融合の一つのあらわれであるが、しかしその故に家族は種族保存または血統維持の機能実現のためにできた機関であるとは云われない。

最後に多くの家族の中には祖先の祭祀に重点を置き、宗教的行事を以て家族の最も重要なる機能とみなすものがある。前に述べたクーランジの所説のごとく家長的家族はこの機能に重きを置いている。しかし近代的家族にはこれに重きを置くものは殆どない。したがってそれは一般的には家族の重要なる機能であると云われ得ない。なおまた家長的家族にあっても祖先と子孫との融合という宗教的共同が家族の基本となっているのではない。むしろそれは家族員が持つ感情的要求から転化したものである。子に対する愛情があらわれて育児の機能となるごとく、親に対する愛着追慕の感情があらわれて祖先崇拝の行事となるものと考えられる。これら家長的家族にあっては、人々は家族生活の中に強く吸収せられ、その生活要求は家族外に向って分散せられることなく、常に家族的共同の中に向けられている。而してかかる家族的共同を行う場合、親は自分らに価値ありと考えられた共同の形式を自分の最も愛する子供に伝えんとし、子は自分らが最も親しみ信頼する親の伝える生活形式を尊重し、かつ自分らの家族外の者と接触すること少ない故に、親から伝えられる生活形式を最も価値あるものとし、この伝統的家族生活の形式に強く執着するようになる。すなわち子供らは親を愛慕する事よりして親の伝える家族的共同の形式を尊重し、これを固執するようになる。しかも彼らの生活は家族内に集中せられているが故に、行住坐臥の生活は伝統的共同の形式を通じて行われ、かくして父祖亡き後も人々は伝統的共同の生活形式を通じて日夜父祖を想起し、これを敬慕するようになる。かくして親に対する愛情は伝統的共同の生活形式を子に守らしめることによって彼世の親と此世の子供とを接触せしめ、この宗教的共同を絶えず惹起せしむるようになるのである。これによってみれば宗教的共同は家族生活の根底に横たわる愛情発現の一方面であり、たとい家長的家族にあってもこの宗教的共同が家族にその存立の根拠を与えているのではないと云い得るであろう。

註

1 Auguste Comte, Soziologie. (Cours de philosophie positive ドイツ訳, 訳者 Valentine Dorn) Jena, 1907. vol. 1, SS. 408-409

2 Ibid, p. 411

3 Ibid, pp. 428-429

4 社会なる言葉を以て主として民族団体または国家等のごとき団体生活を意味する言葉なりとし、一定地域内に存する人々のなす共同生活の全体を社会であると考える人々の中には、コントと同様に家族を社会の単位とみなし、家族生活を通じてわれわれは社会生活を営むのであると考える者が相当に多い。(たとえば James Quayle Dealey, The Family in its Sociological Aspects, Boston, 1912. p.9 の所説のごときはその最も代表的なるもの)。しかし社会なる言葉をこのように狭く限定せず、人々のなすあらゆる共同生活、あらゆる集団はいずれも社会であると考える人々の中には、社会の構成単位は人々または人々の集団であるとし、家族が社会の単位であるという主張に対して反対する者が多い。もちろん家族が他の団体生活の構成単位となっている場合もあり、殊に民族的団体のごときにあってはその構成単位は主として家族である場合が多いであろう。しかし一般的には各個の集団は家族を単位として構成されるものではなく、民族的集団のごときにあっても家族を形づくっておらぬ個々人もこれに参加している。

5 Max Weber, Wirtschaft und Gesellschaft, Tübingen, 1922 (1Aufl.) Bd. 2, Kap 3, SS. 194-197

6 Alfred Vierkandt, Gesellschaftslehre, Stuttgart, 1928. (2 Aufl.), S. 442 ff.

7 W. H. Riehl, Die Familie, Stuttgart und Berlin, 1925. S. 125

8 Ibid, S. 127

9 Ibid, SS. 128-129

10 Albert E. Fr. Schäffle, Bau und Leben des sozialen Körpers, Tübingen, 1896. vol. 1, SS. 215-223

11 Ibid, SS. 238-240

12 Herbert Spencer, The Principles of Sociology, London, 1904. vol. pp. 598

13 Paul v. Lilienfeld, Gedanken über die Sozialwissenschaft der Zukunft, Mitau, 1875. vol. 2, S. 387

14 Gustav Ratzenhofer, Die soziologische Erkenntnis, Leipzig, 1898. S. 231

15 クーランジ著『古代家族』(La cite antique の一部) 中川善之助訳 九二-九四頁

16 建部遯吾著『理論普通社会学』第三巻〔社会静学〕明治四二年(一九〇九年)四一頁
17 高田保馬著『社会学原理』〔大正八年(一九一九年)七四一頁
18 田崎仁義著『家族制問題』〔大正一一年(一九二二年)三六一三七頁
19 Lester F. Ward, Pure Sociology, New York, 1909. p. 353
20 Gustav Ratzenhofer, op. cit., S. 142-143
21 Joh. Richard Mucke, Horde und Familie in ihrer urgeschichtlichen Entwickelung, Stuttgart, 1895. S. 113.
22 高田保馬著 前掲書 七四一頁
23 田崎仁義著 前掲書 三七頁
24 William Graham Sumner and Albert Galloway Keller, The Science of Society, New Haven, 1927. vol. 3, p.1,913

『戸令』に凡妻妾須有二七出之状二無子……(下略) 謂雖有女子亦為無子更取養子故也。とある。かくのごとき規定は継嗣の養成に重きを置く家長的家族に特有な規定であり、わが国のみならず支那にもあったものであろう。この規定は『戸令』には明らかに法文の上にみえず、道徳的慣習となっている。

優生学者は多産を奨励するではないが、独身生活または絶対的避妊に反対せんとしている。最近米国において試みられている優生学的主張を加味した家事または家政学は、婚姻後出生すべき一定数の子供の扶養を重要なる目標の一つとしているようである。(Willystine Goodsell, Problems of the Family, New York, 1928. pp. 313-316 & pp. 353-357 参照)。なおまた米国の多くの州においては、優生学的要求を加味した婚姻制限(たとえば精神異常の者、酒精または花柳病等のため著しく健康を害せる者に対する婚姻制限)が行われた(Charles B. Davenport, State Laws limiting Marriage Selection examined in the Light of Eugenics, Cold Spring Harbor, 1913. pp.7-10)。これら優生学者の主張は種族保存の機能を充すものとして家族をみることにその根拠を置くものである。

第二節　家族の特質

　従来家族の特質について述べられた説明内容の主なる点をあげると、右に述べたごとく六種に要約することが出来るが、このうち最後の二性質——種族保存の機能および宗教的行事——は、前述の説明によって明らかなるがごとく、一般的にいずれの家族においてもみられる特質ということが出来ない。それ故に家族の一般的性質を尋ねんとする場合には、これらの二性質を除くことが必要となる。これらの二性質を除いてみると、家族は夫婦、親子ならびにその近親者の愛情にもとづく人格的融合であり、かかる感情的融合を根拠として成立する従属関係、共産的関係であるということになる。いかなる民族の家族生活についてみても、いずれの時代の家族を考察してみても、家族は近親者の愛着的結合であり、かかる結合にもとづいた共産的共同である。家族にかかる性質があることについては何人も疑いを挾み得ないであろう。

　しかしながら家族の性質をこのように限定することによって果して家族の特質が充分明瞭になるであろうか。近親者の感情的融合にもとづく共産的共同は家族にのみみられる特質であろうか。近親関係にあるものが相互に感情的に融合して形づくる共同は、家族の外側にある親族または氏族団体においてもみられるではないか。わが国中世の史料には一族一門という言葉が多くあらわれているが、この一族一門は社会的に運命を共同にしていた血縁者の集団であり、この集団内のものは種々の生活関

係において互いに相助け、この集団外の者に対しては連帯関係に立ち、吉凶禍福を互いに相分ち、栄辱を共にし、生死までも共にしていた。これら一族の者は家族ほど緊密なる共同を形づくっておらなかったにしても、互いに相信頼すること強く、かかる信頼感にもとづいて権威と従属との関係をなし、権威者は一族の扶持者となっていた場合もあった。これらの一族一門は多くの家族をそのうちに含む集団であるが故に、家族とは異なる集団であると云わなくてはならぬが、しかし右のごとき場合について観るならば、その共同の内容は、多少程度の差こそあれ、家族と殆ど同様なるものであったと考えられる。したがって感情融合にもとづく共同というだけでは、かくのごとき族的集団と家族との区別を明らかにすることが出来ぬ。もちろん一般的に観るならば、家族員相互の結合は親族、氏族等のそれよりも遙かに強いものであり、中世の一族一門といえども、その和合一致の程度はその当時の家族のそれよりは弱いものであったであろう。しかしこれら二つの集団をその共同の性質について比較するならば、いずれも近親者に対する愛着心、血縁者相互の信頼感にもとづいて成立する集団であり、隔意なき感情融合を根底に置く共同である。両者の間に性質上の差があるとは云われない。

このように構成員の共同の内容について観るならば、家族と一族一門等のごとき族的集団とは容易に区別し難いものであるが、しかしこれらを集団構成の形式について観るならば、両者の差はかなり明瞭になる。家族と家族外の族的集団とは性質上および機能上相似しているところが多いが、しかしその構成形式が異なっている。いかに連帯性の強い場合について観ても、一族一門の構成形式と家族のそれとは同じではない。家族を構成する近親者の範囲は一族一門のそれよりは著しく狭く、かつまた家族構成に参加する者の員数は一族一門のそれよりは概して少ない。家族は夫婦関係または親子関係にある者を中心とし、これらと極めて近い血縁関係にある少数の人々だけに構成員たる資格を認めてい

註1

49　第二節　家族の特質

る。しかるに一族一門は平家の一門、源氏の一族というがごとき場合においてみられるがごとく、同一祖先から流れ出たと信じられている直系傍系多くの血縁者をその構成員としている。もちろん家族員中にも従兄弟姉妹、従姪または大伯叔父母等のごとき関係にある人々が参加することもある。しかしいかに大家族であっても、日常生活において世帯を共にし、住居を共にし、行事を共にしている限り、通常の親族称呼を以て指示し得ないほど、族的関係の薄い者をその構成員とすることは殆どない。極めて例外的の場合には、比較的遠縁の者も、一定の障壁を以て外部と隔離した邸宅に、相接近して生活し、経済的にも共産的関係を形づくり、それらの者が一大家族を構成しているかのごとく見えることもあるが（註5参照）、しかしこれらは特殊の事情にもとづく場合である。通常の家族はいわゆる大家族であっても、かくのごとき遠縁の者をその構成員中に含むことなく、近親関係の濃厚なる者だけにその成員たる資格を制限している。然るに家族外の族的集団はその構成員たる資格を家族のごとく少数の者だけに限定することなく、普通名詞としての親族称呼を以て指示し得ない範囲の血縁者にも、成員たる資格を認めている。

このように考察してくると、家族も一族一門等の族的集団も、同じく近親者に対する人格的関係にもとづいて成立する集団であるが、家族はこれに参加する近親者の範囲に関して他の族的集団よりははるかに限定的であり、排他的であると云われ得る。家族が他の一切の集団と異なるところは、夫婦、親子またはそれらと近親関係にある者相互間に働く愛情が、この集団成立の根拠となっているという点にあるのであるが、それが他の族的集団と異なるところは、夫婦関係、親子関係または極めて近親的なる関係にある、狭い範囲の特殊なる身分関係に立つ者だけにその構成員たる資格を認めている点にある。すなわち家族はその構成員を少数の近親者だけに制限するという点において、一族一門、氏

族、親族等とは異なる小集団となると考えられる。このように家族を他の集団から区別して、ここに家族の集団的特質を考えるならば、それは夫婦および親子関係にある特定の緊密に融合する共産的共同であると云われ得る。構成上からいうならば、家族は夫婦関係にある特定の異性、ならびに血縁的に最も接近している親子を主たる成員とする緊密なる少数近親者の集団であり、結合の性質からいうならば、それは少数成員の感情的要求にもとづく緊密なる共同であり、さらにその主たる機能についてみるならば、成員の生活要求に安定を与える連帯的関係であり、共産的関係である。もちろん各民族の生活様式の異なるに従い、また時代の一般慣習の変遷に伴って、家族生活の様式も絶えず変化する。したがって右に述べたごとき性質がいかなる家族にも同様にあらわれているという訳には行かぬ。たとえば一家族の構成員にしても、夫婦または親子だけというがごとき極めて狭い範囲の人々のみが共同に参加する場合もあれば、または従祖祖父母、従兄弟違い、従姪、再従姪というがごとき、近代人の日常生活の用語中には見出し難き親族称呼を以て呼ばれるような血縁者までもこのうちに入る場合もある。また夫婦の合一化にしても「二世も三世も」というがごとき強い合一感に動いているものもあれば、または「七人子供があっても女子に心を許さぬ」というがごとき心理的距離の比較的大なるものもある。さらにまた共同の範囲にしても生活要求のあらゆる方面にわたる場合もあればまたは主として経済的消費生活に関する方面だけに限局せられる場合もある。

このように社会生活の形式の異なるに従い、また時代の異なるに従い、家族の生活形式も多少伸縮するのであるが、しかし家族の生活形式を他の集団の生活形式と比較してみるならば、家族の特質として観られるところは、前述のごとく、夫婦、親子というがごとき特殊の関係にある者を中枢的成員とする、少数の近親者の緊密なる感情融合にもとづく小集団であるという点にあると考えられる。少

なくともこのように観ることによって、家族が他の集団と異なって存する所以を最もよく理解し得ると思われる。それ故にここにはこの意味における家族の特質について説明を加えてみたい。

まず第一に家族はその構成員を一定の資格を以て制限する。家族の成員たり得る者は夫婦関係にある者、親子関係にある者、および血縁的類似性の比較的大なる近親関係にある者に限られる。これらの資格のいずれをも備えぬ者は、たとい親友であり、忠実なる使用人であっても、家族員としてその共同に参加し得ない。これらの者は同一の住居に起臥し、同一の竈に食事を取るとしても、家族員と同様なる心的態度を以て共同しているのではない。これらの人々はその内心において何程かの心理的障壁を置いて接触するかも知れぬという予想を持ちながら接触しているに過ぎない。すなわち彼らは家族員との間に何程かの心理的障壁を置いて接触するのを以て常態としている。したがって何程親密なる接触を保つとしても、彼らは家族員として共同の内側に入ることが許されず、家族的共同の中心から排除せられている。

かくのごとく構成員の資格を性の関係と血縁の関係とだけによって限定する点において、家族は他の一切の集団と異なっている。家族以外の集団には、成員をかくのごとき資格を以て制限するものはない。夫々の集団は同一地域上の生存とか、経済上の利益の類似とか、政治的目的の共通とか、知能における一定の条件とか、信仰の一致とかいうがごとき種々の条件を以て、その集団の成員たる資格を制限するが、家族におけるがごとく、性の関係と血縁の関係というがごとき特殊関係にある者に成員の範囲を限定するものはない。家族がかくのごとき資格を以て構成員の範囲を限定することは、それが極めて非開放的封鎖的集団であることを示すものである。かくのごとき資格は人為的に任意に求めることが出来難い。したがって人々は任意に他の人々の近親者となるべき資格を得て、他の家

族の一員となることが出来ない。他の集団にあっては、たとい成員たる者の資格を一定標準を以て定める場合ありとしても、それらの資格は多くは人為的に求められ得るものである。それ故に何人もこの資格を得て比較的容易に自己の欲する集団に加入することが出来る。然るに家族にあっては、いかに人々が希望するとしても、その家族員と性的または近い血縁的関係のない者はすべて排斥せられ、集団の門戸はこれらの者に対して固く閉鎖されている。すなわち家族はその構成員を特殊なる資格を以て制限することによって、他の者の侵入介在を排し、極めて封鎖的排他的の集団となる。

家族の成員の資格として最初に考えらるべきは夫婦関係である。家族は夫婦関係という特別の関係にある異性の成員を重要なる成員としている。家族がこの夫婦関係にある者を成員とするということは、それが他の集団と異なる一特色であると考えられる。人々は互いに感情的に強く合一化し得る配偶者を求め、内的に深く信頼し得る相手方を得ることによって、内的生活の安定を求める。それ故に大多数の場合において、人々は感情的に強く結びつき得る配偶者を得て内的生活の安定を求めるところに生活の根拠を置き、ここに家族生活を確立せしめんとしている。すなわち人々は夫婦関係を構成することによって家族生活を確立し、ここに安住の場所を見出し、またこれを失うことによって内的の安定を欠きやすくなっている。このように夫婦なる異性の成員の存在は家族の存立上重要なる意義を持っているが、この夫婦関係にある異性なる成員のみ見られる特色である。民族、種族等の血縁団体は家族と相似たる性質を備えているが、夫婦関係にある異性の成員に特に重要なる位置を与えることはない。また組合、政党、教団および国家等は異性の成員を含む場合

が多いが、しかしその成員中に異性者がなくてはならぬという理由もなく、またそれらの異性が夫婦関係に立っておらねばならぬという理由もない。成員が夫婦関係をなすと否とは国家の国家たるところ、教団の教団たるところに無関係である。これらの団体の成員が異性者からなり、夫婦関係にある者からなっている場合には、これらの団体を継承して行く新成員をそのうちに得やすいが故に、これらの団体の存続上、それが有利となるに過ぎない。然るに家族にあってはその事情は全く異なっている。夫婦関係にある異性は家族に欠くことの出来ぬ成員となっている。いかなる民族の家族についてみても、夫婦なる成員のない家族はなき族として変態的のものである。

近代的家族にあっても、家長的家族にあっても、夫婦が家族の重要なる成員である場合あるが、かくのごとき場合は家族構成の準備期にある人々の一時的の生活状態であるか、然らざれば夫婦なる成員の一方を失った特殊的変態的の場合である。かくのごとき家族は、やがて夫婦関係の相手方となるべき成員を外部から吸収して、通常の家族となるか、然らざれば、遠からず解体すべき運命にあるものかである。

夫婦関係にある者はこのように夫婦をその所属員となるのであるが、家族の性質殊にその排他性、独自性のいかんによって、これらの夫婦関係が成立すると同時に、夫または妻（多くの場合妻）となるべき者はまず家長的家族にあっては、夫婦関係が成立すると同時に、夫または妻（多くの場合妻）となるべき者は従来自己が所属していた家族から離れ、自己の配偶者の所属する家族員中に新たなる構成員として参加して来る。すなわち元来同一家族の成員でなかった男女が、一方は自己の固有の家族から離れて他の家族員中に加わり、他方はこの新たなる加入者を自己の家族の重要なる構成員となるべきものとして迎え入れることによって、これらの二者が同一家族の成員となるのである。かくのごとき成員の新

たなる加入が許されるためには、家族は自己封鎖的の立場にのみ立つことが許されない。家長的家族においてその構成員（主として男）のために新たに配偶者（主として女）を求めんとする場合には、その家族の所属員はその共同の範囲を元来自分らの所属していた家族の成員だけに限るという態度を棄て排他的態度を捨て、他の家族員であった者にも自分らの家族の構成員たることを許すという態度を取り、封鎖的なる家族の門戸を一時外部に向って何程か開放しなくてはならね。かかる開放によって外部の者もこの家族の構成員たる資格を得、また家族員は夫婦関係の一方の相手方となるべき異性を外部から求め得るのである。しかしながらこの開放は家族内に新たなる要素を取入れ、新たなる生活形式を輸入する過程となる。家長的家族にあっては自家の伝統を重んじ、新たなる生活形式が外部から侵入することを出来るだけ防止せんとし、夫婦関係の相手方を求める場合においても、この相手方となるべき異性がその生家の生活形式から蟬脱し、全く白紙状態にて入り来ることを望んでいる。しかし、かかる場合においても、この開放がある限り新たなる生活形式は何程か家族内に侵入して来る。したがってもし無制限にこの開放が行われるならば、絶えず新たなる要素と新たなる生活形式とが家族内に輸入され、家族の封鎖性は破られ、家族における共同の緊密と内的の合一化は失われやすくなるであろう。それ故に家族的家族はかかる危険を予め防ぐために、その門戸開放について充分の警戒を加えている。すなわちこの開放は夫婦関係の相手方となるべき異性を求めるために止むを得ずなされるのであるが故に、それはこの異性吸収に必要な程度だけに止められる。一度この異性が求められるや、家族はその門扉を再び固く鎖し、外部の者の接近を許さない。しかもこの開放によって求められる異性の数は最小限の少数である。外部にある多くの異性がいかに強くこの家族的共同への参加を望むとしても、この門戸通過を許される者は多くの場合唯一人に限られる。家族はこれらの希望者中

唯一人を捕えて、これを門内に引入れ、これを引入れるや直ちにその門扉を厳重に閉鎖する。かくして家族は夫婦関係の相手方を求めるために一時開放的となるが、この相手方を捕えるや否や直ちにその排他性を回復して、再び封鎖的の集団となる。

次に近代的家族にあっては夫婦関係の成立と同時に、これらの夫婦は男女共、従来自分らが所属していた家族から離れ、ここに新たなる家族を形づくるのである。この場合においてはこれらの夫婦が元来所属していた二つの家族も、またこれらの夫婦によって新たに形づくられた第三の家族も、その排他性を直接破られることはない。この種の家族にあっては、従来これらの男女が所属していた家族の構成員（主として父母）は自分らの家族の独自性・生活形式・封鎖性を固く守るために、新たなる構成員をその内に加えることによって起り得る家族内の生活形式の変化を恐れ、一切外部の者をこの内に侵入せしめず、家族内の者が通婚によって外部の者と不可分的の関係を形づくる場合には、自己の家族構成員数の縮小となるにもかかわらず、この不可分的の関係に立つ者を自己の家族から外部へ析出するのである。この析出作用によって近代的家族は家長的家族よりも一層強く家族の封鎖性を維持し得るが、しかしこの作用によってこの家族はその構成員が新たに夫婦関係を構成する毎にその家族的共同に参加していた者を次第に失い、この家族中に見出される最後の未婚者が通婚して新たなる家族を形づくる場合には、この家族を最初に構成した夫婦のみを構成員として残すことになる。このようにしてこの家族は夫婦関係が成立する毎に新たに構成され、これら一組の夫婦が中枢的構成員となり、これらの夫婦以外の者が新たに夫婦関係を形づくる場合には直ちにこれをその家族の外に排除し最後にこの家族の中枢的成員が死亡または分散するに到るまで、一組の夫婦だけをその中心とするという極めて排他性の強い小集団となる。

このように新たに夫婦となったものをいかに取り扱うかは家族の性質の差にしたがって異なっているが、それらの夫婦が一家族の所属員となる限りは、多くの場合、この小集団の重要なる構成員となり、家族の存立上に重大なる効果を及ぼしやすくなっている。すなわちこれらの夫婦が同一家族の成員となることは、やがてこの家族の内外に特殊なる族的関係を生ぜしめ、内においては夫婦と共に重要なる家族員となるべき親子関係に立つ者の成育を促し、外においてはこの家族を囲繞する族的集団を新たに拡大せしめることとなる。今この外部の関係について観るに、これらの夫婦は通婚に到るまではそれぞれ異なる家族に所属しているが、これらの相異なる家族の所属員が一つの家族の構成員となる場合には、家長的家族の場合であってもまた近代的家族の場合であっても、従来これらの男女の各々と近親関係にあった者が互いにこの夫婦関係を通じて族的に相接し、その族的集団の範囲は著しく拡大されることとなる。この族的範囲の拡大は、各家族員を族的に相接し、その族的集団の範囲は著しく拡大されることとなる。この意味においてこのような族的集団は家族の外郭をなすものと観られ得るが、この外郭の範囲は夫婦関係の成立に附随して常に拡大する傾向がある。もちろん夫婦となる者自身またはこれらの夫婦を新たなる構成員として自分らの家族中に加える家族員等の中には、かくのごとき外郭の附随を好まず、またこのような外郭に何らの期待を置かぬ者もあるであろう。しかし人々が欲すると否とにかかわらず、族的の孤児と孤児との通婚でない限り、夫婦関係の成立は常にかくのごとき族的集団の拡大を伴い、またこのように拡大せられた族的集団は家族の外郭として各家族の安否に何程かの影響を及ぼすものである。それ故に夫婦関係の成立に関しては、

人々は特別の注意を払い、通婚に先立って配偶者となるべき相手方の個人的性質、健康、能力等について充分なる調査を遂げるのみならず、これらの配偶者に附随してあらわれ、家族の外郭となるであろうと予想せられる人々の生活条件、生活態度についても慎重に考慮し、この外郭を構成するであろうと予想せられる人々が自分らの形づくる家族の安定を助長するであろうと考えられる場合、少なくともそれを阻害しないであろうと考えられる場合に通婚し、これに反する場合には、配偶者となるべき相手方自身の性格、能力または態度いかんにかかわらず、多くは通婚をさけんとする。あるいはまた時としてはこのような外郭関係にのみ重点を置き、新たにこの外郭を構成するであろうと考えられる者が自分らの家族に特種の利益をもたらすであろうと予想せられる場合には、配偶者となるべき者または配偶者を迎える者の意向、性質等を深く省察することなく、この外郭を構成するであろうと予想せられる者と直ちに婚約する人々さえある。武家時代に行われた政略婚および閨閥的援助を予想して行われる一部現代人の婚姻のごときはその例と観られる。かくのごとき家族にあっては夫婦なる成員に伴って起る外郭が重き意義を持ち、この附随たる族的関係のいかんが夫婦関係の成否に重大なる影響を及ぼしている。かくのごときことは家族以外の集団にあっては比較的少ない。他の多くの集団にあっては、その所属員が他の関係において交渉を持つ人々から干渉を受けることも少なく、またこのような人々のあるとに重点を置いてその構成員の加入いかんを定めることも少ない。

夫婦関係にある者が家族の重要成員となることは、このように一方において家族の外郭をなす族的集団の範囲の拡大を伴いやすくなっているが、それと同時にそれはまた、家族の内において新たに親子関係なる族的関係を発生せしめている。親子関係に立つ者は夫婦関係にある者と同様に家族の重要成員となる資格を得るのであるが、それは夫婦関係を基点としてあらわれるものである。家族におけ

る夫婦の共同はやがて親子関係の発生を促し、子は親の愛護を受け、離れ難き感情によって親に結びつき、親子不可分の関係に立つことによって親の所属する家族の成員たる資格を得る。この親子関係にある者が一集団の内に自然的に発生することは、家族においてのみみられる事象である。他の集団にあっては成員をその内に自から発生せしめることは、家族においてのみみられる事象である。他の集団にあっては成員が成員として共同し、その機能を全うしたからであって、新たに第三の成員をその内に発生せしめることはない。たとい集団の成員が増加する場合ありとしても、またそれが新陳代謝をその内に見出しつつあるが、それは旧成員が成員として共同したが故に、第三の成員が生じたのではなく、他の事情によって新たなる成員が集団に加入したのである。地域団体や教団等にあっては、常に新成員をその内に見出しつつあるが、それは各成員が国民としてまたは信者としてその機能を全うしたために、新成員があらわれたのではなく、それらの者が国民たる資格または信者たる資格を全うしたがために、新成員が所属する国家または教団が、その集団の成員と認めたものに外ならない。すなわち国民または信者が形づくる家族内に生れた新成員が、その親に伴われて親の所属する国家または教団の新成員となるのである。然るに家族にあっては夫婦なる成員が成員として緊密に共同したが故に、ここに親子関係が発生し、親なる成員は新たに生れた子と感情的に一体化し、子は親と不可分の関係を形づくって家族の新成員となるのである。かくして家族は夫婦なる成員を重要なる成員をなしている関係上、血縁的に最も接近している親子なる成員をその内に包含しやすくなり、年齢の異なる新成員を自然的にその共同に参加せしめるようになるのである。

もちろん現実にある個々の家族中には夫婦なる成員はあっても、親子なる成員を持たないものもか

なり多くある。大正九年〔一九二〇年〕施行の国勢調査の結果について筆者が調べたところによると、わが国の家族総数中、親子なる成員を持たぬ家族が約一割七分あり、さらに六大都市だけについてみると、かかる家族は六大都市の家族総数中約二割七分ある（第二章第四節参照）。わが国のごとく出生率の高いところにおいてすら親子なる成員を持たぬ家族がこのようにあるとすれば、出生制限の傾向の比較的強いとみられる欧米諸国においては、この種の家族はさらに多くの割合であるであろう。かくのごとく現実の家族中には親子なる成員を持たぬ家族がかなりあるのであるが、しかしこのような場合があるからとて、夫婦関係より自然に生ずる親子関係が家族の重要なる傾向の一つであることを否定し得ないであろう。現実の家族中に親子なる成員のないものあるのは、その家族に子供の出生を促すべき時期が到来しておらぬためか、または夫婦関係より自然に生ずる親子関係が家族の重要なる傾向の一つであることを否定し得ないであろう。現実の家族中に親子なる成員のないものあるのは、その家族に子供の出生を促すべき時期が到来しておらぬためか、またはその家族を構成せる夫婦の特殊なる心理的要求または生理的事情にもとづくものかである。通常の家族にあっては夫婦の共同から自然に子供の出生を期待することが出来、而してまた家族を構成する人々は多くの場合親子関係の自然的発生を予期している。

このように親なる夫婦の共同それと共に最も近い血縁連鎖の関係にある子供の出生を伴ない、これらの子供は親の愛撫を受けると共に親を慕い、親の所属する家族の構成員たる資格を得るのであるが、この意味における家族の構成員に関しては二つの例外的の場合がある。この二つの場合はいずれも家長的家族において起るのであるが、この種の家族にあっては、一方において事実上子供でない者に対して子供に対して認めるのと同様なる資格を与えて、これを家族の所属員となすことがあると共に、他方においては事実上の子供に対しても時としては家族の構成員たる資格を剝奪することがある。近代的家族にあっては事実上の子供でない者に家族員たる資格を与えることもなく、また事実上の子供は、それらが配偶者を得て自分らの一家を構成し、親の家族から自発的に離れるか、または独立生計を営

むために親から別れるかする場合の外、家族員たる資格を剝奪せられることもない。かかる家族にあっては夫婦に次いで家族構成員たり得る者は子供であり、子供以外の者が子供のごとく取り扱われることは、慈惠的の意味を以てせられる育児の場合以外にはなく、また事実上の子供のごとく家族員たる資格が与えられている。然るに家長的家族にあっては親夫婦に子供のない場合には、他家（多くの場合この親と族的関係にある人々の家族）から子供が迎えられ、また子供があってもそれが女子のみである場合には、他家から男子が迎えられて、それがこの親夫婦の子と認められ、その養子となる。この養子には事実上の子供に認められたのと同様なる資格が認められ、家族員としては子供と同様なる待遇が与えられる。事実上の子供と養子との差は事実上親子関係があるかないかだけであり、この事実関係にもとづく感情的接近の方面を除いてみるならば、家族たる資格においては養親子の関係も、実親子の関係も同様である。しかしながら家族内においていかに子供と同様なる資格が認められるとしても、養親子の間におけるがごとき愛着的接近が起り難い。実親子の間には隔てなき感情融和が自然的に発露するが、養親子の間にはかかる感情融和の自然的発露が求め難い。親子の愛情のごときは親子の間にのみ起り得るものであり、かかる愛情にもとづく感情的一致は親子の間にのみ求められ得るものであるにもかかわらず、事実上親子でない者を家族生活上人為的に親子のごとく認めて、これらの者の間に親子間に起り得るがごとき感情融和を求めんとすることは頗る困難である。したがって一般的に養親子の間には実親子の間におけるよりは大なる心的距離が置かれやすく、殊に相当の年齢になるまで実父母の下に育てられたる者が養子として他家に入る場合には、この子は実父母に対する愛情と養父母に対する愛情との差を明瞭に意識しているが故に、養父母に対して常に隔てを設けやすくなる。それ故に養子を迎えんとする者は、かかる意識が未だ明瞭にあらわれ

第二節　家族の特質

得ないような低い年齢の子供、または族的意識の起りやすい近親者の子供を出来るだけ実親子間のそれに近づけしめんとすることが多い。しかしいかにしても、実親子でないものの間に実親子間におけると同様なる感情融和は起り得ない。したがって養子は実子と同様なる態度を以て養親の家族の一員とはなり得ない。

然らば何故に家長的家族はかくのごとき親子でない者の間に親子に似た関係を強いて設定せんとするのであるか。それは家長的家族がその小集団の永続を計るために、順次この小集団を継承してその構成員となるべき者を求めんとしているからである。近代的家族にあってはその中枢的成員たる夫婦が死亡または分散すれば、直ちにその家族は解体し、また子供らは親夫婦の家族とは別に、その配偶者と共に新家族を建設する。それ故に、子供があるからとて子供らは親の形づくった家族を継承するのでもなく、親夫婦の家族の解体が避けられ得るものでもない。然るに家長的家族にあっては、その家族員は自分らの形づくった家族団体を子孫を通じて永続化せしめんとし、その家族の解体消滅を予定していない。これらの人々は祖先が形づくり、祖先が築き上げた家族は、自分らにとってもまた自分らの子孫にとっても有価値であり、尊重に価するものと信じ、自分らがこれを支持し、その存続に努めたごとく、子孫をしてこれを支持せしめんとしている。このような信念を持つ人々にとっては、家を継ぐべき子孫、順次にこの家族団体の構成員となるべき子孫を得ることが家族生活上の重要事となる。もちろん子孫の有無にかかわらず、自分らと同様にこの家族を尊重し、その構成員となってこの団体を支持し、自分らの小集団に固有なる行事（機能）を営む者が順次にあらわれさえするならば、この家族は永続するであろう。しかしながらかくのごとき人々を自分らの子孫以外に求めることは極めて困難である。子孫なればこそ父祖を愛慕し、父祖の形づくった生活形式を尊重し、他の人

人の評価作用いかんにかかわらず父祖が建設した家族団体に強い執着を感ずるのであり、また自分らの子孫なればこそこれを愛撫しながら、幼少の頃からその家族の生活形式を尊重するように訓育し、かかる生活形式を持つ家族を維持するように指導し得るのである。相互の間に強い愛着と信頼とのない人々にこのような執着と指導とを期待することは出来ぬ。それ故に自分らの所属している家族を尊重し、その構成員として順次にこれを継承して行くべき者を求めんとせば、自分らの子孫を得ることが最良の方法となる。このような意味において家長的家族にあっては子孫が重要なる者となる。然るに子供の出生は人為外の事情に左右せられることが多く、人々がこれを任意に期待し得ない。いかに家族員が子孫の出生を待望する場合においても、その要求が満され得ないこともあるべく、またいかに男子の成育を望むとしても女子のみが成育することもある。かかる場合にこれを自然の成行に委して置けば、家族は早晩解体の運命に逢着すべく、その結果家長的家族存立の重大なる要求に背くこととなる。かくのごとき結果は家長的家族の構成員としては出来るだけ避けるように努めなくてはならぬ。それ故にこの種の家族にあっては、子（多くの場合男子）の出生成育が期待出来ぬと予想される場合には、止むを得ぬ方法として、同族内の者またはその他の者の中より、この家族継承に比較的適した条件を備えている者を選んで、これに家族構成員たる資格を附与し、これを養子として家族員中に加えるのである。

家長的家族は右に述べたごとく、一方子孫にあらざる者に子孫と同様なる資格を認めて、これを家族員となす場合あるのであるが、他方子孫たる家族員から家族員たる資格を奪う場合もある。この種の家族はその集団生活の永続を目標としているが故に、その構成員たる者はその小集団の伝統に忠実であり、その生活形式（家風、家憲、家業、家名）に従順なる者でなければならぬ。この忠実と従順

とを欠く者はこの小集団内の秩序を乱すものであり、永続性を持つ家族を破壊する恐れある者である。それ故に家族的共同維持の主たる責任者（家長）は、かくのごとき者があらわれぬよう常に家族員を指導しているのであるが、もしこの指導を無視してかくのごとき者があらわれ、それがこの責任者またはその他の家族員の教令に違反する場合には、止むなくこの者から家族たる資格を奪い、これを家族外に排除する。かかる排除作用は家族的共同に不忠実なる者である限り何人に対しても行われ、妻が家風に不従順であれば離婚となって家族外に排除され、養子が家族の伝統に不従順であれば除籍となって家族的保護の外に置かれる。ただこれらの家族員中、子供は親夫婦に最も深く内的に結びついているものであり、また離縁となって家族外に追放せられ、その他の家族員が不忠不順であれば除籍となって家族的保護の外たたられの子供の中には次に家族的共同維持の責任者となるべき重要任務を持つ者もある故、それらは容易に家族外に排除せられ難いのであるが、たとい子供であっても、それが家族的統一の責任者たる家長の要求に反し、親の教令に背き、家族の生活形式を守らず、その内的秩序を乱し、また次代においてこの小集団を継承して行くべき資格もないと認められる場合には、致し方なく家族員たる資格を剝奪せられる。いわゆる勘当はそれに類似の処分は多くはこの意味の排除作用である。しかしこの排除作用は家族的共同を維持し、これを永続せしめる必要上起るものであるが故に、この必要上子供は親の家族内に止まることが許されない場合あるとしても、親子の愛着的結合はこの作用によって遮断せられるものではなく、勘当せられた子供も、家族員としてではなく、単に親の子として親と離れ難き関係を保ち得る。

　これら養子の場合と勘当の場合とは、親子関係にある者はそれらの者が自発的に分離しない限り同一家族の所属員となるという、家族構成員の一般的資格の例外的場合となる。しかしこれらの場合は

例外的場合である故に、その起り得る場合は概して少ない。家長権の強い場合においても、親の教令に違反し、勘当またはそれと類似の取り扱いを受けるような子供は、然らざる子供よりは遙かに少ないようであり、また養子のごときは比較的多いように考えられるが、一般的にみて子供のない家族は非常に少ない。筆者が調査したところによると、夫婦関係継続期間のいかんを問わず、新婚早々のものも老夫婦も共に合わせて観察した場合においても、現代東京市（大正一五年（一九二六年）調査）における家族にあっては一、〇〇〇組の夫婦中、子供なきもの一六八、子供あるもの八三二となっている。また英国（一九二一年調査）のそれにあっては子供なきもの二九三、子供あるもの五六九、不明一三八となり、仏国（一八九六年調査）のそれにあっては子供なきもの一六七、子ある者八一一、不明二二となり、また子供のない夫婦が最も多いであろうと予想せられているパリ[註3]（一八九一年調査）のそれにあっても、子供なきもの二三九、子あるもの六六六、不明九五となっている。子供のない家族がいかに少ないものであるかはこれらの事実によっても明瞭となるであろう。これらの家族中には夫婦関係継続期間の短いものすなわち新婚早々のものを含んでいるが、もしこれらの者を除いてみるならば、子供のない家族はさらに少なくなるであろう。このように大多数の家族はその内に子供を成育せしめている故に、家長的家族にあってもこれが養子を迎えねばならぬような場合は、養子が必要となるが、子のない家族もまた概して少ないと考えられる。もちろん子供はあってもこれが女子のみである場合は、いかなる民族においても、男子数と女子数とはほぼ相等しい。したがって二人以上の男の子があるような場合は、半数は男の子を持つものと考えられる。したがって男の子を持つ家族の数は二人以上の子供がある家族数に一人の子供がある家族数の二分の一を加えたものにほ

ぼ等しくなるであろう。このような推計を許してみると、東京市にあっては、家族一、〇〇〇中、一人の子供あるもの一九六、二人以上の子供あるもの六三六となる故、(註3参照)男の子供を持つ家族は家族総数中、七割三分四厘となる。もしこれらの家族中から夫婦関係継続期間一〇年以上または一五年以上のもののみを抽出して計算するならば、東京市のごとき近代都市にあっても、男の子を持つ家族の数は右の割合よりは遙かに高率となるであろう。してみれば子供がないために養子を必要とするような家族が少ないばかりでなく、男の子がないために養子を入れなくてはならぬような家族も、その数甚だ少ないものであると云われ得るであろう。

右に述べたごとく養子または勘当等は、家長的家族の永続を計るために止むを得ず行なわれる例外的方法である。一般的にはこの種の家族にあってもかくのごとき方法によって家族構成員たる資格が与奪せられるのではない。大多数の場合において家族は夫婦関係にある者を主なる構成員とするよりして、これらの夫婦と不可分的に結びついている子供に家族員たる資格を与え、感情的に合一化している親子に同一家族の重要成員たる資格を認めている。またこれらの夫婦と族的連鎖を持たない者は、たとい相互に親しく相結ぶことあるとしても、それらは親しき友人として、親分子分の関係にあるものとして、師弟の関係または主従の関係にある者として家族員と相交ることが許されるのみであって、養子の場合の外、子としての資格を持つ者として、家族員中に加えられることはない。

家族はこのように夫婦関係および親子関係にある者を主たる構成員としているが、かくのごとき成員の存在はやがてまたこれらの成員と血縁的類似の比較的強い近親者を家族員中に加入せしめるようになる。夫婦関係にある者だけが家族の成員たる場合には家族成員間の関係は極めて単純であるが、親子関係にある者が成員となる場合には、家族構成員中には、夫婦関係、親子関係および兄弟姉妹の関係

第一章　家族の集団的特質　66

等にあるものが家族の構成員たる資格を得ることとなる。さらにこれら親子関係にある者が世代を重ねて親子関係を形づくる場合には、而してこれらの者が順次に親の所属する家族中に止まる場合には、家族の構成員は夫婦、親子、兄弟姉妹、舅姑と嫁、兄の配偶者と弟の配偶者、小姑と嫁、祖父母と孫、伯叔と甥姪、従兄弟姉妹、従兄弟姉妹等の近親関係にある者に構成員たる資格を認めることになるべく、なおその上に世代が重なる場合には、これらの関係にある者の外に、曽祖と曽孫、従祖祖父母と姪孫、従祖伯叔と従姪（従兄弟姉妹違い）および再従兄弟姉妹等の関係にある者も、家族構成員たる資格を得ることとなる。家長的家族にはかくのごとき複雑なる関係を持つ場合が稀にあり、現在わが国にある家族中にも台湾、東北地方および岐阜県の一部等には上述のごとき関係を含むものが、僅かながらある。また支那の歴史についてみると、極めて特別なる場合の例として七世同居、九世同居というような記録が『考友伝』等に載っている（註5参照）。これらの場合には家族の構成員たり得る資格は、非常に複雑なる族的関係にある者にまでも認められていたと考えられる。

しかしながら一般的には家族の構成員は夫婦関係および親子関係にある者より成り、その構成員たり得る近親者の範囲は概して狭く限定せられている。家族的家族にあっては比較的遠縁の者も同一家族の成員となる場合あるが、それにしても血縁連鎖の関係が明らかに辿り得ないほど遠縁の関係にある者がその成員中に加えられることは殆どない。この点において家族は氏族または種族等と異なっている。氏族等にあっては前にも述べたごとく、成員は同祖よりの後裔であるという意識を持っているとしても、それらの成員相互の血縁連鎖がいかになっているかをもはや意識しておらぬ。それほど成員相互からなる場合であっても、かくのごとき遠縁の者にあっては、いかに複雑なる身分関係にある人々の共同からなる場合であっても、かくのごとき遠縁の者

をその成員中に含むことは殆どない。通常の場合には、たとい家長的家族であっても、その構成員は比較的狭い範囲の近親者だけに限られ、少しく血縁関係の薄くなる者はすべて家族外に排除せられている。しかもこれら狭い範囲の近親者中にあっても、家長または世帯主夫婦ならびにそれらと親子関係にある者が家族の中枢的成員となり、その他の者はこの共同に附加的に参加しているに過ぎない。なぜならば、夫婦ならびに親子関係にある者の間にあってはその合一化が最大限に緊密となり得るが、それより少しく縁遠い者の間にあっては、それ程緊密なる融合が求められ難いからである。

第二に家族はその構成員を極めて少数の者に限定する。家族的共同は他の一切の集団と異なっている。旅行の道連れとか、商品の売買による関係とかいうがごとき一時的の対人関係はしばらく別として、比較的持続性をもつ集団生活中にあっては、家族ほど僅少なる成員のはない。もちろん特殊なる場合には秘密結社、芸術家の集団等が僅少なる成員よりなることもある。しかしこのような団体においても成員数の極めて少ないということは例外的の場合であり、一般的には数十人、数百人の成員を数えるのを以て通常としている。然るに家族にあっては成員数の少ないことが常態であり、数十人の成員を持つというがごとき家族は例外的のものである。ただこれらの家族の少ないことにあってもその員数は概して少数である。わが国には家長的家族が多くあるといわれているが、しかも現代わが内地人一般の一家族平均員数は五人未満であり、最も多くの近親者を成員とするものについてみても、事実上家族的共同に参加している成員数が三〇人以上になる場合は殆どなく、二〇人以上の成員を数うるに足らぬほどしかない（註4参照）。また支那には大家族が多いといわれているが、例外的の成員比較的多数の成員を含むと考えられるが、それにしてもその員数は概して少数である。わが国には家長的家族が多くあるといわれているが、しかも現代わが内地人一般の一家族平均員数は五人未満であり、最も多くの近親者を成員とするものについてみても、事実上家族的共同に参加している成員数が三〇人以上になる場合は殆どなく、二〇人以上の成員を数うるに足らぬほどしかない（註4参照）。また支那には大家族が多いといわれているが、例外的の

場合として唐の張公芸、宋の陳競等の家族が挙げられるのみで、一般には一家族平均員数は五、六人となっている。『宋史』や『唐書』には珍らしい大家族の例が挙げてあるがそれは珍稀なる家族であるが故に記録に遺されているに過ぎない。陳競の家族等は長幼七百口とあり、かなり大きい部落ほどの大家族であるらしいが、しかし昔の支那の家族が一般にこのような大家族であったのではない。たとえば『大唐六典』（尚書戸部）に「凡天下戸八百一万八千七百十、口四千六百二十八万五千七百六十一（開元二二年〔七三四年〕）とある。これによると一戸平均員数は五・七七人となる。近代の家族の戸口調査の結果より一人位多いに過ぎない。また『前漢書』および『後漢書』等には支那の各郡国の戸口調査の平均員数が記述してあるが、これらの地方の人口を戸数で割ってみると、一戸平均五人位になるところが多い。たとえば永和五年（一四〇年）の調査では、河南尹に二一城、戸数二〇万八、四八六、人口一〇万八二七人とある。その一戸平均員数は約五人となる。その他これに類する記述は非常に多いが、大抵その一戸平均員数は現代わが国の農村地方のそれと同様であり、中にはその員数が現代わが国の大都市のそれより少なくなっているようなところもある。当時支那の人口調査が果して何程正確になされたかは知る由もないが、これらの歴史的記録が事実から余りかけ離れたものでないとせば、大家族を以て有名である昔の支那の家族も、その構成員数は現代われわれの周囲にみられる家族のそれと余り大なる差は無かったのではなかろうかと考えられる。

家族の員数はこのように概して少数に限定せられているが、この員数限定は然らばいかなる理由にもとづくのであるか。家族外にある社会の要求がこのように家族員数の増大を許さぬのであるか。または家族内に存する特殊事情がその員数を縮小せしむるのであるか。家族外にあって家族生活になんらかの干渉を加えるであろうと考えられる国家、教団、民族等の諸集団と家族との関係を考察する

69　第二節　家族の特質

に、一般的にみてこれらの諸集団が家族の員数を制限すべき必要に迫られているとは考えられぬ。もちろん特殊の事情ある場合にはある国家または教団等が必要に応じてある特定の家族の員数を限定するということはあり得る。しかしながら一般的にこれらの集団が家族の員数を制限するということはない。してみればこの員数縮小は家族に特有なる性質にもとづくものと考えなくてはならぬ。すなわち家族の員数制限の理由は家族の外部にあるのではなく、その内にあると云わなくてはならぬ。何故に家族は自からその員数らば家族内にあってその員数を制限する働きをなすものとしては二つのものが挙げられ得る。一つは家族の特を制限するのであるか。かかる働きをなすものとしては二つのものが挙げられ得る。一つは家族の特質として最初に掲げた家族構成員の資格制限であり、他は次に第三の特質として挙げる家族員の結合の性質である。

前に述べたごとく家族はその構成員たるべき者に特殊の資格を要求している。家族員たることを許される条件たる夫婦、親子および近親関係にある者というがごとき資格は、任意に人為的に求められ得ない特別の資格である。それが任意に求められ得ない資格である故にこの資格を備え得る者は自然的に量的制限を受けることとなる。それ故にこの点だけから考えても家族員数は多くなり得ない。家族構成員たる資格を持つ者としてまず夫婦関係にある者が数えられるのであるが、夫婦関係の構成員数は常に少数であり、大多数の場合において一夫一婦、すなわち二人である。一組の夫婦関係が三人以上の人々によって構成される場合は極めて少ない。多妻制の慣習ある社会では数人の婦人が一人の男子と夫婦関係を形づくる場合もあるが、この種の慣習あるところにあっても、数人の婦人を妻とする者は事実上極めて少なく、多くは一夫一婦である。わが国において数十年前までは妾なる者が公に認められ、妻妾が同一家内にいた場合もあったが、しかしこのような場合は事実上非常に少なかった。

古代の戸籍について筆者が計算したところによると、大宝二年（七〇二年）調査の御野国戸籍では、戸内の員数および各員の世帯における身分的地位の記述明らかなるもの一〇九戸あるが、この一〇九戸の戸主に対して妻の数は八一、妾の数は一四となっている。この場合妾は正妻の外に一人ずつしかおらぬとしても、多妻的なる夫婦関係は僅かに一四組であるのに対して、一夫一婦のものは六七組あることとなる。このように多妻的なる夫婦関係の方が少し多くなるように計算してみても、夫婦関係総数中、この種の夫婦は一割七分に過ぎぬということになる。すなわち多妻制の慣習のあるところにあっても、事実上多妻的なものは比較的少ないということが知られるであろう。さらにまた事実上多妻的なる夫婦関係についてみても、一人の男子に対して配偶者となる妻妾の数は余り多くはなかったであろうと思われる。古代の戸籍計帳残簡についてみても、妾二人ある場合は御野国の戸籍一〇九戸中二、九州地方の戸籍三七戸中二、下総国大島郷戸籍六二戸中三あるのみである。わが王朝時代の貴族および封建時代の諸侯中には、多くの妾を置いた者もあったであろうが、それにしてもその数は極めて少ない。註7 豊太閤の城中壁書によると「小身之儀者不レ及レ申雖レ為二大身一目懸之女房大勢不二相抱一之事」（文録四年〔一五九三年〕八月二日）とあり、さらにその追加に「小身之衆者本妻之外遺者一人ハ可二召置一但別二不レ可レ持レ家候雖レ者ニ大身二手懸之者不レ可レ過二両人一事」とある。これによってみれば諸侯等にあっても、同時に二人以上の妾を置くことは禁ぜられていたものと観られる。また支那には多妻的なる家族が多いといわれているが、支那各地より来る留学生の語るところによると、事実上多妻的なる夫婦関係を形づくる者は権力者または富者であり、一般には妾を持つ者極めて少なく、また権力者または富者等が妾を置くとしても、その妻妾の数は多くは二、三人位に過ぎないということである。ただ極めて特殊なる例として、支那周代の天子の後宮には皇后以下三夫人、九嬪、二七世婦、八一女御とい

う多数の婦人が職制上置かれることになっていたとの記録があるような制度が果して周代に事実上行われていたか否か、たとい官制上定めてあってもそれほど多数の婦人が後宮に侍したか否かは頗る疑わしい。またかりにそれが行われていたとしても、それは天子の後宮というがごとき特別の場合であり、それを以て一般の例とみなすことは出来ぬ。通常人の場合では、多妻的なる夫婦関係にあっても、妻妾の数は両三人に止まったのではなかろうか。支那の家族において最も尊重せられ、かつ記述が比較的正確であるといわれている族譜について調べてみても、一人の男子が三、四人以上の妻妾を持っていたと思われるような場合は稀である。筆者の手元にある族譜は広東地方において相当な社会的尊敬を受けていたらしい王氏一族の族譜である。この族譜には妻妾の姓と位階とその妻妾から生れた子供の数とが各世代の男子の名の下に記述してある。この記述によって王氏一族の各家長が持った妻妾の数を調べてみると、妻一人である場合が最も多く、四人以上の妻妾ある場合は殆ど見当らない。[註9]

これらの事実によって明らかなるごとく多妻制の慣習のある社会においても、事実上多妻的なるものは少なく、また事実上多妻的なる家族にあっても、一人の男子が両三人以上の妻妾と夫婦関係を形づくっている場合は少ない。このように事実を忠実に考察してみると、多妻制が認められている社会においても、多妻的なる夫婦関係はその成立が可能であり、その存在が許され得るというに止まり、事実は大多数の場合において、一夫一婦である。しかしそれにもかかわらず、人々の間にはややもすれば多妻的なる夫婦の存在が誇大に伝えられやすくなっている。それは多くの場合この種の夫婦関係についての叙述が煽情的であるかまたは煽情的に受取られやすいかによるものと考えられる。多妻的夫婦の例として特殊なる地位にある一人の男子が数十人の婦人を妻妾とした場合等が挙げられやすい

のであるが、かくのごとき場合は通常の人々の生活においては事実上殆どないと観て差し支えない。またそれが事実上あったとしても、かく多数の婦人が同時に一人の男子の妻妾となっていたのではなく、同時に妻妾となっている者は数人に過ぎないとしても、これら二、三名ずつの婦人が順次に代謝的にこの男子の家族中に加っていたが故に、総計的にそれが多数となっているに過ぎない。いわゆる偉人の多妻関係のごときはこの種のものである。

なおこの多妻的なる夫婦関係について注意すべきは妾の意味である。多妻的家族の構成員としての妻妾は夫と同一家族に所属しているものでなければならぬ。ここにいう妻妾は家族員としての妻妾を意味するのであるが故に、配偶者となるべき男子と同一家族に所属しており、またその所属を予想しておらぬ婦人は妻妾ではない。妻は欧州において行われている別居の場合ある場合等を除くの外、常に夫と同一家族を構成しているが故に、妻については家族員であるや否やに関して疑いの起る場合は少ないが、妾に関してはこの疑いを生ずる場合が多い。妾には内妾と外妾とあり、内妾は豊太閤城中壁書の要求のごとく妻と同棲し、妻と共に夫の家族に所属しているが、外妾は妻と同居せず、夫の家族とは別に生活の本拠を定めている。これらの外妾はこれに保護を加えるものの子供の母となり、母としてその子供を扶育する故に、内妾に似た性質を備えているが、夫の家族の一員とならない点において内妾とは異なるものである。それ故に内妾は多妻的夫婦関係を構成する一人と認められ得るが、外妾はこの関係にある者と認められない。通常妾といわれる者にはこれらの外妾が比較的多く、これらを妾と認めるよりして多妻的なる夫婦関係が多いと観られやすくなっているのであるが、これらの婦人は男子の友人であり、遊び相手であり、またその子供の母であるに過ぎず、多妻的家族の妻妾ではない。したがって通常多妻的なる夫婦関係と観られているものの中よりこれらの

外妾を除き去ってみるならば、多妻的家族はその数甚だ少ないものとなるであろう。

これら多妻的なる場合は夫婦関係の特殊的なる場合であり、変態的の場合である。かくのごとき特殊的なる場合は単に多妻的なるものだけでなく、夫婦関係としてあらわれる割合は僅少ではあるが、この外になお群婚形式のものおよび多妻的なるもの等がある。群婚形式の夫婦関係は一群の兄弟がその姉妹にあらざる他の一群の姉妹と通婚することによって成立する夫婦関係である。この通婚形式はアメリカ、註11太平洋上の群島およびアジアの一部等にいる低級民族の一小部分に多少行われているといわれている。この種の夫婦関係はあらゆる夫婦関係中最も多くの構成員を含むものであるが、しかしそのあらわれる場合は極めて少ない。かくのごとき夫婦関係は一部少数民族の間においてみられるのみであり、またこれらの民族にしても人々が悉く、かくのごとき通婚形式を用いたまたは用いていたのではなく、わが国や支那において行われていた多妻的夫婦関係と同様に、その中の一部分の人々がかくのごとき夫婦関係を形づくっているに過ぎない。次に多夫的なる夫婦関係は一群の兄弟または叔父甥の関係にある者が一人の婦人を共同の妻として娶るという形式のものであり、ネパール、ブウタンおよび註12チベット等の、山岳不毛の地方ならびに印度の一部にいる未開人の間に行われているといわれる。この種の夫婦関係も著しく特殊的なるものであるが、それも群婚形式のものと同様に、極めて少数の低級民族中のしかも一部分の人々によって行われているのみである。チベット地方においても一夫一婦が主なる通婚形式であり、多夫的なるものは極めて小部分の人々によって形づくられるのみであるといわれている。してみれば特殊的なるものとしてあらわれる群婚形式または多夫的形式の夫婦関係は多妻的なる夫婦関係よりもさらに少なく、人々が形づくる夫婦関係全体の上からみれば殆ど顧みるに足らぬほど僅少なるものと考えられる。通常の夫婦関係は殆ど常に一男一女の関係であり、多

第一章　家族の集団的特質　74

妻的の関係のごときは概して少なく、またかりに多妻的なるものがあるとしても、その妻の数は二、三人を越えることは少なく、かくして夫婦関係の構成員数は一般的には甚だ少ないものとなる。

夫婦に次いで家族員たる資格を得るものは親子関係に立つ者であるが、子供は親夫婦に従って家族の成員となるものである故、一組の夫婦の員数が少数であるならば、これらの夫婦から生れる子供の数はまた自ずから少数とならざるを得ない。多妻的の場合には一夫一婦の場合より多くの夫婦が一組の夫婦から生れるであろうが、しかし多妻的の夫婦関係は嫡妻に子なき場合または男の子なき場合に起るのを正常としているが故に、妻の数に正比例して子供の数が多くなるものではない。それ故にたとい多妻的なる夫婦関係の場合にあっても、それらの夫婦の持つ子供の数はさらに少なくなるであろう。通常一人の既婚婦人から生れる子供の数は五、六人以内の場合が最も多く、また生れた子供が全部成人するとは限らない故に、同一の親の子として同時に親の膝下に集る子供の数は、母親が受胎期を過ぎた後においても、多くの場合右の数よりはさらに少なくなるであろう。大正一四年の夏東京帝国大学学生の戸籍謄本について、筆者は学生の両親から産れた子供の数を調べたことがあるが、その結果は次のごとくなってあらわれた。

（この場合東京帝国大学に在学している文学部ならびに経済学部の学生の戸籍謄本約千五、六百通を調べたのであるが、そのうち①学生の父が戸主なること、②学生の実父実母に死別または離別等の不幸が無かったことと、③戸籍謄本作製当時に学生の母が四五歳以上に達していること、④学生の同胞兄弟姉妹数の記述明かなること等を条件として選択した結果、これらの条件に適する謄本七一九通を得た。この七一九通に見出される母の数をこれらの母が産んだ子供の数別に観察することとした。）

子供の数別	一人	二人	三人	四人	五人	六人	七人	八人	九人	一〇人以上	計
母の実数	三一	四三	六二	一〇三	一三一	九二	五九	四四	三六	二五	六〇八
右比例数	五・一	七・一	一〇・六	一六・七	二一・六	一五・一	九・七	七・三	六・〇	四・二	一〇〇・〇

これらの数によると六人以内の子を産んだ母が最も多く、それは母の総数の六割四分に当り、一〇人以上の子を持つ者は非常に少なく、それは母の総数の六分にしか当らない。而してこれらの母の全部について観ると、一人平均の産児数は五・六人未満となっている。これらの母は大学学生の母である。

したがって大体においてこれらの人々は生計上の圧迫に苦しむこと比較的少なく家族生活を営み得た人々であると考えられる。なおまたこれらの人々はわが国において人口制限または産児調節の傾向最も少ない時期に夫婦関係を形づくり、一人の不妊者もなく最も好条件の下に生活した母となり受胎期を終った人々である。このような好条件の下に置かれた人々であってもその産児数は右に述べたごとく五、六人以内の者が多数である。しかもこれらの母から生れた子供が全部成育するとは限らない。最近わが国においては乳児死亡率は徐々に減少しつつあるが、しかも出生一〇〇に対して一歳未満の者の死亡は約一四、五歳以内の者のそれは約二二、二〇歳未満の者のそれは約四〇となっている。したがって右のごとき好条件の場合にあっても、同一の夫婦の下に集まる子の数は多くは五人以内に止まるであろう。

以上の場合は産児調節の傾向の殆どない場合の産児数であるが、産児調節が多少行われていると考えられる場合においては、一組の夫婦から生れる子供の数は右の数よりはさらに少なくなるであろう。かつて米国ウィスコンシン大学において学生の父母、これらの父母の兄弟姉妹とその配偶者等が

何程の子を挙げたか、また学生の父の父母および母の父母が何程の子を挙げたかを調べたことがある。

これらの母の数を子供の数別に観察すると、次のごとくになっている。[註13]

(この場合学生の父母、その兄弟姉妹およびその配偶者等は大体において一八六〇年代頃に生れし人々、学生の父の父母および母の父母等は一八三〇年代頃に生れし人々となっている。これらの者のうち調査者は①四五歳以上になるまで夫婦関係を継続していたものであること、②米国において夫婦関係を結び、かつ米国にて子を挙げしものであることを条件として夫婦を選び、一八三〇年代頃に生れしものの夫婦六二九組、一八六〇年代頃に生れしものの夫婦一、一八三組を得ている。)

子供の数別	無子	一人	二人	三人	四人	五人	六人	七人	八人	九人	一〇人以上	計
一八三〇年代生れの母の数		二六	五七	六九	八四	九一	七〇	六六	五四	三八	三五	六二〇
同右比例数		四・五	九・三	一一・二	一四・五	一五・一	一一・二	一〇・八	八・九	六・一	八・四	一〇〇・〇
一八六〇年代生れの母の数	一七三	一九四	二〇九	一四二	八六	六五	四四	二〇	一三	七	一三	一、一六三
同右比例数	一五・五	一四・七	一七・六	一三・〇	七・二	五・五	四・〇	二・三	〇・六		一・九	一〇〇・〇

右の数について観ると、一八三〇年代頃に生れた者の産児数はわが大学の学生の母の産児数とほぼ相似ている。すなわち六人以内の子を持った母の数は母の総数の約六割七分となっている。然るに一八六〇年代頃に生れた者、すなわち米国において産児制限の傾向があらわれ出したと考えられる頃に夫婦関係を形づくった者の産児数は、前の場合よりは著しく少なくなっている。これらの者のうち

約五割までは子無きか、または有っても一、二人位しか持っておらぬ。産児制限の傾向がある場合、一組の夫婦から生れる子供の数がいかに少なくなるかは、この調査についてみてもほぼ明らかに知ることが出来るであろう。

これらわが国の大学学生の母および米国の大学学生の母ならびにその母と同世代の近親者が持った子供の数は、いずれも受胎期を終った者の持った子供の数である。それは一般に母となった者が一生涯の内に挙げる事実上の産児数である。然るに一般に家族生活をなしている夫婦について観ると、受胎期を過ぎた妻よりは未だ過ぎぬ者の方が多い。すなわち一生中に生むべき子供を生み終った妻よりも、未だ生み終らぬ者の方が常に多い。それ故に現実に夫婦関係にある者一般について観るならば、それらの者が事実上持つ子供の数は、前記の場合のそれよりはさらに少なくなる訳である。今筆者の調査になる、東京市小石川区在籍の者にして、明治以後に生れかつ大正一五年現在有配者である妻が挙げた産児数、および一八九一年調査になる仏国パリ在住のフランス国民の各家族（夫婦）の挙げた産児数（フランス国勢調査には生存児数の外に産児数が挙げてある）をみると左のごとくになっている。註14

子供の数別	無子	一人	二人	三人	四人	五人	六人	七人以上	不明	計
小石川区在籍の妻の数	一、二六七	一、四四〇	一、四四九	一、二三六	九五四	七九二	一、一六八（六人以上）			八、八六六
同右比例数	一六・八	一九・六	一六・三	一三・八	一〇・二	八・九	一三・四			一〇〇・〇
パリ在住仏国民妻の数（千人）	一五五	一六二	一三九	六四	三一	一四	六	五		六四六
同右比例数	二三・九	二六・〇	二〇・〇	九・九	四・八	二・二	一・〇	〇・七	九・五	一〇〇・〇

東京市においては極めて最近に産児制限の傾向が多少あらわれつつあるのであるが、大正年代まではそのあらわれ方は頗る微々たるものであったと考えられる。このように産児調節の極めて微少なる場合においてすら、前記小石川の戸籍よりの数の示すごとく、妻の総数の約五割以上は子無きかまたは有っても二人以内に過ぎず、六人以上の子を有つ者は妻の総数の一割三分位しかない。またパリ市民ことにフランス国民たるパリ市民は人口制限を最も巧みに行うと云われているが、このような人々のなす夫婦関係から生ずる子供の数は非常に少なく、すでに一九世紀の終りにおいてすら、前記の表にあるがごとく、妻の総数の五割以上は子なきかまたは僅かに一人の子を持つかに過ぎない。四人以上の子を持つ者は妻の総数の一割未満である。

これらの事実によって観ると妻が受胎期を過ぎるまで夫婦関係を継続している夫婦にあっても、一般に一組の夫婦が挙げ得る子供の数は事実上余り多くならず、このような夫婦のみならずすべての夫婦についてみる場合には、産児数の少ないものがさらに多数となり、また産児制限の傾向のない場合においても、親子関係を通じて家族員たる資格を得る者は一般には親の数の二倍以上に達すると云われ得る。なく、もしまたこのような傾向のある場合にはこの資格を得る者は遙かに少数になるであろうし、なおまたこれらの子供の中には、幼逝の不運に逢う者もかなりある。それ故に、子として同時に親の家族に入る資格を持つ者は、普通の場合には多くは三、四人以内に止まるであろうと考えられる。もちろん多妻的なる夫婦関係にあっては一組の夫婦から生ずる子供の数は右の場合よりは多くなるであろうが、多妻的なる夫婦関係にしても一家族の成員としてある妻の数は二、三人以上となること殆どなく、かつ産児数は妻の数に正比例して増加するものでない故、このような場合においても、一家族の成員となる資格を得る子供の数は概して少数となるものと考えられる。

79　第二節　家族の特質

このように夫婦または親子関係を形づくる者として一家族の成員たる資格を得る者は余り多くなり得ないのであるが、これらの者の外に家族員たる資格を得る近親者の数もまた無制限に増加するものではない。近親者といえば通常の親族称呼を以て示される直系および傍系の族的関係者が数えられ得る故、その数はかなり多数となるのであるが、しかし近親者の数は結局において親子関係にある者の数に規定されている。この関係にある者の数が概して少数である限り、近親者の数は、他の種の社会的集団の成員たる資格を得る者の数のごとく、多くなり得るものでない。かりに一夫婦（親）から生れかつ中途で斃れることなく成育した子供が四人であるとし、これらの者が婚姻し、またその親と同様に四人ずつの子供を育てあげたとし、而してこれらの人々が全部一家に集っているとしても、一〇六人となるに過ぎない。同様にして四世代の者が全部合算されるとしても三世代の者すべてを合せて二六人となるに過ぎない。してみれば通常同時的に生存する近親者の数は曽祖曽孫の関係にある者、従祖父母姪孫の関係にある者、従祖伯叔父母従姪の関係にある者、再従兄弟姉妹の関係にある者等、直系傍系の多くの者を加えるとしても、多くは一〇〇人内外に止まるであろう。したがってかりにかくのごとく近親者がすべて同一の家族の成員よりは遙かに少ないものとなるであろう。

かくのごとく家族はその成員を特別の資格の者だけに制限し、かつこの資格を得るべき夫婦、親子および近親関係にある者の数は常に比較的少数となる傾向あるが故に、この点からしてもその成員数は多数となり得ない。しかし家族の成員数の小なることは、単にその成員の特殊的資格という点のみから考察せらるべきではない。近親者の数の成員数のごときは傍系親を加える場合には、比較的血縁の近い者だけに限る場合においても二、三〇人位になる可能性は充分にあり、少しく縁遠い関係の者まで加え

る場合には、一〇〇人以上に達することも珍しくはない。然るに大多数の場合において家族員数は一〇人を越えること少なく、前にも述べたごとく多くは五人内外である。いわゆる大家族と称せられる家族形態の多い地方の家族について観ても、多数の家族の員数は四人ないし六人であり、小家族といわれる家族形態の多い欧米諸国の家族について観ても（各国の国勢調査の示すところによると）、三人ないし五人の員数からなる家族が大部分を占めている（第二章第二節参照）。してみれば家族の員数が少ないことは、前述のごとき構成員の資格が夫婦、親子および近親関係にある者だけに限られているということのみを以てしては充分に説明され難い。もちろんこの成員の資格限定も何程か家族の員数制限に影響を及ぼしているのではあるが、しかしそれよりもなお一層強く家族員相互の結合の性質がこの小集団の員数縮小に効果を及ぼしていると考えられる。家族は次に第三の特質として挙げる構成員の結合の性質がこれを示すがごとく、成員相互の感情融合にもとづく集団である。かかる集団においては、人々は相互に強き信頼感を以て接触し、相互に出来る限り心理的障壁を取り除いて心置きなく合一化し得る者の範囲内だけに、その成員を限定せんとする。それ故にたとい近親者であっても、すなわち家族員たる資格を持つ者の間においても、一部分の者と他の部分の者との間に互いに相信頼する程度に差があり、互いに胸襟を開く程度に別がある場合には、これらの人々は一家族の所属員として同輩し、等しき程度において合一化することが困難となる。このような場合には叔姪の間においても、兄弟の間においてもまたは親子の間においても、早晩分離しなくてはならぬようになりやすい。一家族の内においても、世代を重ねることにおいて近親者が増加する場合には、一方においてこれらの近親者が各自に配偶者を得るに従って、血縁者相互間に次第に何程かの隔てが起りやすくなる。

多くの場合、夫婦の合一化は兄弟姉妹のそれよりは強く、親子の融合は叔姪のそれよりは強い。殊にこれらの傍系親が各自配偶者を得、さらにこの配偶者を通じてそれぞれ親子関係を形づくる場合には、これらの者は各々の夫婦および親子間に存し得る心的距離を縮小すると同時に、その他の血縁者に対しては、従来それらの者に対して持っていたがごとき心的態度を改め、何程か心的障壁を高めやすくなる。またたといこれらの兄弟叔姪間にはなんらの隔てが置かれないとしても、兄の妻と弟の妻との間には叔姪の間におけるよりは一層大なる隔てが置かれやすくなり、また伯叔の配偶者と甥姪の配偶者との間には兄と弟との間におけるがごとき感情融合は求め難く、また伯叔の配偶者と甥姪の配偶者および親子間が各々その配偶者と子供とを持つ場合には、各々の夫婦および親子はそれぞれ自分らの夫婦および親子間だけにおいて強く合一化すると共に、互いに他の夫婦および親子に対して多少心的距離を置くようになり、兄夫婦およびその子供らが形づくる合一化は弟夫婦および親子の合一化の外に置くようになり、甥姪はその配偶者と相結ぶことによって伯叔の夫婦ならびに子供らから何程か離れるようになる。これらの夫婦および親子間の親和と、その親和の程度のあり方、伯父の妻と甥の妻等の間の親和とは、相互に強く感情融和し得る者は離れ難き一体化をなすと同時に、これらのものは自分らと感情融和の度合を異にする者に対して差別的態度を取り、外面上あらわれる行動のいかんにかかわらず、内心においては互いに心的障壁を高めやすくなる。かかる場合には感情的に最も強く融合し、この家族的集団の内容充実に最大なる努力を致す少数の者のみがこの小集団中枢的成員となり、他の者はこれらの中枢的成員に対しては、中枢的成員相互間におけるほど強き執着心を持たず、またそれらの者と生涯運命を共にし同一の家族を建設しなくてはならぬと意識するこ

とも少ないが故に、この小集団の内においても重要なる役割を演ずることなく、それらの者とは別に自分らの運命を開拓し得る機会を見出し次第、直ちにこの家族から分離せんとする。このようにして家族は一組の夫婦およびそれと親子関係にある少数の者のみを中枢的構成員とし、他の族的関係者はこの中枢的成員と強い近親関係にあり、かつこれらの成員と感情的に一致し、これを信頼する者しかこの共同に参加せしめず、またその参加を許すとしても、これを重要なる成員としない。すなわち家族は一般的には、夫婦、親子およびこれらと強い近親関係にある少数の者だけを構成員とし、他の近親者はたとい家族の一員たり得る資格を持つとしても、感情融和の程度を異にする限り、出来るだけこれを排除し、極めて員数の少ない、排他性の強い小集団となるのである。

第三に家族はその構成員相互の結合の性質において、他の集団のそれとは著しく異なっている。家族の成員は相互に強く感情的に結びつき、互いに相信頼して緊密なる共同を保ち、隔意なく相接することにおいて相互に安定を与え、共産的関係を形づくることにおいて相互に生活を保障し、他のあらゆる集団の成員よりもはるかに強く合一化している。経済的利害にもとづく打算的関係や、政治的要求実現のために形づくられる結社等はいうに及ばず、感情的要素がかなり強く加わっている村落における共同、教団における親和または友人関係等にあっても、人々は家族においてみるような強い信頼感、合一感にもとづいて集団生活をしているのではない。友人関係や、信仰を共にする者等の間においては、人々は相互に内的に強く結びつかんとする傾向を示しているが、しかしかかる態度を取りながら、なおかつ通常の場合には、相互の間に越えることの出来ぬ一定の障壁を設けている。それ故にこれらの関係にある者も、夫婦関係および親子関係にある者がなすがごとき強き内的融合をなすことは少ない。然るに家族においては各員は相互間に起り得る隔てを出来るだけ除去せんと努め、最大限の一体

化を求めんとしている。家族における人々の結合は非打算的結合であり、感情的一致である。ここでは相互の間に強い信頼感が動いているが故に、互いに自他を区別せんとする差別的態度があらわれ難い。互いに相手方に対して胸襟を開き、第三者に対しては容易に示すことなき自己の内部も、家族内の者には強いて隠蔽せぬという意識が成員の内に強く動いている。したがって家族員は互いに相手方に対して自己の秘密を固守することを許さない。通常の対人関係においては容易に示すことなき自己の内心も、これを容易に打ち明けるところに、夫婦の結合や親子の共同の特色がある。多くの対人関係にあっては、人々は自他の区別を強く意識し、相互に自己集中的なる態度を持ち、自己の打算にもとづいて、部分的に何程か相手方に自己を示すに過ぎない。かくのごとき自己開放もその点だけについて観るならば、自他の間に心的通路を開くことであり、相互間に存する障壁を何程か打破することである。しかしこの場合に起る心的通路の開拓は、自己の関心に動き、他と区別せられたる自己を守る意識にもとづき、自己の安定を助長する意味において、またその程度において起るのではない。それは他に対する信頼感に動かされ、没我的に自己を他に従属せしめんとして起るのである。然るに家族員の結合にあっては、非打算的なる信頼感が根底に横たわっており、相互に自己を出来るだけ開いて相手方と内的に融合せんとする意識が、その基調となっている。事実上相互の内部性が何程開放せられ何程知り合われているかはしばらく別として、相互に相手方を信頼し、その人格に合一化せんとする態度が家族的共同においては最も重要となっている。家族員がかかる態度から離れて、同一家族内の成員に対して非開放的なる態度を取り、これらの者との間に距離を置くがごとき傾向を持つ場合には、その家族的共同は破られやすく、早晩成員間に分解作用を伴いやすくなる。いわゆる家族における悲劇は、成員中に相手方を信頼する態度を欠き、自己集中的の傾向を取る者あるによる場合が非常に多い。

もちろん現実の家族成員中には、常にかくのごとき強き信頼感を持って共同に参加している者ばかりあるのではない。かくのごとき内的の態度も、他の事情のためにその発現が妨げられる場合もある。たとえば封建時代に行われた政略婚のごとき、近代営利観念の洗礼を受けた営利的意味の婚姻のごとき、「腹はかりもの」というがごとき観念の支配を受けた親子関係のごとき、または家長以外の者が家長に対して奴隷的関係に立っている場合等にあっては、成員間に一種の障壁が置かれ、真に無条件に相手方を信頼するという態度は制限されやすくなっている。しかしながらかくのごとき場合の成員間の関係は、外部的の要求または他の目的のために支配せられて起るものであり、それは外面的に家族らしき関係を維持するのみで、真に家族をなしているのではない。それ故にかくのごとき場合は、外部的の影響が取り除かれるか、または他の目的が到達せられるならば、成員はかかる家族から直ちに離れ去ってしまうであろう。もちろん、このような家族においても、家族がある程度の共同を続けている限り、成員は相互に信頼的態度を取るに至るがごとき、この事情によるものである。しかしこの場合成員が緊密なる共同をなすようになると、家族としての共同の意味は充実せられ得るが、最初の目的たる功利的打算の要求は縮小されてしまう。すなわちいわゆる政略的要求等のごとき外部的要求を主として便宜的に構成せられた似て非なる家族的関係は、成員がかかる外的要求に忠実なる限り、家族に特有なる相互信頼的の緊密なる共同となり得ないが、しかしそれが相互信頼的の態度を取るようになる限り、外部的功利的要求が実現され難くなるにつれて、その関係は次第に隔意なき合一化に近づいてくる。

かくのごとく家族は、成員がその内部的なるものを開いて相互に接近することによって、強き合一

化に導かれるのであるが、かくのごとき合一化は、いかなる場合においても自己を裏切ることないと予想せられ得る人々の間においてのみ行われ得る。相手方と自分との間においては封鎖的態度を取り、相互に連帯的共同を形づくってこの集団となることはないが、第三者に対しては封鎖的態度を取り、相互に自己集中的の内に集中し、成員各自の集中性が転じて集団的集中性となり得る場合においてのみ、人々は相互に強き一体化をなすのである。いかなる家族においても、人々が内的に一致して強き一体化を形づくるとするならば、それは成員がかくのごとき意味の集団的集中性を持つからであり、相互に相手方となる人を愛着し、これを強く信頼するからである。

かように家族員相互の信頼感は、家族の共同を緊密ならしめ、成員を家族の内に向って集中せしめる上に効果あるが、同時にそれは信頼感を異にする者を排斥し、家族をして極めて排他性の強いものとならしめる。感情的要求にもとづいて生ずる共同においては、その構成員は自分らと信頼感を異にし、生活態度を別にする他の人々がこの共同に近づくことを好まないばかりでなく、その共同の内においても、成員中感情融合の程度を異にする者がある場合には、すべてこれを外部に排斥する。この場合相互の信頼融合の程度高き者の間には合一化が強められ得るが、その融合の程度低い者相互間に存し得る合一化は弱められ、前者の間に不可分的共同が高まるにつれて、後者の間には差別化が拡大せられ、最後には最もよく信頼し得る者のみがこの集団の成員として止まり、他の者はすべて排除せられるようになる。而してまた最後まで成員として止まった者の間においても、相互に感情融和を欠き、一方が他方に対して非信頼的の態度を示し、自己集中的の傾向を取る場合には、これらの人々は互いに分離し、この感情的の集団は遂に解体されてしまう。

家族は夫婦、親子および近親者等の感情的融合にもとづく集団である。これら夫婦、親子および近

親関係にある者はそれ以外の関係にある者よりは比較的信頼しやすく、互いに愛情を以て相結びやすくなっている。しかしこれらの者といえども、常にいずれも同様に強き信頼感を以て相結び得るとは限らない。兄弟または叔姪等の関係に立つ者相互間には、夫婦または親子の関係に立つ者相互間におけるよりは概して信頼感が薄く、また同じ親子の関係に立つ子供、成長したる子供、殊に配偶者を得たる子供とその親との間に起るそれとは何程か異なっており、さらにまた夫婦間においても琴瑟相和している場合もあれば然らざる場合もある。殊に多妻的の夫婦関係の認められるところにあっては、夫と妻または夫と妾との間の心的距離が縮小すればするほど、妻と妾との間の心的距離は次第に拡大せられる。したがってこれら感情融和の程度を異にする者が同一家族内にある場合には、一方緊密に相和し相許す者があらわれると共に、他方にはこれら相和する者に対して幾分か隔てて心を持ち、またこれらの者から何程か差別的に取り扱われ、遂にはこれらの者から分離せざるを得なくなる者もあらわれ、極端なる場合には家族自体を分解せしめることすらある。

家族結合の内において主として注意せらるべきは夫婦結合および親子結合である。まず夫婦結合の性質について観るに、それは男女の間に形づくられる緊密なる内的共同であり、特定の男女が相互に相手方の人格に強き執着を持ち、相互信頼の態度を以て、永続的に結びつかんとしてなす共同である。それは相互に相手方に対して心理的障壁を設けず、自己を蔽い隠すところなく、素直に自己を開き、自己に固有なるものも相手方に提示し、相手方の求めに応じて没我的に自己を捧げ、出来る限り相手方と一体化せんとする内的関係である。かくのごとき関係は自己を相手方に示すために相互になんら修飾を施すことなく、また自己が求めんとするところを相手方に見出すために彼此の間になんらの

技巧を加うることなく、無条件に、直接に、なんらの矛盾不調和なく、互いに自己を相手方の内へ投入し得る関係である。夫婦結合はかくのごとく男女相互の信頼的没我的態度によってなる無距離的の共同であるが、それが没我的自己開放的の態度にもとづくものであるだけに、第三者に対しては著しく排他的のものとなる。男女が互いになんらの技巧修飾を用いずして相手方に対して自己を開き、自己の内心を示し得るのは、相手方もまた自己に対してなんら隠すところなく赤裸々であると信ずるが故であり、また自己が相手方を裏切ることのないごとく、相手方もまた自己の内部に奥深く潜んでいるものを他の第三者にのみ示す恐れがないと予想するが故である。二者の間に開かれたる相互の内心は、二者の間にのみ永く保持せられると予想するが故に、かかる内部性の提示は、その秘密確守の保障あるものだけに限られるであろう。人々が自己の秘密性を外部に漏したくないと欲する限り、いかに多年間連れ添う夫婦の間にあっても、無条件に自己の内心を示すことはないであろう。政略婚が頻繁に行われた封建時代において、「七人子供があっても婦人に心を許すな」というような標語が高調せられたのは、この意味を語るものと思われる。夫婦間において自己の内心をなんら隠蔽するところなく互いに知らせ得るのは、相互に相手方が自己に隠すべき秘密を持つこともなく、また自分らの秘するところのものを自分ら以外のものに示すことはないと信頼し得るが故である。すなわち男女が真に相互信頼の態度を以て内的依存関係に立ち、他の第三者に対してこの関係の内部を、この内的共同に関する限り他の第三者に対して極めて排他的非開放的の態度を保ち得るが故に、夫婦はその内において無条件に自己を開き、没我的に合一化し得るのである。

かくのごとく夫婦はその内においてなんらの秘密なく二者は一者にまで近づかんとすると同時に、外部に対しては極めて排他的封鎖的の態度を取り、一切他の第三者をしてこの内に介在せしめない。

したがって真に相愛し相信頼する夫婦結合は一夫一婦の関係となる。かくのごとき夫婦関係にあっては、夫は愛する妻の意に反して第三の婦人に接することもなく、また妻は自己が最も信頼する夫に秘して他の第三者に近づくこともないであろう。もし夫が妻に秘する関係を他の者との間に持ち、また妻は同様なる行為に出る場合には、最大限に感情的一致をなすべき夫婦間に、一方において妻はこの一致を妨げ、夫または妻の感情の方向を他に誘致する第三者が介在し、その間に関係はこの一致を妨げ、夫または妻は自己に対して何事かを隠蔽する夫に対して疑いを抱き、夫は妻の行為について疑惑をさしはさみ、夫婦間の信頼性は次第に破壊され、この関係において最も重要なる相互の信頼感にもとづく感情融合は次第に阻害されておろくなる。それ故に大多数の場合において人々のなす夫婦関係は隔意なき共同の最も出来やすい二者の共同となる。または夫婦関係等についての制度がいかに定められておろうとも、現実に成立する夫婦結合は、一夫一婦の場合が圧倒的多数であり、然らざる場合は極めて少数である。ただこれら少数の夫婦結合中、多妻的なるものについては多少注意する必要がある。多妻的夫婦関係は一つには家長的家族において継嗣を得る必要上形づくられるものであり、二つには男女が真に人格的に相信頼して結ぶことなく、婦人が男子によって奴隷化される場合に起る関係である。家長的家族にあってはこの小集団を継承すべき継嗣を必要とし、継嗣となるべき実子がない場合には養子を得て継嗣となし得るのであるが、継嗣となるべき者としては、多くの場合内心より親に信頼する実子が最も適任者である故に、家長はその妻に実子なき場合、または男の子なき場合には、妾を得て継嗣となるべき実子を生育せしめんとするの妻に実子なき場合、または男の子なき場合には、妾を得て継嗣となるべき実子を生育せしめんとする。——この継嗣の生育が家長的家族において多妻的関係を是認せしめる根拠——の主なるものとなっている。それ故に既に妻に実子があり、継嗣となるべき男子がある場合に

は、多妻関係は許されない訳である。しかしかかる場合にも多妻的関係を形づくる者あるが、この場合の多妻的関係につき支那では双祧という説明が施され、多妻的夫婦関係を継嗣の生育に結びつける技巧が案出されている。すなわち正妻に男の子あるにもかかわらず第二夫人（妾）を娶らんとする場合には、この第二夫人は自己の傍系親（伯叔および兄弟等）にして継嗣なくして死んだ者のために継嗣を生育せしめる必要上置くものであるとの理由がつけられている。この意味においては娶られる多妻が双祧である。しかしかくのごとき説明は主として形式的名目的の説明であり、実質的にはかかる場合の多妻関係は男子のためにせられる婦人の奴隷化であり、愛情による信頼的の関係とはかなり縁遠い形式的の夫婦関係である。かくのごとき多妻的夫婦関係にあっては妻妾は相愛する者として夫と深く内的に結ぶこともなく、夫と共に自分らの家族を建設するという責任を自発的に取ることも殆どなく、夫は命令者であり、指導者であり、権力者であり、保護者であるが、妻妾は受命者であり、被導者であり、服従者であり隷属者であるに過ぎない。

これら多妻的夫婦関係は婦人の奴隷化にもとづくか、然らざれば継嗣の生育に重点を置くという特殊の要求にもとづいて成立するものであり、夫婦相互の信頼和合に力点を置くものでない。夫婦が互いに愛情にもとづいて、隔意なき一体化に入らんとする限り、これらの者は、多少にてもこの一体化に齟齬を惹起しやすい第三者がこの中に侵入することを許さない。彼らは常に排他性の強い一夫一婦の共同を形づくり、強い信頼感にもとづいて合一化して来る。したがってその合一化は封鎖性の最も強いものとなる。それ故にもし夫婦の一方が他方に対してその胸襟を開かず、相手方に対する信頼を欠く場合には、かかる態度は直ちに相手方に反映し、両者の念を持ち、または相手方に対して疑惑の愛情は薄らぎ、その内的合一化は次第に困難となる。もちろんかかる場合においてもそのために夫婦

関係が直ちに分解するとは限らず、相互の信頼感が回復すれば、夫婦の内的合一化は再び強化せられるのであるが、しかしこの信頼感回復の見込なく、両者の間に次第に大なる距離が置かれる場合には、夫婦関係は分解されやすく、遂に両者は別居し、離婚するようになる。ただ現実生活においては、感情融和を著しく欠いている夫婦が、単に名目上だけ夫婦として止まっている場合が多少あるが、かかる場合は他の社会生活上の必要に迫られて起るものであり、夫婦であった者の内的態度とは著しく離れた関係である。

次に親子の結合について観るに、それは血縁連鎖の最も強い者の間に生ずる自然的の愛情にもとづく結合である。現実に存するあらゆる人的結合中、成員相互間に愛着心が最も濃厚にあらわれているものを求めるならば、それは親子の結合であり、殊に母子の結合であると云われ得るであろう。母が子に対する関係は自分の子に対して限りなき愛着心を持つことによって成る関係である。母は他の何ものにも換え難きものとして無条件にその子に無限の執着を感ずる。その子が何をなすや否や、その子が他の者よりも優れたる者なりや否や、すべてかくのごときことは母子の愛情関係の成立になんら重要なる条件となるものではない。もちろん自分の子が優れた者であり、外部より賞揚せられるや否や、母は自分が優れた者と認められ、外部から賞讃を受けたかのごとく感じて子に対する愛着の念を強めるであろう。しかし反対に他のすべての人々が自分の子を非難し、その子を劣弱なる者と認めるような場合においても、母のみは最後まで真にその子の同情者となり、公平なる第三者としてみるならば、いかにしてもその子の劣弱を否定し得ない場合においても、母一人はその子の擁護者となり、そのために自己を犠牲にすることすら禁じない。いかなる母といえども、子を扶育し保護するのはその子の

優劣によるのではなく、自分の子に対する尽きせぬ愛情にもとづくものである。もし子の優劣の故に、または子のなすところの作用の価値の故に子を保護するとは限らず、何人から生れ出た子供であろうとも、その出生由来にかかわらず、人は自分の子を保護するであろう。然るに母は他のいかなる子供よりも、優劣いかんを問わず、自分の子を愛護する。それは根本的に自分の子に見出される性質またはその子のなすところの機能の故ではなくその子自身すなわちその人格に感情的に執着するが故であると云わなくてはならぬ。このように母は強い執着心を以て子に結びつくのであるが、父が子に対する態度も、その基本的性質においては、母のそれと同様である。ただ父は家族外にある多くの人々との間に常に接触交渉を持っているが故に、母ほど多くの関心を事実上その子に対して向け得ないのみである。かくのごとく親は父たると母たるとを問わず、子に対して強い執着心を持っているのであるが、親のこの態度は直ちにまた子の愛着心を呼び起し、子は親に対して何者にも換え難きものとして限りなき愛慕の念を起すようになる。いかなる場合にても、親に対する賞讃の弁を聞いて喜びを感じない子はなく、また事実の有無またはことの曲直は別として、親に対する非難を耳にして不満、憤怒の念を起さない子供はないであろう。孝道を重んずるところにおいては人の親を非難する言葉が人に対する最大なる侮辱となっている。かくのごとき子の態度は親に対する尊重の念、これに対する愛慕の感情を除いては説明し得られない。親に強い愛着を感じ、子は親への尊敬を自分への抑圧を自分への抑圧であるかのごとく感ずるのである。したがってこれらの者は親子関係発生の始めてから同一家族に所属し、特に分離を必要とする事情が起らない限り、この家族から分れることな

く、またかりに家族員としては分離することもあるとしても、そのために親子の感情的連鎖を断つがごときこととは殆どない。しかしこれら親子関係にある者も、子が成長しそれが配偶者を求めるようになれば、それらの子はその配偶者ならびにその子と離れ難き関係を形づくるために、親の家族から分離するようになる。この分離は勘当の場合のごとき意味の排除作用ではなく、子の行動になんら非難すべきところはないとしても、これらの子が新たに夫婦関係および親子関係を構成し、これらの新夫婦はその親とは運命を異にし、親とは別なる共同をなしまたはなさんとするが故に、親の家族から分離するのである。かくのごとき分離作用は家長的家族にあってあらわれ、近代的家族にあっては子供等夫婦の新家族の建設となってあらわれる。かくのごとく子は成人後通婚すれば、多くは親の家族から離れるのであるが、ただ家長的家族にあっては他家へ婚嫁した者および特に分家するを適当と認められた者には分離を許すが、男子殊に家族団体を継承すべき地位に置かれている者には婚姻後にあっても親からの分離を許さない。わが律令制定時代の法規によれば、「祖父母父母在而子孫別籍異財者徒二年」とある。別籍異財を許さないというのは同籍同財を法[註15]が要求するだけでなく同居同財を求めるというのが立法の精神であったであろう。祖父母ならびに父母の在命中その子孫は父母の膝下を離れまたは家族の財産を分配するようなことがあってはならぬというのがこの法文の真意であろう。このような律の要求が事実上何程行われていたかは別として、それは家族の永続を求めている家長的家族の要求と一致するものであったことは事実である。もちろんこのような規定があったからとて、その当時すべての責任のある男子は父母の膝下に止まり、父母と共にその家族の維持に努めたであろう。現代においても多くの場合、家を嗣ぐべき子は婚姻後もその配偶者と共

に親の家族に所属し、親と運命を一つにしている。それは家長的家族か、この家族の連続を致すべき地位にある男子に家族的伝統を維持すべき責任を負わせ、その男子が妻子を得た後においてもその親からの分離を許さないからである。したがってこの種の家族にあっては、単純なる親子関係にある者の外に、この地位にある男子の配偶者を家族員中に加えることとなり、成員相互の結合関係をかなり複雑ならしめる。かくのごとき家族にあっては、かかる地位にある男子の妻は、夫の親兄弟と共に同一家族の一員となるのであるが、この場合妻は、その感情的要求よりも、夫の親および兄弟に対する関係よりも夫との和合一致を重んじ、内心においては夫との共同にのみ集中するようになる。しかし妻が夫との共同に深く傾けば傾くほど、妻と夫の親兄弟との間に隔てが生じやすく、妻はこれらの親兄弟から差別心を以て扱われやすくなり、かくして夫婦の間になんらの矛盾不調和はないとしても、夫の親兄弟と妻との間に和合を欠くため、遂に妻はこの家族中に止まることが困難となるような場合も起る。元来夫はこの家族中に生育したものであり、婚姻前まではその父母兄弟姉妹等と隔意なく共同していたのであるが、婚姻後その妻との和合に心が傾けば、従来緊密に共同していた親兄弟に対しても何程かの距離を置くようになり、また妻はその内心において夫との融合を求めているが、他の人々に対しては強き信頼感を持ち得ず、これらの人々に対して真に胸襟を開き得ない。したがってこれら新夫婦が合一化すればするほど、これらの夫婦間の感情融合の程度はこれらの夫婦とそれ以外の家族員との間の感情融合とは異なるものとなり、その結果、家族中にさらに一小集団が結成されるようになり、一家族内における成員相互間に種々親和の程度を異にする者を含むようになる。これら親和の程度、結合の関係を異にする者が、一家族内に生ずる場合には、これらの者は互いに感情融合の程度を異にする者を排斥し、ややもすれば相互に分離せざるを得ないようになりやすい。それ故に家長的

家族においては、かくのごとき親和度の異なった結合関係に立つ人々がその内にあらわれ得ることを予想し、そのために起り得る排斥分離の危険を前もって予防せんとして、家族員殊に妻または妻となるべき婦人に特別の資格を求めている。従順、貞淑、忍耐等の道徳性は家長的家族が要求する婦人の資格であり、かかる道徳性の涵養は人々が自己集中的となることを防ぎ、この家族の成員相互間に起り得る親和感の差を縮小し、家族生活上の悲劇を未然に抑え、一家の和合を促進する方法となっている。

これら家族の中枢的成員たる夫婦および親子等の結合関係に次いで考察せらるべきは、兄弟、叔姪、従兄弟等の関係にある傍系的近親者相互の関係である。傍系親相互の関係は親子関係を通じて認められる関係であるが故に、これらの近親者相互の結合の性質は親子のそれに類似したものである。しかしその結合の緊密度は血縁連鎖の程度が薄いだけ、親子のそれよりも弱く、また同じ傍系親中にあっても、兄弟姉妹相互間の結びつきは、一般的には叔姪または従兄弟姉妹相互間のそれよりは強い。すなわちこれらの近親者も親子同様に、相手方に対する愛着心にもとづいて相手方を信頼し、これに結びつくのであるが、その結びつきの程度は血縁の濃淡に応じて異なっている。したがってこれら傍系親の関係にある者が常にあらゆる生活を得る場合には、配偶者ならびにその子供への愛着が強まるに殊にこれらの傍系親がその配偶者を得る場合には、同一家族に所属していた者も、互いに分離の機会を捕えんとするつれて、傍系親相互の接近は薄らぎ、ようになる。

以上述べたごとく、家族員たる夫婦、親子ならびに近親者等は互いに隔意なく緊密に共同し、内心において隔てを持って相接するがごとき者ある場合には、すべてこれを家族外に送り、かくて家族の各員は相互信頼性の強い者のみとなる。かくのごとき信頼性の強い者のなす共同は、人格的非打算的で

あり、したがってこの共同に参加する各員に内心よりの安定を保障するようになる。家族員のなす共同は相手方の機能を予想することによって起るのではない。親の行動能力が優秀なるが故に、子が親と共同するのでもなく、能力に価値を認めるが故に、親が子と一致するのでもない。夫婦にしても同様である。夫に予想せられる機能の故に、妻が夫と共同するものとしたならば、かく予想せられた夫の機能が実現しない場合には、妻は夫と離婚しなくてはならぬ。男子が政治家なるが故に、実業家なるが故に、婦人がその男子と婚姻したとするならば、政界または実業界における位置を彼が失った場合には、この婦人はその男子と離別しなくてはならぬであろう。愛情に結びつく夫婦にかくのごとき打算的態度は無い。妻の美貌が失われたからとて、これを捨てる夫が少ないごとく、夫が社会的地位を失ったからとて、これと離別する妻も少ない。かくのごとき態度の夫婦があったとしたならば、それは夫婦になるために婚姻したのではなく、地位の為、美貌の為に同居したものに過ぎない。親子にしても、または近親者にしても、家族においては相手方が提供するものを予想して、人々が共同するのではなく、相手方の能力、相手方が持つ事物いかんとは別に、相手方自身に感情的に執着して、人々が共同するのである。かくのごとき共同においては、各員は営利を離れ、策略を忘れ、私心なく、互いに信頼する相手方に自己を捧げ、自己の欲するところは相手方の望むところとなり、相手方の求めんとするところは自己の期待するところとなる。したがって家族員はこの内において互いに内心の落着きと慰安とを得ることとなる。家族の外側においては人々はかくのごとき私心なき共同をなすことなく、絶えず何程か他の者を警戒しながら接触している。人々は家族外において種々の社会関係を構成し、種々の集団に加入しているのであるが、しかし一つ一つの集団がなんらかの目的実現の手段として構成される場合には、人々がこの集団に加入しているのであるが、しかし一つ一つの集団がなんらかの目的実現の手段として構成される場合には、人々がこである。人々の形づくる各種の集団がなんらかの目的実現の手段として構成される場合には、人々がこである。

の集団に参加するのも、またこの集団に期待し得るところも、その目的実現に関する限りであり、この集団生活が人々の要求に答え得るところは、比較的狭く限られたる生活内容のみに止まる。したがってこれらの集団内における対人関係は人格活動の一部分のあらわれとしてのみ認められる部分的関係であり、全人格的の関係ではない。人々は多くの集団に所属するとしても、衷心より自己の全部を投入し、全く自己を委ね得るがごときものを見出し得ない。いずれの集団においても人々は他の人々に接近し得る限界を明瞭に意識し、この限界を越えざるよう絶えず注意しながら、僅かに自己の一面を開いて他と接触するのみである。それ故に、外面的には種々の社会関係によって人々の生活内容は充実されているかのごとく見えるとしても、これらの関係だけを以てしては、人々はその内面の生活安定を得るに到っておらぬ。

しかるにかかる境遇に置かれている人々に対して、慰安の霊泉となり、内面的生活安定の浄土となるものは、人々の家族生活である。もちろん人々に内的慰安を与えるものは家族のみではないであろう。しかしいかなる人々にも容易に生活安定を与え得る集団生活はとと問うならば、まず第一に家族を挙げねばならぬ。ここでは人々は他に対してなんらの警戒を加えることもなく、相互に接触の限界を定めることもなく、心置きなく相手方の人格に信頼して相接し、相互に出来るだけ奉仕し、許される限り相互にその生活を一つにしている。したがって人々はここではなんら孤独の不安を感ずることなく、常に自己と一つになって共同の運命開拓に従うものを見出し、内心の満足を得ている。外部の社会関係において互いに警戒しながら相接し、そのために緊張と疲労とを経験した心身も、衷心より苦楽を共にする者よりなる家族の内に入っては、平静と英気とを回復する。愛情に結ばれた親子の間では苦楽は一人の苦楽でなく、相互に信頼する夫婦の間では運命は一つである。かかる共同の内においてこそ人々は如何なる場合にも孤独寂寥の感を抱くことなく、常に哀

楽を共にし得る者を見出し、たとい他の人々から切り離された場合においても、内心の安定を失わない。かくのごとき安定と慰安とを人々に与えることによって、家族は、風波と暗礁との多い外部の諸社会関係を通じて難航する者に取って、欠くべからざる投錨地となるのである。

家族における成員相互の感情的融合、信頼的合一化、かかる合一化にもとづく集団的集中性は、一切の生活関係において家族員の共同を緊密ならしめ、家族員に内的安定を与えるのであるが、それはまた同時に日常生活において家族員を共産的関係に立たしめる。家族員が相互に感情的に一致し、自他の区別を縮小せんとしているならば、それはやがて共産的団体を形づくらざるを得ないようになる。すなわち家族はマックス・ウェーバーのいう扶養の共同社会となる。相互に強い信頼感に動いている成員が物的生活だけにおいて自他の間に差を設け、個別的自己集中的となることは無意味である。したがってたとい対外関係の必要上、家族員によって支配せられる物資が個人的私有の形においてあらわされているとしても、家族の内においては、これらの物資は共同の使用に委され、それについて独占的私有は認められない。伝統を重んずるわが国民の家族にあっては、「祖先から伝わった財産を損うようなことがあってはならぬ」という教訓を子孫に与える場合がかなりあるようであるが、この教訓は、家族内では財産の個人的私有が認められておらぬこと、すなわち家族員の生活に供せられる物資、家族的行事を行うために供せられる資財が個人的私有物でなく、家族なる集団自身（家族員たる資格において一家の構成に参加している人々の全体）に属する家産（共有物）なることを明らかに示すものである。永続性を持つ家族に属する家産なればこそ、その運用の任に当っている家族員は任意にこれを家族生活と関係なき個人的生活の用に供し、またその資産を損う惧れのあるような方法においてこれを使用することを、この家族の全員から禁ぜられるのである。もしそれが家族員たる個々

人の私有物であるならば、いかにそれが使用されようとも、家族外から来る制裁はしばらく別として、家族内においてはこれらの干渉も起り得ない筈である。現代欧米諸国における多くの家族にあっては、伝来的家産なるものもなく、家族の内に見出される資財は家族員中のいずれかの者の所有物と認められている。しかしこの場合においてすらこれらの物資はその所有名義人のみの独占的使用となるのではなく、全家族員の共同生活のために提供せられている。いわんやそれが伝来的家産である場合においてをや。たとい名目上個人的私有物となっているとしても、家族内にある資材は実質的には常に共産的生活の用に供せられている。

家族の内においては人々は互いに私心なく相接するが故に、生活資料の使用についても自他の間に差を設けることなく、働き得る者も然らざる者も、生活資料の獲得に従事する者も然らざる者も、得られた生活資料を全員の共同使用に委せている。人々は働き得る能力に応じて作業し、必要なる物資の獲得に努め、得られた物資を各員の生活の必要に応じて消費している。作業の程度に応じて要求する物資が与えられるのではなく、作業のいかんにかかわらず、壮年者にも、幼年者にも、老病者にもまたは不具者にも、一家内において許される限り、生活要求を共同に満すことが許され、いずれの成員もその生存を保障せられている。家族の一員の収益は全員の喜びとなり、その一人の損失は全員の憂えとなる。ここでは一人の生活が充分に保障せられ、他の者の生活が圧迫されるというがごときことはない。何人の努力によって得られたものであろうとも、家族内においては共同に享受せられ、また共同の享受に関してなんらの反対も起らない。外的の社会制度によって個々人の私有を不思議としてなんらぬ。各員は無償にて相互に扶助し、相互に奉仕することを要に応じていずれの成員の使用にも委されている。法制上形式的には夫婦および親子の資産が別々に

定められていても、これらの者が一家内に共同している限り、事実上の使用においては、これらの資産は各員の生活支持のために共同に用いられている。また家族員が相互に相手方に対して提供する奉仕にしても、奉仕は絶対的である。助け得る能力を持つ者が、この援助を必要とする者に対して絶対的に奉仕するのである。ここにはなんら報酬の予想もなく、貸借の意識もない。共同の作業、共同の享受、共同の奉仕が、なんら打算に捕われるところなく行われている。もちろん外的社会制度の別に従って、家族の共産的生活にも多少の変化はある。わが国の家族においてみられるごとく家族内の生計は主として世帯維持の責任を持つ者の負担となる場合もあれば、白人の家族においてみられるように、成人した子供が親に食料等を支払うような場合もある。しかしそれにしても一般的傾向から云うならば、家族における共産的傾向は他の集団においてみることの出来ぬほど強いものである。子供が親に食料を払うとしても、それは彼らがこれを支払い得るだけの収入を得ている場合だけに限られる。子供が失業している場合、またはその支払能力の無い場合には、かくのごとき支払は無くても、家族員としての彼らの生活は保障せられている。のみならずかくのごとき支払の有無いかんにかかわらず、一般的生共同の作業、共同の享受の一方面とも観られ、かくのごとくして実現して行くという態度は、常に家族員の間に働き活関係において相互に奉仕し、生活要求を共同に実現して行くという態度は、常に家族員の間に働いている。この意味において家族は他の種の集団とは異なりて強き共産的性質を持ち、この共産的性質も特定地方の地縁団体におけるそれとは異なりて、作業能力を持つ者が作業し、奉仕し、生活享受は作業または奉仕の大小とは無関係に、共同に実現せられるという理想的共産組織の性質を持っている。かくのごとく家族はその成員を緊密に共同せしめてこれに内的の安定を与え、また強く共産的に共同せしめてこれに物的生活の保障を与えているのであるが、それと同時に家族はまた成員を強く連帯

的に結びつけて家族外における諸対人関係において家族員の立場を有利に導き得るよう背面よりこれを援助している。家族内においては人々は互いに相手方に強い執着を持ち、互いに出来る限り緊密に融合し、その間に差の起ることを望まず、あらゆる生活を通じて出来るだけこれを共同のものとしている。家族員の一人の要求はその要求の内容いかんにかかわらず全家族員の関心を呼び起し、また一人の行動はそれが家族的行事に関係すると否とを問わず全家族員の参加を促しやすくなっている。夫の行為はたといそれが家族内の生活と直接関係のない外部社会における行為であっても、妻はこれに対して強い関心を持ち、直接または間接にその行為に自らもまた参加せんとし、また子の行動はたといそれが子だけの生活要求に関するものであっても、親はこれを等閑視せず、絶えずこれに関与せんとしている。このように家族員は種々の生活を共にしてあらわれ、ことのいかんを問わずすべて運命を共にしているが故に、家族外の者に対してなした行為については全員がその責任を分つようになっている。したがって外部の者も多くの場合家族員を連帯関係にある者とみなし、これらの者の一人がなした行為については全家族員は共同して責任を負うべきものと考えている。

わが国にはかつて縁坐の法なるものが行われていたのであるが、かくのごとき法が行われていたこととは、この法の適用を受け得るように、家族員たる親子、夫婦または兄弟等が強き連帯関係を形づくっていたことを示すものである。もしこれらの者が互いに深く相結ぶことなく、相互にその行為についてなんら関知するところないとしたならば、かくのごとき法が制定せられる筈もなく、またたといそれが制定せられたとしても、大いなる困難なくしてそれが適用され得る筈がない。然るにこの法が徳

川時代において多少の異論を惹起した外、殆ど大なる反抗を受けずして行われ得たのは、これらの親子、夫婦または兄弟等が日常生活において何事にかかわらず互いに共同しており、その中の一人の行為は単にこの一人だけの行為ではなく、この一人と同心一体をなしている家族全員の連帯責任であると考えられていたからである。現代わが国には法制上かくのごとき縁坐の規定はないが、しかしこれに似た慣習上の制裁は現代においても行われている。たとえば親は子の行為につき、子は親の行為につき何程かの責任を負うべきものと社会生活上期待せられている。それ故にこの社会的期待に背くがごとき態度を取る者ある場合には、それらの者は明示的または黙示的の非難を受けやすくなっている。したがって親子は陰に陽に相扶けて外部の人々に当り、外部に対しては親子は恰も一人であるかのごとくなりやすくなっている。夫婦間においても同様である。夫は妻の動作につき、妻は夫の行動につき道徳的責任を負うべきものと考えられている。したがって夫が妻を保護するがごとく、妻もまた夫の行為について責任を感じ、家族の内におけるとその外におけるとを問わず、夫の立場は単に夫一人の立場ではなく自らの共同の立場であると考え、この共同の立場においてなされる行為に対して社会的非難の起るがごときことのなきように努め、出来る限りこれを有価値のものとならしめるために常に夫の背後にあって夫の為に奉仕し、いわゆる「内助」の功を重ねつつある。

かくのごとく家族員はその中の一人の行為についても全員が共同責任を負うのであるが、またこの一人が受けた賞讃、名誉、特権等についても、単にそれを一人だけのものとせず、全員共同のものとしている。これらの賞讃または特権等を受けた一人が、これを自己の一人のものと考えないのみならず、この一人を包む家族の全員もまたそのいずれもがこれらの賞讃または特権を得たごとく考えている。したがって外部社会の人々もまたこの一人を賞讃し、またはこれに特権を認めるのみならず、かくの

ごとき一人をその中に含む家族の全員に対して讃辞を呈し、これに尊重の意を示すのである。かくのごとき事例は現代わが国の新聞紙等に常に掲載せられている。

このように一家族をなす者は内心より和合一致して喜悲一切の運命を共にし、外部に対して強き連帯を形づくるのであるが、かくのごとき家族の共同は単にわが国においてみられるだけではなく、欧米人の形づくる家族においてもみられる。ただ欧米人の形づくる家族は近代的形態の家族であるが故に、一家族の構成員は親夫婦と幼少なる子供のみとなっているが、これら少数の者は互いに緊密に共同し、単に家族の内において共産的関係をなすのみならず、外部に対しては常に一体化してあらわれ、夫が形づくる外部的の諸社会関係については、出来る限り妻もこれに参加せんとし、子供が外部社会において求めんとする生活要求については、出来る限り親もこれに援助を与えんとしている。殊に夫婦の一体化については欧米人はキリスト教教義の感化を受け、二者は不可分的に合一化したものと考え、単に家族生活に固有の機能を共同するのみならず、また単に家族の内側において「内助」によって要が夫をその背後より支持するのみならず、妻もまた夫と共に表面に立ち、あらゆる場合において夫婦は強き連帯共同関係に立つべきものと考えているようである。[註19]

家族員の連帯共同は単にわが国や欧米においてみられるだけではなく、いかなる民族にあっても、夫婦、親子およびその近親者等が感情的に融合して一家族をなしている限り、これらの者はその内においては出来る限り全生活を共にすると同時に、外部の者に対してはあたかも一つのものであるかのごとくなってあらわれるのであるが、この家族員の一体化は家族外における集団生活において互いに対立する人々を、その背後より援助し、これを保護する作用となる。すなわち家族員は互いに強き連帯関係を形づくることによって、その一人が家族外の者と対立関係に立つ場合に、その者のために大なる対

抗力を提供せんとしている。人々は他の人々と競争対立の関係に立つ場合に、自己の立場を一層有利に導き得るよう種々の方面よりの援助を求めんとしているが、この場合それらの人々のために最大限の援助を与え、利害を離れてそれらの者のために全能力を提供せんとする者はそれらの人々の背後にある家族員である。家族員は互いに相手方に対して内的安定を与え、その慰安と平静回復との源泉となるのみならず、その一人が外部の者と対立する場合には、この一人と進退を共にし、この一人のためにあらゆる努力を提供せんとしている。この家族員の共同による援助はいかなる時代においても人人に大なる対抗力を与え、それらの人々の社会的地位の決定に重大なる影響を及ぼしているが、現代のごとく人々の間に対立競争の激しくなっている時代においてはそれは一層重大なる作用を人々に与えていると考えられる。現代においては人々の社会的地位はかくのごとき表面上の理由だけによっているのではなく、かなり大なる程度において人々が利用し得る背後の援助によることが多い。而してかくのごとき背後の援助として最も有力なるものは家族員の援助である。源、平、藤、橘等の古き事実を挙げるまでもなく、現代人はその周囲において、子の社会的地位のために人に知られぬ労苦を重ねつつある親、親の対外関係のために蔭ながらの努力を払いつつある子、夫の政治的生活のために自らの生活も犠牲にする妻を余りにも多く見聞しつつある。かくのごとき親子、夫婦等の援助は多くの場合外見上人々の視野の外において行われているが故に、ややもすれば外部の者からは軽くみられやすくなっているが、しかしそれは打算を離れた愛着心にもとづく援助であるが故に、実質的には極めて有力であり、援助を受ける者のためのみを目指して提供せられるものである。かくのごとき有力なる援助を全く無償にて人々

に与えこれらの者の対外的対抗力を増大し得るものは、通常人の生活においては家族のみであり、人は家族において感情的に強く一体化しているが故に、これを背景として、その対外関係においてもその地歩を有利に獲得し得るのである。

註
1 中田薫著『法制史論集』第一巻 三六四─三六五頁
2 家長的家族における養子は本文にあるがごとく、通常家族的小集団を継承せしめる人として家族員中に加えられるのであるが、しかしかくのごとき意味から離れて、家の継承とは無関係に、養子が置かれることがある。それは養子となる者の立身栄達のためまたは養親となる者の営利のために形づくられる養親子の関係である。かくのごとき関係は立身または営利のために一層それが好都合であるという理由のもとに形づくられるものであり、他に一層便宜なる手段が見出される場合には起り得ない関係である。したがってこのような養親は養子を出来るだけその子のごとく取り扱わんともせず、これに自分の所属する家族の継承を委ねんともせず、養子もまた養親の伝える生活形式を維持せんともしない。かくのごとき養親子の関係は養親子という名義を冠した功利的関係であり、実質的には養親子関係ではない。
3 拙著『家族と婚姻』〔昭和九年(一九三四年)〕一〇九─一一八頁
4 大正九年国勢調査の結果につき筆者が調べたところによると、岐阜県大野郡白川村の一部には、世帯主の直系血族親、妻、子の配偶者、兄弟姉妹等の外、甥姪、姪孫、伯叔父母、従兄弟姉妹、従姪、従祖父母、従兄弟姉妹違、再従兄弟姉妹、再従姪、従兄弟姉妹違い等のごとき親族関係にある者の内いずれかの者が家族員となっている場合が約三〇家族ほど見出された。而してかくのごとき親族関係にある者を含む家族中、親族世帯員数二〇人以上三〇人以下のものが五家族あった。また青森県三戸郡階上村の一部には四世代直系親よりなる家族にして主人夫婦、子夫婦、孫夫婦等を含むものがかなり見出され、その外に伯叔父母、従弟、従妹、従姪等を家族員中に加え、親族世帯員数二〇人以上に及ぶものが二家族あった。なおまた昭和四年(一九二九年)夏台湾において筆者が調査したところによると、世帯主、妻、子、子の婦、孫等のほか第夫妻(第二房、第三房等)、甥姪、甥の配偶者、姪孫等を一家族中に含むものがかなりあり、そのうち最も多くの員数を含む家族は新竹州大渓郡滝潭魃〇〇氏の一家および嘉義郊外徐〇〇氏の一家であった。前者は五房同居であって、第一房は主人夫妻のほか、母、子二人(いずれも有配)孫二人、第四人(内三人有配)および甥姪五人よりなり、第三房は第一房主人の従父兄弟三人(いずれも有配)、母、子二人(いずれも有配)および従姪一〇人よりなり、第三房は第一房の主人の従父兄弟二人(いずれも有

配）および従姪四人よりなり、第四房は第一房の主人の叔父の配一人、従父弟一人（有配）および従姪二人よりなり、第五房は第一房主人の叔父夫妻、従父兄弟五人（内四人有配）および従姪五人よりなっており、このようにしてこの一家族は総計六六人の家族員から成り、その内に一七組の夫婦を含んでいた。また後者も五房同居であって、現在の世帯主は第三房にあり、五二人の家族員が含まれる構成員は前者とほぼ同様の親族関係にある者よりなり、この家族は一一組の夫婦をその内に含み、五二人の家族員から成り立っていた。

しかしこのような複雑な親族関係にある者を一家族中に含み、かつ多人数の構成員をその中に包容するがごとき家族は、全国的にみればはなはだ少なく、多くの家族は世帯主夫婦、その直系親および兄弟姉妹等なりなるものにとどまり、また家族員数も五、六人以内である。大正九年に行われた第一回国勢調査の結果によると、わが国において一世帯平均人員は四・九人にして、その最も多い府県は福島県を除く東北五県であり、いずれも五・八人となっており、その最も少ない地方は大阪府および山口県にしていずれも四・四人となっておりこれに次ぐものは青森県上北郡大深内村であり、一家族平均員数が次第に減少しつつある。東田川郡にして六・六人となっており、一世帯平均人員の最も多い郡は山形県についてみると、一世帯平均人員の最大なる村は同県上北郡にして六・七三人となっている。また東北地方において一世帯平均人員の最も多い郡は青森県だけについてみると、一世帯平均人員の最大なる村はこのように約五人という少数になっているが、しかしそれでも欧米人のそれよりは多少多い。既に一九世紀末において仏国では一家平均員数三・五七人、ドイツでは四・六六人、英では四・七人、米国では四・九三人となっており、その後欧米ではこの平均員数が次第に減少しつつある。

『宋史孝義伝』に挙げられた陳兢の家族はその家族員の多いことにおいて最も有名である。

『宋史』（巻之四五六）によると、陳兢、江州徳安人陳宣都至叔明之後（中略、この間伯宜の子崇に到るまでの系統および略伝あり）崇為江州長史益置田園為家法戒子孫択群従掌共事建書堂教誨之、僖宗時嘗詔旌其門南唐又為立義門免其徭役烝

5 子袞江州司戸袞子肪試奉礼部肪家十三世同居長幼七百口不畜僕妾上下姻睦人無間言毎食必群坐広堂未成人者別為一席有犬百余……建書楼於別墅延四方之士肄業者多依焉郷里率化争訟稀少開宝初年江南知州張斉上請仍旧免其徭役之肪弟之子鴻大平興国七年江南転運使張斉賢又奏免雑科兢即鴻之弟淳化元年知州康戩又上官兢家常苦食不足韶本州毎歳貸粟二千石云云とある。いかにも大世帯の家族らしいが、七百余名々などと記述してあるところをみると少し記述が大袈裟過ぎるように考えられる。

なおこのほか多人数の家族の例として同じく『宋史孝義伝』に許柞の家族が掲げてあり、江州徳化人八世同居長幼七百八

6 十一口と記述してある。また『旧唐書』(巻之一八八)「孝友伝」には劉君長伝の附伝に張公芸の家族についての記述があり、張公芸九代同居北斉時東安王高永楽詣宅慰撫旌表焉云々と記してある。

東方文化学院牧野巽氏調査になる左に掲げた表「漢代郡国戸口統計における一戸平均人員大小別による郡国数比較表」によると、前漢〔BC二〇二―AD八年〕後漢〔二五―二二〇年〕時代の一戸平均人口がいかに少ないものであったかが明瞭になる。

一戸平均人口	前漢郡国数	後漢郡国数
10 以 上	―	5
8.5 ― 8.0	1	3
8.0 ― 7.5	0	2
7.5 ― 7.0	4	1
7.0 ― 6.5	3	2
6.5 ― 6.0	3	8
6.0 ― 5.5	5	15
5.5 ― 5.0	13	12
5.0 ― 4.5	27	23
4.5 ― 4.0	26	12
4.0 ― 3.5	13	12
3.5 ― 3.0	6	3
3.0 ― 2.5	2	2
2 以 下	―	2
計	103	101

古代支那の一戸平均人口はこのように少ないが、然らば現代のそれは如何であろうか。この問題については古楳編著『中

107　第二節　家族の特質

国農村経済問題』(上海民国二〇年)の六頁にある「各地農戸平均毎家的人口表」および楊西孟著『上海工人生活程度的一個研究』(北平民国一九年)の一九頁にある「我們計算平均毎家的人口表」がほぼこれに答えを与えている。前者によると農家一戸平均人口は五・六二人となり、後者によると工人一戸平均人口は四・六二となっている。

拙著『家族の研究』(大正一五年(一九二六年))三四五頁

7 『大唐六典』巻三二に

妃三人正1品

8
周官三夫人正三位也……
大儀六人正三品
周官九嬪三位也……
美人四人正三品
周官二十七世婦三位也……
才人七人正四品
周官八十一女御三位也……

とある。事実上果してこのような制度が周代に確立していたか否かも疑問であり、また制度があっても事実上これが果して行われていたか否かも疑問であるが、暫く記録にあるところだけをみるとこの家族は多妻的家族の最も大仕掛けのものである。かくのごとき大仕掛の多妻的関係は天子の後宮においてすらも事実上保持し難かったものとみえ、唐代になっては前記のごとく六分の一に減員されている。唐代は支那において諸制度の最もよく完備していた時代であると云われているが、それにもかかわらず後宮が六分の一に縮小されているのをみるといわゆる周代の後宮なるものは架空に近いものでないかと考えられる。

9 鰲台王氏族(この族譜は永楽年間(一四〇三―一四二四年)に第七世孫知謙によって輯修せられ、次いで康熙年間、(一六六二―一七二二年)乾隆年間(一七三六―一七九五年)に第一五世孫より第二〇世孫に到る人々によって重修せられ、最近において民国四年(一九一九年)第二三世孫によって重印せられたものである)この譜系巻一第七世孫知謙を中心として譜系を見ると、次の表のごとくなっている。五世孫徳明および七世孫知謙等は有力の人であったとみえ、三人または四人の妻妾を持っているが、この族譜(系譜の部分だけで約六〇〇枚)を通じてこのような人は甚だ少ない。

10

五　世	六　世	七　世	八　世	九　世
德明 叔達号六 三逸士 陳氏三安 人周氏一 安人四子 鄧氏二安 人二子	**仁郷** 蔡氏二子 　　　　継趙氏 **遺郷** 徐氏二子 （下　略）	**思聰** 張氏五子 **俊** 陳氏四子 **知謙** 符氏三子 　　　　汪氏一子 　　　　蔡氏一子 　　　　呉氏 **知孝** 李氏一子 （下　略）	**祖蔭** 李氏二氏 （中　略） **侃** 張子三子 　　　継銭氏 **儆** 陳氏妾 　　　黎氏二子 **偉** 陳氏二子 （下　略）	**瑄** （中　略） **滄** **洪** **江** （下　略）

益孫三氏叔達派

基督教会においては元来離婚を認めない。しかし離婚を認めないことは日常生活に好都合なる効果をもたらすと共にまた不便不都合なる結果を惹起す。それ故に止むを得ない場合には教会も離婚を認めるようになったのであるが、しかし夫婦関係にある者には直接離婚を許さず、夫婦として生活し難き旨を訴える者にはまず「別居」(Separation) を許し、別居していても反省の余地なく、夫婦関係を復活し得ない場合にはじめてこれらの夫婦に離婚を許すのである。この別居は事実上離婚の中間過程であり、別居をなす夫婦は名義上夫婦関係に結ばれているのみで事実上夫婦ではない。それ故に別居の場合

は夫と妻とは事実上同一家族を構成しない。この場合は男女共に、同居を求めておらない
のである。
　次にこの別居とは異なって男女共に同居を望み同一家族を構成せんと欲しながら同居し得ない場合がある。それは他の理由が除かれる機会さえあらば直ちに同一家族を構成すべき夫婦の場合である。この場合は夫婦関係構成への中間過程である。ただ未だ充分に夫婦関係が確立していないない故に、夫婦は別々の家族に所属しているに過ぎない。

11 Edward Westermarck, *The History of Human Marriage*, London, 1921. vol.3, pp. 226-261
12 *Ibid.* pp.109-116
13 Ray E. Baber and Edward A. Ross: *Changes in the Size of American Families in One Generation*, Madison, 1924. pp.65-67
14 拙著『家族と婚姻』一〇九―一一八頁
15 『法曹至要抄』巻下　処分子孫之物子孫死後不返領事の条に
戸婚律云、祖父母父母在、而子孫別籍異財者徒二年、若祖父母父母令；別籍；者徒一年、子孫不坐、疏云、但云；別籍；不；云令；異財者、明共無；罪也、巳異後不；可；悔還；者、

とある。この戸婚律の規定によると、(1)子孫が祖父母、父母に対して別籍または異財を求めた場合は子孫は二年の刑に処せられ、(2)祖父母、父母が子孫を別籍した場合は、子孫に罪なく、祖父母、父母のみが一年の刑に処せられ、(3)子孫は異財を求めても処刑せられるが、祖父母、父母は子孫と財を分けても刑の制裁を受けはしないということになっている。この規定を文字通りに観るが、別籍は強く禁ぜられているが、別籍についてはなんらの規定がないなし故に、別籍別居は違法であるが同籍別居は差し支えないと一応考えられ得る。しかし籍は名目上の形式であり、居は実際上の生活である。してみれば別籍は禁ずる法の精神は祖父母、父母および子孫の同居を求めることにあったであろうと考えられる。形式上同籍となっていれば、事実は別居でも差し支えないというがごときは、恐らく法の真意ではなかったであろう。しかし祖父母、父母が子孫の同居を求めた場合は罪となり、祖父母、父母がこれを求めた場合は罪とならないということにもなっている。したがって同籍（同居）異財が合法的に行われ得る場合があるということになる。しかし祖父母、父母と子孫とが一家族として同居しているならば、親が子に名義上財産を分与したとしても、それは名義上異財となっているに過

第一章　家族の集団的特質　110

ぎず、事実上は同財のごとく共産的に使用せられる場合が多いであろう。したがってこのような場合の異財は単に形式的の異財であり、事実は同財と殆ど変らないものとみなされ得る。ただ子孫が祖父母、父母に対して異財を求めることは、同財にてなんら差し支えない家族生活の内において、強いて祖父母、父母との間に隔てを設け、やがてこれらから離れて別居せんとする準備行為であるとみられ得るが故に、それが禁止せられたに過ぎないと考えられる。このように考えてみると、この戸婚律の規定は、祖父母、父母および子孫に同居を求め、これらの者に同居を求めるが故にまたこれらの者に同財を奨励するものであると云われ得るのではなかろうか。

拙著『家族と婚姻』二七―四〇頁「職業世襲の傾向に就て」の章参照。この職業世襲の章においては二〇歳以上の男子にして親と同居する者の職業を考察したのであるが、これらの者は、婚姻後も多くの場合親と同居し、親と共同の職業に従事するものと認められ得るであろう。

「賊盗律」第七

16
（一）凡謀反及大逆者皆斬。父子若家人資財田宅並没官。年八十及篤疾者並免。祖孫兄弟皆配遠流。不限籍之同異。即雖謀反詞理不能動衆威力不足率人者亦皆斬。（中略）。父子並配遠流資財不在没限。（下略）
（二）凡縁坐非同居、若資財田宅不在没限。雖同居、非縁坐人之子応免流者各准二分法留還。（下略）
（一二）凡殺一家非死罪三人、及支解人者（中略）皆斬。子徒三年。
（一五）凡造畜蠱毒（中略）及教令者絞。造畜者同居家口雖不知情者、遠流。
（四六）凡売三等卑幼及兄弟孫外孫為奴婢者徒二年半。子孫者徒一年。（下略）

17
これらの規定は『律』の中に散見する縁坐の規定である。なおまた「貞永式目」には次のごとき父子縁坐および夫婦縁坐の規定がある。父子の間においても、一方の行為につき他人が関知しないことが明らかな場合には縁坐はないが、然らざる場合にはすべて縁坐すべきものとなっている。
（十）殺害刃傷罪科事付父子各相互被懸否事。
右或依当座之諍論……若犯殺害者其身被処死罪、並被処流刑、雖被没収所帯、其父其子不相交者互不可懸之。（中略）。次或子或孫於殺害祖之敵、父祖縦雖不相知可被処其罪科、（中略）。次其子若欲奪二人之所職若為取之財宝、雖企殺害、其父不知之由在状分明者不可処縁坐。
（十一）依夫罪科妻女所領被没収否事。

右於三謀叛殺害并山賊海賊討強盜等重科一可レ懸二夫咎一也。但依二当座之口論一若及二刃傷殺害一者不レ可レ懸レ之。

『徳川実記』「有徳院実記」附録巻三に

さればこれより先重罪を犯す者は、一族迄も連坐しけるが、此御時より刑科を省かせ給ひ、親の罪に子は坐し、子の罪に親は坐せざる事となりしとなり。

とある。この記述は徳川吉宗の一大英断を語るものであるかのごとく観えるが、これは吉宗がその当時徐々に主張されつつあった縁坐廃止論に耳傾けて、「町人百姓其外軽きもの」に対して「悪事之企不レ存二相決一」した者を縁坐の罪に問わないこととしたことを語るのである（三浦周行著『法制史之研究』「縁坐法論」参照）。しかしかくのごとき記述があるにもかかわらず、武士に対しては縁坐法は徳川時代の終りまで適用されていた。この記述を遺した吉宗の時代においても寛保二年（一七四二年）六月『有徳院実記』巻五五）の記録に

此日（二十三日）月光殿の用人本田市正正方職奪はれ小普請とせられ閉門命ぜらる。これはさきに長子西城の小姓組新兵衛正久妻家を出はしりしとき、尋ぬることも遅延し、次男半七郎も亡命して、世の聞えもあしかりしに、そのこと聞え上ることもなかりしとのとがめなり。よて新兵衛正久は追放たれ、西城の馬預田中主膳元陳は、正久が妻の父なるをもて連坐して閉門を命ぜらる。

とある。妻が家出欠落をしたほどの犯罪にても、夫とこの妻の父は罪に坐することとなっている。次にまた寛保二年九月（同前、巻五六）の記録には

二十二日小普請真田政之丞信賢追放たる。これは母離相尼が去年の冬家を出しに、尋ぬる事もなく、このほど其在所ほの聞ながら、速に呼とりもせざりしかば、倫理にもどれるふるまひなるをもてなり。寄合真田小源太信清は士籍を削らる。これは甥政之丞信賢いとけなきをもて、をのが家に寄宿させ、此事あるをしりながら、捨置しとのとがめなり。小姓組能勢の織部頼富も、これに坐して番を放たれ、小普請に入、門とさしめらる。これ離相尼は織部頼富がやしなひ女なればなり。

とある。これは母に孝養を尽さなかった者が処罰せられたと同時に、この犯人の伯（叔）父が犯人を自分の家族員中に加えていたという理由で処罰され、またこの母の養親が罪に坐したとの記述である。なおまた延享元年（一七四四年）七月（同前、巻六〇）の記録には

二十一日小普請武島七十郎某遠流に処せらる。これは其身の行状よからぬゆへに、伯父梅山押こめ置くをぬけ出て、訴状

を捧ぐるにより、上裁に及びしに、七十郎がよからぬ挙動いよいよ露顕し、そのうへに弟五百三郎に悪名を負せ、親戚等を相手とし、虚言のみ申出しによてなり。これに坐して伯父梅山遠慮命ぜられ、弟小普請有賀亀之助某も閉門せしめられ、小十人組武島左兵衛某も呵責せらる。これは犯人を識しめこれに注意を加えていた伯父および弟等がこの犯人のために罪に坐することとなったことを語るものである。

なおこれらのほか「有徳院実記」には延享二年三月七日に小普請漆原某が他人の子を養子として、この養子の実親から「金をむさぼりとりし」故に遠流に処せられ、その養子も遠流に処せられ、漆原某の親戚の者一人は親戚でありながら措置いたという理由で士籍を削られ、姻党某は閉門になったという記録がある。このように吉宗時代においても武士に対しては縁坐の法はかなり手厳しく行われたのであるが、それはまた徳川時代の末期においても同様に行われていた。たとえば天保一〇年〔一八三九年〕八月〈慎徳院実記〉巻三）には

（十六日）織田近江守罪ありて逼塞せしめらる。坐せられて咎めらるゝ者また多し。

という記述があり、また天保一三年七月一二日（同前 巻六）の記録には寄合水野備前守がその祖父に「不正のことどもあるを心づけずうちすぎしをとがめられて、その禄をなかば」没収せられたとあり、また弘化二年〔一八四五年〕一〇月（同前 巻九）には

この日（三日）黄金改役後藤三右衛門罪ありて死をたまひ、寄合鳥居甲斐守は京極長門守邸に……囚せられ、（中略）。甲斐守子中奥番久五郎、同じく五男保五は父の科によりて改易せられ云々。

とある。これらの事実によって観れば、縁坐廃止の主張は一部において唱えられつつあったとしても、武士に対しては明治の初めに到るまでこの法は行われていたものと考えられる。

夫婦の不可分的合一化については『マタイ伝』第一九章に、パイサイ人ら来り、イエスを試みて言ふ「何の故にかへはらず、人その妻を出すは可きか」。答へて言ひたまふ「人を造り給ひしもの、元始より之を男と女とに造り、而して『斯る故に人は父母を離れ、その妻に合ひて、二人のもの一体となるべし』と言ひ給ひしを未だ読まぬか。然ればはや二人にはあらず、一体なり。この故に神の合せ給ひし者は人これを離すべからず」

とあり、また『マルコ伝』第一〇章にも同様の記述がある。それ故にパウロは『エペソ書』第五章において、

妻たる者よ、主に服ふごとく己の夫に服へ、キリストは自ら体の救主にして教会の首なる如く、夫は妻の首なればなり。教会のキリストに服ふごとく、妻も凡てのこと夫に服へ。夫たる者よ、キリストの教会を愛し、之が為に己を捨て給ひしごとく、汝らも妻を愛せよ。(中略)斯のごとく、夫はその妻を己の体のごとく愛すべし、妻を愛するは己を愛するなり。(中略)「この故に人は父母を離れ、その妻に合ひて二人のもの一体となるべし」と述べ、さらにまた『コリント前書』第七章において

夫はその分を妻に尽し、妻もまた夫に然すべし。妻は己が身を支配する権をもたず、之をもつ者は夫なり。斯のごとく夫も己が身を支配する権を有たず、之を有つ者は妻なり

と説いている。

第二章 わが国の家族構成

第一節 家族の内における人々と外にある人々

　家族は近親関係にある少数の人々の感情融合にもとづく小集団である。それは内においては各員を緊密に和合せしめ、各員の生活要求を共同に保障せしめ、外に対しては全員を連帯的に共同せしめて、その所属員の立場を擁護せしめ、かくしてこれに参加する人々に内的安定を与える特殊団体である。それはあらゆる団体中、共同社会関係的性質の最も強い団体である。ここにおいては人々は互いに他意なく自己の内にあるものを相手方に示し、相手方が示すものをなんらのわだかまりなく受け入れ、老いたるも若きも、病弱者も壮健なる者も、奉仕の程度または作業の良否いかんにかかわらず、許される限りの生活享受を求めている。人々は家族生活に親しむ場合ほどその精神的安定を得ることは少ない。特殊な境遇にあって特殊な訓練を経た少数の人々にあっては、家族生活を離れた場合において もなんらの不安に駆られることなく、容易に内心の平静を求め得るであろうが、一般の人々にあって

はかくのごとき方法によって任意に内的の慰安を求めることは困難であり、大多数の場合において、その内的生活の安定は家族的集団を通ずることによって最も求めやすくなっている。したがって一般の人々は常にこの家族的集団を求め、止むを得ない場合の外、この生活を放棄することを欲しない。

わが国にても近代的文化内容が増加するに到るまでの時期においては、人々は主として家族の内側においてその生活を営み、諸種の社会関係を家族の外側に持つことは比較的少なかった。また全く家族から離れた者は家族の外に存する社会関係の内にも入れられ難く、背後に家族的根拠を持たない者は特殊の目的を持つ結社または宗教団体以外の集団には容易に加入することが許されず、かかる人々は孤立無援の者として浪々の生活を送るの外はなかった。それ故に殆どすべての人々は常にその妻子または近親者等と共に家族生活を営み、他の社会関係を常住の根拠地とすることを忘れなかった。しかし近代文化が次第に複雑化する場合においても、人々の生活要求は家族内における機能だけを以てしては次第に充され難くなり、種々なる生活要求に応ずるため、家族外に多くの社会関係が形づくられるようになった。現代生活のもとにおいては人々は家族の内にのみその関心を向けることが許されず、好むと否とにかかわらず、多少とも家族外に歩を向け、特に近代都市生活者にあっては、何程か家族的共同から離れざるを得ないようになっている。かくのごとく人の関心が漸次家族外に向わざるを得ないようになると共に、家族外においては、これらの人々をますます多く吸収し得る設備と組織とが設けられ、全く家族生活から離れた人々に対しても外面的には日常生活上大いなる不利と不便とを与えぬだけの用意が整えられるようになった。[註2] 現代文化はこのように人々を家族外に吸収し得る用意を整えつつあるのであるが、しかしそれにもかかわらず、人々は容易に家族生活を捨て去らんとはしない。否人々の生活内容が複雑になり、家族外に諸種の社会関係が

数多く構成されればされるほど、人々は内心の安定を得やすい家族生活に強い憧憬を感じつつあるとも考えられる。近代人は数多くの社会関係を家族の外側に形づくりつつあるが、これらの社会関係は多くの場合利益社会関係的性質の強いものであり、人々を功利的打算的に接近する、深く感情的人格的に結びつけることは少ない。各人は一定の目的を充すために目的的打算的に接近するが、しかしそれはまた打算によって直ちに分離する。一個の人もそれぞれの目的要求に応じて種々の社会関係を種々の人々と共に構成し得るが、それぞれの社会関係がその構成員の要求に答え得るところは一定の目的に応ずる限りであり、部分的断片的である。かくのごとき関係にあっては人々は強き内心の満足を求め難い。それゆえに人々は、近代生活に応ずる必要上打算的に諸社会関係を構成するとはいえ、かくのごとき外部的の社会関係だけに満足せず、いずれかの方面において打算的態度を離れた生活、互いに相信頼することによってなる人格的接触を求め、ここに全生活の内的安定を得んと努め、この要求を最も容易にかつ適切に実現し得る家族生活に離れ難き感情を結びつけている。このように人々は現代においてもその生活安定の要求からして家族に強く結びつくのであるが、なおまた国民生活の安定を増進するため政策的立場からしても、国民の家族生活が助長せられ得るよう種々の方法が講ぜられている。いずれの国家もその国民が日常生活において安定を得ることを望み、その内的安定を促進するために種々の方法を講じているのであるが、その中には国民の家族生活を助長する意味を持つと観られるものが相当に多い。したがって国民はこの点からしても、家族生活に引き付けられやすくなっている。

かくのごとくいずれの国民も家族生活に強く結びつけられやすく、人々は常に家族を根拠地として日常生活を営みやすくなっているのであるが、この傾向はわが国においても同様に強くあらわれてい

る。否むしろこの傾向はわが国においては一層強くなっているとも考えられる。わが国においては一つには親子は出来るだけ同一家族の内に止まるべきものと伝統的に定められ、親はその子を膝下に止めてこれに保護と指導とを与え、子は成人後においても事実上止むを得ぬ場合の外、なるべく親と同居して親を慰むべきものとせられ、これに反する者は明示的または黙示的に社会的非難を受けるようになっている。したがって親子は感情的に強く結ばれているが故に、全く親も子も無き者の外は、通常の場合人々は家族生活をなさざるを得ないようになっている。二つには家族生活の建設に大なる役割を演ずる婦人に対して、わが国では特別の訓練が施されている。幼少の頃から婦人は感情融和にもとづく家族生活の内部工作とその内容充実とに専心努力すべきものであるという意味の訓育を受け、精神的にも技術的にも平隠なる家族生活の支持者たる資格をよく備えるようになっている。したがってわが国民の持つ衣食住の形式等についてみても、これら比較的によくこれらの婦人に信頼することが出来、これらの婦人と相結ぶことによって容易に内的の楽園を構成し得るようになっている。三つにはわが国民の家族生活の建設に関しては比較的によくこれらの婦人に信頼することが出来、これらの婦人と相結ぶことによって容易に内的の楽園を構成し得るようになっている。最近大都市においては、家族生活を離れている者に対してはますます家族生活本位に出来上っている。最近大都市においては、家族生活を離れている者に対しても何程か生活の便利が与えられ得るようになっているが、一般には、わが国民の生活形式は文字通りの独身者には頗る不便なるものとなっている。通常の住居構造が独身者に不適当なるものであることは云うまでもなく、旅館、下宿等も永き生活のためには極めて安定性の欠けたものに不適当なるものであることきは絶えざる手入れを必要とし、それに対して充分なる注意を加えることは独身の男子には到底不能のことであり、食事のごときも炊事の設備なき場所にては食卓に載せ難き性質のもの多く、独身者は止むなく毎日同様なる献立によって提供せられる食堂または下宿の食事を取らざるを得ないように

なっている。それ故にこれらの生活形式の圧迫に堪え兼ねて、止むを得ぬ場合の外、人々は家族生活から離れぬように努め、また独身生活をなす者も次第に家族生活の構成へその歩を進めるようになりやすくなっている。これら三種の事情は他の国々においても何程かあるようであるが、わが国においては三種共かなり強くあらわれている。このようにわが国民はこれら三種の事情に強く駆られているが故に、他の国民よりも一層家族生活に結びつきやすく、家族から離れた不安定の生活に入ることは比較的少ないと考えられる。

かくのごとくわが国民は家族生活に特に強い憧憬を持っていると考えられるのであるが、しかし果して現代わが国民の全部がこの家族生活中に吸収せられているであろうか。すなわちわが国民のすべては常にいずれかの家族に所属しているであろうか。これらの国民中には家族構成に参加しておらぬ者も何程かあるのではなかろうか。もしこのような人々があるとするならば、事実上家族生活の内において内的安定を得ている者と、然らざる者とは国民中何程の割合においてあるであろうか。あるいはまた家族生活の内においてその生活安定を得ている者の存する割合はいかに変遷しつつあるであろうか。このような問題は国民の家族生活を考察する場合には見逃すべからざる問題であると考えられる。しかしこれらの問題については未だ何人からも解答せられておらず、また何人も未だこのような疑問を以て問題を提供したこともないようである。多くの場合人々は、国民の殆ど全部が家族内において生活していると考え、いずれの家族にも所属していない者はないと、通常考えている。家族生活が余りに普通のことである故、この普通のことにしてしかも国民が日常生活上重きを置くことが、何人にも普遍的の事実であると考えられているようである。このような普遍的事実と考えられていることに対して、その異常的なる場合の存在を探究するというがごとき企ては、今まで余りに人の^{註5}

注意を引かなかったようである。国民がこのように家族生活に重きを置く限り、一生の大部分を殆ど家族の外で暮すような人はもちろん少ないであろう。いかなる境遇にある人でも一生の内には必ず家族生活をなす場合があるであろう。しかしながらいかなる場合にも一生の内に家族生活をなす場合があるということと、全国民が現在において家族生活をなしているということとは別のことである。国民中には現在において家族から離れ、または所属すべき家族なくして内的安定を欠いた生活をなしているものが何程かあるに相違ない。軍隊、寄宿舎、または船中にいる者、あるいは雇人、一時的寄宿人等を数え挙げるならば、かなりの人数のものが、家族生活から離れているに違いない。このような人々も、一度は自己の近親者と共に家族的集団を形づくったこともあり、またつくるであろうと考えられるが、しかし現在においては固有の家族なき人々、または固有の家族団体から離れている人々である。国民が家族生活について何程強い関心を持つとしても、現実にこのような人々が存在するのを否定することは出来ぬ。

国民が一般に家族生活に強い関心を持っているのに、国民中何程かの人々がこの家族的集団に所属しておらぬということは、われわれに取っては頗る注意に値することであろう。しかしながらこのような家族生活から離れた者が、事実上何程あるであろうかという問題に逢うと、これを比較的正確に解答することは頗る困難であった。それは特定の地域について部分的に調査し、または特定の家計調査等に附随して出て来る家族構成員の形などから推定して、幾分か家族生活の外に立つ者の数量を概算し得ないのではないが、このような方法による概算は、特定地域の地方的事情、または家計調査簿記入者の地位、身分、職業等によって非常なる差異を生じやすい。したがってそれは概算としてもあまりに正確さを欠く惧れがある。それ故にこの問題は、筆者には長い間解き難い問題として残ってい

た。然るにこの問題を比較的正確に解き得る資料を、内閣統計局の好意によってみせてもらうことが出来た。それはわが国内地の国勢調査原票から、原票千通毎に一通ずつ抽出して写し出された国勢調査抽出写しなるものである。第一回国勢調査（大正九年一〇月）（一九二〇年）の時にはこの抽出写しが全国を通じ一万一、二一六世帯分だけ出来ている。それは全国の家族数約一、一二〇万世帯につき、各千世帯毎に一世帯ずつ抽き出して作製せられた写しであるが故に、この写しから整理して得られる事実は、全国の調査票から整理して得られる事実の千分の一縮図と観ることが出来る。

この抽出方法による国勢調査結果の概観は、既に大正一三年四月に統計局から発表せられたのであるが、この抽出方法しからしては、既に発表された事柄以外に、なお幾多の事柄が尋ね出され得る。しかもそれは全国的に尋ね出すべき事項を求めるに比較的簡便であり、かつまた最も正確に近い結果を得やすい資料である。筆者が以前から尋ね出してみたいと考えつつあった非家族的生活者の数などを求めるためには、この抽出写しは最も適当なる資料であると思われた。それ故に筆者は統計局の好意を得て、局の使用上差支ない限りこの資料をみることの許可を受け、かねての調査に着手し、抽出写し一万一、二一六世帯につき、一世帯毎に世帯構成人員を、世帯主と近親関係にある者と然らざるものとに別けた。すなわち同宿人、一時の宿泊人、来客、同居人、下宿人、使用人、営業上の雇人、徒弟、女中等すべて世帯主と親族関係なきものを各世帯から除き去り、世帯構成員を世帯主ならびにこれと近親関係のあるものだけに限定し、これらの人員を性別年齢別にして観察した。この場合寄宿舎、合宿所、病院その他普通世帯とみなし得ない特殊世帯（準世帯と観らるべきもの八二一世帯）に属する人々を全部通常の世帯構成員中に入れなかったことはいうまでもない。

この方法において筆者は普通世帯中、近親関係にある者だけの共同を以て事実上の家族集団とみな

121　第一節　家族の内における人々と外にある人々

し、世帯主ならびにこれと夫婦、親子およびその他の近親関係にあるものを以て事実上の家族構成員とみなした。わが国には戸籍上の家なるものがあり、その家が法律上家族なる集団であるかのごとく認められているが、しかし現代わが国民の事実上の生活形式について観るならば、この戸籍上の家なるものは単に帳簿上の族的集団であり、事実上の家族とはかなり縁遠いものである。事実上の家族なる（事実上の妻）が戸籍上の家族員となっておらぬ場合も多く、また事実上家族の共同から離れている者（他家へ婚嫁したもの、他へ別れて独立の世帯を構成するもの、事実上他へ移住している者、あるいは時としては既に事実上死亡しているもの等）が同一家族の所属員となっている場合も多い。それ故にこの戸籍上の家をもって事実上の家族集団とみなすことは著しく事実に反することとなる。然るに国勢調査における世帯は、かかる戸籍上の家とは全く別に、法律上の関係のみに捕われることなく、日常生活において事実上寝食を共にしている人々の集団を指示している。国勢調査施行令（大正七年九月二六日勅第三五八号）第三条に「本令ニ於テ世帯ト称スルハ住居及家計ヲ共ニスル者ヲ謂フ。一人ニシテ住居ヲ有シ家計ヲ立ツル者亦一世帯トス。其ノ一人ナル場合亦同ジ。家計ヲ共ニスルモ別ニ住居ヲ有スル者、又ハ住居ヲ共ニスルモ別ニ家計ヲ立ツル者ハ一世帯トス。家計ヲ共ニセザル者ハ一場屋又ハ船舶毎ニ一世帯ニ準ズ」とある。この規定の前半「……亦同ジ」までは住居を共にし生計を共にする通常の家族生活を意味し、国勢調査ではそれを普通世帯と呼んでいる。普通世帯以外のもの（寄宿舎以下のもの）は、普通常住の目的を以て人々が集合するところではなく、世帯とは異なるものである故に、国勢調査ではこれを準世帯と呼んでいる。この国勢調査の普通世帯は家族的集団に近いものであるが、この世帯中には世帯主と近親関係なき者、たとえば同居人、女中、徒弟らを含んでいる。これら同居人、雇人または食客等は世帯主一族

とはその運命を異にする者であり、便宜的に世帯主の家計中に加わっているとしても、世帯主と共産的関係に立つ者でもなく、世帯主一族に対しては一定の隔てを置いている者である。それ故にこれらの者は世帯主一族と住居を共にし家計を一つにしているとしても、それらと家族的共同をなしている者とみなすことは出来ない。相互に隔意なく共産的共同をなす近親者の集団を求めんとせば、この普通世帯の中より、同居人、雇人等を除去しなくてはならぬ。これらの者を除去してみると、普通世帯は住居を共にし、家計を共にする近親者の集団となり、その構成員は強い信頼感を以て相互に緊密に共同し得る世帯主夫婦ならびにその近親者のみとなる。すなわちそれは通常の家族と同じものとなる。

このようにわが国内地における普通世帯構成員中、世帯主ならびにその近親一族だけを家族生活をなしている者とし、然らざる者をすべて家族生活の外にある者とみなして、第一回国勢調査の抽出写し（計一万一、二一六通中、準世帯と観らるべきもの八二通を除き、残り一万一、一三四通）を資料として、前述の方法により両者を分類し、これを千倍してみると、その結果は第1表、第2表に示すがごとくなってあらわれた。

第1表および第2表にあるAとはBとCとの合計員数を示し、それは抽出方法による第一回国勢調査の全国（内地）人口量であり、全国総人口中、普通人の出入が許されない特別調査地区その他各国大公使館、陸海軍部隊、刑務所等にある人員約二十九万人を除いた人口量である。Bとは事実上家族構成員となっている者、すなわち、家族生活をなしているとみなされている人々の総数であり、抽出写しの普通世帯中にある世帯主ならびにその近親者の総数である。Cとは世帯の一隅に参加しているが、実質的に家族構成員とみなされておらぬ者、すなわち家族員とは別の関係に置かれているとみなされ得る人々の総数であり、抽出写しの普通世帯中にある同居人、使用人、来客、食客等の総数である。

第1表および第2表について観ると、わが国内地人口中、約五七四万七千人は、自分の家族団体

から離れて生活していることとなっている。なおこの外に約二九万人は、この抽出写しにあらわれておらない軍隊、刑務所およびその他の特別区域内に生活し、その大部分はやはり家族生活の外に立っている。したがってこの双方をあわしてみれば、約六百万の者が自己の固有の家族から離れ、または固有の家族なるものなしに暮しているということになる。この表の最後に掲げた数字だけを観ても、既に一割以上のものが家族生活をなしておらぬことが解るが、この外に前記の約二九万人を、Aすなわち抽出法による全国人口五、五八四万九千人と、Cすなわち家族外の生活者たる人口五七四万七千人との双方に加えて、国民中家族生活をなしていない者の数は、人口千人につき約一〇八人の割合となる。すなわち国民中約一割一分の者は、家族生活の外に置かれていることになる。このように国民中自己固有の家族団体内におらぬC類の者は、全体から観ればかなりの数に上るのであるが、このうち前記の二九万人は、主として軍隊および刑務所等にいる人々であって、その大部分は男子である。しかしながら写し中にはあらわれておらないのであるから、その性別および年齢別を今尋ね出す訳に行かない。それ故にこれだけの人員――国民総数中の約千分の五――を除外して、他の家族外の生活者五七四万七千人だけについて、男女別年齢別にその員数を観ると、次表の数字が示すごとくなる。すなわちそれについて観るならば、男子は女子よりも家族外に生活する者が多い。また男子中にあっては、一五歳以上二四歳以下のものは、その年齢者中の約三割三分ないし三割六分という多数のものが、C類に属している。前に掲げた二九万人中にもこの年齢階級に属する男子が頗る多いであろう故に、実際においてはこの年齢階級にある男子は、四割以上も家族生活から離れているであろう。この年齢階級を過ぎると、家族外に置かれる男子の数は次第に少なくなり、次の年齢階級に到っては約二割となり、さらに次には一割とな

第1表 男

年齢別	実　数（単位千人）			A千に対するB・Cの割合		
	A	B	C	A	B	C
0 ～ 4歳	3,800	3,691	109	1000.0	971.3	28.7
5 ～ 9	3,415	3,329	86	1000.0	974.8	25.2
10 ～ 14	3,181	2,903	278	1000.0	912.6	87.4
15 ～ 19	2,672	1,767	905	1000.0	661.3	338.7
20 ～ 24	2,216	1,411	805	1000.0	636.7	363.3
25 ～ 29	1,991	1,562	429	1000.0	784.5	215.5
30 ～ 34	1,899	1,717	182	1000.0	904.2	95.8
35 ～ 39	1,687	1,545	142	1000.0	915.8	84.2
40 ～ 44	1,624	1,527	97	1000.0	940.3	59.7
45 ～ 49	1,290	1,211	79	1000.0	938.8	61.2
50 ～ 54	1,134	1,076	58	1000.0	948.9	51.1
55 ～ 59	914	864	50	1000.0	945.3	54.7
60 ～ 64	839	796	43	1000.0	948.7	51.3
65 ～ 69	627	587	40	1000.0	936.2	63.8
70 ～ 74	375	358	17	1000.0	954.7	45.3
75 ～ 79	203	197	6	1000.0	970.4	29.6
80歳以上	85	84	1	1000.0	988.2	11.8
合　計	27,952	24,625	3,327	1000.0	881.0	119.0

第2表 女

年齢別	実　数（単位千人）			A千に対するB・Cの割合		
	A	B	C	A	B	C
0 ～ 4歳	3,650	3,574	76	1000.0	979.2	20.8
5 ～ 9	3,421	3,331	90	1000.0	973.7	26.3
10 ～ 14	2,980	2,610	370	1000.0	875.8	124.2
15 ～ 19	2,652	1,855	795	1000.0	699.5	300.5
20 ～ 24	2,289	1,893	396	100000	827.0	172.0
25 ～ 29	1,920	1,736	144	1000.0	904.2	95.8
30 ～ 34	1,822	1,724	98	1000.0	946.2	53.8
35 ～ 39	1,723	1,660	63	1000.0	963.4	36.6
40 ～ 44	1,528	1,484	44	1000.0	971.2	28.8
45 ～ 49	1,301	1,247	54	1000.0	958.5	41.5
50 ～ 54	1,123	1.068	55	1000.0	951.0	49.0
55 ～ 59	962	921	41	1000.0	957.4	42.6
60 ～ 64	863	817	46	1000.0	946.7	53.3
65 ～ 69	737	694	43	1000.0	941.7	58.3
70 ～ 74	519	483	36	1000.0	930.6	69.4
75 ～ 79	263	245	18	1000.0	931.6	68.4
80歳以上	143	133	10	1000.0	944.1	55.9
合　計	27,896	25,477	2,419	1000.0	913.3	86.7
男女合計	55,849	50,102	5,747	1000.0	897.1	102.9

り、これより家族内に生活する者すなわちB類の増加割合が年齢階級の高まると共に次第に増加している。而して女子にあっては少しく趣を異にし、C類の者は、一〇歳ないし一四歳の年齢階級より増加し始め、一五歳ないし一九歳の年齢階級においてはそれは約三割という多数に昇り、次の年齢階級に到って約一割七分にまで減少し、更に次の年齢階級に到って約一割に減少し、これより家族外にある女子の割合は年齢階級の増進と共に次第に減少し、家族内の生活者すなわちB類の割合が増加している。註7

これらの事実によって観ると、国民中大多数の者はその近親者と相結んで家族生活を送り、国民総数中約九割までの者はそれぞれの家族を構成していることが明瞭になる。この点から観るならばわが国民はその大部分の者が各自の家族の内において落着きのある生活に親しんでいると考えられる。それは前に述べたごとく、わが国民が家族生活に特別の関心を持ち、この生活に結びつきやすき種々の条件を備えているからであろう。しかしながらかく云えばとて、国民のすべてが家族的共同の内において内的安定を得ているというのではない。その中約一割の者が家族の外側に置かれていることもまた前表の示す事実によって明瞭となっている。大正九年当時においても総人口の一割は約五七〇万人となり、かなり多数となる。これら五七〇万の者も多くはその近親者を持っているのであろうが、これらの者はその近親者と家計を共にし、住居を共にすることなく、常に一定の心的距離を隔てて相接しなくてはならぬ人々の間に伍して、日常生活を送っている。殊に一四、五歳ないし二四、五歳の青少年期にある者がかなり多く、男子にあっては約三割ないし四割、また女子にあっては約二割ないし三割の者が、その親兄弟から離れて生活している。国民がし家族生活に強い憧憬を持っているとしたならば、家族から離れて生活しなくてはならぬような境遇に

ある人々は、極く僅かであろうと考えられるのであるが、それが約一割以上にもなるのは何故であろうか。殊に心身共に成育期にある二四、五歳未満の者は、愛情と誠意とに満ちた親兄弟の保護と指導とを日常生活において必要とし、親兄弟に信頼と従属とを繋ぐこと多いであろうと考えられるにもかかわらず、それが二割ないし四割までも親兄弟の膝下から離れているのは何故であろうか。

それは現代わが国民の生活要求が次第に増加し、人々は種々の要求を充実せんとしつつあるに対して、家族の機能は殆ど増加せず、むしろ家族に固有なる機能（内的安定の助長、共産的生活保障、対外的連帯等）の外は次第に従来の機能を失いつつあるからである。近代において国民の生活要求は産業的に、また文化的に益々増大し、人々は複雑なる手続によって完成し得られる種々の事業に携り、その営利慾を充さんとし、様々なる人々の間に伍して自己の地位を高め、捕え得る権力を拡大せんとし、または種々なる内容の知的要求および情操的要求を充実せんと努めている。それらの要求くのごとき複雑なる要求は、通常の家族内においては到底充され得べきものではない。しかしかくのごとき複雑なる要求を充すためには、人々は家族の外側に向い、家族の外において他の人々と種々なる接触交渉を重ね、多種多様なる社会関係を形づくらなくてはならぬ。然るにこれらの社会関係が数多く形づくられ、家族外に存する諸社会的機能が拡大するにつれて、家族はこの拡大に圧迫されて、その固有の機能以外の機能を次第に失いやすくなる。したがって人々は家族に固有なる機能には強い執着を持ちながら、営利のために、地位のために、職業のために、または教育のために、これらの要求を家族内においてよりは一層よく充し得る外部的諸社会関係に結びつけ、時としてはその家族から全く離れざるを得ないようになるのである。

もちろん家族に固有なる機能は、他の諸社会的機能によって置き換えられ難く、他の種の機能が充

実した場合においても、家族の機能をことごとく奪い去ることは困難であり、かつまたこの家族に固有なる機能は強い吸収力を持っているが故に、外部社会の諸機能がいかに膨脹しても、家族員の全生活をことごとく家族の外に誘導することは困難である。多くの場合家族外に存する諸社会関係は、家族に固有なる機能と相似たる性質の機能を持つこと少なく、否かくのごとき機能を著しく欠いているが故に、人々は諸種の生活要求実現の必要上、一方外部社会に参加すると同時に、他方その内的安定を求め得る家族に強く結びつかんとするのである。したがって人々の要求が増加し、利益社会関係的性質の強い外部社会の諸機能が拡大しつつあっても、人々は共同社会関係の性質の強い家族から全く離れ去ることは少なく、国民の大多数は常に家族にその生活の根拠を置くであろう。最近わが国において諸社会的機能が拡大しつつあるにもかかわらず、国民の約九割までが家族内の人となっていることは、この意味を明瞭に語るものである。しかしながら外部の社会的諸機能は、家族に固有なる機能を駆逐し得ないが、人々の生活要求が増加するにつれて、次第に多く人々の関心を外部に誘いつつある。人々は種々なる生活要求を充すために、その要求に応ずる外部的諸社会関係に結びつき、これらの要求を充すに足る作用を提供する社会関係の多いところに次第に多くその歩を向けつつある。したがってかかる機能を提供する社会関係の多く備っている近代都市、または都市内に家族的色彩の多いところにおいては、家族外において提供せられる諸機能に近づかんとする人々が多く集り、都市内に家族生活を営む者がこれらの諸機能を提供する外部的諸社会関係に参加するのみならず、市内に家族的安住の場所を持たない農村地方の者もまた農村が提供する機能だけによって彼らの生活要求が充されないため、更に多くの生活要求に応ずる社会関係の備っている都市に集り、都市的社会要求に参加せんとしている。それ故に家族に固有なる機能以外の機能を提供する社会関係の多く備っているところ、殊にかかる。

る機能を提供する機関が最もよく備わっている近代都市においては、一面において家族生活に親しみながら、他面において外部的社会関係に強びつく人々が次第に多くなり、その結果これらの人々のうち何程かの者、殊に農村から都市へ来住した者の少なからぬ部分、なおまたこれらの社会関係が与える刺戟に対して強い暗示感性を持つ青少年齢期の者の大部分は、一時的にせよ、または永続的にせよ、自己の家族から離れ、またはその家族を構成することなく、外部的社会関係に没頭するようになるのである。前掲の第1表および第2表のC類にあるC類の人々は多くはこの種の人々である。

このように考えてみると国民総数（A）中、家族内に生活の根拠を持つ人々の数（B）の大小は、約言すれば、近代的都市文化の消長と逆比的関係にあると云われ得る。現代国民の生活要求は、農村においてもまたは都市においても、質的に量的に、次第に増加しつつあるであろうが、これら種々の要求を充すに足る諸機能は、農村においてよりも、遙かに多く近代都市または都市化した地方における諸社会関係によって提供されつつある。而してかくのごとき社会関係の多く存するところ、すなわち近代的都市文化の内容の充実したところにおいては、人々の関心は次第に多く家族外に存する諸社会関係へ誘導せられ、家族内に常住地を置く者（B）が何程かずつ減少すると同時に、その外にこれを置く者（C）が漸次増加するようになるのである。このことは近代的都市文化の内容の最も豊富になっているところ、すなわち政治的、産業的、宗教的、芸術的、知的ならびに道徳的諸社会関係が数多く存するところにおいて、B類の者とC類の者との割合がいかになっているかを観察することによって、明瞭に立証し得ると考えられる。今この問題を明らかにするために、便宜上わが国において近代的都市文化の内容の最も豊富になっているところの一つとして東京市を取り、東京市において近代的都市文化の内容の最も豊富になっているところの一つとして東京市を取り、東京市において全市民（A）中、何程の者が自己の家族に所属し（B）、何程の者がそれから離れているか（C）を、前

の場合と同様に、大正九年一〇月一日に行われた国勢調査の抽出写しを資料として調査すると、その結果は次の第3表および第4表のごとくなってあらわれた。

これらの表についてみると、東京市においては、Ｃ類の者は六三万人となり、全市民の約二割七分になっている。殊に男子にあっては、この種の者が約三割五分という多数に上っている。さらにまた年齢階級ごとに観ると、男子の一五―一九歳の階級においては約七割二分、その次の階級においては六割九分、その次の階級にては四割八分という多数のものが、自己の家族団体から離れて生活しており、女子の一五―一九歳の階級においては約五割三分、その次の階級にては約四割四分という多くの者が、若き婦人の身でありながらその父母の膝下から離れている。

この第3表および第4表にあらわれたものを、前の第1表および第2表にあらわれたものと比較してみると、東京市においては、多くの農村および都市を含む全国におけるよりも、Ｂ類が激減しているところにおいては、然らざるところにおいてよりも、家族内に生活の根拠を置く者の数は少なくなり、これに反してＣ類は激増している。殊に青少年齢期のＣ類は男子約七割、女子約五割という驚くべき多数になっている。もし近代都市文化の内容充実の程度いかんを問うならば、その程度はわが国全般におけるよりも東京市において遙かに大となっていると、何人も答えるであろう。してみれば近代都市文化の色彩の濃厚なるところ、すなわち人々の生活要求に応ずる諸社会関係が著しく多く構成されているところにおいては、然らざるところにおいてよりも、家族内に生活の根拠を置く者の数は少なくなり、これに反して、不安定なる生活を送る者は多くなるといい得るのではなかろうか。したがってまた家族内に日常生活の安定を得る者の数は、この都市文化の色彩の濃淡と逆比的関係にあるといい得るのではなかろうか。

ただしここには東京市を近代都市文化の性質の強いところの一つの見本として取ったのであるが、

第3表 男

年齢別	実　数　（単位千人）			A千に対するB・Cの割合		
	A	B	C	A	B	C
0 ～ 4歳	88	84	4	1000.0	954.5	45.5
5 ～ 9	104	100	4	1000.0	961.5	38.5
10 ～ 14	113	73	40	1000.0	646.0	354.0
15 ～ 19	187	53	134	1000.0	283.4	716.6
20 ～ 24	198	61	137	1000.0	308.1	691.9
25 ～ 29	124	65	59	1000.0	524.2	475.8
30 ～ 34	88	70	18	1000.0	795.5	204.5
35 ～ 39	99	87	12	1000.0	878.8	121.0
40 ～ 44	74	67	7	1000.0	905.4	94.6
45 ～ 49	59	54	5	1000.0	915.3	84.7
50 ～ 54	41	37	4	1000.0	902.4	97.6
55 ～ 59	23	15	8	1000.0	652.2	347.8
60 ～ 64	17	16	1	1000.0	941.2	58.8
65 ～ 69	21	20	1	1000.0	952.4	47.6
70歳以上	9	9	0	1000.0	1000.0	
合　計	1,245	811	434	1000.0	651.4	348.6

第4表 女

年齢別	実　数　（単位千人）			A千に対するB・Cの割合		
	A	B	C	A	B	C
0 ～ 4歳	99	99	0	1000.0	1000.0	
5 ～ 9	98	97	1	1000.0	989.8	10.2
10 ～ 14	94	80	14	1000.0	851.1	148.9
15 ～ 19	134	63	71	1000.0	470.1	529.9
20 ～ 24	121	68	53	1000.0	562.0	438.0
25 ～ 29	99	84	15	1000.0	848.5	151.5
30 ～ 34	89	80	9	1000.0	898.9	101.1
35 ～ 39	79	70	9	1000.0	886.1	113.9
40 ～ 44	54	52	2	1000.0	963.0	37.0
45 ～ 49	45	42	3	1000.0	933.3	66.7
50 ～ 54	38	32	6	1000.0	842.1	157.9
55 ～ 59	25	21	4	1000.0	840.0	160.0
60 ～ 64	19	16	3	1000.0	842.1	157.9
65 ～ 69	19	14	5	1000.0	736.8	263.2
70歳以上	21	20	1	1000.0	955.0	45.0
合　計	1,034	838	196	1000.0	810.4	189.6
男女合計	2,269	1,649	630	1000.0	726.8	273.2

この東京市におけると同様なる傾向が他の近代都市にもあらわれているや否や、東京市において観られたがごとき事実は東京市だけに特有のものではないか、という疑問が起り得る。この疑問に対しては、前記の方法と同様なる方法を用いて、他の近代的大都市におけるB類とC類との比率をみなし、前述の方法に従って人口総数中にB類およびC類の者がいかほどあるかを尋ねると、その結果は第5表および第6表のごとくなった。

これらの表を観ると、六大都市においては総人口中B類の者の占める割合は約七割六分となり、東京市の約七割三分よりは少しく多くなっている。また男女別に観ても、青少年齢期の者について観察しても、六大都市におけるB類は、全国におけるそれよりは遙かに少なくなっているが、東京市におけるそれよりは少しずつ多くなっている。それは六大都市中にあっても、東京市においては近代都市文化の色彩が最も濃厚であるからであるといい得るであろう。すなわち六大都市中にあっても、東京市においては近代都市文化の色彩が最も濃厚であるからであるといい得るであろう。すなわち六大都市においては近代人の生活要求に応ずる諸社会関係が最も多く備わっているが故に、B類の者が減少しているのであり、またこれらの都市中にあっても、東京市においてはB類が最も少なくなっているのであるといい得るであろう。このように考えてみると、いずれの地方について観察しても、近代的都市文化の色彩の強いところにはC類が増加するに反してB類が縮小し、またこの色彩が強ければ強いほどB類は一層減少し、C類が一層増加するようになると主張し得るであろう。

以上述べたのとほぼ同様なる事実は単にわが国において観られ得るのみならず、欧米諸国においても観察され得ると思われる。ここには欧米諸国の国勢調査の原票またはその写し等をみる由もなく、

第5表 男

年齢別	実数 (単位千人)			A千に対するB・Cの割合		
	A	B	C	A	B	C
0～ 4歳	245	236	9	1,000.0	963.2	36.8
5～ 9	264	257	7	1,000.0	973.5	26.5
10～14	272	200	72	1,000.0	735.3	264.7
15～19	402	135	267	1,000.0	335.8	664.2
20～24	421	137	284	1,000.0	325.4	674.6
25～29	321	188	133	1,000.0	585.7	414.3
30～34	227	192	35	1,000.0	845.8	154.2
35～39	224	196	28	1,000.0	875.0	125.0
40～44	176	158	18	1,000.0	897.7	102.3
45～49	146	136	10	1,000.0	931.5	68.5
50～54	104	93	11	1,000.0	794.2	205.8
55～59	76	67	9	1,000.0	881.6	118.4
60～64	53	46	7	1,000.0	867.9	132.1
65～69	48	45	3	1,000.0	937.5	62.5
70歳以上	29	25	4	1,000.0	862.1	137.9
合　計	3,008	2,111	897	1,000.0	701.8	298.2

第6表 女

年齢別	実数 (単位千人)			A千に対するB・Cの割合		
	A	B	C	A	B	C
0～ 4歳	221	217	4	1,000.0	956.0	54.0
5～ 9	234	226	8	1,000.0	965.8	34.2
10～14	227	198	29	1,000.0	872.2	127.8
15～19	299	156	143	1,000.0	521.7	478.3
20～24	299	194	105	1,000.0	648.8	351.2
25～29	233	196	37	1,000.0	841.2	158.8
30～34	209	193	16	1,000.0	923.4	76.6
35～39	167	153	14	1,000.0	916.2	83.8
40～44	154	145	9	1,000.0	941.6	58.4
45～49	126	117	9	1,000.0	928.6	71.4
50～54	112	99	13	1,000.0	883.9	116.1
55～59	80	71	9	1,000.0	887.5	112.5
60～64	43	38	5	1,000.0	883.7	116.3
65～69	49	42	7	1,000.0	857.1	142.9
70歳以上	66	58	8	1,000.0	878.8	121.2
合　計	2,519	2,103	416	1,000.0	834.9	165.1
男女合計	5,527	4,214	1,313	1,000.0	762.4	237.6

またこれらの諸国においては前述のごとき方法によってなされた調査報告も出版せられておらぬ故、数字をあげて欧米におけるこの種の事実を明瞭に示すことは出来ないが、欧州においては農民の多い地方に独身者（成人にして未婚なる者）が少なく、近代的産業民の多い地方に独身者（成人にして未婚なる者）が報告せられている。独身者は必ずしもC類の者ばかりではないが、成人にして未婚なる者の中には自己の家族を持たない者が多いであろうと思われる。それ故に欧州においても近代的産業の発達している地方、すなわち都市文化の色彩の強い地方には独身者多く、したがってC類に属する者が多くなっていると考えられる。

かくのごとく近代的都市文化の傾向の強いところにB類が少なくなり、C類が増加するとせば、かくのごとき都市化の傾向を持つ地方が多くなるにつれて、また都市的生活形式が全国的に拡がるにつれて、家族内の人々を外部に誘致する諸社会関係もまた全国的に増加するようになり、その結果家族内に内的安定の場所を見出し得ぬ人々が将来ますます増えるようになるであろう。従来の傾向から観れば、最近わが国においては都市文化の形式は漸次一般国民を風化し、国民の生活形式は日に月に近代都市のそれに接近しつつある。この傾向がこの後もなお続くものとせば、わが国民は家族に固有なる機能に強い関心を持ち、近親者相互の隔意なき共同に吸引せられること多いとしても、将来においては国民中自己の家族から離れ、またはその家族を構成しない者の数は、現在におけるよりもさらに多くなるであろう。もちろん国民生活の形式が全部都市化せられるものではなく、また近代都市においても家族生活に対する人々の憧憬はかなり強いものであるが、しかし都市文化の傾向はこの後も全国的に普及するものと考えられるが故に、その普及に伴ってB類は何程かずつ減少し、C類は何程かずつ増加するであろう。このように考察して来ると、現在わが国の大都市においてみられるB類お

よびC類の存在の傾向は、やがて将来わが国民全般の上に来るべきものをある程度において暗示しているものと云われ得るであろう。すなわちこの後わが国においては、国民中家族内において生活安定を得る者の存する割合は現在においてよりも減少し、かかる安住の場所を離れて家族外に彷徨する者、殊に親兄弟の保護と指導から離れて、相当警戒を必要とする外部的社会関係へ吸引せられる若き男女は漸次増加するであろう。このことは国家生活全体の上からみて、また国民生活の安定を助長することの必要という点からみて、相当戒心すべき重要事である。もちろんこれらの人々も生涯家族生活から離れるのではなく、その大部分は再び家族の構成員となり、殊に若年の者にあっては、年齢の増加するに従い、再び家族生活の内に安住の場所を見出しやすくなるであろうが、しかしこのような家族外の生活者が増加しつつあるとせば、而してこれら家族外に生活する者の大部分が心身未完成の若年者であるとせば、これらの者に生活安定と指導とを与え得べき新たなる社会関係が設立されなくてはならぬであろう。ただこのような社会関係に家族と同様なる機能を備えしめることは事実上困難である。したがってこのような社会関係が形づくられるとしても、それは家族外に立つ者が家族内に復帰するまで、これに保護と指導とを与えるという補足的機能を持つに過ぎないであろう。しかし補足的機能を持つに過ぎないものであるとしても、これあることによって国民生活に起り得る不安がいかに縮小するかを考えるならば、かかる社会関係の設立を等閑視することは出来ない。

註1 わが封建時代に行われた勘当は、家族内の秩序を破り、または破る惧れのある者に対して、家族員たる資格を剥奪する一種の家族的制裁であった。それが制裁としての効力を持ったのは、家族内に生活の根拠を置かない者を家族外の社会もまた通常の家族的構成員として取り扱わなかったが故である。もし家族の外の社会がかくのごとき人々を家族生活をなせる者と同様に取り扱ったならば、これらの者は自己の要求と相容れない家族から離れ得るのみにして、社会生活上特に不利不便を受ける

135　第一節　家族の内における人々と外にある人々

ことがない。したがってこのような場合には家族的制裁としての勘当の効力ははなはだ弱いものとなる。

2 家族関係を顧慮すること少なき近代的雇傭関係の増加、求職者自身だけの希望と能力とに応じて人々を一定の職業に結びつける職業紹介事業の拡大、家族生活から離れている独身者に住居と食物とを供給する設備（独身者アパートメント、下宿、旅館、食堂等）の増加、および家族外においてあらゆる人々の趣味嗜好に応ぜんとしている娯楽機関の質的ならびに量的増大等は特に著しく近代的都市においてみられる。それは近代都市に多い家族外の生活者を吸収し得る外部的機関であり、これらの近代社会関係を機械的に与えんとする近代的用意である。

3 功利的打算的性質の強い利益社会関係の生活に取り囲まれている現代人が、家族生活に対していかに強い執着を持つかは、この利益社会関係的生活が最も濃厚にあらわれている米国へ来住した欧州移民の告白に最もよく示されている。ここにあげたは、ポーランドから米国へ移住したものがその両親に宛てて、米国における孤独の寂しさを訴え、彼によき配偶者を送られたき旨を願った手紙である。

父上並びに母上。私はここに自分のありのままの考えを申上げて御願い致しますが、どうか怒らないで聞いて下さい。この地において独身で暮すことには私にはどうしても出来難いことです。ですからどうか私に誰かよい配偶者を世話して下さい。穏やかで正直な娘を世話して下さい。このアメリカには母国で見受けるようなおとなしい娘は一人もおりません、云〻。(William I. Thomas and Florian Znaniecki, *The Polish Peasant in Europe and America*, Boston 1918—20, vol.2, p.259)

この手紙は一例に過ぎないが、これと同様なる心情を漏らしている手紙は前掲書中に多く見出すことが出来る。便宜と能率とを規準として機械的に打造られた近代生活組織の代表的なるものの中において、人はこの打算的機械的の生活に堪え難き不満と寂寥とを感じ、これを癒すべき安住地を家族生活に求めんとしているのではなかろうか。

4 身分関係に関する法規中には家族生活を助長する意味のもの多いが、就中夫婦、親子または近親関係にある者相互の扶養義務に関する規定、家長的家族の多いところにおいてみられる家長が家族員に対して持つ権利と義務とに関する明示的または黙示的非難の他婚姻奨励の意味を含んだ諸社会的慣習、したがって親から離れた妻子なき独身者に対する課税政策等の慣習、または独身者に対する課税政策等 (Willystine Goodsell, *Problems of the Family*, New York, 1928. 七七頁以下の記述によると、かくのごとき人々の行動の自由を制限すること少なきところにおいても、一八世紀頃には東部の各地において慣習および政策はアメリカのごとき人々の行動の自由を制限すること少なきところ）はいずれも国民を家族生活の内に結びつけにおいても、一八世紀頃には東部の各地において行われていたといわれている）

第二章　わが国の家族構成　136

る上に効果あるものと考えられる。

5 戸籍面だけについて人々の族的生活を考察する場合には、わが国民はことごとくいずれかの戸籍上の家に加っており、戸籍上の家すなわち家族に所属せぬ者はないようになる。しかし戸籍上の家は事実上の家族的共同とは異なるものである。したがって戸籍上全国民がいずれかの家に所属しているからとて、事実上全国民が家族生活をなしているとは云われない。

6 戸籍上の記録は単に法規上定められた手続を経て、一定の戸主の統轄の下にある「家」すなわち名目上の族的集団に加入しまたはこれより分離した者を示すのみで、現実に人々が構成している家族の所属員を示すものではない。第一に戸籍上人の原籍地となっているところに人々は必ずしも事実上生活しているのではない。たとい戸籍上の家の人員と事実上の家族の人員とが全く同一の人々から成立っている場合においても、戸籍上の家は山口県の村落にあり、事実上の家族は東京市にあるというがごとき場合が非常に多い。第二に戸籍上同一の「家」に所属する者が必ずしも事実上同一の家族を構成し、住居を共にし、家計を一にしているのではない。戸籍上父または兄と同一の「家」に所属している子または弟妹等が事実上他家へ婚嫁し、父兄とは別に独立の生計を営みまたはその妻子と共に新たなる家族を形造っているがごとき場合も甚だ多く、また戸籍上父の家に所属しながら父と同居せぬ母と共に事実上別世帯をなすがごとき場合もかなりある。さらにまた稀には行方不明となり、事実上死亡している者が、法規上の手続未完了のため、戸籍上その父兄または近親者と同じ「家」の所属員となっているがごとき場合もある。第三に戸籍上同一の「家」の所属員でない者が、事実上近親者となって緊密に共同し、瑟瑟相和した一家を構成していることがある。この場合の例としては法律上の手続を経ておらぬ事実上の妻を挙げ得る。この種の妻または時としてはその子は単に第三者の介在を許さない封鎖的の家族を形造っている。総有配偶者中約一割七分位ある（拙著『家族と婚姻』六〇一六五頁）。これらの妻または夫または父と戸籍上異なる「家」に属しているのみであり、事実上は夫または父と共に第三者の介在を許さない封鎖的の家族を形造っている。このように戸籍上の「家」は種々の点において事実上の家族とは著しく異なる人々を含む場合が多い。したがって戸籍上の記述によって事実上家族生活をなしている者を尋ね出すことは出来ない。

7 第1表、第2表およびこれについての説明によりわが国民中自己の家族を構成している者と然らざる者との性別、年齢別の数量はほぼ明らかになったと考えられるが、これについてはなお多少の説明を必要とする。まず第一にこの国勢調査は大正九年一〇月一日午前零時における国民生活の現状を示すのみで、必ずしも国民の常住的生活状態を示しておらぬと云うことである。すなわち国勢調査の申告は現在地主義の申告であり、常住地

主義の申告ではない。ただ世帯主のみは一時不在の場合でも申告書に記載されているが、世帯主以外の者は、たとい常住者であっても一時不在の場合は世帯構成員中に加えられておらぬことになっている。したがってここに約五七〇万の者が家族生活から離れているといっても、これは常にそれらの者が自己の家族に所属しておらなかったという意味ではない。ただ一〇月一日の大正九年一〇月一日午前零時にこれだけの者が自己の家族に所属しておらなかったということに過ぎない。一時不在者は一〇月二日にはまた自己の家族に加入するかも知れないが、一〇月二日にはまた新たなる一時不在者があらわれるであろう。それ故にその一〇月一日の状態を以て一般的状態とみても大なる誤りはないであろうと考えられる。さらにまたこの一〇月一日を以て調査日とした理由について『大正九年国勢調査記述編』九頁以下に詳しい説明が施されているが、この時期はわが国民の移動の最も少ない時期であり、かつその日時の外出者は「一〇月一日午前零時にたまたま屋外に在り、または夜業、夜勤、宿直等のため世帯なき場所に現在したるものとし、また宿泊するや否やを予定し得ざることをも予定し得る者は、最後に出発したる世帯に現在したるものとし、また一〇月一日午前自己の所属する世帯に結びつき得したる者とす」との取扱に規定、並びに「一〇月一日午前零時に、旅行中にて旅店、その他の世帯に宿泊せざることを予迄に初めて到着したる世帯に現在したる者とす」との取り扱い規定にて、出来る限り平常自己の所属する世帯に結びつき得るようになっている。なおまた第一回国勢調査の時は、国民一般もまた出来るだけ常住生活の状態を守して申告したいわれている（国勢調査担任者の説明による）。これらの点からみると、第一回国勢調査は現在地主義の調査であるが、しかしそれは国民の常住生活に最も近いものを示していると考えられる。したがってこの調査に基いて世帯構成員をみるならば、それは国民の形造る家族構成員の実状に最も近いものを捕えることとなると思われる。

次に疑問となるのは一人世帯に関することである。世帯主一人だけの普通世帯数は、抽出写し一万一、一三四世帯中六〇六、世帯主および使用人等のみよりなる世帯、すなわち世帯主一人以外には世帯主の親族が一人もおらぬ世帯数は五八世帯ある。したがって世帯主だけの単独生活らしいものは合計六六四世帯となる。この六六四世帯が家族とみられるや否やは一つの疑問である。この数を平倍に拡大する時は六六万四千となり、かなりの大いに数量となるが、筆者はこれらの世帯主を家族生活者という内に入れて計算した。これらの世帯主は単独に生活しているが故に、いわゆる家族団体なるものを構成しておらぬのであるが、それは自分の固有の家族団体から離れているというよりは、その単独の生活自体が自分の固有の生活根拠である。これらの人々は使用人や、下宿人や、同居人などと同視せられるよりはむしろ家族団体をなしている者と、より多く同視せらるべき点を持っている。すなわちこれらの世帯主は多くの場合、早晩配偶者または近親者を迎えて通常の家族

を形づくるか、またはやがてこの世帯から離れてしまうかの過程にある人々である。それ故にこの六六四人は、真の家族生活者としては多少疑問あるにかかわらず、暫くこれを家族生活者の部類に入れたのである。

第三に問題となるは、国勢調査申告に来客と記入された者の取り扱いである。筆者はこれを総て家族生活者中に加えなかった。この来客は多くは日常自己の家族団体の内におり、ただ臨時に他家に宿泊したに過ぎないものと思われる故に、これを家族生活者中に加えても差し支えないであろうとも考えられる。しかし来客にも各種のものがあり、必ずしも自己の家族ある者のみではなく、また来客とある者を自己の家族ある者と然らざる者との両者にこの場合区別することが出来なかったため、すべてこれを家族員中に数えなかった。

第四には世帯主の甥姪、従兄弟姉妹、妻の血族等が普通世帯の構成員となっているが、これらの者を世帯主の家族員とみなすべきや否やについては多少疑問がある。しかしここにはこれらの者の多くを世帯主の家族構成員とみなした。ただしこれらの近親者中には実質的には世帯主の家族員ではなく、その使用人または同居人たる場合が多い。それ故にこれらの近親者の中においても、世帯構成全体の上からみて、およびこれらの者の職業の性質からみて、世帯主の家族員に推定し得られた場合には（例えば、甲世帯主の甥の子女あるのに甲の甥が一人、または従弟が一人だけその父母を伴わずして甲の世帯中に加り、しかもその職業が通勤を要する性質のものであるとか、学生であるとか、女中であるとかいうがごとき場合、または世帯主の職業が接客業等であり、数人の養女がこの世帯の家族員となっているがごとき場合等）これらの近親者を家族員外の者とみなした。しかしこのような疑点があってもこれらの者を家族員中にみなすことが容易に推定し得られた場合だけであり、然らざる場合にはたとい疑点があってもこれらの者を事実上の家族員でないことが明瞭に推定し得られた場合に限りこれを家族の外にいる者とみなした。

前に述べた来客の中には自己の家族に常住する者がかなり多いであろう。したがってこれを家族の外にいる者とみなす場合には、家族構成員たるべき者が多少削減されてくる。また世帯主の甥姪、従兄弟姉妹等は、事実上非家族的の同居に過ぎない場合がかなりあるであろう故に、これを家族員中に数える場合には、家族の内にいる者が何程か多く見積られて来る。それ故にこの両者を前述のごとく取り扱うことによって、家族内の者と然らざる者の数量が過大または過小に見積られる危険を何程か防ぎ得たと考える。

第3表および第4表をみる場合に特に注意を要することが一つある。東京市の実人口は大正九年一〇月一日現在にて男一七万一、〇八三人、女一〇〇万二、〇一二人、合計二一七万三、一九五人である。然るに抽出写しによって調査した結

果は男一二四万五千人、女一〇三万四千人、合計二二六万九千人となる。この合計だけについてみれば、実人口と抽出方法によった人口との差はわずかに千分の三四である。したがって調査の結果は実人口に近いものであると云われ得る。しかしながら抽出写しによって観察し得る人口は実は二、二六九人である。したがってこの二、二六九人を男女別に分ち、さらに男女各々一五の年齢階級に別ってみると、一年齢階級の人員がかなり少数となってしまう部分が出来る。一年齢階級に一〇〇人近く、もしくはそれ以上の人員のある部分においては、これらの人員を前記のごとくBとCとに分けて、Aに対するB、Cの比を求めても、それは比較的事実に近いものを示すことになるかも知れないが、五〇人以下ほどの人員しか一階級に持たぬ部分において、これをB、Cに分ち、Aに対するB、Cの割合を求めることは無理であるとみなければならぬ。すなわちこのような部分については、抽出せられた者の数が少ないのである故、この少数の者の中では、偶然の抽出に基く変異が相当に多くあらわれる。したがって第3表および第4表のこの少数の人員しかない年齢階級においてあらわれたところの結果は、果して東京市民中この年齢階級にある者の、事実上B、Cに属する者の比と一致するや否や、またはその比に比較的近いものであるや否やは大いに疑問である。それ故にこれらの表において四〇歳以上の年齢階級に属する者のB、Cの内訳は、一年齢階級ごとにみて、それと同様なる傾向が実際の市民生活にあると推定することは出来ぬ。たとえば女子の六五歳―六九歳の階級においては二割六分のCがあるのに、その前の年齢階級においては一割六分であるというがごとくあらわれている。このような変化は必ずしも事実に一致するものでなく抽出方法を一定の標準によった結果、偶然にあらわれた変化にすぎないであろう。このような誤差を出来るだけ少なくするためには、四〇歳以上位の年齢階級のものを一括して、左のごとくするより致し方ない。

年齢別	実数 A	実数 B	実数 C	A千に対するB・Cの割合 A	A千に対するB・Cの割合 B	A千に対するB・Cの割合 C
男 四〇以上	二三四	一二八	二六一	一,〇〇〇	八九三	一,一〇六
女 四〇以上		一九七			八三四	〇八六

9 Edward Westermarck は *The History of Human Marriage*, London, 1891. pp. 145—150 で欧洲諸国における独身者の数、晩婚の事実等をあげ、文明国における独身者増加の傾向およびその理由等を詰種の文献を引用して説明している。それによると独身者の割合は農業国たる露国およびハンガリーにおいて最も少なく、北欧および中欧において最も多くなっている。

第二節　家族構成員数

近代的都市文化は家族外に存する諸社会関係をますます複雑ならしめ、わが国民を駆って徐々に家族外に誘致しつつあるが、しかし全国的にみれば全く家族生活から離れている者は概して少ない。家族に固有なる機能は容易に他の社会関係の機能によって代置せられ得るものでなく、また人々は利益社会関係的性質の濃厚なる外部的社会関係に吸引せられるほど、反面において共同社会関係的性質の強い家族に魅力を感じ、これに関心を結びつけるようになる。それ故に国民は諸種の生活要求充実の必要上、部分的に家族外の社会関係に参加することはあるが、しかし全く家族から離れ去ることは比較的少なく、また一時家族から離れることはあるとしても、多くはやがてこれに復帰し、あるいは新たに自分らの家族を構成する。したがって前節において考察したごとく、大部分の国民はその家族内に存する感情的人格的関係を家族の内に置かない者も相当多くあるが、これらの者も年齢の増加と共に家族の構成員となる傾向を多分に持っていると云い得る。ただ若年の者の中には、かかる根拠を家族に親しみを持ち、ここに生活の根拠を置いているのである。

このように国民中大部分の者は各自の家族の所属員となっているのであるが、然らば、これらの国民のつくる家族はいかなる形のものであるか。一般に家族は員数の小なる集団であるが、現代わが国民の構成する家族もまた少数の人々より成立っているのであるか。またいかほどの員数よりなる家族

141

族がいかほどあるか。また家族構成員となっている近親者中にはいかなる人々がいかほどあるか。さらにまたこれらの人々によって形づくられる家族の形態にはいかなるものがあるか。これらの問題は家族の構成形式を考察せんとする場合に最も注意すべき重要問題である。今これらの問題を考察するに当り、まず最初に現代わが国民の形づくる家族の構成員数の問題より始めることとする。

家族の構成員数に関する問題は、一家族の平均員数いかんの問題と員数別に観たる家族数の問題の二つとなる。一家族の平均員数に最も近いものは通常一戸平均員数または一世帯平均員数なる名称を以て、各国または各地方の人口調査等に常に報告せられている。『大正九年国勢調査報告』によると、わが国内地の総人口は約五、五九六万三千人、そのうち普通世帯の人口は約五、四三三万六千人である。この普通世帯人口を普通世帯数一、一一二万二千余で割ると、普通世帯平均員数は四・九人となる。この員数は全国的にみた普通世帯の一世帯平均員数であるが、さらにこれを地方別に観ると、それは東北地方の各県では五・四人ないし五・九人となり、関東および北陸地方には五・〇人ないし五・四人となる県が多く、近畿、中国、四国地方には四・四人ないし四・七人となる府県が多く、九州地方には五・〇人前後となる県が多い。[註1]

これら普通世帯の一世帯平均員数はほぼ一家族の平均員数に近いものであるが、しかし国勢調査の普通世帯中には前節において観察したごとくC類の者を含んでいる。それ故にこのC類の者を普通世帯人員中より除いてみなければ、近親者のみからなる一家族の平均員数を求めることは出来ない。今抽出写しにある普通世帯一万一、一三四中より、事実上普通世帯らしくないもの一五世帯を除き、通常の普通世帯と思われるもの一万一、一二九世帯につきB類の者だけを取り、これを千倍し、かつ各地方

第7表 註3

	家族数	家族員数	一家平均員数
全国	11,119千家族	50,087千人	4.5人
青森県 郡部	112	614	5.5
岩手県 郡部	135	814	6.0
山形県 郡部	144	826	5.7
東京市	448	1,649	3.7
大阪市	270	959	3.6

	親族世帯および単独世帯数	同左世帯員数	同左世帯一世帯平均員数	普通世帯一世帯平均員数
全国	9,892千世帯	44,831千人	4.5人	4.9人
青森県	112	616	5.5	5.8
岩手県	132	736	5.6	5.8
山形県	134	718	5.3	5.9
東京市	341	1,262	3.7	4.6
大阪市	213	754	3.5	4.4

家族数，家族員数，世帯数，世帯員数の実数は千単位とし，千以下は四捨五入とす

の世帯を市部の世帯と郡部のそれとに分ち、東北地方の諸県の郡部家族と大都市の家族とにつき、一家平均員数を求めると、第7表上段のごとくになる。さらにまたこの抽出写しにある世帯とは別に、『大正九年国勢調査報告』にある普通世帯実数により、普通世帯中その大部分を占める親族世帯と単独世帯とを取り、この両種の世帯数をあわせて、東北地方の諸県（との場合、県内の世帯は郡部の世帯も市部の世帯も共に含む）の世帯と大都市の世帯とにつき一世帯平均員数を求めると、第7表下段のごとくになる。（ここに親族世帯と単独世帯とを普通世帯中より取り出し、他の種の世帯を除外したのは、普通世帯中世帯主とその近親者のみからなる世帯はこの両種の世帯だけである故、いわゆる他人を交じえない家族を観るにはこの両種世帯を観察することが最も便利であると考えられることと、さらにまたこの両種の世帯数は全普通世帯数の約九割に達している故に、註2これらの世帯だけを観察して他の種のものを除外しても、一家族平均員数の観察には殆ど差し支

えないと考えられることによる)。

第7表によってみると、親族世帯および単独世帯の合計からなる一世帯平均員数は、抽出写しにある普通世帯中B類の者だけについて求めた一家族平均員数とほぼ相等しく、全国一般についてみれば、普通世帯の一世帯平均員数は〇・四人ほど少なくなっている。またこれら両世帯についてみられる一世帯平均員数および上段において観られる一家平均員数は、一般的にみて、普通世帯の一世帯平均員数の多い地方に多くなっている。すなわち地方的にみれば青森、岩手その他の東北地方には、普通世帯の一世帯平均員数はかなり多いのであるが、またこれらの地方には郡部の家族の一家平均員数も多くなり、普通世帯中の大部分を占めている親族および単独両種世帯の一世帯平均員数もまた多くなっている。しかしながら普通世帯の一世帯平均員数とこれら両種世帯数との差は常に一定したものでなく普通世帯の大部分を占めている親族および単独両種世帯の一世帯平均員数とこれら両世帯数の和においてみられる一世帯平均員数との差は常に一定したものでなく、東北地方、その他全国一般、殊に郡部においてはその差は比較的小となっている。それは大都市においては商工業者および公務自由業者多く、商工業者および公務自由業者の世帯にあっては近親者たる家族員の外に使用人および同居人等多く[註4]、これらの使用人および公務自由業者が家族員と共に普通世帯構成員として取扱われるが故に、大都市の普通世帯の平均員数は多くなり、これらの使用人および同居人ある世帯を除いた近親者のみの家族の平均員数は比較的少なくなるのである。

普通世帯の平均員数または近親者のみの世帯すなわち家族の平均員数は、家長的家族(大家族)が多いと通常いわれているわが国においても、右に述べたごとく、四・九人または四・五人というがごとき甚だ少ないものとなり、殊に大都市においてはそれはさらに少なくなっているのであるが、しかしすべての世帯または家族の構成員数がこの平均員数に近いものとなっているのではない。平均員数

に近い員数を持つ家族も相当にあるが、それよりはかなり多くのまたはそれよりはさらに少ない員数を持つものも甚だ多い。然らばわが国民が構成する家族中いかほどの員数を持つ家族が何程あるか、いかほどの員数の家族が最も多いか、また員数の最大または最小なる家族は何程あるであろうか、すなわち家族員数別家族数はいかになっているか。これらの問題を明らかにすることは家族構成員数を考察する上において極めて重要であると考えられるが、しかしここには近親者のみよりなる家族について員数別家族数を調べた調査書類が求められぬため、まずそれに最も近いものとして普通世帯における員数別世帯数を観察し、次いで筆者が部分的に調査した町村の員数別家族数を考察することとしたい。

わが国内地における世帯員数別普通世帯数を『大正九年国勢調査報告』（全国の部第一巻）によって求め、さらに一世帯平均普通世帯員数の比較的多い青森、岩手両県の員数別普通世帯数、およびこの平均員数が全国的のそれにほぼ等しく、かつ大都市の影響を受けながら社会的にはいずれの一つの大都市からも直接強く支配せられておらぬと考えられる岐阜県の員数別普通世帯数、ならびに近代都市的色彩の最も濃厚なる東京、大阪両市の員数別普通世帯数を求めると、それは第8表のごとくなる。

この第8表にある世帯数を千分比にて示すと第9表のごとくなる。

第9表をみると、まずわが国内地の普通世帯においては、比較的員数の少ない四人世帯のものも最も多く、この四人世帯を中心として二人世帯ないし六人世帯の五種世帯中に、普通世帯の約七割のものが集中している。したがってわが国民の形づくる普通世帯はその大部分すなわち四分の三以上が六人世帯以下のものとなっている。次に一世帯平均員数の比較的多い青森、岩手両県の普通世帯についてみると、通常一家五人といわれる五人世帯のものが最も多く、五人世帯を中心として、三人世帯ない

第8表

	全国	青森県	岩手県	岐阜県	東京市	大阪市
1 人 世 帯	641,860	4,215	5,377	14,077	27,870	18,945
2 人 世 帯	1,392,026	9,768	11,074	25,355	71,644	49,826
3 人 世 帯	1,690,534	14,316	15,170	32,493	85,194	53,998
4 人 世 帯	1,698,893	16,405	17,996	33,310	75,959	44,797
5 人 世 帯	1,620,484	17,872	19,937	32,786	61,965	34,851
6 人 世 帯	1,397,347	17,248	19,625	28,962	45,229	25,093
7 人 世 帯	1,059,924	14,665	17,407	21,934	30,909	16,844
8 人 世 帯	702,613	10,980	13,596	13,722	19,267	10,371
9 人 世 帯	418,650	7,958	9,567	7,560	11,782	6,455
10 人 世 帯	240,002	5,329	6,152	3,690	8,078	4,183
11～15人世帯	231,334	6,917	6,720	2,828	10,948	5,729
16～20人世帯	20,765	581	412	249	2,389	1,135
21～25人世帯	4,488	86	48	52	680	372
25～30人世帯	1,685	18	16	16	256	149
31人以上の世帯	1,515	18	11	35	234	137
普通世帯計	11,122,120	126,376	143,108	217,069	452,404	272,885

本表および第10表における一人世帯または一人家族については前節註7参照

第9表

	全国	青森県	岩手県	岐阜県	東京市	大阪市
1 人 世 帯	57.7	33.3	37.6	64.9	61.6	69.4
2 人 世 帯	125.2	77.3	77.4	116.8	158.4	182.6
3 人 世 帯	152.0	113.3	106.0	149.7	188.1	197.9
4 人 世 帯	152.7	129.8	125.7	153.5	167.9	164.2
5 人 世 帯	145.7	141.4	139.3	151.0	137.0	127.7
6 人 世 帯	125.6	136.5	137.1	133.4	100.0	92.0
7 人 世 帯	95.3	116.0	121.6	101.1	68.3	61.7
8 人 世 帯	63.2	86.9	95.7	63.2	42.6	38.0
9 人 世 帯	37.6	63.0	66.9	34.8	26.0	23.7
10 人 世 帯	21.6	42.2	43.0	17.0	17.9	15.3
11人以上の世帯	23.4	60.3	50.4	14.6	32.1	27.6
普通世帯計	1000.0	1000.0	1000.0	1000.0	1000.0	1000.0

し七人世帯中に普通世帯の約六割三、四分のものが集っている。しかもこれらの二県においては員数別普通世帯度数分布表中最大値を有する五人世帯すなわち並み数（Mode）附近に多数の世帯が集中することなく、八人以上の員数の世帯中にも約二割五分というかなり多くの世帯が分布している。すなわちこれらの二県においては、員数の多い普通世帯数が全国一般におけるよりは遙かに多くなっている。

さらに一世帯平均員数が全国のそれにほぼ等しく、しかも近代的大都市から少しく離れている岐阜県の普通世帯にあっては、四人世帯のものの最も多く、この四人世帯を並み数として二人ないし六人世帯中に普通世帯の約七割強のものが集中し、全国の傾向とほぼ同じようになっている。また近代的大都市たる東京市および大阪市等にあっては、三人世帯がこの分布表の並み数となり、この並み数附近に最も多くの世帯が集中しこの並み数を中心として二人ないし四人世帯中に全普通世帯の半数以上のものが集っている。しかもこれらの都市にあっては員数五人以下の世帯が大部分を占め、大阪市にあっては全世帯数の四分の三以上は五人以下の世帯となっている。

右の世帯員数別普通世帯分布表を観ると、員数別普通世帯の分布形式は三種に分たれ得る。第一は青森、岩手両県のそれであり、東北地方型ともいわるべき形式である。それは分布表中並み数の位置が全国的平均値（全国普通世帯一世帯平均員数四・九人）よりも多い五人世帯にあり、しかもこの並み数においてみられる世帯数（度数）は比較的少なく、総数の約一割四分内外にすぎず、かつ総世帯数の五割以上は六人以上という多人数の世帯の間に分布されている形式である。この形式にあっては並み数において示される世帯の度数は比較的少ないが各々の員数別世帯中に見出される世帯の度数は並み数のある位置に到るまで徐々に増加し、これより員数の多い世帯に到るに従ってまた徐々に逓減している。すなわちこの型においては、全世帯数は比較的度数の小さい形態を中心として、その前後に

147　第二節　家族構成員数

ほぼ対称的に分布されている。第二の形式は東京市および大阪市のそれであり、都市型ともいわるべき形式である。それは度数分布の並み数の位置が、比較的員数の少ない三人世帯にあり、しかもこの並み数の示す度数は総世帯数の約一割九分というかなりの多数であり、かつ総世帯数は総数の六割内外は員数四人以下の世帯中に分布され、員数六人以上の世帯の間に分布されている世帯数は総数の三割未満となっている。この型にあっては、並み数において示される世帯数はかなり多数となっているが、並み数の位置は著しく小員数の世帯のある方へ偏っており、また並み数に最も近い二人世帯および四人世帯中にもかなり多くの世帯数が分布されている。したがって員数の少ない世帯の度数は並み数附近において急激に増加し、それより員数の多い世帯に到るに従って、各世帯への分布度数は第一種のものよりは急に減少している。第三の形式は岐阜県のそれであり、またわが国の全国一般型ともいわるべきものである。この型にあっては並み数は第一型のそれと第二型のそれとの中間、すなわち四人世帯にあり、並み数の示す度数も第一型のそれのごとく少なくなく、第二型のそれのごとく多くなく、総数の一割五分内外であり、したがって総世帯数の六割以上は五人以下の員数の世帯中に分布され、六人以上の員数のある世帯中にある度数は四割未満となっている。

わが国の世帯員数別普通世帯の度数分布については右のごとく三種の型が観られ得るが、この三種の分布形式がみられ、その色彩の弱い所には東北地方型のそれがみられ、都市的色彩の強いところには都市型の分布形式がみられ、その色彩の弱い所には東北地方型のそれがみられ、都市的色彩と農村の色彩とが相混じている地方には内地一般型のそれがみられる。それ故にわが国の員数別世帯数の分布形式を考察する場合には、東北地方型と都市型とを考察せば、その主なる性質は理解され得べく、内地一般

型は前二者の性質が相混じているものと考えて差し支えない。

さて普通世帯については右に述べたごとくその員数別分布状態を尋ね得たが、これらの普通世帯は近親者に非ざる使用人、同居人等を含んでいる。殊に大都市の普通世帯はかなり多くこの種の人々を含んでいる（註2および註4参照）。それ故に近親者のみの家族の員数別分布数を求めんとせば、この普通世帯人員中より同居人、使用人、来客等を除去せねばならぬ。しかしかくのごとき近親者のみの家族を全国的に求めることは不可能なる故、ここには比較的員数の多い家族が多数にあると想像せられている二、三の地方村落につき、純近親者だけに世帯員数を限定して、これを員数別に観察することとした。このような地方村落を選定したのは、家族構成員を純近親者だけとする場合には、いかに多人数の家族が多いといわれる地方について観ても、一般に家族員数は余り多いものでなく、また多人数の家族があるとしても、かくのごとき家族数は極めて少ないものであることを明瞭にするためである。多くの場合人々は充分なる確証もあげずして、単なる伝説、風説等を根拠として特殊地方の村落に多人数の家族が多数にあるかのごとく信じ、またそれを他の人々に伝えている。しかしこのように伝えられている村落においても、忠実に各世帯員数を調査してみると、員数の多い家族は甚だ少ないものであることが明らかになる。

現在わが国には大家族が多いと伝えられている村落が、比較的交通不便なる地方に多少散在しているが、これらの村落中かなりよく人々に知られているものは岐阜県大野郡の白川村、徳島県美馬郡東祖谷山村、熊本県八代郡五箇庄等である。ここには便宜上これらの村落を取り、大正九年に行われた国勢調査の資料にもとづき、各村落の世帯員数を調査することとした。而してその調査に当っては、まずこれらの村落中出来るだけ員数の多い家族の多数に存在する部落を取り、特にかくのごとき部落

が見出されない場合には全村落を取り、次に村落または部落の世帯中世帯主が他町村よりの移住者であるものはことごとくこれを除去し、これらの村落に永く定住している世帯主のみを取り、さらにこれらの定住的なる世帯中、世帯主およびその家族員の職業からみて、農林業の世帯であると認められる世帯と商工業およびその他の職業であると認められる世帯とを区別した[註6]。それは移動性のある世帯および村落内の耕地および山林に強く結びついておらぬ世帯は、比較的員数の少ない世帯となりやすく、かつその村落の世帯の色彩の弱いものとなりやすいと考えられるからである。このように村落または部落中より定住的なる農林業世帯のみを求め、これらの世帯構成員中世帯主とその近親者とを家族員として数え、各家族を員数別に分けてみた。

右のごとき条件に従って徳島県東祖谷山村については全村落を取り、全村一、一九九世帯中、世帯主が来住者に非ざる世帯九五六を選び、そのうち、農林業世帯八六四、商工業、交通業、公務自由業等の世帯九二を得た。次に熊本県五箇庄にては員数の多い世帯の比較的多い葉木、樅木、椎原の三村を取り、三村一八〇世帯中、定住的なる世帯一三〇を求め、そのうち農林業世帯一一五、その他の職業の世帯一五を得た。また岐阜県白川村にては全村四〇八世帯中その大部分を占める荻町、鳩谷等の部落には多人数の世帯が甚だ少ないためこれらの部落を除き、いわゆる大家族の多くある福島、牧、御母衣、長瀬、平瀬、木谷の六部落を選び、これら東祖谷山、五箇庄および白川等においてち農林業世帯三八、その他の職業の世帯一六を得た。今これら東祖谷山、五箇庄および白川等において求められた各世帯中、世帯主と近親関係なき世帯人員を除き、家族員だけにつき員数別家族数を求め、なお宇都宮高等農林学校教授磯辺秀俊氏調査[註7]になる栃木県芳賀郡逆川村大字飯なる農村部落一六五世帯の純家族員数別家族数を掲げると、近親者だけの員数別家族数の度数分布は次の第10表のごと

第10表

	東祖谷山村の家族		五箇庄の家族		東祖谷山村および五箇庄の家族	逆川村飯部落家族	白川村6部落の家族	
	農林業	その他の職業	農林業	その他の職業			農林業	その他の職業
1 人 家 族	39	20	4	2	65	2	—	1
2 人 家 族	91	22	5	7	125	12	1	4
3 人 家 族	111	15	11	2	139	11	1	2
4 人 家 族	142	10	24	2	178	23	1	1
5 人 家 族	152	7	18	2	179	25	—	4
6 人 家 族	139	6	11	—	156	31	2	2
7 人 家 族	87	7	14		108	25	1	1
8 人 家 族	59	3	11		73	17	4	1
9 人 家 族	26	2	10		38	12	2	
10 人 家 族	12		2		14	4	5	
11〜15人家族	6		5		11	3	13	
16〜20人家族	—	—	—	—	—	—	5	
21人以上の家族	—	—	—	—	—	—	3	
計	864	92	115	15	1,086	165	38	16

第11表

	東祖谷山村の家族		五箇庄の家族		東祖谷山村および五箇庄の家族	逆川村飯部落家族	白川村6部落の家族	
	農林業	その他の職業	農林業	その他の職業			農林業	その他の職業
1 人 家 族	45.1	217.4	34.8	133.3	59.3	12.1	78.9	750.0
2 人 家 族	105.3	239.1	43.5	466.7	114.0	72.7		
3 人 家 族	128.5	163.0	95.6	133.3	127.7	66.7		
4 人 家 族	164.4	108.7	208.7	133.3	162.3	139.4		
5 人 家 族	175.9	76.1	156.5	133.3	163.2	151.5		
6 人 家 族	160.9	65.2	95.6	—	132.2	187.9	368.4	250.0
7 人 家 族	100.7	76.2	121.7	—	98.5	151.5		
8 人 家 族	68.3	32.6	95.6	—	66.5	103.0		
9 人 家 族	30.1	21.7	87.0	—	34.6	72.7		
10 人 家 族	13.9	—	17.4	—	12.7	24.2		
11〜15人家族	7.0	—	43.5	—	9.1	18.2	342.1	—
16〜20人家族	—	—	—	—	—	—	131.5	—
21人以上の家族	—	—	—	—	—	—	78.9	—
計	1000.0	1000.0	1000.0	1000.0	1000.0	1000.0	1000.0	1000.0
一家平均員数	4.9	3.4	5.7	2.7	4.8	5.8	12.2	4.1

くなる。

第10表において一一人以上の家族の内訳は、東祖谷山村では一一人家族一、一二人家族三、一三人家族一、一四人家族一となり、五箇庄では一二人家族二、一三人家族二、一四人家族一、一五人家族一、白川村では、一一人家族三、一二人家族一、一三人家族四、一四人家族四、一五人家族一、一六人家族一、一七人家族二、二〇人家族二、二三人家族一、二七人家族一、二九人家族一となっている。

第10表にある家族数を千分比にて示すと第11表のごとくなる。

右の表について観ると、白川村の六部落を除いてはまた祖谷においても五箇庄においても一家平均員数は他の農村地方のものとほぼ似たものである。また員数別家族数の分布形式は祖谷と五箇庄とにおける定住家族全部についてみれば、分布表の並み数の位置は五人家族にあるが、四人家族も五人家族も殆ど相等しい度数(総家族数の約一割六分)を示し、実際においては、この両者が並み数であるかのごとく観え、この並み数の度数は東北地方型のそれよりも高くなっているが、度数分布の形式は四人家族および五人家族を中心としてその前後の家族にほぼ同程度において度数が逓減するという対称的のものとなっている。したがってこの分布形式は東北地方型に似ている。さらに東祖谷山村の定住的農林業者だけの家族について観れば、並み数の位置は前同様五人家族にあるが、その度数は著しく高く(約一割八分)なっている。しかしこの場合にも、並み数の度数は高いが分布形式は対称的であり、東北地方型に近いものとなっている。なお逆川村飯部部落の家族については、観察数が一六五という比較的少ない数である故に、これだけについて分布形式を考察することは少しく困難である。しかし大体の形だけについていえば、並み数の位置は六

人家族という多人数の家族にあり、またその度数も約一割九分近くなっているが、分布形式はこの並み家数を中心として、ほぼ対称的に度数が分れ、東北地方型となっている。この逆川村の家族数の分布にあっては六人家族が形態となっており、かつ分布形式が東北地方型となっているが故に、総家族数の約半数以上は六人以上の家族中にあるが、祖谷、五箇庄等の分布にあっては並み数の位置が四人家族ないし五人家族にあり、しかもその度数がかなり大となっている故に、全家族数の六割以上は員数五人以下の家族中に含まれ、東北地方のそれと異なって、員数六人以上の家族に分布される部分は比較的少ない。したがって一一人以上の員数の家族も多少あるが、その数は全体の百分の一以下の少数となっている。ただし白川村の六部落の家族には著しく多人数のものが多くなっているが、これらの部落には特殊事情があると考えられる故、その説明はこれを後に譲ることとしたい。

祖谷、五箇庄等の家族員数別分布表を前の普通世帯のそれと比較してみると、多人数の家族数が著しく少なくなっている。第9表には員数一一人以上の世帯が全国的には百分の二以上、東北地方には百分の六以上、大都市においては約百分の三内外挙げられている。しかし多人数の家族が多いといわれている祖谷や五箇庄の家族中には、一一人以上のものは百分の一以下しかなく、六人以上の家族の比較的に多い逆川村にも百分の二以下しかない。また一六人以上の家族はこれらの村落の家族中には一つも見当らない。このように多人数の家族が第9表に多く第11表に少なくなっているのは、前者は使用人、同居人等を含む普通世帯の員数別分布表であり、後者はこれらの者を除いた純近親者だけの家族のそれであるからである。各地方、殊に大都市にあらわれている多人数の世帯は、常に多数の使用人または同居人等を含む普通世帯である。これらの普通世帯中より使用人および同居人等を除き、一一人以上の家族などは極めて少なくなるであろう。多人数近親者たる家族員だけについて観れば、

の家族が多いといわれている祖谷や五箇庄にすら一一人以上の員数の家族が少ないとせば、他の地方、殊に都会には左様な家族はさらに少ないであろうと考えられる。なおまた普通世帯中には第8表にあるごとく二一人以上の員数の世帯がかなりあることになっているが、家族員数の多い地方だけを特に選んで筆者が調べたところによると、かくのごとき家族は前記白川村に三家族、青森県階上村に二家族あったのみである。もちろん全国を通じてみれば、これらの五家族以外にも稀には二一人以上の家族があるかも知れないが、しかしその数は極めて少ないものであろう。なぜならば、青森県、岩手県地方には多人数の家族が比較的多いのであるが、これらの地方においても多人数の家族の一層多い地方の一部たる青森県三戸郡について観ると、員数別普通世帯では二一人以上の世帯が三九となっているも、註8 三戸郡中多人数の家族の多い階上村（普通世帯平均員数七・三人）では、近親者二一人以上から成る家族は前述の二家族しかない。註9 これらの事実から観ても、もし全普通世帯からC類の者を除去して、家族員数別家族数分布を求めるならば、第8表および第9表にある多人数の世帯の度数は著しく減少し、同時に四人世帯、五人世帯附近の世帯の度数は増加し、並み数の少ない世帯の方へ偏りやすくなり、並み数において示される度数はさらに高まり、殊に大都市においては大部分の家族は四人以下の家族中に集るようになるであろう。

以上述べた事実に依って観ると現代わが国民の形づくる家族の平均員数は一般的には四・五人というがごとき少ないものであり、東北地方の家族については、五・五人位であり、大都市のそれは四人未満という少数となっている。また家族総数の約六割以上は五人以下の員数の家族中に含まれ、全国的には三人ないし五人家族が最も多くなっており、大都市にては二人ないし四人家族が最も多くなっている。東北地方の普通世帯中には六人以上の員数の世帯が五割以上となっているが、しかし前

述の祖谷、五箇庄等の員数別家族数の分布を参照して、普通世帯人員中より使用人、同居人等を除いてみれば、この地方の家族も四人家族および五人家族がさらに多くなり、員数別家族数分布表における並み数の示す度数はさらに高まり、六人家族以上のものはさらに少なくなるであろう。これらの事実が示すがごとく、わが国民の構成する家族の大多数は員数の少ないものとなっているが、この家族員数の少ないことは、わが国民の家族もまた他国民のそれと同様に、家族結合一般の特性に支配せられていることを告げるものでない。家族的家族の傾向を帯びているわが国の家族の、その結合の基本的性質は一般家族のそれと異なるものである。たとい家長の統制力は強いものであるとしても、著しく感情融和の程度を異にする者を同一家族の所属員とすることは出来難い。家長が強いてこれらの者を一家内に止まらしめんとしても、これらの者が事実上分離すれば家長の努力は意味をなさない。また家族員は家族的伝統に対する尊重の観念を失わないとしても、日常生活において一部分の者と他の部分の者（たとえば兄夫婦と弟夫婦、または叔父夫婦と甥夫婦）との間に隔てが置かれるようになれば、それらの者は互いに分れやすくなる。ただ家長的家族にあっては家族員は自分らの家族を尊重し、この伝統を持つ家族に比較的強く執着するが故に、感情融和の程度を多少異にする場合においても直ちに分離しないのみである。したがってかかる伝統尊重の観念弱く、感情融和の程度を異にする場合に直ちに分離し、最もよく感情的に一致し得る者とのみ家族を構成する傾向ある欧米人の家族に比較すれば、家族的伝統を維持し、これを尊重する傾向あるわが国民の家族中には、員数の多いものがやや多くなっている。[註10]しかし員数の多い家族が幾分多くなっているからとて、それが多数を占めているのではなく、全体からみれば、わが国の家族も員数の少ないものが多数となっている。それはたといわが国民の形づくる家族が家長的家族であっても、各々の家族員は家族結合に固有なる性質

第12表

	親族世帯および単独世帯	同世帯人員	同世帯一世帯平均人員	普通世帯一世帯平均人員
農　業	4,518,574	23,840,840	5.28	5.44
水産業	281,231	1,392,453	4.95	5.09
鉱業	199,319	834,487	4.19	4.26
工業	1,862,602	7,357,113	3.95	4.40
商業	1,238,277	4,931,213	3.98	4.60
交通業	541,474	2,214,225	4.09	4.21
公務自由業	576,707	2,181,579	3.78	4.16

に支配せられ、感情融和に欠くるところある者を互いに排斥し、極めて排他性の強い結合を形づくるからである。

一般的にみればわが国の家族も、家族結合の固有性に支配せられて、概して員数の少ないものとなっているが、しかし部分的には員数の多い家族が比較的多い地方もあり、またそれの少ないところもある。前述のごとく、員数別家族数の分布形式も地方的にみて三種に分れており、また一家平均員数も地方によって異っている。しからばそれはいかなる理由によるのであろうか。何故に東北地方に多人数の家族が多く、大都市にそれが少ないのであるか。何故に東北地方の世帯は五人世帯を並み数として員数別世帯数がその前後に対称的に分布し、大都市のそれは三人世帯を並み数として非対称的に分布しているのであろうか。これらの問題を解くためには種種の事情が考察せられなくてはならぬが、ここにはまず最初に職業と家族員数との関係から考察してみよう。『大正九年国勢調査報告』にもとづき、世帯主の職業によって分たれたる普通世帯中、各種職業の親族世帯と単独世帯との数、両世帯の員数、その一世帯平均員数および各種職業の普通世帯（親族および使用人等よりなる世帯をも含む）平均員数を求める[11]と、その結果は第12表のごとくなる。

第12表によると、普通世帯にあっても、また親族世帯にあっても、その平均員数は世帯主の職業が農業、水産業等である場合に比較的多くなり、

それが都市的の職業たる商工業、交通業、公務自由業等である場合に比較的少なくなっている。農業、水産業等の家族にあっては、全家族員は世帯主の従事する産業に参加し、世帯主と共に働き、産業生活上苦楽を共にし、その一部分の者が家族外に存する職業生活に歩を向けるがごときことは比較的少ない。すなわちこの種の職業の家族にあっては世帯主の職業は一家全員の職業であり、各員は感情的に結びつけられている外、さらに産業関係においても運命を共にするようになっている。然るに商工業、公務自由業等の家族にあっては、世帯主が通勤人である場合は、家族は世帯主の従事する職業に直接参加し得ず、産業生活上世帯主と家族員とは別々の方向に向わざるを得ないようになっており、また世帯主の業務が家族生活の行われる場所にて行われる個人経営のものである場合（たとえば家内工業、個人経営の商店、医業等）においても、農業の場合における程家族員は世帯主と直接共働し得るものでない。それはこれらの職業にあっては、その作業が農業よりも一層技術化しており、営業上の成績が産業経営者の個人的能力に依存することが大きいこと、また家族員の能力が必ずしも世帯主の業務に適当しないこと、したがって一部の家族員は一層よく自己に適する他の業務に従事せんとしやすいこと、なおまた商工業等は土地財産に結びつくこと一層少ないが故に、その従業員は比較的容易に転業し得ること、さらにまたこれらの業務に従事する家族員も職業の性質上農業従業員より は家族外の者と接する機会多く、他の人々の職業と現在自己が従事する職業とを比較し、いずれが自己に好都合であるかを考慮するようになりやすいこと等のため、世帯主の業務は同じく個人経営のものであっても、商工業等の家族の構成員は農業家族の者ほど世帯主の職業に直接参加しないのである。このように農業家族と商工業家族とでは、職業の性質上世帯主とその家族員との共働の程度が異なりやすくなっている。したがって家族に固有なる機能によってその構成員が結びつけられていること

とはいずれの家族においても同じであるとしても、前者の家族員は職業の性質上比較的共働しやすくなっているが故に多少員数の多い家族を形づくり、後者の家族員はややもすれば別れやすくなっているが故に、幾分員数の少ない小集団を構成するのである。しかしこの職業の別に従ってあらわれる家族員数の大小は僅かなる差を持つだけであり、家族が一般的に小集団となる性質を持っている限り、農業、水産業者の家族も同じくこの傾向を持っている。いかに農業家族であるからとて、家族内に出生した者を一人も他に析出することなく、数世代にわたる人員をことごとくその内に止め置くということがごときものは殆どなく、感情融和の程度を異にするに従って一家族内の人員を徐々に分離し、家族は常に成員数の少ない集団となるのである。もちろん特殊の事情のあるところには数世代にわたる近親者の大部分を包容するがごとき家族もあるが、それらは稀にある例であり、一般的には家族は少数近親者の集団となる傾向を持っている。ただこの小集団たる家族の内において農業家族等には何程か員数の多いものが多くなり、商工業等のそれには幾分員数の少ないものが多くなるというに過ぎない。

かくのごとく農業、水産業等の家族とその他の職業の家族とにおいて、その構成員数が多少異なっているとせば、前者の多い地方に比較的員数の大なる家族が何程か多くなり、その地方の一家平均員数が幾分増加し、これに反して後者の多い地方に員数の少ない家族が増加し、その地方の一家平均員数が幾分少なくなるのは当然である。前者の多い地方には全国一般的の平均員数よりは多い員数を持つがごとき家族が何程か増加し、その結果その地方の員数別家族数の度数分布における並み数の位置は、全国的のそれよりは幾分員数の多い家族、すなわち五人家族または六人家族というがごとき家族の方へ移り（註5参照）、その分布形式は対称的のものとなりやすい。東北地方およびその他農村地方

の員数別家族数の度数分布の形式が対称的のものとなり、五人家族以上のものの数が多くなっているのは右の理由によるところが多いと考えられる。しかるに後者の員数の多い地方には全国一般的の平均員数よりは少ない員数を持つ家族が多くなり、その結果その地方の員数別家族数の度数分布におけるがごとき家族の方へ移り、その分布形式は著しく非対称的のものとなりやすい。都市および商工業者の多い地方における員数別家族数の度数分布の形式が非対称的のものとなり、大部分の家族が四人家族以下のものに集中しているのはかくのごとき理由によるところが多いと考えられる。

しかしながら世帯主の職業が農業、水産業等である場合に員数の比較的多い家族が増加し、またかくのごとき家族の多い地方における一家平均員数が多くなるというのは、それが商工業、公務自由業等である場合または商工業等の家族の多い地方に比較して多いというだけであり、農業、水産業の家族であるからとて常にその員数が多くなるとはいわれず、またかくのごとき家族の多い地方であるからとて常に一家平均員数が多くなるとはいわれない。たとえば宮崎県、鹿児島県等のごときは青森県、岩手県等と同様に大都市からかなり離れており、また普通世帯数中にある農業、水産業等の世帯数の割合も、青森県約五割八分、岩手県約六割六分となっているに対して宮崎県は約六割二分となり、鹿児島県は約七割一分となっている。すなわちわが国の西南端にある宮崎、鹿児島の二県は東北端にある二県よりは農業、水産業等の世帯数を割合に多く含んでいる。しかるに一世帯平均員数は宮崎県四・九人、鹿児島県四・七人となり、いずれも東北端の二県よりは少なくなっており、また員数別世帯数の度数分布のものの並み数の位置は宮崎県のものも鹿児島県のものも四人世帯にあり、その分布形式は、東北地方型のものとは異なり、内地一般型のものと殆ど同じものとなっている。これらの事実

からみると、単に農業、水産業等の世帯数の割合ということだけをもってしては、宮崎、鹿児島地方の普通世帯の員数の大小を説明することが出来ない。西南端の二県の農業家族数の割合は東北端の二県のそれよりも多少多くなっているのに、前者には四人世帯以下のものが多く、後者には六人世帯以上のものが多数を占めている。これら二地方における員数別世帯数分布形式の差は単に世帯の職業種別によるものではないと考えなくてはならぬ。

いま宮崎、鹿児島両県の農業と青森、岩手両県のそれとを比較してみると、農家が多いという点は両地方共に同様であるが、しかし農業経営の大きさにおいてかなり異なっている。これら諸県の農家一戸当り耕地面積の大きさを算出すると、宮崎県一二・七反、鹿児島県一一・三反、青森県一五・四反、岩手県一四・三反となっている。[注16]すなわち一戸当りの耕地面積は東北端の二県においては西南端の二県においてよりは約三反歩ほど多くなっている。一家の耕地面積が大となれば、それだけ多くの農業従業員を各家族が必要とするであろう。もちろん耕作物の種類により、耕作の方法いかんにより、地味の程度により、また気候のいかんによって反当りに要する労働力はそれぞれ異なるであろう。しかしわが国の最も多くの農家が行うところの普通作についてみれば、普通作反別の多い農家程概して多くの従業員を要するであろう。このように考えてみれば一戸当り耕作反別の少ない地方の農家は、それの多い地方の農家よりも、少ない従業員を持つこととなり、したがって前者の農家世帯員数は後者のそれよりも少なくなるであろう。宮崎、鹿児島地方の農家一戸当りの耕地反別が東北地方のそれよりも少なくなるとせば、その地方の農業世帯の員数が東北地方のそれよりも少なくなるのは当然である。したがってたとい総世帯数中にある農家戸数の割合は鹿児島地方において多少多くなっているとしても、鹿児島地方において員数の割合の少ない世帯が多くなり、青

森地方にそれの多い世帯が多くなるのは、農家一戸当りの耕地面積の大小という点から観ればなんら不思議ではない。

かくのごとく農家一戸当りの耕地反別の少ない地方では、たとい家族総数中農業家族のある割合は多いとしても、この職業の家族が多いというだけの理由で、これらの地方に員数の多い家族が多くなるものではなく、かえって員数の少ない世帯が多くなるのであるが、しからば何故にこれらの地方においては農家一戸当りの耕地反別が他の地方のそれよりは少なくなっているのであるか。何故に鹿児島、宮崎地方にては一定耕地面積に対する農家戸数が東北のそれより多くなっているのであるか。この問題については種々の理由があげられ得ると思われるが、その主なる理由としては分家の難易ということがあげられ得ると考える。わが国の西南端地方は東北端地方よりは天候に恵まれている。したがって個別的小住居を構えることは、後者におけるよりは前者において一層容易となっている。これだけのことから考えても、鹿児島、宮崎地方では、青森、岩手地方においてよりは分家が出来やすくなっているのではと思われるのであるが、なおその上に東北地方では分家を多少困難ならしめる社会的事情があったに比して、西南端地方ではこれを比較的容易ならしめる社会的事情があった。『全国民事慣例類集』によると、陸奥国津軽郡には「二三男ヲ分家セシムルハ其者四十歳以上ニアラザレバ許サザル事ニテ且四十人役以上ノ持高ナケレバ分地スル事ヲ得ズ。資本ヲ分与スルハ戸主ノ見込ニ従ヒ定分アル事ナシ」との慣例あったこととなっているが、日向国臼杵郡では「村方ニテハ長男ヲ分家セシメ二三男ニ相続セシムル事多シ」となっており、また日向国宮崎郡、児湯郡では「分家ハ別段届ケ事ナク二三年過ギテ其身代持続ノ景状ヲ見届ケ宗門帳ノ戸数ヲ分ツ例ナリ。財産分与ノ額ニ定分ナク戸主ト親類協議ニテ取計フ事ナリ」となっており、さらにまた大隅国囎唹郡では「二三男ヲ分家スルニハ官

許ヲ受シ後宗門帳ヘ戸数ノ増ス事ヲ記載スル例ナリ。財産分与ノ額ニ定分ナケレドモ大凡三分ノ一ニ過ザル事ナリ」[註19]となっている。これらの慣例は青森、岩手の全地方または鹿児島、宮崎の全地方に行われていたものであろうが、これら一部の慣例以外にその附近に他の異なる慣例が示されておらぬ限り、一部分に行われていたものではなく、津軽地方の慣例はその附近の地方にも影響を及ぼしていたであろうと考えられ、また臼杵、宮崎、大隅地方の慣例はその附近まで東北端地方または西南端地方と考えられる。それ故にこれらの一部地方の慣習をもってある程度まで東北端地方または西南端地方の慣習とみなし得るであろう。このようにみなしてみると、四〇歳以上にならねば分家を許さぬとか、持高四〇人役以上でなければ耕地の分割を許さぬとかいう慣習をもつ青森地方は、社会的に分家および分地をなるべく阻止せんとする傾向を持っていたものと考えられ、これに反して長男を分家せしめるとか、身代持続の状況を見届けて宗門帳に記載するほか別に規定なしとか、または役所に届けて後宗門帳に記載するだけであるとかいうがごとき慣習を持って成人した長男を分家せしめて二、三男に本家をしめるというがごとき慣習は、開墾助長の意味を持って分家を奨励した慣習であると考えられる。これら相異なる慣習が長い間両地方の人々を支配していたとすれば、青森、岩手地方には分家が比較的少なく、鹿児島、宮崎地方にはそれが比較的多くなる傾きがあったであろう。このようにして東北端地方の人々は天候に恵まれざるならびに分地を妨げられていたが故に、耕地は小分割されず、農家一戸当りの反別は比較的多くなったのであり、西南端地方の人々は天候に恵まれている上に社会的に分家分地を妨げられておらなかったが故に、耕地は小分割され、農家一戸当りの反別は比較的少なくなったのであろうと考えられる。

右に述べたごとく農家一戸当り耕地面積の少ない地方では農業世帯の割合が多いとしても、しかしからざる地方におけるよりは家族員数は比較的少なくなるのであるが、しかしそれは農家の経営の大きさに差のあることを条件としてあらわれる事象であり、もし経営の大きさが同じであるとせば、農業世帯の多い地方には商工業世帯の多い地方におけるよりも員数の多い家族が比較的多くなるのは云うまでもない。

東北地方および農村の多い地方の家族員数が多くなり、大都市および都市的色彩の強いところのそれが少なくなっているのは、前述のごとく、それぞれの地方の人々の持つ職業のいかんによること多いと考えられるのであるが、しかし一定地方の家族員数の大小は単に家族の職業のみに関係せしめて説明することは困難である。家族の員数を左右する条件としては、右のごとき職業の外に、なお家族員数中その大部分を占める子供の数量いかんが問題となると考えられる。今この問題を明らかにするために、東京、大阪等の大都市、家族員数の多い東北地方、および家族員数は比較的少ないが、農家戸数の割合の多い鹿児島地方等において、一世帯当りに一四歳以下の児童数が何程になっているかを観察し、さらに子の年齢とは無関係に、次節に述べる各家族内における家族員中より、その中の大部分を占める世帯主の子と孫との数を求め、これを家族数で除してみると、その結果は第13表のごとくになる。[註20]

第13表によって観ると、大都市では一世帯当りの児童数（一四歳未満の者）も少なく、また一家族内にいる世帯主の子孫の数も少なくなっており、東北地方ではそれと正反対の傾向があらわれており、さらにまた農業家族は多いが一世帯平均員数の比較的少ない鹿児島、宮崎地方では、一世帯当りの児童数もまた一家族内にいる世帯主の子孫の数も東北地方のそれより少なくなっている。前節において観察したごとく一四歳未満の児童中にはC類の者最も少なく、その九割以上は自己の家族内に止[註21]

第13表

	普通世帯数	0〜14歳の年齢者の数	一世帯平均0〜14歳の年齢者の数
青森県	126	309	2.44
岩手県	143	322	2.25
東京市	452	636	1.41
大阪市	273	352	1.29
宮崎県	131	242	1.84
鹿児島県	298	556	1.87

	家族数	各家族中にある子と孫との数	一家族平均各家族中にある子と孫との数
青森県郡部	112	310	2.77
岩手県郡部	135	395	2.92
東京市	448	623	1.39
大阪市	270	381	1.41
宮崎県郡部	132	254	1.92
鹿児島県郡部	279	600	2.15

世帯数・員数等は千単位とし，千以下は四捨五入とす

まっている。而してまた次節において述べるがごとく、家族内における身分上の地位によって別けてみた家族員中最も多くある家族構成員は世帯主の子である。それ故に一世帯当りの児童数の多い地方では一世帯平均員数は多くならざるを得ず、また一家族内にいる世帯主の子孫の多い地方では員数の多い家族が比較的多くならざるを得ない。また一世帯当りの児童数の少ない地方およひ一家内にいる世帯主の子孫の少ない地方ではその反対の傾向があらわれざるを得ない。すなわち各地方における一世帯当りの児童数の大小または一家族内にいる世帯主の子孫の数の大小は常にその地方の世帯また家族の平均員数の大小を規定する重要なる条件の一つとなっている。東北地方に員数の多い家族が多く、鹿児島地方に員数の少ない家族が比較的多いのは、一つには農業経営の大きさによるところも多いが、しかしまた各家族内にいる子孫の数の大小および一世帯当りの児童数の大小によるところも多いと考えられる。また何故に大都市の家族の平均員数が東北地方または

第14表 註23

	平均初婚年齢（妻）		出生率（人口千に付）		一世帯当り児童数
	大正14年	大正15年	大正15年	昭和2年	大正9年
青森県	20.248歳	20.270歳	43.84	44.50	2.44
岩手県	20.661	20.575	41.71	40.56	2.25
東京市	24.695	24.694	25.20	24.57	1.41
大阪市	24.961	25.020	27.43	26.10	1.29
宮崎県	23.506	23.291	35.57	34.21	1.84
鹿児島県	24.374	24.397	34.12	34.45	1.87

農村地方のそれよりも遙かに低いかは、一つには人々の職業の差にもとづくところ多いともいわれ得るが、二つには各家族内にいる子供の数の大小によるところも多いといわれ得る。

家族内における子供の数の大小はこのように家族員数の大小を規定する重要なる条件となっているが、然らば何故に農村地方には一戸当りの児童数が多く、大都市にはそれが少ないのであるか。何故に家族内における子孫の数が東北地方と鹿児島地方とにおいて異なるのであるか。それは究極においてそれぞれの地方の人々、殊に婦人の初婚年齢のいかんによるものと考えられる。初婚年齢の低い人々の多い地方ほど出生率は高く、各家族内の子供の数は多くなる傾向がある。一般的にみれば既婚婦人中年齢の低い人々の出生率はそれの高い人々の出生率よりも常に大となっている。註22すなわち妻の年齢の大小は出生率の大小と逆比例している。それ故に早婚の婦人の多い地方ほど出生率は高く、また早婚の婦人は常に多産年齢期を妻として経過する故、かかる婦人のある家族ほど子供の数は多くなる訳である。したがって早婚の慣習ある地方にては一世帯当りの児童数も多く、一家族内の子孫の数も多くならざるを得ない。今この関係を事実において明瞭ならしめるため、前記の各地方における婦人の平均初婚年齢と出生率と、一世帯当りの児童数とを配列してみると、上の第14表のごとくなる。

165 第二節 家族構成員数

上述の事実は各地方における婦人の平均初婚年齢の高低が出生率の大小を規定し、各家族内の児童数の大小を規定し、したがってまた一家族平均員数の大小を規定することを明らかに示している。この平均初婚年齢の高低によって支配せられる一世帯当りの児童数の大小は前に述べた各家族の職業種別ならびに家族的共同によって行われ得る職業にあってはその経営の大きさいかんと共に、家族員数の大小を左右する重要なる条件となっているが、しかし家族員数の大小はこれら二つの条件に支配せられるだけではない。これらの条件は家族員数の大小または員数別家族数の分布形式の差を説明し得る場合のこの二条件をもって充分にその説明をなし得ない場合があり得る。たとえば同じく農村地方であり、農業経営の大きさもほぼ等しく、かつ出生率等も大体似ている二つの地方において、一方には比較的員数の多い家族が多く、他方にはそれが少ないというがごとき場合があり得る。何故にこのような場合が起るかを尋ねてみるに、それは一方にはその地方の家族構成員中世帯主夫婦およびその子供以外のもの——たとえば祖父母、父母、子の配偶者、兄弟姉妹、その配偶者、甥姪、伯叔、従兄弟姉妹等のごとき人々——を含む家族の中枢的構成員たる夫婦および親子関係にある者の外に、三世代四世代にわたる直系傍系の近親者を含むものが割合に多く、他方にはこの種の近親者を含むものが割合に少ないからである。すなわち一方には家族の中枢的構成員多く、他方にはかくのごとき家族が比較的少ないからである。東北地方の多人数の家族中には、その家族構成員を分析してみると、世帯主の子孫の数も多いが、またこの種の近親者の数の多いものがかなり多く見出される。[註24]

かくのごとき家族の中枢的構成員以外の近親者が多くあることによって家族員数の多くなっている

がごとき場合は、単に職業と児童数とをもってこれを説明することは困難であり、これを説明するためにはさらに他の理由を求めねばならぬ。今かくのごとき家族のある地方を観察するに、それは殆ど常に他の地方、殊に他の都市との交通の乏しい地方である。たとえば青森県上北郡大深内村および三戸郡階上村のごときはいずれも普通世帯の平均世帯員数七人以上となっており、わが国においても一世帯平均員数の最も多い村の二つである。しかるにこの二村には準世帯は一つもなく、その配偶者および多少の傍系親等を含むものが多い（註24参照）。準世帯のないことは他の地方の人々がこの村へ来ることの少ないことを示し、また男子中九割以上村内生れの人々である。すなわち家族員中に世帯主に対して種々なる関係にある近親者を含む家族多く、したがって多人数の家族が多くなっているこれらの村落では、外部の人々と接触し、外部に存する諸生活様式に触れる人々は甚だ少なくなっている。人々が外部地方に存する諸生活形式に触れることが比較的少なければ、多少ずつそれらの地方の人々の生活形式は保守的傾向を辿りやすく、家族内の人々も外部地方の人々と関係交渉を持つこと少なく、またその地方においても自己の家族の外側に新たなる社会関係を構成することも少ないであろう。これらの地方においては家族外に存する社会関係は従来存在していたもの以上に増加すること少なく、新たに人々の関心を引く諸社会関係が家族の外側に発生するがごときことは甚だ少なく、人々の生活活動は主として家族内に存する共同の機能によって充実されるであろう。したがってかかる地方においては人々は家族に固有なる機能によって強く結びつけられる外、家族内においてその所属員の生活要求

に答え得る諸機能、殊にその産業的機能によってもまた強く結びつけられ、家族員は多少感情融和の程度を異にする場合においても、同一家族内に止りやすくなるであろう。その結果これらの地方においては、諸社会関係の吸引力の強い他の地方におけるがごとく人々は家族の外に誘致せられること少なく、一家族内に生育した者は現在の世帯主と直接親子関係に立たぬ場合においても、その家族内に包容せられやすく、これらの近親者が家族内に止ることによって員数の多い家族が比較的多くなるようになるのである。交通不便にしてかかる理由にもとづくことも相当に多いと考えられる。前に掲げた青森県の大深内村および階上村等の一世帯平均員数が七人以上というがごとき多数に上っているは、一つにはその地方の家族が主として農家であること(約九割は農業人口)にもより、二つにはこの地方の人々が外部地方の文化に接触することの少ないことにもよると考えられる。

一世帯当り児童数(大深内村三・三八人、階上村三・〇六人)の多いことにもよるが、三つにはこの地方の文化に接触することの少ないことにもよると考えられる。

この家族外に存する諸社会関係の吸引力すなわち都市文化の侵入いかんが各地方の家族員数の大小を規定する条件となる力はやや間接的である。各地方の家族の職業種別および家族内にいる児童数の大小等は家族員数の大小を規定する上に直接作用を及ぼし得る条件となるが、この第三の条件たる都市文化の侵入いかんはそれを規定する上に直接作用を及ぼしているのではない。しかし間接的条件であるからとてその作用が弱いのではなく、この条件もかなり強く各地方の家族員数の大小を左右している。ただ第三の条件がいかほどに作用しているかを、第一第二の条件の作用から区別して、これを明瞭に示すことが困難であるに過ぎない。一般に都市文化の影響を強く受けている地方では、世帯主の子供にしても家族外の諸社会関係へ誘致されやすく、自己の家族から離れる場合がかなりあり得

る。世帯主の子供ですらその家族から離れやすくなるとせば、家族の中枢的成員でない近親者がこれらの外部的諸社会関係へ一層多く吸引せられ、従来所属していた家族から分離しやすくなるのは当然である。この場合従来から分れた者はたとい新たに家族を構成するとしても、その新家族は比較的員数の少ないものとなり、また従来これらの人々が所属していた旧家族はこれらの人々を析出することによってこれまた少人数のものとなる。したがって都市文化の侵入強く、家族外に存する諸社会関係の多い地方では、家族員数は概して少なくなるのである。しかるに都市文化の影響の少ない地方では、C類の者が少なくなると同様に、家族の中枢的成員も、またその他の近親者も家族の外にその関心を向けること少なく、主として家族内の共同に集中し、その結果それ等の地方の家族には多人数のものが多くなりやすい。それ故にこの第三の条件は、その作用は間接的であるとしても、前の二条件と同様に、あるいはそれ以上に家族員数の大小を規定する力を備えていると観なければならぬ。

以上のごとく考察して来ると、現代わが国の各地方において、家族の平均員数に大小の差が生じている所以、また員数別家族数の分布形式に差が起っている所以を明瞭にすることが出来ると考えられる。わが国の家族員数も全国一般的にみれば四・五人というがごとき少ないものであるが、しかし東北地方を主として北陸および関東地方には多少員数の多い家族が多く、また近畿、中国および四国地方には員数の少ない家族が多く、大都市には員数の少ない家族が多くなっている。家族はその結合の特殊性にもとづいて一般的には少数近親者の共同となるものであるにもかかわらず、このように地方によってその員数に差を生ずるようになったのは、各々の場合についてみれば種々特殊の事情にもとづくことも多いであろうが、かくのごとき差を生ぜしめた主なる条件は、

第一には各地方の世帯主の職業種別による家族数いかんであり、また農業家族のごときにあっては農

業経営の大きさいかんであり、第二には各地方の家族内にいる子供の数量いかんであり、第三には各地方における諸社会関係の吸引力のいかん、すなわち都市文化の影響いかんである。もちろんこの三条件だけが各地方における家族員数の大小を支配しているのではない。この三条件の外にもなお各地方に特殊事情あって（たとえば共有地が多いとか、分家を許さぬ慣例とか、分割相続の傾向とか等）、そのためにその地方の家族員数があるいは比較的大となり、あるいは比較的小となることもあるであろう。しかし現代わが国民の形づくる家族についてみれば、以上述べた三条件が、家族員数の大小を左右する上に最も大なる作用を及ぼしていると考えられる。これら三つの条件を除外しては、現代わが国に存する各地方の家族員数の差を殆ど説明することが出来ない。たとえば共有地が多いために分家が比較的少なく、多人数の家族が多くなっている村落等についても、その村落の特殊事情としては、共有地の多いことがその村落に多人数の家族が多くなっていることの理由となると考えられ得るであろうが、この様な特殊事情がその村落の家族員数の上に作用を及ぼし得るためには、その村の人人の主たる生業が農林業または漁業でなければならず、村内の出生率が相当高くなければならず、またその村の人々が外部の諸社会関係に吸引せられることが少ないということでなければならない。都市文化の影響の強いところ、出生率の低いところ、また商工業者の多いところでは、たとい村の共有地は多いとしても、そのために村内の家族の員数が多くなることはないと考えられる。このように考えてみると、各地方の家族員数の大小を左右する条件の主要なるものとしては、これらの三つの条件を挙げねばならぬ。而してまた前に述べたごとく、これらの三つの条件の作用を明瞭にしてみれば、各地方の家族員数が職業の種類により、また家族内において行われる産業にあってはその経営の大きさ

により、なおまた家族内にいる児童数の大小により、さらにまた都市文化の影響いかんによって、異なり得るものとするならば、わが国において都市文化の影響が次第に拡大し、家族外に存する諸社会関係がますます増加し、都市的色彩を帯びた商工業およびその他の職業の従業者数が農林業、水産業等の従業者数よりも増加し、かつまた一般的に出生率が漸減し、家族内の児童数が減少する傾向ある限り、将来わが国の一家族平均員数は現在におけるよりも縮小し、員数別家族数の分布形式は全国的にはさらに都市型に接近し、地方的には現在東北地方型の分布形式を持つ地方は徐々に都市型のそれを持つようになり、現在内地一般型のそれを持つ地方はその並み数の位置をさらに少人数家族の方へ近づけ、並み数の示す度数をさらに高め、分布形式を一層非対称的のものとならしめるようになるであろう。今ここに家族員数の縮小もまた家族外に存する諸社会関係の機能の拡大も、極言せば、すべてこれらは近代的都市文化の影響とみられ得る。しかるにわが国内地においては、最近都市的生活形式は漸次各地に普及し、都市文化は交通通信機関を通じ、産業機関を通じ、教育機関を通じてその他種々の機関を通じて徐々に近代都市化されつつある。すなわち各地の小都市民も、農村人も、その生活方法において徐々に近代都市民のそれに近くものとせば、将来わが国民の形づくる家族員数がいかになるであろうかは、すでにある程度まで現代の大都市民のそれにおいて暗示されていると考えられる。

註1　普通世帯の一世帯平均員数六人以上になる郡は東北地方の六県七四郡中に二五郡ある。東北地方以外には一世帯平均員数

六人以上となるところは一郡もない。関東および北陸地方では一世帯平均五・〇ないし五・六人となる郡が大多数を占め、その他の西南部地方では四・〇ないし四・九人となる郡が大多数となっている。市部では一世帯平均員数五人以上となっている市が東北地方に五市、関東に一市、北陸に一市、九州に二市あるのみにして、その他の市はいずれも一世帯平均員数は四・九人以下となっている。さらにまた一世帯平均員数三・九人以下となっているところは全国を通じて二カ所あるのみにして、東京府の大島（三・八人）および山口県の大島郡（三・九人）がそれである。（『大正九年国勢調査報告全国の部』第一巻 一一五―一二六頁）以下『大正九年国勢調査報告全国の部』普通世帯一、〇〇〇中親族世帯および単独世帯『大九国調全』第三巻八―一〇頁『大九国調全』と略記す。

2

	親族世帯	単独世帯	その他の世帯
全 国	八三三	五六	一一一
青森県	八六〇	三〇	一一〇
岩手県	八八八	三六	七六
東京市	六九三	六二	二四五
大阪市	七一二	六八	二二〇

右の表においてみられるごとく親族世帯および単独世帯は全国的にみれば普通世帯の約九割の両者を以て単独世帯中に含まれる近親者の集団とみなしても殆ど誤りはない。その他の普通世帯は世帯主、親族および使用人等よりなる世帯約一割と、世帯主と使用人等よりなる世帯約五厘とであるが、前者は親族世帯と同じなる程度において近親者を含んでいるものと考えられ、また後者は性質上単独世帯と同じものである。したがって東京市および大阪市等にあっては、その他の普通世帯が割合に多いとしても、これらの各世帯中に含まれている近親者の員数は、親族世帯と単独世帯とによって代表せしめられ得るものと思われる。なおまた前表においてみられるごとく、親族世帯および単独世帯が普通世帯中にある割合は、普通世帯一世帯平均員数の最も多い地方（東北地方）に最も多くなっているが故に、この両世帯から求めた一世帯平均員数は事実上の一家族の平均員数より少くなることはないと考えられる。

3
第7表上段の家族数は抽出写しによって求められた家族数であり、またその下段の世帯数は親族世帯および単独世帯だけの数であり、使用人等ある世帯の数を含んではおらない。またその下段の世帯数は親族世帯および単独世帯だけの数であり、使用人等ある世帯の数を含んでの家族を含んでおらない。

でおらない。したがって上段の家族数と下段の世帯数とに差があり、また家族員数と世帯員数とに差があるのは当然である。ただ青森県および岩手県の郡部の家族数と郡部および市部における親族世帯と単独世帯との合計数が殆ど一致しているのは偶然の一致に過ぎない。

4 現在世帯主一〇〇につきその近親者および使用人等のある割合の概観は『抽出方法による第一回国勢調査結果の概観』(九七頁)に次表のごとく示されている。

	近親者すなわち家族員	職業使用人	家事使用人
農業	四四一・〇	八・〇	三・七
工業	三三三・〇	三三・五	五・九
商業	三三八・六	四五・〇	一三・四
交通業	三三五・一	七・六	三一・二
公務自由業	三三八・〇	一四・二	一五・七

なお世帯人員一万人中使用人、同居人等が何程あるかの概観は『抽出調査による昭和五年国勢調査結果の概観』(四二頁)に次のごとく示されている。

	世帯主	家族	営業使用人	家事使用人	同居人
農業	一、七四九	八、〇三六	一〇七	四〇	六八
工業	一、〇五八	六、二一九	六四四	一〇四	二七三
商業	一、九八九	六、五五一	九八三	二一一	二五六
交通業	二、二〇〇	七、一七八	二五二	八〇	二九〇
公務自由業	二、一四九	六、八四〇	一八四	三四九	四七八

5 たとえば青森県内においても、交通要路に当る青森市の員数別世帯数分布と、都市的色彩の極めて少ない三戸郡のそれとを左表のごとく比較してみれば、明らかに前者は都市型であり、後者は東北地方型となっていることが知られ得る。(『大正九年国勢調査報告青森県の部』三一―三四頁)

	青森市		三戸郡	
	実　　数	比例数	実　　数	比例数
1人世帯	461	49.6	783	34.8
2人	1,236	132.9	1,639	72.9
3人	1,510	162.3	2,246	99.9
4人	1,481	159.2	2,623	116.7
5人	1,310	140.8	2,961	131.7
6人	1,073	115.9	3,044	135.4
7人	830	89.2	2,748	122.3
8人	529	56.9	2,137	95.1
9人	308	33.1	1,602	71.3
10人	220	23.7	1,092	48.6
11人以上の世帯	344	37.0	1,600	71.2
計	9,302	1000.0	22,475	1000.0

6 世帯主およびその家族員の職業が農林業である場合はもちろん農林業の世帯と認められるが、世帯主の本業がたとえば建築業であり、その副業が農業または林業であり、他のすべての家族員の本業が農業または林業である場合もここには農林業の世帯とした。しかし世帯主の職業が本業においても副業においても農林業に関係なき場合はすべてこれを農林業以外の世帯とした。

7 磯辺秀俊著「農村人口状態、特に家族構成の変化とその社会的移動に就て」、『栃木県逆川村農村調査報告』の一節、一二〇頁。なおこの調査による飯部落の一六五家族を世帯主の職業別にみれば、農業一二一、林業一、商業一三、工業一〇、公務自由業八、日傭労働四、地主兼自作農六、その他二となっている。すなわち約七割七分は農業家族である。

8 『大正九年国勢調査報告青森県の部』三四頁

9 筆者の調べたところによると階上村の某家は三〇人世帯であるが、そのうち家族員は主人夫妻と母と子供三人の六人であり、他は農業上および家事上の雇人である。世帯構成員数の多い普通世帯中にはかくのごときものがかなりあると思われる。かくのごとき員数の多い世帯も家族員だけについてみれば六人家族となる。

10 ドイツおよび英国の国勢調査報告にもとづき、一九一一年および一九二一年の世帯員数別世帯数（比例数）を示すと左のごとくなる。（英国の国勢調査では親族世帯中外来者——すなわち宿泊人、使用人等——の数が親族世帯の人員数を超過せぬものを private family といっている。ここにはこれを普通世帯とみなした。ドイツではわが国の普通世帯に該当するものを Haushaltungen といっている。）

	イングランドおよびウェールズ	ロンドン	ドイツ	ベルリン
	(1921年)	(1921年)	(1911年)	(1911年)
1人世帯	60	116	68	92
2人	177	207	142	183
3人	208	204	230	292
4人	186	164	162	183
5人	139	116	135	121
6人	94	77	100	67
7人	60	50	68	34
8人	36	31	43	16
9人	21	18	25	7
10人以上の世帯	19	17	27	5
計	1,000	1,000	1,000	1,000
一世帯平均員数	4.3	4.0	4.3	3.4

右の表と第9表とを比較すると、小員数の世帯はわが国においてよりも独英において多くなっていることが明らかになる。独英の世帯がかくのごとく小員数に偏っているのは単に独英人が家族的伝統を尊重する観念を欠いていることによるばかりではなく、他の理由にもよると考えられるが、その主なる理由は独英人が家族の伝統に重きを置く家長的家族の形式によらず、近代的家族の形式によって家族を構成するからであると考えられる。

『大九国調全』第三巻 二六―三一頁

世帯主の職業が農業、水産業等である場合と、それが商工業等である場合とによって、世帯主と同じ業務に携わる家族員の数がいかに異なるかは筆者が前年調査して報告した次の表によっても明瞭となる。ここには職業上世帯主に次いで最も重要なる位置にある家族員として世帯主の子たる成人（二〇歳以上）男子を取り、かくのごとき成人した男の子がそれらの親のいずれかと同居する家族（イ類）の数を全家族数中より求め、更にイ類の家族を親子職業を異にする家族（ロ類）と、これら親と同職業に従事する家族（ハ類）とに分ってみた。（拙著『家族と婚姻』三三一―三四頁）

世帯主の職業	実　数　比　例　数			
	農業水産業者	商工業等	農業水産等	商工業等
全家族数	五、二一六	四、五六二	一〇〇〇・〇	一〇〇〇・〇
イ類	一、八三七	六一三	三五二・二	一三四・四
ロ類	二八九	二二四	五五・四	四九・一
ハ類	一、五四八	三八九	二九六・八	八五・三

すなわち商工業等の家族にあっては成年男子にして親と同居し、または親と同職業に従事する者は、農業等の家族におけるよりは遙かに少なくなっている。男の子の出生率が農家に多く商家に少ないというがごとき事実のない限り、この表は商工業者の男の子は農家のそれよりも成人後親の膝下を離れることも多く、またはたとい同居していても親とは異なる業務に従事する場合が多いことを示すものである。商工業者の家族にあっては親に最も近い子ですら親から離れ、または親とは職業を異にする場合が多い。その他の近親者が世帯主から離れ、または世帯主とは異なる職業に従事する場合が多いであろうことは、容易に想像し得られる。

13 『大九国調全』第三巻　二三頁
14 『大九国調全』第一巻　一一五頁
15 『大九国調全』第一巻　一四九頁にある人員別普通世帯数を取ってその千分比を求めると左のごとくなる。

	一人世帯	二人	三人	四人	五人	六人	七人	八人	九人	十人以上	計	平均員数
宮崎県	六二	毛一	一三一	一五六	一五四	一毛七	一三一	八七	四七	三八	一,〇〇〇	四・九
鹿児島県	三一	一四五	一四五	一毛三	一五五	一三二	九二	六一	三三	三二	一,〇〇〇	四・七

16 『第四十六回日本帝国統計年鑑』（七六ー七七頁）によって耕地反別と農家戸数とを求め、その比を見出すと次のごとくなる。

	田畑反別(単位町)	農家戸数	一戸当り田畑反別
鹿児島県	二三五,六五〇	二〇八,一二〇	一一・三
宮崎県	九六,四八三	七五,七九四	一二・七
岩手県	一四二,三九〇	九九,八三四	一四・三
青森県	一二三,八八五	八〇,七一三	一五・四

17 『明治文化全集』第八巻「法律篇」所収　三〇〇頁（昭和四年（一九二九年））
18 同書　二九八頁
19 同書　三〇三頁
20 次節に説明するがごとく家族員数中子の数量は世帯主の数量の約二倍となっている。すなわち五人家族とせば世帯主夫婦のほか二人までは子供である。
21 一世帯当りの一四歳未満者の数は『大九国調全』第一巻中にある普通世帯数および年齢別人口数より算出し、一家族当りの子および孫の数は抽出写しを資料として算出した。
22 妻の年齢の上昇と出生率との関係については、大正一四年東京帝国大学社会学研究室で調査したものがある。調査方法は東京帝国大学の文経両学部在籍学生の戸籍謄本約千五、六百通を資料とし、この謄本中より婚姻後五〇歳以上に到るまで離

177　第二節　家族構成員数

妻の年齢	妻の累積実数	産児数	妻100人につきその産児数	同左移動平均
19歳	315	92	29.2	—
20	406	141	34.7	32.8
21	462	159	34.4	33.4
22	517	161	31.1	33.1
23	562	190	33.8	33.4
24	602	212	35.2	32.3
25	638	178	27.9	32.0
26	657	217	33.0	30.7
27	675	211	31.3	30.4
28	687	185	26.9	29.8
29	696	218	31.3	29.7
30	704	217	30.8	29.6
31	705	188	26.7	27.6
32	713	181	25.4	26.0
33	719	186	25.9	24.7
34	721	164	22.8	23.0
35	725	147	20.3	—

婚もせず死別もしなかった妻七三四名を求め、これらの妻が成婚後各年齢において出産した児数をその年齢にある妻の数にて除し、妻の年齢別にその出生率を見出したのである。ここにその一部を記載すれば次のごとくになる。(拙著『家族の研究』、一九八―一九九参照)

23 すなわち二三、四歳までの者の産児数が最も多く、三〇歳以後の者のそれは急に減少している。平均初婚年齢は『統計時報』第一六号（三六―三八頁）および第二一号（三五―三七頁）により、出産率は『日本帝国人口動態統計』大正一五年度版および昭和二年度版による。

一世帯当りの児童数は大正九年の状態において示し、平均初婚年齢および出生率は大正の末年および昭和の初め頃の状態において示したのは、関東大震災前の状態を示す資料を手元に持合せなかったからである。しかし平均初婚年齢および出生率等の年々の変化は極めて微々たるものである故、第14表のごとき意味の比較を示すためには、大正一五年前後のものを以て大正の半ば頃のものに置き換えてみても殆ど差し支えないと考えられる。

24 たとえば昭和五年の調べによると青森県三戸郡階上村には家族員一〇人以上二〇人以下の家族が一八八家族あるが、その殆ど全部は世帯主夫婦とその子供とよりなる家族ではなく、その他の近親者を含む家族である。中には世帯主の長男に妻子あり、また次男に妻子あり、さらに長女に入夫とその子があるものもあり、また世帯主の兄弟およびその配偶者、甥姪等が一家にいる家族もある。

25 『大正九年国勢調査報告青森県の部』所載の世帯数および人口より算出。

26 同書所載の職業別人口、年齢別人口および世帯数より算出。

第三節　近親者と家族構成員

現代わが国においては一方家族生活から離れる者（C類の者）が徐々に増加しつつあると共に、他方家族内に生活の根拠を置く者（B類の者）も自分等の家族を一層員数の少ない小集団とならしめつつある。国民の大部分は各自の家族の内に日常生活の安定を求めているとはいえ、全国的にみて家族は外部に存する諸社会関係に何程かづつ蚕食され、その包容力を徐々に失いつつあると共に、さらに個別的にみて各家族は漸次その所属員を制限して、元来包容力の小さい集団をしてますます員数の少ないものとならしめつつある。しからばかくのごとき包容力の小さい家族内に成員としてとるものはいかなる人々であるか。家族を構成する者は夫婦、親子およびそれらと近親関係にある人々であるが、これらの近親者中いかなる範囲の人々が現代わが国民の構成する家族の所属員となっているのであろうか。これらの近親者中いかなる種類の人々がいかほどずつ家族の構成員となっているのであろうか。最も多くの場合において家族員となる近親者は世帯主との続柄においていかなる種類の人々であろうか。また家族員中にあらわれることの少ない近親者はいかなる種類の人々であろうか。すなわちこの包容力の小さい家族はいかなる範囲の近親者をその所属員中に加え、いかなる範囲の者をこの中より排除しているのであろうか。

族的関係者はその連鎖関係の辿り方およびその血縁的類似の程度の差に従って種々の種類の者とな

り、かつその員数も無数に多くなり得るが、これら多数の者が常に近親者であるという意識を持って互いに相交っているのではない。通常近親者といわれる者は、これらの族的関係者をもって指示し得られる比較的狭い範囲の人々である。父、母、祖父母、子、孫、夫、妻、兄弟、姉妹、伯叔、甥姪、従兄弟姉妹、従祖祖父母、従伯叔等の称呼、またはこれらの称呼に準ずる義父、義兄等の称呼をもって示され得る人々が一般に近親者であると考えられている。人々は族的接近の程度の強き非感情的なる固有名詞を用いず、これに対する尊重と親愛の感情を示す親族称呼を用いるがごとき非感情的なる固有名詞を用いず、これに対する尊重と親愛の感情を示す親族称呼を用いるがごとき者としてこれを尊重し、これを他の者と区別し、他の者を指示する場合に用いるがごとき者、殊に血縁的に強く相接している者に対しては、特殊の親しみを持ち、生来的に自分等と同じ運命を担っている者としてこれを尊重し、これを他の者と区別し、他の者を指示する場合に用いるがごとき非感情的なる固有名詞を用いず、これに対する尊重と親愛の感情を示す親族称呼を用いている。殊に族的関係が他の人と自分との関係とは異なり、族内の者として感情的に接近している関係であることを明らかにするために、これに対する親族称呼を用いている。而してまた族外の者がわれわれに対してわれわれの近親者を指示する場合にも、われわれとこれらの近親者との感情的接近ならびに族的運命の共同を予想して、これらの者を呼ぶにわれわれがそれに対して族的感情を惹起しやすい親族称呼をもってする。しかるに族的関係のない者または族的関係はあってもその接近の程度の弱い者に対しては、人々はそれの程度の強い者に対して持つがごとき親しみまたは尊重の意識を起こすことなく、これらの者は自分らとは異なる運命を担い、自分らとの間に一定の隔てを置いて相接する者であると考え、これらを呼ぶに自分らと感情的要素を含んだ親族称呼をもってすることなく、かかる要素を交えないその人々の固有名詞をもってする。すなわち人々は互いに親しみの感情と尊重の意識とをもって相接近しやすくなっている一定範囲の族的関係者を他の者とは区別して取り扱い、これを指示するに親族称呼を用い、

而してまたこれらの者とは感情的接近の程度を別にしている者に対してはかかる称呼を用いることなく、全く感情的要素を含んでおらないその人々の固有名詞を用いている。これによってみると、親族称呼は人々がその近親者、殊に血縁的近親者として互いに接近している者を示す名詞であると考えられる。したがって人々がいかなる親族称呼を使用しているかによって、その人々が近親者として相接触している者の範囲がいかなるものであるかをほぼ明らかにすることが出来、また民族団体および地縁団体等の内においていかなる親族称呼が用いられているかによって、それらの団体を構成している人々が近親者と認める者の範囲がいかなるものであるかを、ほぼ明らかに知ることが出来るといい得る。

親族称呼はかくのごとく人々が族的運命を共にする者として互いに尊重し、親しみの感情をもって相接し得る一定範囲の族的関係者すなわち近親者を示す名詞となっている。したがってそれは単に血縁連鎖の関係を示すだけの言葉ではなく、日常生活において互いに親しみと尊重の感情を持ち得るように比較的接近しやすい状態に置かれている族的関係者を示す言葉であるといわれ得る。親族称呼をこのような意味のものと解するならば、各民族または時代の生活慣習の差により、互いに接近しやすい状態に置かれている族的関係者の範囲に差がある場合には、同一程度の血縁者相互間において親族称呼を持つているのに対して、他方にあってはかくのごとき接触は殆ど行われず、またかかる関係を示すべき親族称呼を持たないことがあり得る。その結果一方において親族称呼をもって呼ばれ、近親者と認められている者も、他方においてはその者の固有名詞をもって呼ばれ、近親者と認められないことがある。たとえばわが国においては「イトコチガイ」あるいは「マタイトコチガイ」等の親族称呼はかつて用いられ、また現代においても一部の村落地方においては用いられているが、しかし

現代人の多くはかくのごとき称呼が何を示すかを知らないようである。それはわれわれの祖先はこの種の血縁者とも相接しやすい関係にあったが故に、これらの者に対しても親しみの感情を持ち、これらの者を呼ぶに親族称呼をもってし、これを近親者と認めたのであるが、現代——殊に現代都市——においては、人々はこれらの者と互いに相接することも少なく、これらの者に親しみを持ち、親族称呼をもってこれらの者を呼ぶ機会も少ないが故に、右のごとき親族称呼も自然に不用語となり、したがってこれらの族的関係者を人々が近親者と認めないようになったのであると考えられる。

かくのごとく親族称呼を以て指示せられる近親者の範囲は民族的慣習のいかんにより、また時代の生活形式のいかんによって種々異なっているが、しからばわが国内地においてはいかなる親族称呼が用いられ、いかなる範囲の者がこの親族称呼をもって指示せられ得るほど相接近し得るようになっているのであろうか。わが国において近親者の範囲を明瞭に規定した最初のものは『令』の儀制令中にある五等親の制度である。この制度によると近親者の範囲とその近親の程度とは左のごとくなっている。

	血縁上の近親者およびこれに類する者	配偶関係を通じての近親者
一等親	父母、養父母、子	夫
二等親	祖父母、嫡母、継母、伯叔父姑、兄弟姉妹、姪、孫	夫之父母、妻、妾、子婦
三等親	曽祖父母、従父兄弟姉妹、異父兄弟姉妹、継父、	伯叔婦、夫姪、夫之祖父母、夫之伯叔父姑、姪婦
四等親	高祖父母、従祖祖父姑、従祖伯叔父姑、再従兄弟	夫兄弟姉妹、兄弟妻妾、孫婦

五等親	姉妹、外祖父母、舅姨、兄弟孫、従父兄弟子、外甥、曽孫、妻妾前夫子	妻妾父母、女聟
	姑子、舅子、姨子、玄孫、外孫	

　この五等親の制度に定められている血縁上の近親者の範囲は、現代の都市人が通常の親族称呼をもって指示し得る近親者の範囲よりも多少広くなっている。殊に四等親となっている者の中には、現代人が事実上同族の者として相接することと比較的少ないような血縁者も多少含まれている。しかしながらこの五等親制の近親者の範囲はその後久しくわが国の為政者によって認められていたものとみえ、明治三年〔一八七〇年〕の『新律綱領』にもほぼこれと同じ範囲の者が親族として掲げられている。

　右の儀制令の五等親制の外に近親関係にある者の範囲を規定したものとしては、喪葬令の服紀制が挙げられ得る。この服紀制中に掲げられている近親者の範囲は五等親制のそれよりは一層狭く、五等親制において二等親である子婦、三等親である姻族ならびに同居夫前妻妾子、四等親である従祖父姑、従祖伯叔父姑、再従兄弟姉妹、兄弟孫、従父兄弟子、外甥、曽孫、夫兄弟姉妹、兄弟妻妾、孫婦および五等親である者の全部等は忌服を受けるべき近親者中に加えられておらぬ。すなわち服紀制に挙げられている近親者は最も狭い範囲の近親者であり、人々が最も尊重し、最も親しみを持つであろうとその当時認められていた者であり、近親者中の近親者であったと考えられる。かくのごとき範囲の近親者はその後においても常にわが国民によって最も敬愛せられた近親者であったとみえ、この服紀制に掲げてある範囲の近親者は、徳川時代の服忌令にも挙げてあり、また武家の服忌制を採用している明治以後の服忌令中にも掲げてある。徳川時代に到るまでは服忌は

主としてこの喪葬令の服紀制を基礎としていたものと考えられるが、全国的に一様でなかったとみえ、貞享元年〔一六八四年〕二月三〇日幕府の手によって服忌令が制定せられ、京家を除く外はすべてこれによらしめることとなった。その後この服忌令はしばしば改訂せられたが、明治以後においては元禄六年〔一六九三年〕二月二一日改正、元文元年〔一七三六年〕九月一五日増補の服忌令を用いることとなった[註3]。この元禄年中の改正服忌令（すなわち現行令）を喪葬令の服紀制に比較してみると、服忌を受くべき近親者の範囲は次にみるごとく余り変っておらない[註4]。

	喪葬令の服紀制中にある近親者	元禄六年改正の服忌令（即ち現行令）中にある近親者
服一年	父母、夫	父母、離別之母、夫
服五月 (三〇日)	祖母、養父母	祖父母、養父母、夫之父母
服三月 (一五日)	曽祖父母、外祖父母、伯叔姑、妻、兄弟姉妹、夫之父母、嫡子	曽祖父母、母方祖父母、伯叔父姑、妻、兄弟姉妹、嫡子
服九〇日	高祖父母、舅姨、嫡母、継母、継父、同居異父母、嫡母、衆子、嬬孫	高祖父母、母方伯叔父姑、嫡母、継父母、異父兄弟姉妹、末子、女子、養子、嫡孫
服七〇日	衆孫、従父兄弟姉妹、兄弟子	末孫、女孫、従父兄弟姉妹、甥姪、曽孫、玄孫、外孫、従母兄弟姉妹、姉妹之子

すなわち忌服を受けるべきような近親者の範囲は、律令制定時代におけるものも、徳川時代以後におけるものもほぼ同様になっている。しかもこの種の近親者の範囲は後世に到って少しも縮小せられることなく、直系卑属親および近い傍系親の一部において多少拡大せられ、従来男系に重きを置いて定められた近親者（衆孫、従父兄弟姉妹、兄弟子）の外に、女系における者（外孫、従母兄弟姉妹、姉妹の子）が忌服の近親者中に加えられているほか殆ど重要なる変更がなされておらぬ。

この服忌令は最も親しみやすくかつ尊敬しやすい関係にある者だけを近親者中より選び、これをもって服忌を受くべき者と定めたものであり、近親者の範囲を最も狭く限定したものであるが、これに反してわが国内地においてこの範囲を最も広く拡大したものとしては現行民法の規定をあげることが出来る。現行民法が規定している親族の範囲は服忌令のそれよりも広いのは云うまでもなく、儀制令の五等親制のそれよりも遙かに広く、わが内地人の持つ親等称呼中にない族的関係者にまでその範囲が拡大せられている。民法第七二五条は六親等内の血族、配偶者および三親等内の姻族をもって親族と認め、また第七二七条は養子と養親およびその血族との間に親族関係あることを認めているが、これらの規定によると親族の範囲は次のごとき者にまで及ぶこととなる。

一、血族
　㈦　直系親は六世の祖より曽孫の曽孫まで
　㈡　第一傍系親は兄弟姉妹の玄孫まで
　㈢　第二傍系親は父母両系の伯叔の曽孫（従姪孫）まで
　㈣　第三傍系親は父母両系の祖父母の兄弟姉妹（従祖祖父母）の孫（再従兄弟姉妹）まで

㈤ 第四傍系親は父母両系の曽祖の兄弟姉妹（族曽祖父母）の子（族祖父母）まで
㈥ 第五傍系親は父母両系の高祖の兄弟姉妹まで

二、配偶者

三、姻族
　㈠ 配偶者の直系親はその曽祖母より自己との通婚前に配偶者より生じたる子の孫まで
　㈡ 配偶者の第一傍系親はその兄弟姉妹の子まで
　㈢ 配偶者の第二傍系親はその伯叔まで

四、養子の場合には養親および養親の血族

この民法の規定は姻族の範囲においては事実上現代のわが国民が親族として相接触する者の一部を除外し、親族を多少狭く限定しているように考えられるが、血族の範囲においては直系傍系頗る広範囲にわたる族的関係者を親族と認め、事実上人々が親族として殆ど相接することもなく、またこれを指示すべき親族称呼もないような遠縁の族をも親族中に加えている。然るに『民法改正要綱（親族編）』は現行民法規定による親族の範囲をもってなお狭きに過ぎるとし、「親族の範囲を左の如く定むること」としている。

㈠直系血族　㈡六親等内の傍系親　㈢配偶者　㈣直系血族の配偶者　㈤三親等内の姻族および其配偶者　㈥子の配偶者の父母　㈦養子の父母および子の養父母

この『民法改正要綱』に親族として挙げられている者のうち、㈣ないし㈦にある族的関係者の多くは現行民法規定の親族の範囲中には加えられておらない。しかしこれらの者は通常わが国民によって親族と認められている者である。それ故にこれらの者を親族中に加えんとする『民法改正要綱』の主張

187　第三節　近親者と家族構成員

は現行民法の規定よりは一層わが国民の族的生活事実に近づかんとしているものと考えられる。しかしながらこの『民法改正要綱』は直系血族親の範囲を現行民法規定のそれよりもさらに拡げんとしている。この点においてこの改正の要求は現行法の規定よりは一層人々の生活事実から遠ざからんとしているもののごとくみえる。

まず現行民法規定の親族の範囲について考察するに、この範囲の者は事実上人々が互いに近親者と認めて相接している者とはかなり異なっている。第一に通常の場合、人々は六世の祖または六世の孫というがごとき直系親と時を同じくして生活しないばかりでなく、五世の祖または孫等とも同時的に生存することは殆どない。通常の人々の婚姻年齢と生命の長さとから考えてみても、六世代または七世代にわたる直系親が時を同じくして生存するがごとき場合はわが内地人の生活にあっては殆どないといい得るであろう。もしこのような場合があれば、直系親は一家族の所属員となることも多い故、直系親七世同居または六世同居というがごとき家族が内地にも多少あるべきであるが、筆者が尋ね得た範囲においては、かくのごとき家族は一つもなく、単に直系親五世同居のものが極めて僅か見出されただけに過ぎない。註5 このようにわが内地においては直系血族六世代以上のものが事実上相接すること殆どない故、これらの祖または孫を事実上の近親者と認めておらないようである。したがってまた人々はこれらの祖または孫を事実上の近親者と認めるのみならず、『民法改正要綱』がさらにそれよりも遠縁の祖または孫を親族中に加えんとしているのは、著しく人々の生活事実から離れた規定を置きまたは置かんとするものであると考えられる。次にまた人々は第一傍系親における兄弟姉妹の曽孫および玄孫、第二傍系親における伯叔の曽孫、その他第四傍系親および第五傍系親等とは、他の社会関係等に

もとづいて相接することあるとしても、族的関係者として相接すること殆どなく、たといそれらの者が族的関係者であることを尋ね得たとしても、現代においてはそれらの者を指示すべき親族称呼を持たず、したがってそれらの者を親族の者として取り扱うことも殆どない。このように現代のわが内地人が通常近親者と認めている傍系血族の範囲は民法上のそれよりも著しく狭く、したがってまた民法と同様なる規定を設けんとしている『民法改正要綱』のそれよりも著しく狭くなっている。もちろん特殊の場合には民法上の傍系親の範囲とほぼ同じ範囲またはそれ以上の範囲の者を近親者と認めるような人々もあるであろうが、しかし一般には人々がその近親者として相接する傍系血族は通常親族称呼をもって示し得る比較的狭い範囲の人々であり、民法またはその改正要綱に掲げられている血族親の一部分である。

かくのごとく血族の方面においては現行民法もその改正要綱も親族の範囲を通常人々が認めている近親者の範囲より著しく広く定めているが、しかし姻族および養親子関係の方面においては民法規定の親族の範囲は一般の人々が認めている親族の範囲よりかえって狭くなっている。現行民法では三親等内の姻族および養親の血族を親族中に加えられているが、子の配偶者の父母および兄弟姉妹、兄弟姉妹の配偶者の父母および兄弟姉妹、養子の父母および子の養父母ならびに養子の兄弟姉妹および兄弟姉妹の養父母等は親族中に加えられておらない。しかしこれらの人々は通常の場合には子または養子の兄弟姉妹の婚姻または養子縁組を通じて親族と認められ、近親者として取り扱われている。わが国における婚姻または養子縁組は夫と妻、妻と夫の血族、夫と妻の血族、夫と妻の血族または養子の血族と養親、養子と養親の血族等の間に族的接近を伴うだけでなく、夫の血族と妻の血族または養子の血族と養親の血族との間にも族的接近を伴うようになって

いる。通常の婚姻または養子縁組にあっては、夫または養親が所属している家族の構成員ならびにそれらと近い血縁関係にある者は、妻または養子が所属していた家族の構成員ならびにそれらと近い血縁関係にある者と族的に接近し、これらの者は相互に何程か吉凶禍福を共にし、血族的近親者に対する親族称呼を準用して相互の関係を指示し、互いに相結んで各自の所属する家族の外郭をなしている。

而してこの外郭は夫婦関係または養子縁組の成立においてかなり重き意義を持ち、夫婦または養親子の近い血縁者は互いにこの外郭をなすべき人々と族的に接近することを期待して、通婚または縁組を促進することすらある。したがって多くの場合、夫の父母および兄弟姉妹等のそれらとの間における親類附合い、または養親の子および兄弟姉妹と、養子の父母および兄弟姉妹等との間における族的接近は、これらの夫、妻、養親または養子とそれら各自の従兄弟姉妹または従祖父母等の傍系血族との間における族的接近よりも一層濃厚になっている。すなわち多くの人々は民法上認められている遠縁の傍系血族よりも自己に最も近い血族の配偶者、養親または養子の近親血族等と一層近く族的に接触し、これらの者を比較的近い親族と認めている。

このように夫婦双方の近い血族または養親子双方の近い血族は、民法上親族と認められておらないにもかかわらず、事実上親族として相接近しやすくなっているが、かくのごとき性質の近親者としてはこれらの外になお姻族の配偶者がある。夫の父母兄弟等と妻の父母兄弟等は事実上親族として相交ること多いが、しかしこれらの者が同一家族の構成員となることは殆どない。夫または妻がその血族と共に配偶者の家族中に入るのは、他に扶養する者なき母を伴う場合または連れ子ある場合の外殆どない。しかるに世帯主の伯叔、兄弟姉妹または甥姪の配偶者が世帯主の配偶者と共に事実上同一家族に所属する場合はかなりある。かくのごとき場合においては姻族の配偶者は互いに親類附合いをするだ

けではなく、一家族の構成員となっているのである。現行民法はかくのごとき配偶者相互間に親族関係の存在を認めないのであるが、これらの者相互間に親族関係を認めないならば、族的関係のない者が互いに一家族の所属員となることになる。これらの者は世帯主の友人でもなく、使用人でもない。しかもこれらの者相互の関係は血族的の親族称呼を準用して示されている。したがって事実上これを近親者と認めない人々は殆どない。

このように現行民法は姻族および養親子関係の方面においては親族の範囲を事実上人々が認めているそれより著しく狭く定めているが、『民法改正要綱』はこれらの方面の親族の範囲を拡げ、姻族の配偶者、子の配偶者の父母、養子の父母および子の養父母等を親族中に加え、法律上の親族の範囲を出来るだけ事実上のそれに近づけしめんとしている。しかしこの『民法改正要綱』も子の配偶者の兄弟姉妹、兄弟姉妹の配偶者の父母および兄弟姉妹の養親子関係の養親等を親族の範囲中から除外している。したがって改正要綱の認める親族の範囲も姻族および養親子関係の方面においては、事実上のそれよりはなお幾分狭くなっているといわれ得る。事実上現代わが国民の形づくっている族的接触においては、子の配偶者の兄弟姉妹または養子の兄弟姉妹等が親族として取り扱われることのみならず、これらの配偶者または養子の父母亡き場合には、これらの者の兄弟姉妹等が配偶者側または養子側の親族として家族の外郭の構成に参加することが多い。

右に述べたごとく考察してみると現行民法の規定もまた改正要綱の規定も、親族の範囲に関しては事実上国民が近親者と認めている者の範囲とはかなり異なるものを掲げていると考えられる。これらの両規定は男女両系における血縁者を同様に血縁者と認めている点において、儀制令五等親制の規定よりは一層現代人の認める近親者に近いものを挙げていると思われるが、しかし一方血族の範囲を

余りに拡大することによって、現代人が通常親族と認めておらない族的関係者を親族中に加え、他方姻族等の範囲を狭く限定することによって、通常の場合に認められる近親者をも親族の範囲から除外している。

儀制令、服忌令および現行民法等はわが国において親族の範囲を規定した主なるものであるが、これらの法規の外に近親者間の関係ならびにその範囲を説明したものに大宰春台の『親族正名』および伊藤長胤の『釈親考』等がある。『釈親考』には宗族親の外に母党（母方の血族親）、内外兄弟（父系および母系の伯叔、姑および従兄弟姉妹）、夫党および妻党等の親族が挙げてあり、かつその続編には各種の親族について種々の異名が掲げてあり、またそれらに国字音の称呼がつけてあるが、しかしこの書に述べてあるところは支那の古典による考証であり、なんらわが国民の生活慣習に触れておらない。それ故にこの書の記述だけでは従来わが国民が認めていた親族の範囲は明瞭になり難い。

るに『親族正名』には宗族親およびその配偶者ならびに通婚によって生ずる族的関係者等が、『爾雅』の所説に基いて挙げられながら、しかもわが国字音による親族称呼にて示され得る範囲の血族、および姻族等が挙げられ、かつ「其次序ハ爾雅ノ文ニ拘ハラズ尊卑近遠ヲ以テ先後トス。爾雅ニ遺闕アルヲバ愚案ヲ以テ補ヘリ云々」として、我国民の族的関係についても多少説明が加えてある。これによってみると『親族正名』は「同宗ノ親族ヨリ異姓外家ノ親戚マデヲ叙列シテ」その次序ならびに範囲を知らしめるために、当時の人々に使用せられていた国字音の親族称呼をもって親族の関係を示したものであると考えられる。したがってこの書に国字音の親族称呼をもって掲げてある親族——殊に宗族親——は、当時の人々に認められていた親族の範囲にほぼ近いものであろうと思われる。今ここに『親族正名』に宗族親として挙げられている者の範囲をみると、それは次の頁の宗族親族図のごとく

になる。

宗族親族図

(宗ハ祖宗ナリ。族ハ親族ナリ。宗族トハ同宗ノ親族ナリ。同宗ナレバ則同姓ナリ。凡父方ノ親類我ト同姓ナルヲ通ジテ宗族トイフナリ。)

```
高祖父母(ヒイオオジ・ヒイオオバ)
├─ 族曽祖父・族曽祖姑
│    └─ 族祖父・族祖姑(マタイトコチガイ)
│         └─ 族姑
│              └─ 族兄弟 族姉妹(イヤイトコ)(ミイトコ)
└─ 曽祖父母(ヒオオジ・ヒオオバ)
     ├─ 従祖祖父・従祖祖姑(オオオジ・オオオバ)
     │    └─ 従祖父・従祖姑(イトコオジ・イトコオバ)(イトコチガイ)
     │         └─ 従祖兄弟 従祖姉妹(マタイトコ)(フタイトコ)
     │              └─ 再従姪 再従姪女(マタイトコチガイ)
     └─ 祖父母(オオジ・オオバ)
          ├─ 伯叔父 姑(オジ・オバ)
          │    └─ 従父兄弟 従父姉妹(イトコ)
          │         └─ 従姪 従姪女(イトコオイ・イトコメイ)(イトコチガイ・スジチガイイトコ)
          │              └─ 従姪孫 従姪孫女(イトコオイマゴ)
          └─ 父母(チチ・ハハ)
               ├─ 兄弟 姉妹(アニオトウト・アネイモウト)
               │    └─ 姪 姪女(オイ・メイ)
               │         └─ 姪孫 姪孫女(オイマゴ・マタオイ)
               │              └─ 曽姪孫 曽姪孫女
               └─ 己
                    └─ 子 女(ムスコ・ムスメ)
                         └─ 孫 孫女(マゴ・ヒマゴ)
                              └─ 曽孫 曽孫女(ヒコ・ヒヒコ)
                                   └─ 玄孫 玄孫女(ヤシハコ)
```

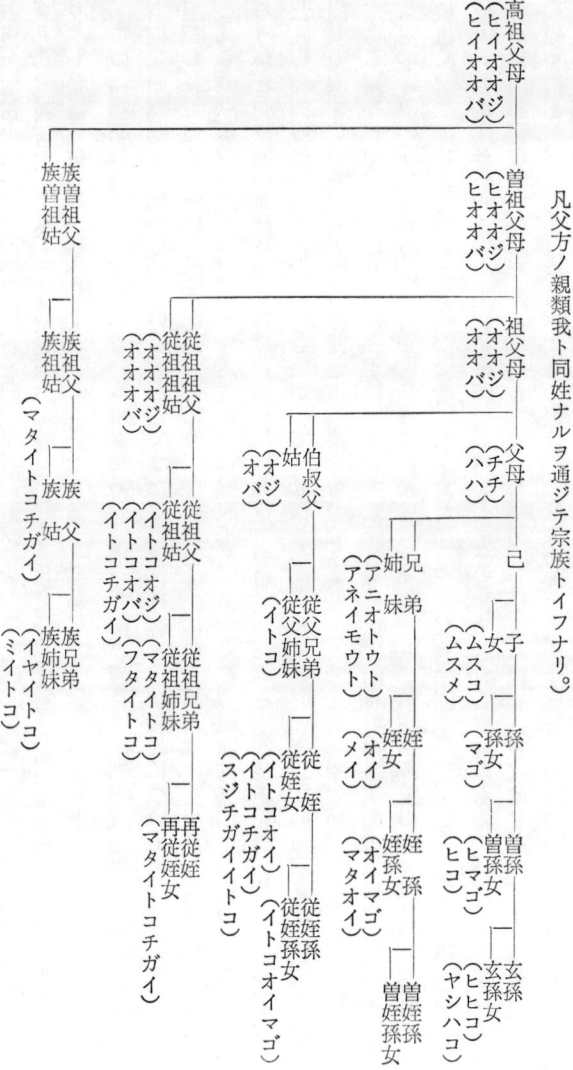

右の宗族親中には各々の男系の血族親と共にその配偶者が挙げてある。たとえば子、子婦（ヨメ）、孫、孫婦（マゴヨメ）、兄、兄の妻（アニヨメ）、伯父、伯母（オジョメ）等のごとくいずれの男系血族にもその妻が配してありそれらの妻は宗族親中に入れてある。ここには繁を避けるためにこれらの妻を省略した。

この『親族正名』に挙げられている宗族親の範囲は、支那の儀礼喪服制の（高祖より玄孫に至る）宗族親の範囲とほぼ一致している。而してまたこの書には各々の宗族親について支那の制度による喪服期の長短およびその有無が記述してあり、かつまた族的関係が『爾雅』を引用して説明してある。これらの点にのみ重きを置いて考えると、『親族正名』の宗族親の範囲は支那の制度の反復ではなかろうかという疑いが起りやすい。殊にそれは『令』の服紀制にある宗族親の範囲より遙かに広く、また五等親制のそれよりも広い。したがってそれはわが国の服紀制が伝来的に認めていた宗族親（男系による同宗の族すなわち父系親）の範囲とは異なるものであろうとも考えられやすい。しかしこの書に掲げてある宗族親の大部分はわが国民が持っている親族称呼を以て示され得る範囲の血族である。そのうち国字音の称呼なきものは、第一傍系親の曽姪孫、曽姪孫女と、第四傍系親の族曽祖父、族曽祖姑、族祖父、族祖姑とだけである。（族曽祖父、族曽祖姑については「此方ニハ古ヨリ此等ノ宗ニ名ナシ。他人ノ如クオモヘルナリ。夷狄ノ俗悲シムベシ。」とある）。これら三種のもの以外の宗族親にはすべてわが国字音の親族称呼がある。而してまたわが国字音による親族称呼には、ほぼ前述の範囲内の宗族親を指示すべき称呼はあるが、その範囲外の同宗の族を指示すべき親族称呼がない。すなわちわが国民は『親族正名』中にある宗族親の大部分を指示すべき親族称呼を持っているが、これらの宗族親よりなお遠縁の関係にある血族を示すべき親族称呼を持たない。これらの事実から考えてみると、わが国民が国字音による親族称呼を以て指示し得る同宗の族の範囲は、『親族正名』中にある宗族親の範囲

とほぼ一致していると思われる。してみれば春台が挙げている宗族親はたとい『爾雅』にあるところにもとづいているとしても、それはわが国民によってもまた認められている範囲の宗族親であるといわれ得るであろう。なぜならばわが国民がこれらの宗族親を示すべき国字音の親族称呼を持っていることは、これらの称呼によって示され得る血族を宗族親と認めていることとなるからである。ただ現代わが国においては、前述の親族称呼中第三傍系親および第四傍系親を指示すべき宗族親は多くの場合、殊に都市においては、重要なる親族と認められておらず、単に遠縁の者としてのみ考えられやすくなっている。しかし現代においてもかくのごとき親族称呼が実用語となっている地方もあり、また現代わが国民が構成している家族中にも、これらの称呼をもって示さるべき父系親が家族員として加入している場合もある。[注12]

かくのごとく考察して来ると、親族称呼をもって指示し得られる族的関係者を近親者と認める限り、『親族正名』に挙げてある宗族親中、国字音の称呼あるものがわが国民によって認められている父系的近親者に最も近いものであると云われ得る。もしこの書にある宗族親中より第四傍系親たる族曾祖父以下の者を除くならば、残りの宗族親たる直系親および第一、第二、第三の傍系親は殆どすべて国字音の親族称呼を持つもののみとなり、またこの範囲の宗族親は曾姪孫、従姪孫、再従姪を除くの外、五等親制中にある宗族親と一致している。それ故に宗族親の方面においては『親族正名』中にある国字音の親族称呼をもって示されている者、あるいはそれよりも少しく狭く限定して、その中より第四傍系親を除いた残りの者をもって宗族的近親者とするならば、それらの者は通常わが国民によって父系的近親者と認められている者とほぼ一致するであろう。しかし宗族的近親者の範囲をこのように

限定するならば、それは現行民法規定の父系的血族の範囲より著しく狭くなるのであるが、前に述べたごとく民法規定の血族の範囲は事実上人々が族的に接近している者の範囲よりも余りに広く定められている故、これを狭く限定することによってかえって事実上の近親者の範囲に近い者を求め得ることになると思われる。

宗族親すなわち父系親の範囲においては前述のごとき範囲の者がわが国民によって認められている近親者であると考えられるが、しからば宗族親以外の族的関係者に関してはいかなる範囲の者までが近親者と認められているのであろうか。わが国民は母系的血族および姻族等をいかなる範囲までその近親者と認めているのであろうか。

母系親

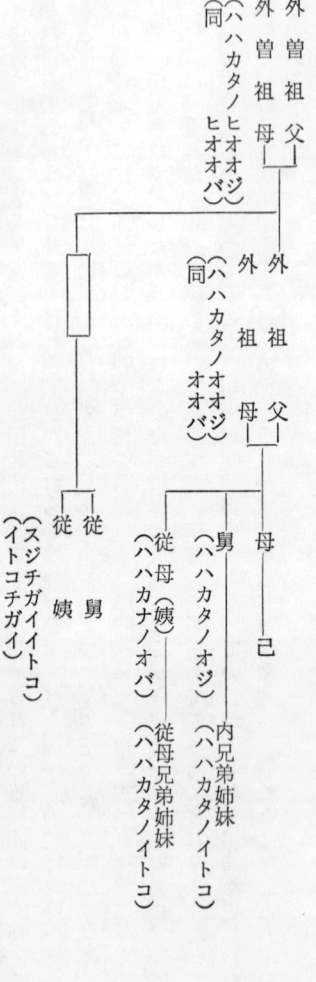

外曽祖父
外曽祖母
（ハハカタノヒオオジ　ヒオオバ）
同

外祖父
外祖母
（ハハカタノオオジ　オオバ）
同

舅（ハハカタノオジ）
母
従母（姨）（ハハカタノオバ）

己
内兄弟姉妹（ハハカタノイトコ）
従母兄弟姉妹（ハハカタノイトコ）

従舅
従姨
（スジチガイイトコ）
（イトコチガイ）

儀制令の五等親制においても、また徳川時代に制定せられた服忌令においても、父が養子である場

合の外、一般に父系的血族すなわち宗族親に重きを置いて親族の範囲が定められ、母方の血族は極めて狭い範囲内の者だけしか親族と認められておらない。『親族正名』もまたこれ等の規定と同様に、母党すなわち母方の親族を一九六頁の図のごとく狭い範囲の者だけに限っている。

しかしながらかくのごとく父系的血族にのみ重きを置いて近親者の範囲を定める方法は、支那の制度の影響を著しく受けた方法であると考えられる。わが国においても国民は永い間家長的家族の生活形式を守り、家長は常に男子であり、家系は男系を通じて連続し、また氏の長者も常に男子であり、氏族内の族的連鎖の関係は主として男子を追うて定められていたが故に、親族の範囲の決定について も国民は何程か男系に重きを置いたであろう。しかしわが国民はたといこの範囲の決定について多少男系に重きを置いたとしても、漢民族ほど男系偏重に陥っていなかったであろうと思われる。なぜなればわが国民は父系親に対しても母系親に対しても、常に同様なる親族称呼を用いている。現代のわが国民が使用する親族称呼中、父系的血族に対するものと母系的血族に対するものとの間に差がないばかりでなく、過去のそれの中にもかくのごとき差は見出され難い。漢民族の慣習に従えば、父系的血族に対する親族称呼と母系的血族に対するそれとは異なっているが、わが国民はこれら両系の血縁者に対して同様なる親族称呼を用いている。『親族正名』には母系的血族を指示するためにわが国民が「ハハカタノ……」という親族称呼を用いているがごとく説明してあるが、それは族外の人々に対して母系の血族を自己との関係を特に詳細に指示する場合に用いる称呼であり、通常の場合に使用する称呼ではない。通常の場合には人々は「ハハカタノ……」というがごとき称呼を用いず、父系親に対して用いるのと同様なる親族称呼を母系親に対しても用いている。今漢民族の用いる親族称呼とわが国民の用いるそれとを近親的血族だけについて比較して見るとそれは次のごとく異なっている。

	漢民族の親族称呼		わが国の親族称呼	
	（男）	（女）	（男）	（女）
父 の 父 母	祖父（王父）	祖母（王母）	オオジ	オオバ
母 の 父 母	外祖父（外王父）	外祖母（外王母）	オオジ	オオバ
父の兄弟姉妹	伯叔父	姑	オジ	オバ
母の兄弟姉妹	舅	姨（従母）	ヒオオジ	ヒオオバ
父の父の父母	曽祖父	曽祖母	ヒオオジ	ヒオオバ
父の父の父母	外曽祖父	外曽祖母		
父の兄弟の子	堂兄弟（従父兄弟）	堂姉妹（従父姉妹）	イトコ	イトコ
父の姉妹の子	姑表兄弟（外兄弟）	姑表姉妹（外姉妹）	イトコ	イトコ
母の兄弟の子	舅表兄弟（内兄弟）	舅表姉妹（内姉妹）	イトコ	イトコ
母の姉妹の子	姨表兄弟（従母兄弟）	姨表姉妹（従母姉妹）	マトコ	マトコ
息 の 子	孫	孫女	マゴ	マゴ
娘 の 子	外孫	外孫女	オイ	メイ
兄弟の子	甥	姪		
姉妹の子	甥（外甥又は出）	甥女（外甥女）	オイ	メイ

　すなわち漢民族は父系親と母系親とに対してそれぞれ異なる親族称呼を用いているが、わが国民はこれら両系の者に対して同様なる称呼を用いている。かくのごとくわが国民が父系的血族と母系的血族とに対して同様なる親族称呼を持っていることは、わが国民がこれら両血族に対してその取り扱い

を余り別にせず、それらに対してほぼ同様に親しみと尊敬とを持ち、父系親を指示し得る親族称呼のある限りにおいて、それと同様なる親族称呼をもって母系両系の血族を同様なる範囲において近親者と認め、父系親にも母系親にもほぼ同様に接触しやすくなっていたことを示すものである。もしわが国民が父系親と母系親とに対して親しみの程度を異にし、近親者として取り扱うべき態度と範囲とを著しく別にしていたならば、漢民族がなしたごとくこれら両者に対してそれぞれ別々の親族称呼を用いていたであろう。これら両者に対して別々の親族称呼を使用しておらず、族的生活においてはその影響を受けること比較的少なかったにもかかわらず、族的生活を謳歌し、『爾雅』にある親族称呼に該当する称呼がわが国字中にない場合には、「夷狄ノ俗悲シムベシ」といい、また尊属と卑属とに対し『爾雅』には異なる称呼が挙げてあるのに、わが国の称呼が同様なるものである場合（イトコチガイの場合）には「倭俗ノ妄ナリ」などといって支那の文化に幻惑されているが、春台が加えた批評の是非はしばらく別として、彼の記述は、族的生活に関する限り、倭俗は漢俗とはかなり異なるものであることを語っている。五等親制や服忌令等は近親者に対する親疎の関係を、著しく父系親に重きを置いて定めているが、かくのごときは支那の制度の影響を多分に受けた規定であり、支那の制度の人々が是とした表面的の規定であると思われる。一般国民はかくのごとき制度のいかんにかかわらず、父方の「オジ」「オバ」に対しても母方の「オジ」「オバ」に対しても同様なる弔意を表していたようである。もちろんわが国民も家長的家族の生活形式を永く維持していた関係上、多少父系親に重きを置いていたのは事実であるが、しかしわが国民が用いている親族称呼をみると、わが国民

このようにわが国民は父系親に対しても母系親に対しても同様なる親族称呼を用い、近親者として両者をほぼ同様に取り扱って来たのであるが、現代においては現行民法規定によってこの傾向は一層助長され、父系親も母系親も同様なる範囲において親族と認められつつある。したがって現代においては前に掲げた宗族親が父系的近親者と認められていると同様に、それとほぼ同等なる範囲の母系的血族が親族と認められている。ただし現行民法の規定は血族親の範囲を余りに拡げている。わが国民が事実上母系親として相接触する者の範囲は民法規定の母系的血族親の範囲のごとく広いものではない。事実上の母系親の範囲は『親族正名』に宗族親として掲げてある者の範囲よりは少しく狭く、第四傍系親を除いたほどの範囲の母系親、すなわち国字音の親族称呼ある母系親の範囲を尋ねんとする場合には、『親族正名』の記述に拠ることは出来ない。

『親族正名』は父系親に関してはわが国民が事実上親族と認めている範囲に近いものを挙げているが、母系親に関しては『爾雅』の所説にとらわれてわが国民の族的生活においていかなる範囲の者までを近親者としているのであろうか。配偶者が近親者と認められるのはいうまでもないが、この配偶関係を通じて生ずる族的関係者中、通常いかなる範囲内の者が近親者として取扱われているであろうか。『親族正名』の記述によると、男系の宗族親（父系の男子たる血族）の配偶者は宗族親と同様なる親族正名を受けるべき親族とせられ、女系の宗族親（父系の女子たる血族）のそれは女婿を除くの外無服の親族

わが国民はその血族親に対しては父母両系の者に同様なる親族称呼を用い、これら両系の者を等しき範囲において近親者と認めているのであるが、然らば姻族においてはいかなる範囲の者までを近親者としているのであろうか。

は漢民族ほど父系偏重ではなかったと考えざるを得ない。

とせられているが、しかし両者はいずれも親族とせられている。すなわち親族称呼をもって指示せられ得る宗族親の配偶者には忌服の有無は定めてあるが、これらの者はいずれも男女共に親族と認められている。この点において『親族正名』は現行民法規定よりは姻族たる親族の範囲を広く定めているようにみえる。現行民法では従父兄弟姉妹の配偶者は親族とならないが、『親族正名』では再従兄弟姉妹および族兄弟姉妹の配偶者までも親族となっている。然るにこの書は夫の姻族たる妻の側の血族としては、外舅外姑（妻の父母）を總麻の忌服を受くべき者として挙げ、妻の父母以外の者の中では妻の伯叔父、兄弟姉妹および兄弟の子（内姪）等に対する支那の親族称呼を挙げているのみであり、また妻の姻族たるべき夫の側の血族としては舅姑（夫の父母）を斬衰三年の忌服を受くべき者として挙げ、その他の者の中では夫の兄弟姉妹等に対する支那およびわが国の親族称呼を挙げているに過ぎない。この点からみるとこの書は姻族の範囲を著しく狭く限定しているようにも思われる。しかしながら一定の族的関係にある者相互間において、甲からみて乙は姻族であるというがごときことはあり得ない。甲は甲の従父兄弟の妻または乙からみて甲は姻族でこの妻または夫は甲を姻族と認めないというがごときことはない。それ故にこの書に夫の姻族（妻党）または妻の姻族（夫党）として挙げてある外舅外姑または舅姑等は姻族中の最も重要なる者という意味において示されているのみであり、それらが姻族の全部ではなく、姻族の範囲はそれらの者以外夫または妻の宗族親たる多くの者におよんでいると解すべきであろう。このように解するならば『親族正名』に述べられている姻族の範囲は配偶者の宗族親の全部にわたり、その範囲はかなり広いものとなる。ただこの書においては前に述べたごとく、母系親が狭く限定せられているが故に、配偶者の母系親にして姻族となる者は少なくなっているが、もし宗族親とほぼ同じ範囲における母系親をも親

族と認める場合には、姻族の範囲は著しく広くなる。果してわが国民はかくのごとき広い範囲にわたって姻族関係を認めており、またいたのであろうか。

現代わが国民の形づくる族的生活にあっては、人々が姻族として相接する者の範囲は民法上の姻族の範囲よりは少しく広く、民法上姻族となっておらぬ配偶者の従兄弟姉妹等も普通には姻族と認められているようである。通常の場合、夫の従兄弟等は妻にも親族の者として取り扱われ、妻の従姉妹等は夫にも親族の者として取り扱われている。而してまた時としては夫または妻の従兄弟姉妹等がこれらの夫婦と共に一家族の構成員となっている場合もある。しかしながら人々が姻族として相接する者は親類附合いのかなり広い人々の場合においても、配偶者の直系親、兄弟姉妹、甥姪、伯叔、従祖祖父姑、姪孫等の配偶者等である。わが国民の日常生活において親族の者が最も多く会合する葬儀または婚礼等において、姻族たる資格において相会する者はこれらの範囲以内の親族である。それ以上の遠縁の関係にある者はたとい葬儀または婚礼に相会することあるとしても、それは姻族としての資格によるのではなく、多くの場合、知己、友人またはその他の社会関係を形づくる者としての資格によるものである。ただ本家と分家との間に緊密なる族的接触が続けられ、双方の子孫の時代においてもその接触が維持せられているがごとき場合には、右に述べた姻族よりもさらに遠縁の関係にある者が、姻族として相接することがあるであろう。しかしかくのごときは特殊の場合であり、一般には年月を経るにしたがい本家と分家との族的接近は薄らぎ、またたとい本家と分家との族的接触は何程か保たれているとしても、これらの家族の間において遠縁の姻族関係にある者が、姻族として互いに相接することは殆どないであろう。したがって大多数の場合においてわが内地人が事実上姻族として相接する者の範囲は『新

註14

族正名』に掲げられているものよりは狭く、現行民法規定のそれよりはやや広く、前述のごとき配偶者の従祖祖父母、姪孫以内の者および従祖祖父母、姪孫以内の者の配偶者であるといわれ得る。

配偶者の血族または血族の配偶者をいかなる範囲において姻族と認めるかについては五等親制にも幾分の規定があり、また現行民法にも規定がある。而してまたこれらの規定を五等親制にも多少拡げる場合には、それは事実上人々が姻族として相接触する人々の範囲に近いものとなる。しかしながら夫の血族と妻の血族との間における族的関係の有無に関しては五等親制にも現行民法にもなんらの規定なく、単に『民法改正要綱』がそれについて一案を提供しているだけである。それ故に今日までの法制上からみれば、わが国には兄の妻と弟の妻、伯叔の配と甥姪の配との間に親族関係なく、また夫の親兄弟と妻の親兄弟との間に姻族関係がないということになっている。しかしかくのごとき規定はわが国民の族的生活に忠実なるものではない。わが国における夫婦関係は夫と妻の父母兄弟または妻と夫の父母兄弟との間に近親関係を結ばしめるだけではない。通婚は当事者相互の関係であると同時に、当事者が所属していた家族と家族との関係であるが故に、夫の所属していた家族の構成員およびこの家族と最も近い族的関係にある家族の構成員等は、妻の所属していた家族の構成員および妻の家族と最も近い族的関係にある家族の構成員等と族的に接近し、夫の所属していた家族団体を継承する者と妻の所属していた家族団体を継承する者とは族的に近づきやすくなっている。したがって夫の父母、この父母の家族を継承する夫または夫の兄弟姉妹およびこれらの兄弟姉妹の配偶者等は、妻の父母、この父母の家族を継承する妻の兄弟姉妹およびこれらの兄弟姉妹の配偶者等と族的に接触し、族内の者として互いに喜憂を共にしている。すなわち夫の所属していた家族内に生育した者およびその配偶者等と妻の所属していた家族内に生育した者およびその配偶者等とは事実上姻族として相

交っている。この事実は法的規定だけによって変更せられ得ない。それ故に『民法改正要綱』は法的制度をこの事実に接近せしめんとして、前述のごとき修正を施さんと試みている。

しかしながらこの修正も未だ充分に婚姻が家族と家族との族的接近であることを認めたものではない。この修正では三親等内の姻族およびその配偶者を親族とし、夫の近親的血族およびその配偶者は夫と不可分の関係にある妻の親族であるべきであるとし、事実上行われている夫婦の一体化を法的に強調し、また夫の父母および妻の父母とは親族であるとし、夫の所属していた家族と妻の所属していた家族との族的接近を幾分か制度上是認せんとしている。これらの点においてこの修正は国民生活に即した修正であると考えられる。しかしもし国民一般が形づくっている族的生活を忠実に是認し、家族と家族との族的関係を法的制度の上に示さんとするならば、夫の父母と妻の父母との間に近親関係あることと、ならびに三親等内の姻族およびその配偶者と自己との間に近親関係あることを認めるだけでは不充分である。なぜならば妻の父母および夫の父母の家族はその父母亡き後においては夫または夫の兄弟姉妹の配偶者等によって継承せられ、夫の父母の家族はその父母亡き後においては妻または妻の兄弟姉妹およびその配偶者等によって継承せられるが故に、夫が所属していた家族と妻の父母および妻の父母と妻の父母とを族的に近づけるのみならず、夫の父母およびその配偶者等と、妻の父母およびその兄弟姉妹ならびにそれらの配偶者等との族的接近を伴うようになるからである。日常行われているわが国民の族的生活においては、妻の父母およびその所属していた家族を代表して、夫の所属していた家族の代表者たる夫の父母またはその配偶者等が妻の所属していた家族と族的に相交ることがしばしばある。家族と家族との族的関係においてこれらの者が互いに近親者となるのはなんら不思議ではない。

『民法改正要綱』の修正はわが国民の族的生

活事実に余程接近して来ているが、通婚によって生ずる家族と家族との族的関係すなわち夫婦たる当事者の外郭として存する族的関係を未だ充分に認めておらないようである。

しかるに『親族正名』は『爾雅』の説明を引用して「長婦謂ニ稚婦一為ニ娣婦、娣婦謂ニ長婦一為ニ姒婦ニ」と述べ、兄の妻と弟の妻との間に近親関係あることを示し、さらにまた「塘之父為ニ姻、婦之父為ニ婚、……婦之父母塘之父母相謂為ニ婚姻ニ」と述べて支那において夫の父母と妻の父母とが互いに近親者となっていることを説き、それに次いで「婦ノ家ト塘ノ家ト互ニ呼デ婚姻トイフ。俗ニハ親家トイフ。……婚姻ハ此方ニテ阿比也計トイフ者ナリ云々」と説明して、婚姻がわが国において両家の結合であり、家族団体と家族団体との族的接近（相親家）であることを明らかにしている。この点において『親族正名』の説明は『民法改正要綱』の規定よりはわが国民の形づくる婚姻の事実に忠実であると考えられる。このように『民法改正要綱』は通婚によって夫の家族と妻の家族とが近親関係を形づくることを認めているが故に、『民法改正要綱』のごとく、夫の生家の人々と妻の生家の人々とのうち、いかなる範囲内の者が親族となるかを述べておらない。したがってこの書の記述だけをもってしては甲家族内の個々人と乙家族内の個々人との間における族的関係の有無が明らかにならない。しかし家族と家族との族的関係を認める以上、夫の所属していた家族の成員と妻とはいずれも皆親族関係にあることを認めているものといわれ得る。かくのごとき族的関係においては個々人相互間における族的関係を一々列挙する必要もなく、またこれを列挙することはかえって両家の親族関係の意義を弱めることとなりやすい。この書がかくのごとき個々人相互間に生ずる族的関係を挙げず、「婦ノ家ト婿ノ家ト互ニ呼デ婚姻トイフ」と述べているのは、わが国における通婚の性質ならびに通婚によって生ずる近親関係の性質を適切かつ簡明に叙述しているものと考えられる。

これら通婚による近親者ならびに血族的近親者は親族中の主たるものであるが、これらの親族の外になお養子縁組にもとづいて生ずるものがある。養子は前にも説明したごとく養親に実子なき場合、養親の家名、家系、家風ならびに家産等を継承する者として養親の家族員となり、養親の実子のごとく取り扱われる者である。それ故に養子が養親および養親の血族と近親関係を形づくることはいうまでもない。このことは現行民法中にも明らかに規定せられている。しかしながら養子縁組の場合と同様に、養子が従来所属していた家族（養子の実父母および兄弟等の家族）と養親の家族との間にも起る。これら両家族は養子縁組を通じて近親関係を形づくり、両家族の所属員を互いに近親者として接近せしめやすくなっている。『民法改正要綱』は養子縁組において生ずるこの事実を認め、養親と養子の父母との間に親族関係あることを法的に規定せんとしている。しかしこの改正要綱の規定は未だ両家族間に近親関係あることを明らかにせんとしているものではない。それ故にわが国民が養子縁組を通じて事実上形づくっている近親関係を明らかにせんとするならば、単に養親と養子の父母との間に親族関係あることを認めるのみならず、これら養親を包む家族員と養子の父母を包む家族員との間に近親関係あることを認めなくてはならぬ。

さて、現代わが国民が日常使用している親族称呼によって国民が近親者と認めている血縁者の範囲を求め、また国民が通婚または養子縁組によって事実上形づくっている親族の範囲を求めると、ほぼ右に述べたごとくなるのであるが、これを要約すると、現代わが国民が近親者と認めている者の範囲はおおよそ次のごとくなる。

一、血族

(イ) 直系親は高祖より玄孫まで

(ロ) 第一傍系親は兄弟姉妹より姪孫まで（曽姪孫を示すべき国字音の親族称呼はない）

(ハ) 第二傍系親は父母両系の伯叔（オジ、オバ）より従姪まで（従姪孫なる称呼は現代においては殆ど用いられない）

(ニ) 第三傍系親は祖父母両系の従祖祖父姑（オオオジ、オオオバ）より再従姪まで

(ホ) 第四傍系親以上の者は事実上大多数の人々にあっては近親的血族と認められておらぬ。もしこれらの者のうち、国字音の親族称呼ある者を求めるならば、族父姑（フタイトコチガイ）および三従兄弟姉妹等があるが、現在このような称呼を用いる人は極めて少なく、またこれらの者を近親者として取扱う人々も極めて少ない。

(ヘ) 本家分家の関係にある各家族の事実上の所属員（この中には多少の姻族もある）

二、配偶者

(イ) 家族の一員または一員であった者の配偶者が所属しまたは所属しておった家族の事実上の所属員

三、姻族

(イ) 直系卑属親、兄弟姉妹、甥姪、伯叔、従兄弟姉妹、従祖祖父姑、姪孫等およびそれらの配偶者

(ロ) 配偶者の直系尊属親、兄弟姉妹、甥姪、伯叔、従兄弟姉妹、従祖祖父姑の配偶者

(ハ) 家族の一員または一員であった者の配偶者が所属しまたは所属しておった家族の事実上の所属員

四、養親子関係にもとづく近親者

(イ) 養親およびその血族並びにこれらの血族の配偶者

(ロ) 養子およびその血族並びにこれらの血族の配偶者

(ハ) 家族の一員であった者の養親が所属しまたは所属しておった家族の事実上の所属員

(二) 家族の一員または一員であった者の養子が所属しておった家族の事実上の所属員

現代わが国民が近親者と認めている者の範囲は前述のごとくかなり広くなるのであるが、しかしかくのごとき広範囲にわたって存する近親者が常に同一家族の構成員となるのでもなく、またこれらの者が近親者たる資格の比較において同一家族の所属者となり得るのでもない。同一家族の所属員となり得る者は近親の程度の比較的強い者のみであり、したがって比較的狭い範囲の近親者のみである。多くの場合近親者として家族員となり得る者は世帯主夫婦およびそれと親子関係にある者ならびにそれらと比較的強く族的に接近している者およびその配偶者等だけである。自己に一層近い近親者があるにもかかわらず、この近親者から離れて一層遠い親族の者と共に家族を構成するがごとき者は殆どない。家族が感情融合にもとづく近親者の集団である限り、感情融合の程度にしやすい遠縁の親族と近縁の親族とが世帯主の配偶者ならびに同一家族に所属することは困難である。世帯主との続柄関係において比較的近親関係の薄い者が世帯主の配偶者ならびに親子等と共に同一家族に所属するがごとき場合は、多くはこの者が他に一層近い近親者を持たざる場合である。通常の場合、人々は前述のごとき広い範囲にわたっての近親者と日常寝食を共にするのではなく、常に自己に最も近い少数の近親者を含み、世帯主に対する続柄関係にわが国民が形づくっている家族は一家族中に多くの種類の近親者をその中に容れているかのように一部の人々に考えられているが、しかし戸籍にあるがごとき、帳簿上の人員によらず、事実上家族的共同をなしている人員だけについてみるならば、わが国民のなす家族はかくのごとき包容力の大なるものでないことが明らかになるであろう。もちろん稀には包容力のかなり大なる家族も見出され得るが、大多数の家族はその成員を世

註16

帯主夫婦、それと親子関係にある者ならびにそれらと比較的近い親族関係ある者だけに限定している。

さて、本章第一節においてみたごとく、わが国民総数中近親者と共に家族生活をなしている者は、内地人だけについてみるならば、大正九年第一回国勢調査当時において、全内地人の約九割となっている。しからばこれら約九割の者が形づくっている各々の家族はほぼいかなる種類の近親者から成立っているであろうか。わが国民が近親者として互いに相接する者には前述のごとく種々なる族的関係に立つ人々があるのであるが、この内事実上各自の家族構成員となっている者はいかなる範囲の近親者であり、またいかなる範囲の近親者が家族構成員となること最も多く、いかなる者が家族員たること最も少ないであろうか。家族構成員としてあらわれる者は世帯主との続柄関係においていかなる者に最も多く、いかなる者に最も少ないであろうか。またこれら家族員たる近親者の範囲の大小およびそれぞれの近親者が家族員となる程度の大小は、地方的に異なることないであろうか。世帯主との続柄において種々なる関係にある各種の近親者が世帯主の家族中に包容せられる程度は、都市と農村とにおいて異なることないであろうか。これらの問題を明らかにすることは、一つには現代わが国民が形づくっている家族の構成形式を考察する上において、二つには家族生活を通じて日常生活の安定を求めやすい境遇にある者は、現代わが国においてはいかなる種類の近親者を持つ人々に多いかを尋ねる上において、而してさらに第三には現代わが国民がその事実上の生計単位たる家族的共産団体の所属員をいかに拡大また縮小しつつあるかを尋ねる上において極めて有意義である。

いま右のごとき問題を明らかにせんとするには、わが国民が形づくっている事実上の各家族につき、これを構成している人々を家族生活上の身分の別に従って観察することが必要であると思われる。すなわち各家族ごとに世帯主を中心として、それとの続柄関係において各家族員を類別するならば、い

かなる種類の近親者がほぼいかなる割合において各家族中に包容せられているかを知ることが出来る。しかしながらかくのごとき観察を全国の全家族について試みることは頗る困難である。それ故にここには前に用いたのと同様なる方法により、全国の全世帯を千分の一に縮小して抽出写したのとほぼ同様なる結果を示すであろうと予想せられる第一回国勢調査の抽出写しの中にある構成員を家族生活上の族的身分の別、すなわち世帯主に対する続柄関係の別にしたがって分類することとした。第一回国勢調査の場合に作製せられた抽出写しは一万一、二一六通あるのであるが、その中、準世帯に属するもの八二通ある故、これを除いて普通世帯のもののみを取り、さらにこれらの普通世帯のものの中より親族世帯のものの一五通を削除し、註17残り一万一、一一九通の普通世帯につき、世帯主を中心としてこれとこれと近親関係ある者のみを抜き取り、これらの者をもって家族構成員とみなし、これらの家族構成員を各家族内における族的身分関係の別にしたがって観察した。このように分類して観察した各種の近親者の数を千倍すれば、全国民を各自の家族内における族的身分関係の別に従って観察した場合に得られるであろうと考えられる各種の近親者の数にほぼ近いものが求められ得るわけである。

現代わが内地人が構成する各家族中に見出され得る近親者の種類および各種の近親者が家族員として存する割合は右のごとくにして求め得ると考えられるが、この場合注意すべきは、各家族の構成員の族的関係を示す各種の親族称呼に一定の規準を設けることである。国勢調査申告票には多くは妻、長男、三女、父、弟、甥というがごとき一見して理解しやすい親族称呼をもって世帯主に対する各家族員の続柄関係が記述されているが、中には養子、先妻の子、妻の連れ子、継母、義母、従子等のごとき称呼または稀には「イトコチガイ」、また甥等の称呼をもってその続柄が示されている場合もあ

る。これらの記述中には世帯主に対して同じ続柄関係にある者を示すに二種以上の称呼が用いられている場合（たとえば従子と甥と兄の子とのごとき、および又甥と姪孫とのごとき）もあり、また世帯主に対して異なる続柄関係にある者に一種類の称呼が用いられているのではないかと思われるような場合（たとえば世帯主の尊属親である父の従兄弟姉妹に対してもまたその卑属親である世帯主の従兄弟姉妹の子に対しても「イトコチガイ」なる称呼が用いられ得る）もある。それ故に今抽出写しにある各家族につき、その構成員中いかなる族的関係にある人々がいかほどあるかを観察せんとするに当っては、これら抽出写しの家族中に見出される各種の親族称呼が世帯主に対していかなる関係にある人々を明らかにし、世帯主に対して同様なる関係にある者を示すためには同一の親族称呼を以てするよう予め定め置く必要がある。この必要に応ずるため、ここには各々の家族員の家族的地位（世帯主に対する続柄）を示す親族称呼の内容を次のごとく定めて置く。

世帯主　家族的共同を支持する上において主として責任を持つ者、すなわち一家の主人である。これは戸籍上の戸主にあらずして事実上の家族生活の責任者を意味する。

配偶者　世帯主の配偶者であり、多くの場合これは妻である。しかし妻が世帯主である場合にはこれは夫を指すこととなる。これも戸籍上の配偶者にあらずして事実上（内縁婚および法律婚共）の配偶者をいうのである。

配偶者の血族　配偶者の血縁者にして世帯主と血縁関係なき者をいう。これは多くの場合配偶者の連れ子であり、稀には配偶者の弟妹等であることもある。

子　世帯主の子である。性別および出生の順位等によって区別せず、子はすべて子として示して置く。また養子についても別の親族称呼を使用せず、便宜上これを子の内に含ましめて置く。ただし世帯主の職業が接客業等であって若年の婦人が数人養女となっているような場合には、これらの養女は子の中に加えず、営業上

の使用人とみなしておく。

子の配偶者 世帯主の子の事実上の配偶者である。
孫 世帯主の孫である。養孫もこの中に入るものとし、また外孫にして世帯主の家族中にある者もこの中に入るものとする。
孫の配偶者 世帯主の孫の事実上の配偶者である。
曽孫 世帯主の曽孫である。
父 世帯主の父である。ただし養父、継父、義父等も世帯主の家族中に所属する限り、父として取り扱っておく。
母 世帯主の母である。ただし養母、継母、義母等も世帯主の家族中に所属する限り、母としておく。
兄弟 世帯主の兄弟である。異父または異母兄弟等もこの中に入れておく。
姉妹 世帯主の姉妹である。異父または異母姉妹等もこの中に入れておく。
兄弟姉妹の配偶者 世帯主の兄弟姉妹の夫および姉妹の夫等をいうのである。
甥姪 世帯主の兄弟姉妹の子である。従子と記述せられている場合もある。ただしこの甥姪が世帯主の使用人または同居人としてその世帯に加っていることが調査票の記述の上からみて明らかに推定せられる場合には、これを世帯主の家族員とせず、C類の者とみなしておく。
祖父母 世帯主の祖父および祖母である。
伯叔父母 世帯主の伯叔父および伯叔母である。従父、従母とある者もこの中に入れておく。ただし伯叔父母の配偶者はこの中に入れない。世帯主の血族たる伯叔父母のみをいうのである。現代語における伯叔母は『親族正名』等には姑として示されているが、姑は現代では配偶者の母を示す言葉として使用せられることが多い故、ここには姑とある者はこれを義母と解し、母の部類に入れて置く。ただし姑（配偶者の母）とある者が世帯主の家族員となっている場合は甚だ少ない。

伯叔父母の配偶者 世帯主の伯叔父母の配偶者である。この配偶者は伯叔父母と同様に通常「オジ」「オバ」と呼ばれているが、国勢調査票抽出写しにはこの配偶者を伯叔父母と区別して叔父の妻というように記述してある故、ここにこれを伯叔父母と別にしてみることが出来る。ただしかくのごとき配偶者が世帯主の家族員となっている場合は極めて少ない。。

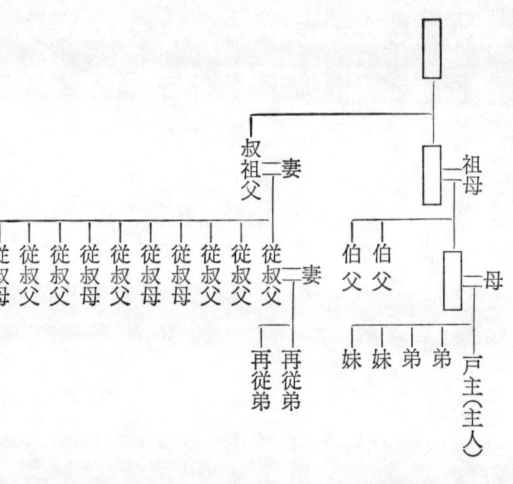

青森県階上村道仏某家の戸籍

```
                    ┌─祖母
                    │
        叔祖父─妻   │
            │      │
            │   伯 伯
            │   父 父
            │
   従従従従従従従従─妻  母─戸主(主人)
   叔叔叔叔叔叔叔叔   │      
   母母母母父父父父   │   妹 妹 弟 弟
                    │
                    再従弟
                    │
                    再従弟
```

従兄弟姉妹 世帯主の伯叔父母の子である。この種の近親者も甥姪と同様に、世帯主の同居人または使用人であることが明らかに推定せられる場合には、これを世帯主の家族員中に加えない。

甥姪の配偶者 世帯主の兄弟姉妹の子の配偶者である。世帯主の傍系親の配偶者にして世帯主の家族員となっている者は通常世帯主の兄弟の妻以外には極めて少ないのであるが、この甥姪の配偶者のごときもその数甚だ少ない。

姪孫 世帯主の甥姪の子である。姪孫はまた甥あるいはまた姪などと記述してある場合もある。この種の近親者が世帯主の家族中に入ることもまた甚だ稀である。

従祖父母 世帯主の祖父母の兄弟姉妹である。この種の近親者は通常大伯叔父母（オオオジ、オオオバ）と呼ばれている。『親族正名』には「祖父ノ兄ヲ伯祖父トイフ。一ツニハ従祖伯父トイフ。其妻ヲ伯祖母トイ

フ。一ツニハ従祖伯母トイフ。祖父ノ弟ヲ叔祖父トイフ。一ツニハ従祖叔父トイフ。其妻ヲ叔祖母トイフ。一ツニハ従祖叔母トイフ」とあって、祖父の兄弟およびその妻が伯叔祖父母または従祖伯叔父母と呼ばれているかのごとく説明してあるが、現代わが国にては祖父母の兄弟姉妹は伯叔祖父母または大伯叔父母と呼ばれ、その妻は伯叔祖父母の妻と記述されている。たとえば青森県三戸郡階上村役場における同村大字道仏字荒谷の某家の戸籍をみるに（昭和三年五月調査[註18]）、戸籍面にあらわれている家族員の族的関係は戸籍上の記述に従えば二一三頁の図のごとくなっている（ただしこれらの人々は戸籍上の家族員であり、事実上の家族員ではない）。

而してこの種の近親者は現代わが国においては従祖伯叔父母と呼ばれることなく、従祖伯叔父母は前図における従伯叔父母すなわち従祖叔父母の子（父母の従兄弟姉妹）を示す称呼として用いられている。それ故にここには伯叔祖父母、大伯叔父母等の称呼をもって示されたる近親者をこの従祖叔父母の中に入れ、従伯叔父母等の称呼をもって示されたる者をこの中に入れない。ただし大伯叔父母が世帯主の事実上の家族員となっているような場合は極めて稀にあるだけである。

兄弟姉妹の配偶者の血族 世帯主の兄弟姉妹の配偶者の連れ子、または姉妹等をいう。ただしかくのごとき近親者が世帯主の家族員となる場合は異例であり、抽出写し一万一千余通を通じて僅かに一例が新潟県に見出されたのみである。しかもその血族というのは兄弟の妻の連れ子であった。したがってこの種の近親者が世帯主の家族中に加わる場合はまずないとみなしても差し支えないであろう。

抽出写しにあらわれている各々の家族員とその世帯主との族的関係は右に述べた親族称呼のいずれかによって示され得る。したがって現代わが内地における各家族の構成員はほぼ右のごとき称呼をもって世帯主に対する近親関係を示し得る範囲内の人々であるといい得る。しかしながら現代わが内地

に存する各家族の構成員がことごとく右の範囲内に含まれているのではない。比較的員数の多い家族が多く見出される地方（岐阜県白川村および青森県の一部）には右に掲げた近親者等よりもさらに世帯主に対する族的関係の薄い者が世帯主の家族中に加わっている場合がある。しかもこれらの近親者を示す親族称呼は通常用いられること少ないため、世帯主に対して同様なる続柄にある者が色々なる称呼によって示されている。それ故にここにはかくのごとき近親者がいかなる者であるかを明らかにし、これらの者を示す称呼の内容を次のごとく定めて置く。

　従兄弟姉妹の配偶者　世帯主の従兄弟姉妹の配偶者をいう。この種の近親者が世帯主の家族となっている場合は青森県地方に僅かに見出されるのみである。

　従姪　世帯主の従兄弟姉妹の子である。この種の近親者は「イトコオイ、メイ」「イトコチガイ」といわれることもある（《親族正名》による宗族親族図参照）。しかるに「イトコチガイ」なる称呼は尊属親である父母の従兄弟姉妹に対しても用いられ得ることになっている（同図参照）。したがって世帯主の父母の従兄弟姉妹であるかまたは世帯主の従姪であるかが疑問となる。この疑問を解くためにはまずこの称呼の事実上の使用例をみなくてはならぬ。この称呼は次頁に示されている岐阜県白川村長瀬の某家の家族構成において観られるごとく（大正九年調査現在家族員）、世帯主の従兄弟姉妹の子と世帯主の父の従兄弟姉妹とが一家内にある場合には、前者は従姪として示され、後者は「イトコチガイ」として示されている。また第二に後の二一八頁の図において観られるごとく「イトコチガイ」には世帯主よりは年齢の高い者が多い。時としては白川村福島の某家の家族構成（世帯主五五歳、妻五二、養子四一、長女二七、四女一八、孫二、甥一一、叔父七四、叔父七一、叔母六六、従弟四四、従弟違い一五歳）において観られるごとく世帯主より若年である「イトコチガイ」もあるが、概してそれ

は世帯主よりは年長者である。それ故に「イトコチガイ」という称呼にて示されている近親者のうち、世帯主より年長者なる者はここには従姪の中に入れずここを従伯叔父母の中に入れて置く。ただし「イトコチガイ」なる称呼は大正九年調査による岐阜県白川村の家族中に見出されたのみである。

岐阜県白川村長瀬某家の家族構成

```
            ┌─┬─┐
            │ │ │
            └┬┘
  ┌──────────┼──────────┐
  │                     │
┌─┴─┐                 ┌─┴─┐
│   │                 │ │ │
└─┬─┘                 └┬┘
  │         ┌──────────┼──────┐
叔父 叔母   妹   弟   世帯主─二妻
従弟違い     │    │    │
従弟違い   従妹  甥 甥 甥 姪 長男 二男─妻
                           │   │
                         孫 孫 孫 孫 孫
                                    │
                                  養曽孫
```

従伯叔父母 世帯主の父の従兄弟姉妹、すなわち従祖父母（大伯叔父母または伯叔祖父母）の子である。こ

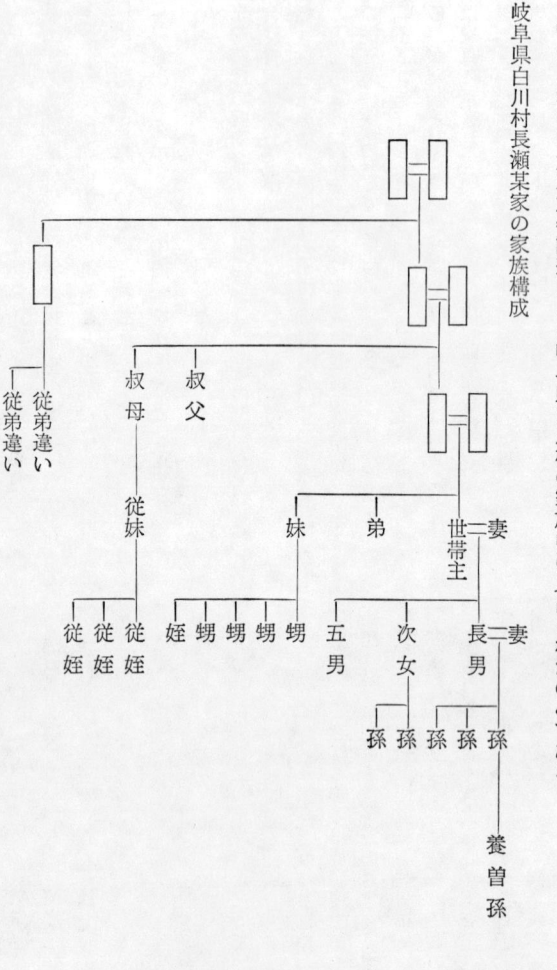

の種の近親者は前述のごとく「イトコ」、従祖伯叔父母、伯叔従父母または「イトコオジ、オバ」等のごとく種々の称呼にて示されているが、そのうち、伯叔従父母として示されている場合が最も多い。『親族正名』はこれを従祖父母または従伯叔父母と名づけているが、従祖父母なる称呼は現代わが国にては用いられておらぬようである。ここには「イトコチガイ」、従祖伯叔父母または伯叔従父母等の称呼を以て示されている近親者をすべてこの中に入れておく。[註19]

再従兄弟姉妹　世帯主の従伯叔母の子である。これは父母の従兄弟姉妹の子である故、多くの場合「フタイトコ」或は「マタイトコ」と呼ばれている。世帯主の再従兄弟姉妹にしてその家族員となっている者は前記白川村の家族中に見出されるのみであるが、白川村ではこの再従兄弟姉妹を「マタイトコチガイ」と呼んでいるようである。「マタイトコチガイ」は『親族正名』によれば父の再従兄弟姉妹または自己の従兄弟姉妹の子を指示する称呼となっている。「イトコチガイ」が父の従兄弟姉妹または自己の従兄弟姉妹の子を指示するものであるならば、「マタイトコチガイ」が父の再従兄弟姉妹または自己の再従兄弟姉妹の子を示すものであるべきである。しかるに白川村にては「マタイトコチガイ」が再従兄弟姉妹と同一視せられているようである。それはこの種の家族員の年齢と他の種の家族員の年齢とを比較してみても明らかである。「マタイトコチガイ」が伯叔または従伯叔等の子であるならば、すなわち世帯主の尊属親である父の再従兄弟姉妹であるならば、それらの者の中には伯叔または従伯叔等とほぼ同年齢にある者が比較的多かるべく、またそれらの者が再従兄弟姉妹の子、すなわち世帯主の卑属親である従伯叔等とほぼ同年齢の者が比較的多い筈である。しかるに大正九年調査になる白川村の家族中には「マタイトコチガイ」として示されている者が四人あるが、そのうち三人までは伯叔等よりは約一世代ほど年齢が低く、甥姪または従姪等とほぼ同年齢の者が比較的多い筈である。しかしてみればこれ一世代ほど年齢が高い。たとえば次に示す白川村御母衣の某某二家の家族構成において観られるごとく又従姉（妹）違いの年齢は大体において世帯主の兄弟姉妹等のそれにほぼ近いものとなっている。

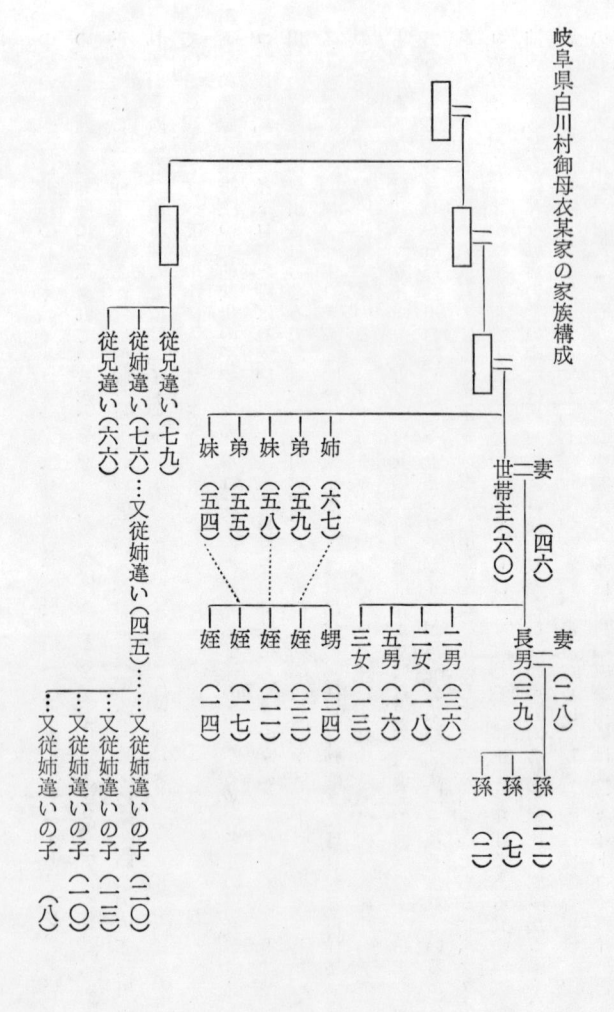

ら「マタイトコチガイ」なる称呼は「親族正名」にあるがごとき父の再従兄弟姉妹または自己の再従兄弟姉妹の子を示すものとして用いられているのではなく、白川村においては「イトコチガイ」（従伯叔）の子を示す称呼として用いられていると考えなくてはならぬ。然らば何故に父の再従兄弟姉妹または自己の再従兄

岐阜県白川村御母衣某家の家族構成

```
                    ┌─ 妻 (四六)
                    │    ├─ 長男 (三九)─ 妻 (二八)
                    │    │   ├─ 孫 (一二)
                    │    │   ├─ 孫 (七)
                    │    │   └─ 孫 (二)
                    │    ├─ 二男 (三六)
                    │    ├─ 二女 (一八)
                    │    ├─ 五男 (一六)
                    │    └─ 三女 (一三)
                    └─ 世帯主 (六〇)
                         ├─ 姉 (六七) ─ 甥 (三四)
                         ├─ 弟 (五九) ─ 姪 (三二)
                         ├─ 妹 (五八) ─ 姪 (二七)
                         ├─ 弟 (五五)
                         └─ 妹 (五四) ─ 姪 (一四)

  従兄違い (七九)
  従姉違い (七六) … 又従姉違い (四五) … 又従姉違いの子 (二〇)
  従兄違い (六六) …………………………… 又従姉違いの子 (一三)
                                        又従姉違いの子 (一〇)
                                        又従姉違いの子 (八)
```

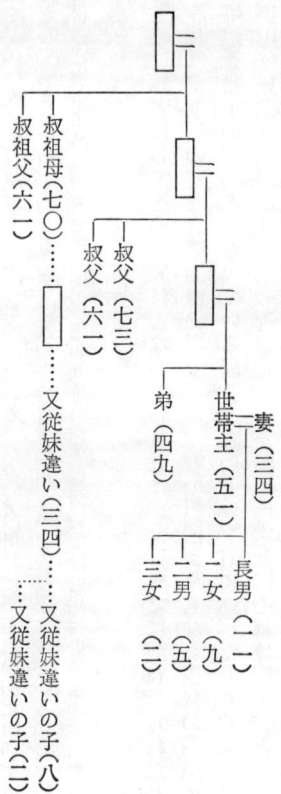

岐阜県白川村御母衣某家の家族構成

```
                 ┌─ 長男 (一一)
                 ├─ 二女 (九)
    ┌─ 世帯主 (五一)─┤
    │    妻 (三四)  ├─ 二男 (五)
    │            └─ 三女 (二)
    ├─ 弟 (四九)
    │
    ├─ 叔父 (七三)
    │
    ├─ 叔祖母 (七〇)……文従妹違い (三四)
    │                  ……文従妹違いの子 (八)
    │
    └─ 叔祖父 (六一)……文従妹違いの子 (二)
```

弟姉妹の子を示すべき「マタイトコチガイ」となったのであろうか。それは従姪（甥姪の子）を「マタオイ」というと同様に、「マタ」は次に来るものを指す意味を持っている故に、「イトコチガイ」の次に来る者であるという意味にて「イトコチガイ」の子を「マタイトコチガイ」と云ったのではなかろうか。

このように「マタイトコチガイ」なる称呼は白川村地方では他の地方において「フタイトコ」あるいは「マタイトコ」と呼ばれている者を示す称呼となっている。しかし白川村にても「フタイトコ」が常に「マタイトコチガイ」として示されているのではない。大正九年の調査によると白川村には世帯主の再従兄弟姉妹にしてその家族員となっている者が五人あるが、そのうち一人は次に示す白川村長瀬の某家の家族構成において観られるごとく、再従妹として示されている。なおまた白川村にても世帯主の再従兄弟姉妹がその家族員となる場合は漸減の傾向にあり、大正九年の調査では五人あった者が昭和五年の調査では一人となり、しかもこの一人は「マタイトコチガイ」として示されず、再従弟として示されている。

岐阜県白川村長瀬某家の家族構成

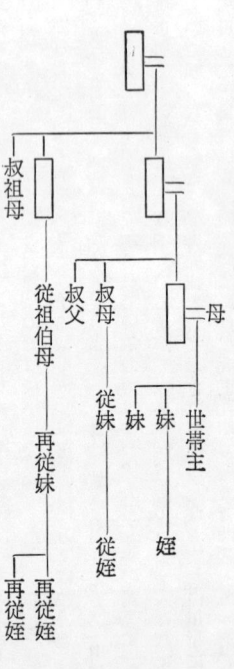

```
                ┌─────
         ┌──────┤
         │      └─────
    ┌────┤
    │    │      ┌───── 母
叔祖母   └──────┤
         │      └───── 二
         │
         │            ┌── 世帯主
         │      ┌─────┤
         │      │     ├── 妹
         │ 叔父─┤     ├── 妹
         │      │     └── 姪
         │ 叔母─┤
         │      └──従妹── 従姪
         │
         └従祖伯母──再従妹──再従姪
                           再従姪
```

再従姪 世帯主の再従兄弟姉妹の子をいう。この種の近親者は『親族正名』によれば「マタイトコチガイ」といわれるものであるが、前に述べたごとく白川村にては再従兄弟姉妹を「マタイトコチガイ」と呼び、再従姪を、「マタイトコチガイの子」と呼んでいる。ただし白川村にても右の図においてみられるごとく、再従姪として示されている場合もある。世帯主の再従姪がその家族員となっている場合は大正九年調査になる白川村の家族中にあるのみであって、昭和九年の調査においては白川村の家族中にも見当らない。

世帯主の近親者にしてその家族員となっている者は、今日までに調査せられたわが国内地の家族についてみれば、前述のごとき範囲内の者である。右の範囲よりもなお遠縁の関係にある世帯主の第四傍系親等が世帯主の家族員となっている場合はない。いま右に述べたところにより、現代わが国内地の各家族中に見出され得る世帯主の近親者を親族図に示すと、それは次のごとくなる（図中 a b c …… 等は次表中にある近親者の種別の順位を示す）。

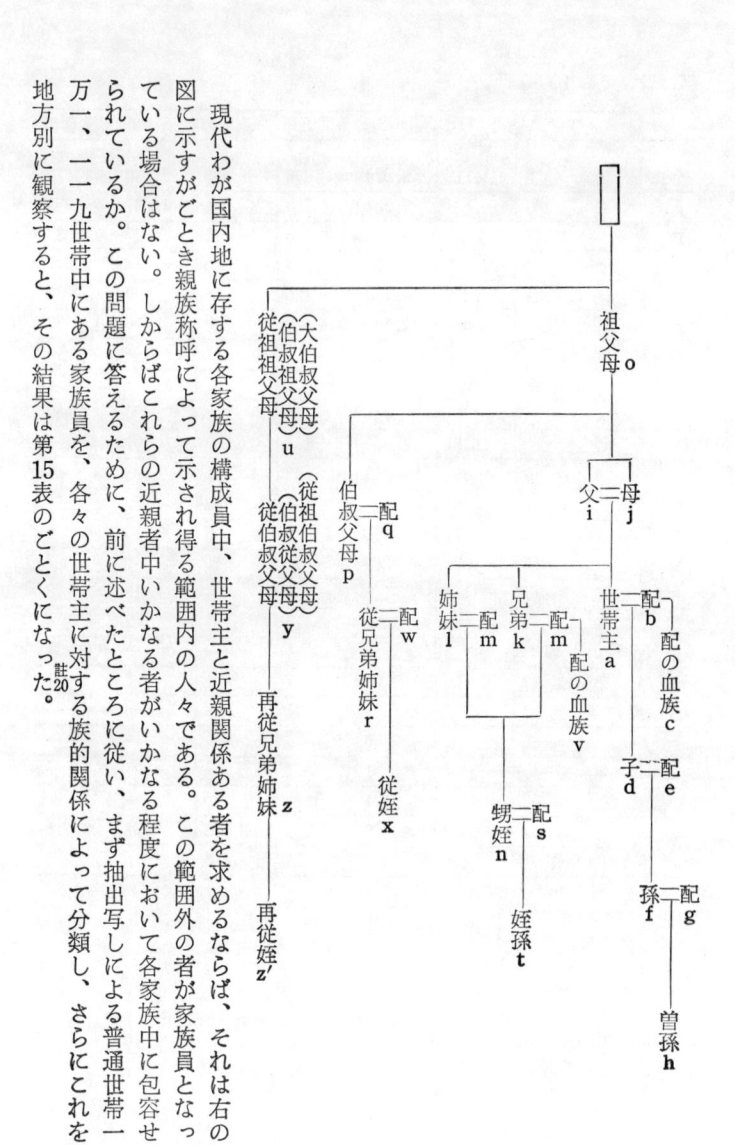

現代わが国内地に存する各家族の構成員中、世帯主と近親関係ある者を求めるならば、それは右の図に示すがごとき親族称呼によって示され得る範囲内の人々である。この範囲外の者が家族員となっている場合はない。しからばこれらの近親者中いかなる者がいかなる程度において各家族中に包容せられているか。この問題に答えるために、前に述べたところに従い、まず抽出写しによる普通世帯一万一、一一九世帯中にある家族員を、各々の世帯主に対する族的関係によって分類し、さらにこれを地方別に観察すると、その結果は第15表のごとくになった。註20

```
祖父母 o
├─(大伯叔父母)
│ (伯叔祖父母) u ── 従祖父母
│                   │
│                   └─(従祖伯叔父母)
│                     (伯叔従父母) y ── 従伯叔父母
│                                       │
│                                       └─ 配 w ── 従兄弟姉妹 r ── 配 x ── 従姪
│                                                                            │
│                                                                            └─ 再従兄弟姉妹 z ── 再従姪 z'
└─ 父 i ─ 配 ─ 母 j
         │
         ├─ 伯叔父母 p ─ 配 q
         │
         └─ 姉妹 l ─ 配 m ── 兄弟 k ─ 配 m ── 配の血族 v
            │                                │
            │                                └─ 甥姪 n ─ 配 s ── 姪孫 t
            │
            └─ 世帯主 a ─ 配 b ── 配の血族 c
                         │
                         └─ 子 d ─ 配 e
                                   │
                                   └─ 孫 f ─ 配 g
                                             │
                                             └─ 曽孫 h
```

第15表（その1）

	全　国	全国郡部	東北五県	京阪地方	全国都市	6大都市
	千人	千人	千人	千人	千人	千人
世　帯　主	11,119	8,989	676	861	2,130	1,170
配　偶　者	8,884	7,207	558	671	1,677	955
配偶者の血族	110	92	8	11	27	23
子	21,037	17,791	1,508	1,655	3,246	1,577
子　の　配　偶　者	1,360	1,270	226	78	90	37
孫	2,669	2,492	428	128	177	82
孫　の　配　偶　者	30	30	10	—	—	—
曽　　孫	35	34	8	—	1	1
父	777	711	58	60	66	40
母	2,161	1,870	162	180	291	161
兄　　弟	661	558	63	41	103	63
姉　　妹	587	495	51	38	92	57
兄弟姉妹の配偶者	75	65	8	5	10	6
甥　　姪	301	240	41	19	61	27
祖　父　母	165	149	20	4	16	8
伯　叔　父　母	66	57	15	1	9	6
伯叔父母の配偶者	3	3	1	—	—	—
従　兄　弟　姉　妹	25	23	7	1	2	1
甥　姪　の　配　偶　者	5	5	1	—	—	—
姪　孫	6	6	1	—	—	—
従　祖　祖　父　母	1	1	1	—	—	—
兄弟姉妹の配偶者の血縁者	1	1	—	—	—	—
計	50,087	42,089	3,851	3,753	7,998	4,214
一家平均員数	4.5	4.7	5.7	4.4	3.8	3.6

東北5県とは青森，岩手，宮城，秋田，山形，5県の郡部。
京阪地方とは滋賀，京都，大阪，兵庫の諸府県の郡部。
県および府の族的身分関係別家族員は町村におけるもののみを示し，都市のものを含んでおらない。たとえば，京阪地方の身分関係別家族員中には郡部の家族員のみを含み，大津市，京都市，大阪市，神戸市，姫路市等のごとき市部の家族員を含んでいない。
6大都市とは東京，横浜，名古屋，京都，大阪，神戸の6大都市をいう。

第15表（その2）

	北海道	東北	北陸	関東	中部	近畿
	千人	千人	千人	千人	千人	千人
世帯主	340	910	647	1,566	1,472	970
配偶者	293	753	505	1,283	1,169	758
配偶者の血族	12	9	4	13	9	13
子	819	2,028	1,296	3,023	2,991	1,916
子の配偶者	19	264	113	247	178	98
孫	30	507	193	527	399	177
孫の配偶者	—	12	6	5	2	—
曽孫	—	10	9	5	5	—
父	21	75	53	125	127	73
母	43	203	169	291	305	197
兄弟	24	97	51	90	82	63
姉妹	17	58	35	93	75	49
兄弟姉妹の配偶者	4	16	6	7	7	5
甥姪	13	62	22	37	20	16
祖父母	—	28	15	30	23	10
伯叔父母	—	17	5	9	8	1
伯叔父母の配偶者	—	1	—	—	—	—
従兄弟姉妹	—	8	4	4	—	1
甥姪の配偶者	—	1	2	1	1	—
姪孫	—	1	1	—	3	—
従祖祖父母	—	1	—	—	—	—
兄弟姉妹の配偶者の血族	—	—	1	—	—	—
計	1,635	5,061	3,137	7,356	6,876	4,347
一家平均員数	4.8	5.5	4.9	4.7	4.7	4.5

東北とは青森，岩手，宮城，秋田，山形，福島の6県の郡部。
北陸とは新潟，富山，石川，福井の4県の郡部。
関東とは茨城，栃木，群馬，埼玉，千葉，神奈川，東京の1府6県の郡部。
中部とは山梨，静岡，愛知，三重，長野，岐阜，滋賀の7県の郡部。
近畿とは京都，大阪，兵庫，奈良，和歌山の2府3県の郡部。

第15表 (その3)

	中・国	四 国	九 州	6大都市	人口10万以上30万以下市	人口10万以下市
世　帯　主	千人 951	千人 595	千人 1,437	千人 1,170	千人 262	千人 698
配　偶　者	738	463	1,166	955	203	519
配 偶 者 の 血 縁	8	7	15	23	—	4
子	1,652	1,053	2,807	1,577	454	1,215
子 の 配 偶 者	136	67	141	37	15	38
孫	255	115	271	82	23	72
孫 の 配 偶 者	1	2	2	—	—	—
曾　　孫	1	2	2	1	—	—
父	80	51	101	40	6	20
母	214	128	301	161	26	104
兄　　弟	28	32	84	63	8	32
姉　　妹	39	27	94	57	8	27
兄弟姉妹の配偶者	6	1	11	6	—	4
甥　　姪	9	9	50	27	9	25
祖　父　母	18	8	14	8	1	7
伯　叔　父　母	5	2	10	6	—	3
伯叔父母の配偶者	—	—	2	—	—	—
従　兄　弟　姉　妹	1	—	5	1	—	1
姪　　孫	—	1	—	—	—	—
計	4,142	2,563	6,513	4,214	1,015	2,769
一 家 平 均 員 数	4.4	4.4	4.5	3.6	3.9	4.0

中国とは鳥取，島根，岡山，広島，山口の5県の郡部。
四国とは徳島，香川，愛媛，高知の4県の郡部。
九州とは福岡，佐賀，長崎，熊本，大分，宮崎，鹿児島の7県の郡部，
したがってこの中には沖縄県を含まない。

第15表（その4）

	北海道	青森県	岩手県	宮城県	秋田県	山形県	福島県
世　帯　主	千人 340	千人 112	千人 135	千人 139	千人 146	千人 144	千人 234
配　　偶　　者	293	83	110	115	121	129	195
配 偶 者 の 血 族	12	2	—	—	4	2	1
子	819	208	311	328	320	341	520
子 の 配 偶 者	19	41	53	44	47	41	38
孫	30	102	84	58	90	94	79
孫 の 配 偶 者	—	4	2	—	2	2	2
曾　　　　孫	—	1	2	—	4	1	2
父	21	4	20	15	10	9	17
母	43	23	37	32	35	35	41
兄　　　　弟	24	10	22	4	22	5	34
姉　　　　妹	17	7	17	7	12	8	7
兄弟姉妹の配偶者	4	1	1	2	3	1	8
甥　　　　姪	13	9	6	8	11	7	21
祖　父　　母	—	2	9	4	4	1	8
伯　叔　父　母	—	2	4	7	1	1	2
伯叔父母の配偶者	—	—	—	—	—	1	—
従　兄　弟　姉　妹	—	3	1	1	—	2	1
甥 姪 の 配 偶 者	—	—	—	—	—	1	—
姪　　　　孫	—	—	—	—	—	1	—
従　祖　祖　父　母	—	—	—	—	1	—	—
計	1,635	614	814	765	832	826	1,210
一 家 平 均 員 数	4.8	5.5	6.0	5.5	5.7	5.7	5.2

以下各府県の家族員は町村における家族員のみであり，市部のものを含まない。

第15表（その5）

	新潟県	富山県	石川県	福井県	群馬県	栃木県	茨城県
世　帯　主	千人 293	千人 120	千人 122	千人 112	千人 176	千人 179	千人 263
配　　偶　　者	232	92	94	87	145	155	207
配 偶 者 の 血 族	—	2	—	2	2	—	—
子	606	252	222	216	358	384	482
子 の 配 偶 者	60	17	20	16	37	28	58
孫	104	24	37	28	76	71	108
孫 の 配 偶 者	5	—	—	1	1	1	—
曾　　　　孫	8	—	—	1	1	1	—
父	22	5	14	12	7	16	19
母	76	35	33	25	37	26	48
兄　　　　弟	27	10	9	5	10	13	10
姉　　　　妹	26	2	3	4	24	8	7
兄弟姉妹の配偶者	5	1	—	—	—	4	1
甥　　　　姪	16	6	5	5	5	4	6
祖　父　　母	4	3	7	1	1	3	6
伯　叔　父　母	3	—	2	—	—	1	3
従　兄　弟　姉　妹	2	—	2	—	—	2	—
甥 姪 の 配 偶 者	2	—	—	—	—	—	—
姪　　　　孫	1	—	—	—	—	—	—
兄弟姉妹の配偶者の血縁者	1	—	—	—	—	—	—
計	1,493	569	570	515	880	896	1,220
一 家 平 均 員 数	5.1	4.7	4.7	4.6	5.0	5.0	4.6

第15表（その6）

	東京近郊	三多摩郡	神奈川県	千葉県	埼玉県	山梨県	静岡県
世　帯　主	千人 248	千人 57	千人 149	千人 258	千人 236	千人 103	千人 258
配　偶　者	203	45	125	212	191	86	216
配偶者の血族	1	—	1	5	2	1	2
子	427	121	323	454	474	247	561
子　の　配　偶　者	9	7	21	34	53	16	52
孫	18	16	56	63	119	45	107
孫　の　配　偶　者	—	—	—	1	2	—	2
曾　　　孫	—	—	—	1	2	—	5
父	16	6	12	23	26	9	19
母	27	15	26	67	45	22	49
兄　　　弟	12	4	10	11	20	7	19
姉　　　妹	9	5	11	17	12	5	13
兄弟姉妹の配偶者	—	—	—	—	2	—	1
甥　　　姪	6	1	3	7	5	—	2
祖　父　母	5	1	4	4	6	2	8
伯　叔　父　母	1	—	—	3	1	1	1
従　兄　弟　姉　妹	1	—	1	—	—	—	—
甥　姪　の　配　偶　者	—	—	—	1	—	—	—
計	983	278	742	1,161	1,196	544	1,315
一家平均員数	4.0	4.9	5.0	4.5	5.1	5.3	5.1

第15表（その7）

	愛知県	三重県	長野県	岐阜県	滋賀県	奈良県	和歌山県
世　帯　主	千人 310	千人 192	千人 275	千人 198	千人 136	千人 102	千人 143
配　偶　者	254	147	212	154	100	75	112
配偶者の血族	4	1	—	1	—	—	2
子	624	397	557	365	240	230	271
子　の　配　偶　者	28	21	33	20	8	19	9
孫	64	43	84	48	8	33	24
父	30	18	18	21	12	9	16
母	71	37	45	45	36	26	27
兄　　　弟	12	14	9	13	8	22	8
姉　　　妹	11	13	15	11	7	7	11
兄弟姉妹の配偶者	1	1	1	—	3	3	—
甥　　　姪	7	3	2	3	3	—	—
祖　父　母	1	4	7	1	—	4	2
伯　叔　父　母	1	1	4	—	—	—	—
甥　姪　の　配　偶　者	1	—	—	—	—	—	—
姪　　　孫	3	—	—	—	—	—	—
計	1,422	892	1,262	880	561	530	625
一家平均員数	4.6	4.6	4.6	4.4	4.1	5.2	4.4

第二章　わが国の家族構成

第15表（その8）

	京都府	大阪府	兵庫県	鳥取県	島根県	岡山県	広島県
世　帯　主	千人 146	千人 273	千人 306	千人 85	千人 148	千人 245	千人 258
配　偶　者	110	211	250	69	116	194	193
配 偶 者 の 血 族	1	5	5	—	—	1	4
子	240	496	679	171	195	446	490
子 の 配 偶 者	15	21	34	14	22	38	34
孫	20	35	65	21	47	72	60
孫 の 配 偶 者	—	—	—	—	—	1	—
曾　　　孫	—	—	—	—	—	—	1
父	12	7	29	10	11	27	14
母	37	42	65	29	33	52	55
兄　　　弟	4	16	13	2	2	6	6
姉　　　妹	7	16	8	1	4	4	18
兄弟姉妹の配偶者	—	—	2	—	—	1	5
甥　　　姪	1	5	10	—	—	2	5
祖　父　母	3	—	1	4	2	3	3
伯　叔　父　母	—	—	1	—	—	—	—
従　兄　弟　姉　妹	—	—	1	—	—	1	—
計	596	1,127	1,469	406	580	1,093	1,146
一 家 平 均 員 数	4.1	4.1	4.8	4.8	3.9	4.5	4.4

第15表（その9）

	山口県	徳島県	香川県	愛媛県	高知県	福岡県	佐賀県
世　帯　主	千人 215	千人 122	千人 128	千人 211	千人 134	千人 341	千人 121
配　偶　者	166	93	100	163	107	277	105
配 偶 者 の 血 族	3	2	1	1	3	3	6
子	350	214	290	422	127	661	251
子 の 配 偶 者	28	15	21	10	21	33	6
孫	55	26	37	22	30	59	15
孫 の 配 偶 者	—	1	—	—	1	—	—
曾　　　孫	—	—	1	—	1	—	—
父	18	10	7	18	16	24	11
母	45	22	32	42	32	64	29
兄　　　弟	12	9	9	9	5	27	8
姉　　　妹	12	3	7	8	9	28	4
兄弟姉妹の配偶者	—	1	—	—	—	6	—
甥　　　姪	2	—	2	4	3	15	2
祖　父　母	6	3	1	1	3	2	—
伯　叔　父　母	5	—	—	2	—	1	1
伯叔父母の配偶者	—	—	—	—	—	1	—
従　兄　弟　姉　妹	—	—	—	—	—	4	—
姪　　　孫	—	—	—	—	1	—	—
計	917	521	636	913	493	1,546	559
一 家 平 均 員 数	4.3	4.3	5.0	4.3	3.7	4.5	4.6

第15表（その10）

	長崎県	熊本県	大分県	宮崎県	鹿児島県	沖縄県
世 帯 主	千人 171	千人 224	千人 169	千人 132	千人 279	千人 101
配 偶 者	139	182	142	109	212	79
配 偶 者 の 血 族	1	—	3	1	1	2
子	339	442	319	236	559	206
子 の 配 偶 者	32	28	13	11	18	7
孫	60	58	20	18	41	18
孫 の 配 偶 者	—	1	—	—	1	—
曾 孫	—	—	—	—	2	—
父	17	17	13	9	10	5
母	45	52	42	22	47	19
兄 弟	10	15	7	6	11	7
姉 妹	13	19	9	8	13	8
兄弟姉妹の配偶者	1	3	—	1	—	2
甥 姪	6	12	3	1	11	2
祖 父 母	1	4	1	3	3	3
伯 叔 父 母	3	3	1	—	1	—
伯叔父母の配偶者	—	1	—	—	—	—
従 兄 弟 姉 妹	—	1	—	—	—	—
計	838	1,062	742	557	1,209	459
一 家 平 均 員 数	4.9	4.7	4.4	4.2	4.3	4.5

第15表（その11）

	東京市	大阪市	京都市	神戸市	名古屋市	横浜市
世 帯 主	千人 448	千人 270	千人 125	千人 139	千人 93	千人 95
配 偶 者	400	214	93	108	68	72
配 偶 者 の 血 族	15	1	1	1	2	3
子	596	360	148	174	153	146
子 の 配 偶 者	10	11	4	4	1	7
孫	27	21	8	4	2	20
曾 孫	—	—	—	—	—	1
父	13	12	2	2	1	10
母	59	40	22	16	15	9
兄 弟	28	17	5	8	3	2
姉 妹	30	4	11	3	7	2
兄弟姉妹の配偶者	1	3	1	1	—	—
甥 姪	15	4	7	—	—	1
祖 父 母	3	1	2	2	—	—
伯 叔 父 母	3	1	1	—	1	—
従 兄 弟 姉 妹	1	—	—	—	—	—
計	1,649	959	430	462	346	368
一 家 平 均 員 数	3.7	3.6	3.4	3.3	3.7	3.9

右の表によってみても、現代わが国内地における家族の構成員中には、世帯主との続柄においていかなる関係にある近親者が多いかを、各地方別および都鄙別に観察し得ると考えられるが、しかしこれら各種の近親者が家族員となっている割合を更に明瞭ならしめるため、これらの家族中に存する各

第16表（その1）

	全　国	全国郡部	東北5県	京阪地方	全国都市	6大都市
世　帯　主	1,000.0	1,000.0	1,000.0	1,000.0	1,000.0	1,000.0
配　偶　者	799.0	801.8	825.4	779.3	787.3	816.2
配偶者の血族	10.7	10.2	11.8	12.8	12.7	19.7
子	1,892.0	1,979.2	2,230.8	1,922.9	1,523.9	1,347.9
子の配偶者	122.3	141.3	334.3	90.6	42.3	31.6
孫	240.0	277.2	633.1	148.7	83.1	70.1
孫の配偶者	2.7	3.3	14.8	―	―	―
曾　孫	3.1	3.8	11.8	―	0.5	0.9
父	69.9	79.1	85.8	69.7	31.0	34.2
母	194.5	208.0	239.6	209.1	136.6	137.6
兄　　弟	59.5	62.1	93.2	47.6	48.4	53.8
姉　　妹	52.8	55.1	75.4	44.1	43.2	48.7
兄弟姉妹の配偶者	6.7	7.2	11.8	5.8	4.7	5.1
甥　　姪	27.1	26.7	60.7	22.1	28.6	23.1
祖　父　母	14.8	16.6	29.6	4.6	7.5	6.8
伯叔父母	5.9	6.3	22.2	1.2	4.2	5.1
伯叔父母の配偶者	0.3	0.3	1.5	―	―	―
従兄弟姉妹	2.2	2.6	10.4	1.2	0.9	0.9
甥姪の配偶者	0.4	0.6	1.5	―	―	―
姪　　孫	0.5	0.7	1.5	―	―	―
従祖祖父母	0.1	0.1	1.5	―	―	―
兄弟姉妹の配偶者の血族者	0.1	0.1	―	―	―	―

第16表（その2）

	北海道	東　北	北　陸	関　東	中　部	近　畿
世　帯　主	1,000.0	1,000.0	1,000.0	1,000.0	1,000.0	1,000.0
配　偶　者	861.8	827.5	780.5	819.3	794.2	781.4
配偶者の血族	35.3	9.9	6.2	8.3	6.1	13.4
子	2,408.8	2,228.6	2,003.1	1,930.4	2,031.9	1,975.3
子の配偶者	55.9	290.1	174.7	157.7	120.9	101.0
孫	88.2	557.1	298.3	336.5	271.1	182.5
孫の配偶者	―	13.2	9.3	3.2	1.4	―
曾　孫	―	11.0	13.9	3.2	3.4	―
父	61.8	82.9	81.9	79.8	86.3	75.3
母	126.5	223.1	261.2	185.8	207.2	203.1
兄　　弟	70.6	106.6	78.8	57.5	55.7	64.9
姉　　妹	50.0	63.7	54.1	59.4	51.0	50.5
兄弟姉妹の配偶者	11.8	17.6	9.3	4.5	4.8	5.2
甥　　姪	38.2	68.1	34.0	23.6	13.6	16.5
祖　父　母	―	30.8	23.2	19.2	15.6	10.3
伯叔父母	―	18.7	7.7	5.7	5.4	1.0
伯叔父母の配偶者	―	1.1	―	―	―	―
従兄弟姉妹	―	8.8	6.2	2.6	―	1.0
甥姪の配偶者	―	1.1	3.1	0.6	0.7	―
姪　　孫	―	1.1	1.5	―	2.0	―
従祖祖父母	―	1.1	―	―	―	―
兄弟姉妹の配偶者の血族者	―	―	1.5	―	―	―

種の近親者が、世帯主千人（すなわち千世帯）につき何程ずつあるかを尋ね、これを全国の郡市別および地方別に示すと、それは第16表のごとくなる。註21

第16表（その3）

	中　国	四　国	九　州	6大都市	人口10万以上30万以下の都市	人口10万以下の都市
世　帯　主	1,000.0	1,000.0	1,000.0	1,000.0	1,000.0	1,000.0
配　偶　者	776.0	778.2	811.4	816.2	774.8	743.6
配偶者の血族	8.4	11.8	10.4	19.7	—	5.7
子	1,737.1	1,769.7	1,953.4	1,347.9	1,732.8	1,740.7
子の配偶者	143.0	112.6	98.1	31.6	57.3	54.4
孫	268.1	193.3	188.6	70.1	87.8	103.2
孫の配偶者	1.1	3.4	1.4	—	—	—
曾　　孫	1.1	3.4	1.4	0.9	—	—
父	84.1	85.7	70.3	34.2	22.9	28.7
母	225.0	215.1	209.5	137.6	99.2	149.0
兄　　弟	29.4	53.8	58.5	53.8	30.5	45.8
姉　　妹	41.0	45.4	65.4	48.7	30.5	38.7
兄弟姉妹の配偶者	6.3	1.7	7.7	5.1	—	5.7
甥　　姪	9.5	15.1	34.8	23.1	34.4	35.8
祖　父　母	18.9	13.4	9.7	6.8	3.8	10.0
伯叔父母	5.3	3.4	7.0	5.1	—	4.3
伯叔父母の配偶者	—	—	1.4	—	—	—
従兄弟姉妹	1.1	—	3.5	0.9	—	1.4
姪　　孫	—	1.7	—	—	—	—

右の表について観ると次のごとくことが明らかに観察せられ得る。

(1) 現代わが国民が構成している家族中には世帯主の近親者たる資格においてその構成員となっている者の種類は甚だ少ない。抽出写しによって求められた家族員だけについてみても、世帯主に対する続柄関係によって類別せられ得る近親者の種類は、配偶者、子、子の配偶者、孫、父母等を始めとして世帯主の第三傍系親たる従祖父母に到るまで、世帯主の直系ならびに傍系の尊属および卑属親、さらに姻族等も加えて二一種類に及んでいる。

(2) しかしかくのごとき種々の続柄関係にある世帯主の近親者中、まず全国的にみて最も多くの場合においてその家族員となっている者は、世帯主の配偶者、直系親およびこれらの直系親の配偶者等である。これらの近親者は世帯主の配偶者、子、子の配偶者、孫、孫の配偶者、曾孫、父、母および祖父母の九種類であり、その員数は三、七

一一八千人となり、これに世帯主数一、一一一万九千人を加えると四、八二三万七千人となるが、これら九種類の者が家族中にある割合は世帯主千人につき三、三三八人となっている。しかるに世帯主の傍系親およびその配偶者等にして世帯主の家族中に所属している者は兄弟、姉妹、それ等の配偶者、甥姪、甥姪の配偶者、姪孫（以上第一傍系親）、伯叔、伯叔の配偶者、従兄弟姉妹（以上第二傍系親）および従祖祖父母の一〇種類の者が世帯主の家族中に存する割合は世帯主千人につき僅かに一五六人となっているに過ぎない。すなわち各家族中に存する近親者の約九割六分以上は世帯主、世帯主の直系親およびそれらの配偶者等によってしめられ、世帯主の傍系親およびそれらの配偶者等が家族中にある割合は僅かに三分五厘未満に過ぎない。

(3) 世帯主の配偶者および子

世帯主の配偶者および世帯主の直系親等のうち、最も多く世帯主の家族員となっている者は世帯主の配偶者と子とである。配偶者は全国的には、世帯主千人に対して約八〇〇人となっている故、配偶者を家族員としている世帯主は全世帯主の約八割に及んでいるわけである。次に子は世帯主千人に対して約一、九〇〇人となっている故、家族について平均せば、各世帯主は一・九人ずつの子をその家族員中に加えていることとなる。しかし子のない者および子はあっても子と同居していない世帯主もある故、全世帯主が子を家族員としているとは云われない。筆者の調査によると、次節においてみられるごとく、単独世帯、夫婦だけの家族、世帯主または世帯主夫婦とその親とからなる家族のごとく、世帯主とその子とが同居しておらぬ家族は全家族数の約二割四分ある。したがって自分の子をその家族員としている世帯主は全世帯主の約七割六分あることとなる。すなわち、子を家族員としている世帯主は配偶者を家族員としている者よりは幾分少なくなっている。

いる。しかし全世帯主中その七割または八割という大部分の者が常にその家族員中に包容している近親者の種類は配偶者と子とだけである。その他の近親者はたとい世帯主の家族員中に加わり得る場合ありとしても、これを事実上家族員としている世帯主は前述の者に比して遙かに少ない。

世帯主の配偶者および子に次いで比較的多く家族員中に見出される世帯主の直系親およびそれらの配偶者は、子の配偶者、孫、父および母等四種の近親者である。これら四種の近親者が家族員となっている割合は前の世帯主の配偶者および子に比して著しく少なくなっているが、しかしこれらの近親者は父を除くの外、いずれも世帯主千人に対して一〇〇人以上あることとなっている。父とその子とが同居している場合は、多くは父が世帯主となっている故、世帯主の父が単なる家族員となっている場合は前表にあるごとく比較的少ないのであるが、母はわが国においては父なき後において自ら世帯主となることなく、父によって管理せられた家族団体を父の跡を継いで管理する自分の子の家族員となる場合が多い。したがって母が家族員となっている場合は父がそれである場合よりは多く、千世帯について約二〇〇世帯となり、五家族ごとに一家族はその構成員中に母を含んでいることとなっている。

世帯主の子の配偶者および孫等が世帯主の家族員となる場合は、欧米諸国においては殆どないのであるが、わが国においてはそれが千世帯について一二〇世帯以上に及んでいる。前表には世帯主と同居している孫の数は千世帯につき二四〇人となっているが、一家族中に孫がある場合には、それが一人であることは少なく、二、三人以上の場合が多い故、孫が家族員となっている家族数は、恐らく子の配偶者が家族員となっている家族数とほぼ同じ位のものであろうと考えられる。

世帯主の父、母、子の配偶者および孫等のうち、祖父が家族員となっている場合は極めて少なく、大部分は祖母であ者は、祖父母（祖父母の

第17表

	実　　数	指　　数
世帯主，配偶者および子	41,040千人	1,000.0
父，母，子の配偶者および孫	6,967	169.8
祖父母，孫の配偶者および曽孫	230	5.6

る）、孫の配偶者および曽孫等である。しかしこれらの者が世帯主の家族員となっている場合は前述の父、母等の一〇分の一にも及ばず、千世帯につき祖父母一五人未満、孫の配偶者および曽孫各三人内外あるに過ぎない。

かくのごとく世帯主の直系親ならびに配偶者等も世帯主に対する接近の程度が薄くなるにつれて、その家族員として存する割合は急に減少し、家族構成員の大部分は世帯主、その配偶者およびその子の三者だけとなっている。今これらの三者を中心に置いて、世帯主の家族員たる父、母、子の配偶者および孫が存する割合ならびに祖父母、孫の配偶者および曽孫が存する割合を第15表によって算出するとそれは第17表のごとくなる。

(4) 世帯主の傍系親およびその配偶者にして世帯主の家族員となっている者は世帯主千人につき僅かに一五六人であるが、これらの傍系親中比較的多く世帯主の家族中に存する者は世帯主の第一傍系親たる兄弟、姉妹、それらの配偶者、甥姪、甥姪の配偶者および姪孫等である。これら六種の者は千世帯につき一四七人あることとなっており、右の一五六人中の九割四分に及んでいる。而してこれら第一傍系親およびその配偶者中にあってもその大部分をしめている者は兄弟、姉妹および甥姪等である。これらの傍系親にして配偶者と共に世帯主の家族員となっている者は甚だ少ない。この種の傍系親中兄弟姉妹の配偶者の数に比して甥姪の数がかなり多くなっているが、これらの甥姪の中には実質上家族員でない者が多少加わっていると考えられる。前述のごとく（第二章第

一節註7参照）甥姪等であっても、世帯主の使用人または同居人であることが明らかに推定せられた者は家族員中に加えられなかったのであるが、それが明らかに推定せられなかった者は事実上同居人または使用人に準ずべき者がなお幾分あると考えられる。何故ならば世帯主の配偶者数と子の数との比および子の配偶者数と孫の数との比は約一対二・四および一対二であるのに、兄弟姉妹の配偶者数と甥姪の数との比は約一対四となり、兄弟姉妹の配偶者数に比して甥姪の数が余りに多くなっている。したがってこれらの甥姪中にはその父母の双方または一方を失い、自己の伯叔の保護の下にその家族員となっている者もあるであろう。しかしその中には父母（現世帯主）と同居しているに過ぎない者が何程かあると思われる。もちろんこれらの甥姪中には幼にして父母の双方または一方を失い、自己の伯叔の保護の下にその家族員となっている者もあるであろう。しかしその中には父母あるにもかかわらず就学または職業の都合上伯叔と住居を共にしているに過ぎぬ者もあるであろう。殊に都市の家族中にある甥姪にはこの種の者がかなりあると思われる。それ故にこの種の甥姪を除去することが出来たならば、前表にある甥姪の数はさらに少なくなるであろう。

世帯主の第二傍系親およびその配偶者等にして世帯主の家族員となっている者は、抽出写しによれば伯叔、伯叔の配偶者および従兄弟姉妹の三種類だけであるが、これら三種の者が家族中にある割合は極めて少なく、千世帯につき僅かに八・四人あるのみである。而して世帯主の第三傍系親中、その家族員となっている者に到っては僅かに一万世帯につき一人あるのみであり、抽出写し一万一、一一

九通中、東北に従祖父母が一人見出されたのみである。

右の第一、第二および第三傍系親およびそれらの配偶者等にして世帯主の家族中にある者が、家族

第18表

	実　数	指　数
世帯主，配偶者および子	41,040千人	1,000.0
世帯主の第一傍系親およびその配偶者	1,635	39.8
世帯主の第二傍系親およびその配偶者	94	2.3
世帯主の第三傍系親	1	0.02

　(5)　世帯主の近親者にしてその家族員となっている者の種類および各種の近親者が家族中にある割合は、全国的には右に述べたごとくなっているが、しかしこれらの家族員の種類および各種の家族員の員数の割合は各地方によって異なり、また町村と都市とによって著しく異なっている。町村にある家族には前述の各種の近親者が同一の家族員として存在し、世帯主の第二、第三傍系親およびそれらの配偶者等も僅かずつではあるがその家族員中に見出されている。しかるに都市における家族にはこれら各種の近親者中、孫の配偶者、伯叔の配偶者、甥姪の配偶者、姪孫および従祖祖父母等が欠けており、世帯主の近親者にしてその家族員となっている者はこれらの者を除いた一五種の者となり、しかも町村の家族に比して都市の家族は世帯主夫婦およびその子以外の近親者を含む割合が少なくなっている。さらにまた町村の家族中にあっても、京阪地方および中国地方の諸府県および来住者の比較的多い北海道等における家族は、都市の家族と同様にその構成員を比較的狭く限定し、主として世帯主と族的に強く接近し得る近親者だけを包含しているに過ぎないが、東北地方の諸県および新潟県等における家族は世帯主に対する続柄関係のかなり複雑なる近親者をもその

の主要構成員たる世帯主夫婦およびその子等に対して何程の割合においてあるかを前に掲げた第15表にもとづいて算出すると、それは上の第18表のごとくなる。

中に包容している。

(6) 次に各種の近親者が家族中にある割合を各地方について観るに、まず世帯主の配偶者が家族員として存する割合は、町村の家族においてもまた都市のそれにおいても大いなる差はない。小都市の家族に比して大都市の家族にはその割合が少しく多く、また京阪、中国地方の家族に比して北海道、東北地方の家族には、その割合が少しく多くなっているが、その割合の地方的差は比較的少ない。しかるに配偶者と同様に大多数の家族中に見出される子の数は、地方的にかなり大いなる差をもってあらわれている。世帯主千人につき、その家族中に存する子の数の最も少ないのは大都市の家族（約一、三五〇人）であり、それの最も多いのは東北地方（約二、二〇〇人）および北海道（約二、四〇〇人）の町村の家族である。北海道の家族は家族構成員の種類を甚だ狭く限定しているが、ここでは世帯主にして独身の者最も少なく、配偶者を持っている者が最も多い関係（世帯主千人につきその配偶者八六二人）および耕地面積に比して人口稀薄であり、親子の共同を必要とする場合が多い関係上、かくのごとく家族中に存する子の数の割合が多くなっているのであろう。

このように世帯主の子が家族中に存する割合は地方的にかなり異なっているのであるが、しかし他の種の近親者が家族中に存する割合は、たとい世帯主の直系親の場合であっても、子の場合よりは一層強く地方的に異なっている。世帯主の父は都市の家族にあっては、千世帯につき約三五人未満であるに過ぎないが、郡部の家族においては約七、八〇人となっており、郡部の家族にあっては千世帯中約一四〇人未満であるが、また世帯主の母は都市の家族にあっては、北海道のそれを除き、約二〇〇人内外となっており、東北五県のそれにあっては約二四〇人となっている。なおまた、子の配偶者にして世帯主の家族中にある者は、大都市の家族に最も少なく（千世帯につき約三二人）、京阪地方の郡

第19表

	実　数　千人			指　　数		
	東北五県	京阪地方	六大都市	東北五県	京阪地方	六大都市
世帯主夫婦および子	2,742	3,187	3,702	1000.0	1000.0	1000.0
父,母,子の配および孫	874	446	320	318.7	139.9	86.4
祖父母,孫の配および曽孫	38	4	9	13.9	1.3	2.4
世帯主の第一傍系親およびその配	165	103	153	60.2	32.3	41.3
世帯主の第二傍系親およびその配	23	2	7	8.4	0.6	1.9
世帯主の第三傍系親	1	—	—	0.4	—	—

部の家族にも比較的少なく（約九一人）、東北五県のそれに最も多く（約三三四人）となっている。したがって孫の数も子の配偶者の数の多いところに多く（東北五県の家族千世帯につき約六三三人）、それの少ないところに少なく（大都市の家族千世帯につき約七〇人）なっている。

さらにまたこれらの直系親よりも一層世帯主夫婦およびその子等に対する接近の程度の薄い世帯主の祖父母が、千世帯中にある割合は、郡部の家族におけるよりも都市のそれにおいて少なく（約七人）、郡部の家族にあっては東北のものに最も多く（約三〇人）、北陸地方のものこれに次ぎ（約二三人）、京阪地方のものに最も少なく（約五人）、北海道の家族中にはこの種の近親者欠けている。次に孫の配偶者は都市の家族中にはなく、僅かに東北地方および北陸地方の家族中に多少（千世帯につき東北五県の家族に約一五人、北陸地方のそれに約九人）あるに過ぎない。したがって世帯主にしてその曽孫を自己の家族員中に加えている者も少なく、

東北および北陸地方の家族を除いては、この種の近親者を包含している家族は殆どというに足らぬほどしかない。

(7) 前に述べたごとく、世帯主の傍系親にしてその家族員たる者は千世帯につき僅か一五六人に過ぎないが、これらの傍系親を比較的多く含む家族は東北地方の郡部のそれであり、これに次ぐものは北陸地方の郡部のそれであり、京阪地方および都市の家族はこれらの傍系親を含むこと少なく、殊にこれらの傍系親が何程かの割合にて世帯主の家族に所属しているかを、東北地方の郡部の家族と京阪地方の郡部の家族と大都市の家族とについて比較してみると、それは第19表のごとくなる。世帯主の親者をその構成員中に加えているものは殆どない。

いま右に述べたところを明瞭にするために、家族の中枢的成員たる世帯主夫婦およびその子等に対して、その他の近親者が何程の割合にて世帯主の妻の連れ子または世帯主の兄弟の配偶者の姻族にしてその家族中にある者の中には、世帯主の配偶者の血族および世帯主の兄弟の配偶者の血族等もあるが、これらの者は主として世帯主の妻の連れ子または世帯主の兄弟の配偶者であり、事実上世帯主の子または甥姪と同視せられ得る者である。それ故にこれらの者はいまここに云う姻族中からこれを除いてみても差し支えはない。[註23] これらの者を除いてみると、世帯主の姻族にしてその家族員となっている者は、世帯主の子、孫、兄弟、姉妹、伯叔、甥姪等の配偶者である。これらの配偶者が家族中に多く存する場合には、その子がまた家族員中に加わり、家族構成員の種類はますます複雑になり、その員数はますます増加しやすくなる。第16表によると、これらの配偶者の子の配偶者である。世帯主の子の配偶者にして世帯主の家族員中に加わっている場合の比較的多いのは子の配偶者である。

(8) 最後に家族員として存する各種の近親者中特に注意を要するは世帯主中の姻族である。世帯主の姪孫、従祖祖父母[註22]、伯叔の配偶者および甥姪の配偶者等のごとき近

第20表

	全　国	全国郡部	東北五県	京阪地方	全国都市	六大都市
世帯主の配偶者	1000.0	1000.0	1000.0	1000.0	1000.0	1000.0
子 の 配 偶 者	153.1	176.2	405.0	116.2	53.7	38.7
孫 の 配 偶 者	3.4	4.2	17.9	―	―	―
兄弟姉妹の配偶者	8.4	9.0	14.3	7.5	6.0	6.3
伯叔の配偶者	0.3	0.4	1.8	―	―	―
甥姪の配偶者	0.6	0.7	1.8	―	―	―

ある者は、東北五県の郡部の家族にあっては千家族につき約三三〇人あり、大都市の家族にあってもそれは約三〇人ある。このように世帯主の子の配偶者を含む家族はかなりあるが、孫の配偶者を含む家族は極めて僅かである。孫の配偶者は東北および北陸地方の郡部の家族に千世帯につき約一〇人内外あるだけであり、他の地方の家族には殆どなく、また北海道、近畿地方および都市の家族中にはこの種の配偶者は一人も見当らない。次に世帯主の傍系親の配偶者中、兄弟姉妹の配偶者は北海道、東北および北陸地方の郡部の家族中には幾分か多く（千世帯につき北海道では一二人、東北では一八人、北陸では九人）、その他の地方の家族中には幾分か少なく（千世帯につき約五人内外）なっているが、しかしいずれの地方の家族中にも多少はあらわれている。しかるに世帯主の尊属たる傍系親（伯叔）および卑属たる傍系親（甥姪）の配偶者は都市の家族中には全く見当らず、郡部の家族中にあっても、これらの配偶者数に対してむものは極めて少ない。今これら各種の配偶者が世帯主の家族中にあるかを各地方別にみると、それは上の第20表のごとくなる。

すなわち家族構成員の配偶者たる資格において世帯主の家族員となっている者は、いずれの地方の家族についてみても主として世帯主の配偶者であり、それに次いで世帯主の子の配偶者が幾分か多くあるのみであ

第21表　この表中には配偶者の血族は加算されておらない

	全　　国	東北五県	京阪地方	六大都市
全家族構成員	1000.0	1000.0	1000.0	1000.0
世帯主の傍系親およびその配偶者	34.5	49.1	28.0	38.0
世帯主夫婦およびその子以外の世帯主の直系親およびその配偶者	143.7	236.8	119.9	78.1
世帯主夫婦とその子	819.4	712.0	849.2	878.5

り、その他の者の配偶者にして世帯主の家族員となっている者は世帯主の配偶者に比してその数遙かに少ない。大多数の家族は世帯主およびその子以外の者の配偶者に対してはかなり排他的である。ただ東北地方の郡部の家族はこれらの者に対しても多少広くその門戸を開いているが、他の地方、殊に大都市の家族はこれらの者に対して容易にその門戸を開かない態度を示している。

右に述べたところによって明らかなるごとく、現代わが内地人が形づくっている家族はその中に世帯主の直系傍系の血族および姻族等かなり多くの種類の近親者を包容しているが、これら多くの種類の近親者中、世帯主の傍系親および姻族等がその家族員となっている場合は、いずれの地方の家族についても観ても極めて少なく、全家族員の約九割五分以上は世帯主夫婦、その直系血族およびその配偶者等であり、またその中においても大部分を占めている者は世帯主夫婦とその子とである。このことは上の第21表について観れば極めて明瞭になる。

すなわち東北地方の家族にあってもまたは京阪地方および大都市のそれにあっても家族構成員の殆ど全部は世帯主夫婦、その直系親およびその配偶者等よりなっている。ただ東北地方の家族にあってはこれらの家族員中、その中枢成員たる世帯主夫婦およびその子等の割合が比較的少なく、全家族員の約七割一分位であるに比して、京阪地方および大都市

の家族にあってはこれら中枢成員の割合は約八割五分以上に及んでいる。したがって東北地方の家族には世帯主の直系親およびその配偶者等にしてこれらの中枢的成員にあらざる者（父、母、祖父母、子の配、孫、孫の配、曾孫）が比較的多く（全家族員の約二割四分、京阪地方の家族にはそれが少なく（約一割二分）、大都市の家族にはそれがさらに少なく（約八分）なっている。

以上述べたところによってわが国民の形づくっている家族には、世帯主に対して種々の続柄関係にある各種の近親者がその構成員となり得ていること、しかしこれら種々の家族構成員中に最も頻繁にあらわれている者は世帯主夫婦とその子とであること、これらの三種類の者以外の近親者が家族成員中に見出される割合は概して少ないこと、ただ郡部の家族、殊に東北地方の郡部の家族にあっては世帯主の父母、祖父母、子の配偶者、孫、曾孫、伯叔、兄弟、姉妹および甥姪等が世帯主の家族員となっている場合も比較的多いが、大都市およびその付近における家族にあってはこれらの近親者が家族員中に見出される場合は甚だ少ないことが明らかになった。

しからば何故にわが国民の形づくっている家族の構成員中にはこの様に多くの種類の近親者が参加し得ているのであろうか。またこのように多くの種類の家族構成員中、最も多くの場合において家族員となっている者が何故に少数の種類の者だけに偏っているのであろうか。さらにまたこの偏りの傾向が何故に大都市において一層甚だしくなっているのであろうか。

前に第一章第二節において述べたごとく一般に家族は共同社会関係的性質の強い小集団である。かかる集団にあっては人々は相互に強い愛着心をもって相結び、強い信頼感をもって相接し、出来る限り心理的の隔てを取り除いて心置きなく融合一致し得る範囲内の者だけにその所属員を限定せんとしている。したがって同一の家族員として存する者の間にあっても、一部分の人々が互いに相親しむ程

度とこれらの者と他の部分の者とが相親しむ程度とに差のある場合には、一方の人々は互いに胸襟を開いて強く相結ぶにもかかわらず、これらの者は他方の者に対して何程かの隔てを置いて相接するようになり、その結果いずれかの機会において他方から分れるようになり、かくして家族はその成員を主として少数の種類の近親者に限るようになる。すなわち家族は共同社会関係的性質の強い小集団である故に、家族たる資格を持ち得る近親者の中にあっても、世帯主夫婦およびその子に対して感情融和の程度を異にしやすい関係にある世帯主の傍系親およびその配偶者等は多くの場合外部に排出せられやすく、また世帯主の直系卑属親の中にあっても、それらが各自の配偶者を得て、その配偶者との共同に重きを置き、世帯主夫婦に対して何程か隔てを置きやすい関係に立つ場合には、これらの者もまたその家族から析出せられ、このようにして家族の成員は相互親和度の最も強い世帯主夫婦とその子とだけに限られやすくなる。

家族がかくのごとき傾向を持っているものであるとせば、現代わが国民が形づくっている家族もまた共同社会関係的性質の強いものである限り、その成員が主として少数種類の近親者に偏るのは当然である。第21表によると、現代わが国の家族構成員は東北地方においても七割以上、大都市においては約九割近くまで、世帯主夫婦とその子とによって占められているが、それはわが国の家族のなす家族が共同社会関係的性質の弱いものであるならば、感情融和の程度を異にしている各種の近親者が更に多く家族員中に見出されなくてはならず、その所属員が主として世帯主夫婦とその子とだけに偏るというがごときことは起り得ない筈である。なぜならば家族のごとき種々の生活──殊に享受生活──を共同にしている集団にあっては、感情的要求によって妨げられぬ限り、出来るだけ多くの種類

の近親者をその中に容れ、その員数が多くなればなるほど打算的には一層有利であるからである。しかるにわが国民のなす家族はこの打算的に有利であるべき構成形式から著しく遠ざかっている。それはこれらの家族もまた家族に固有なる性質の支配をかなり強く受けていることを告げるものである。かくのごとくわが国民が形づくっている家族も家族結合の一般的特質に支配せられていること多いが故に、その構成員は主として僅かの種類の近親者へ偏るようになっているのであるが、しかし現代わが内地人の家族中に見出される家族構成員の種類は、これら僅かの種類の近親者のみではない。前に第15表以下において観察したごとく、現代わが内地において見出される家族構成員の種類は抽出写しにあらわれたところだけによってみても、世帯主の近親者二一種類に及んでいる。これら多くの種類の近親者は僅かずつではあるが、わが国民のなす家族総数中に家族員としてあらわれている。かくのごとく多くの種類の近親者がたといその数は僅かずつであるとしても家族員としてあることは、家族の共同社会関係的性質だけでは説明され難い。もし家族が構成員の感情融合にのみ重点を置く共同であるならば、その構成員は世帯主夫婦とその子だけとなり、現代わが国の家族構成員中に見出されるがごとき多くの種類の近親者はかくのごとき家族からは直ちに排除せられるであろう。然るに現代わが国の家族はこれら種々の近親者を排除し去ることなく、僅かずつではあるが、これらの者に対してもその門扉を開いている。殊に東北地方の郡部の家族はこれらの近親者に家族員たり得る機会を幾分か多く与えている。このことは家族結合の一般的性質のみを以てしては充分に説明され難い。

通常わが国の家族は家長的家族であると云われ、而してそれが家長的家族なるが故に、その構成員に種々なる関係にある近親者を含み得るようになっているのであると云われている。確かにわが国の家族はこれを家長的家族であるとみることによってかなりよく説明せられ得る。家長的家族の特質が

何であるかについては種々の解釈があり得るが、ここには世代を通じての家族団体の永続化すなわち家系の連続に重点を置いている家族であると解しておきたい。家長的家族には家族員に対する家長の支配権、祖先崇拝、家系の尊重、家督相続、継嗣の選定、養子の設置、家族的統制に従わぬ者に対する排除作用（勘当、除籍）、婚入または嫁入の方法による通婚等のごとき生活形式が多分にあらわれやすくなっているが、これらの生活形式はすべて各自の家族団体を子孫を通じて永続せしめんとする要求にもとづいているものである。たとえば家長の支配権のごときも家族員を家長に隷属せしめ、家長の専制を助長する意味において設けられたものではなく（第一章第一節参照）、家族の内側において行わるべき伝統的（宗教的、教育的および産業的）行事を遂行すべき任務と、次世代においてこの集団の伝統を継承すべき者を陶冶すべき責任とを持つ家族的家長の行動を容易ならしめるために設けられたものである。この支配権が認められない場合には家族的行事の遂行も種々の障害を受け、家族団体を継承すべき次世代の者の陶冶も困難となり、家族の伝統的形式は破壊されやすく、その存続は保障され難くなる。かくのごとき伝統的形式の破壊または断絶は家族的家長にあっては到底許され難いであろう。それ故にこの破壊と断絶とを前もって防ぐために、この種の家族にあっては前述のごとき支配権が家長に認められるのである。その他祖先の崇拝、伝統の尊重、養子の設置等にしても同様に家族団体永続化の要求にもとづいて設けられた生活形式である。かくのごとく家長的家族のなす家族生活の形式がかなり多くあらわれている。現にこれらの生活形式は存在理由のないものとなる。わが国民のなす家族生活の形式中には、家長権、祖先崇拝、養子等のごとき前に家長的家族の生活形式として挙げたものが点を置く近親者の小集団であると解せられるが、代わが国民の家族生活の形式中にも家族の永続化を目標として行われているものが頗る多い。この意

味において現代わが国民の形づくる家族も家長的家族であると云われ得る。少なくともそれは家系の連続を求めておらぬ一世代限りの家族よりも一層多くの種類の近親者をその構成員中に含むようになるであろう。ま
さて現代わが国民の形づくっている家族も家長的家族の傾向を多分に持っているものであると云われ得る。[注24]

ず第一に家長的家族においては世帯主（家長）夫婦とその子が家族員となるのみならず、次世代においてこの家族の重要成員となるべき世帯主の子に配偶者およびその子（世帯主の孫）ある場合には、これらの者も世帯主の家族に所属しやすくなる。この種の家族にあってはその永続化を全うするために、次世代においてこの家族を継承すべき地位にある者が忠実にその伝統を守り得る者となることを、次世代においてこの家族を継承すべき地位にある者が忠実にその伝統を守り得る者となることを、これを訓育する必要がある。この必要を充すために家族的伝統維持の責任者たる世帯主はその継嗣（子または養子）が成人した後においても、またそれが配偶者を求め、さらにその子を得た後においても、すべてこれらの者を自己の膝下に置き、これらの者と共に家業を行い、これらの者が伝統に親しみを持ち得るよう常にこれを馴致しなければならぬ。したがって世帯主は特に必要ある場合の外、これらの子夫婦および孫等を自己の家族から分離せしめず、またこれらの者もその家族的伝統に親しみを持ち、この家族の内において内心の安定を得ている限り、その家族から離れようとしない。このようにして家長的家族においては世帯主の子、孫および曽孫等のごとき直系卑属親ならびにその配偶者等が世帯主の家族に所属しやすくなるのである。

次に家長的家族にあっては世帯主すなわち家長はその家族の伝統の維持に関して重大なる責任を持っている。家長は外部の者に対してこの小集団を代表すると共に、内部においては各員の和合を計りつつ家業を営み、全員の生活安定を致し、かつこの家族的集団の伝統を子孫を通じて存続せしめるよう

に努力すべき任務を帯びている。したがって家長は心身共に健全なる者でなくてはその責任を全うすることが出来難い。然るに家長も年齢が高まれば壮年期におけるがごとき心身の健全を保し難く、また不幸にして久しく病魔に悩まされている場合には、その任務に故障を伴いやすくなる。このような場合には心身健全なる継嗣がある限り、これに家長の任務を譲ることが、家族生活上望ましいこととなり、また多くの場合家長もまたその責任を子に転じて余生を楽しむことを願うようになる。すでに継嗣ありかつ老年期に達した家長は退隠すべしというがごとき慣習、家長権は家主が強壮にしてかつ堪能なる間だけこれに与えらるべしというがごとき慣習または自ら家事を司どることの出来ぬ家長は家産とその地位とを相続人に譲るべしというがごとき規定等は、家長的家族生活の形式の行われているところにおいて起りやすい慣習である。家長的家族にあってはこのように老年期に達した家長の隠退が起りやすく、前家長たる父の存命中その子が新家長となる場合もかなり多い故、新家長の父が単なる一家族員としてその家族中にその父母が共に加っていることもあり、なおまた稀にのみ起り得ることであるが、新家長の家族員中にその父母が共に存する場合もある。この場合もし前家長夫婦が存命しているならば、新たに家長となった者が間もなく家長の任務をさらにその継嗣に譲らなくてはならぬようになった場合には、新家長の父、母、祖父母等がその家族員中に見出されることもある。したがってこの種の家族にあっては家長の父、母、祖父母等のごとき直系尊属親が家族員として存する場合がかなりあり得る。

しかしながらこの種の家族においても家長の父がその家族員として存する場合よりも少ない。なぜならば、一つには家長の母はその父よりも一般的にみて一層長く生存する傾向を持っている故、註26 たとい父の存命中その子が新家長となったとしても、この家長の下にその父が一家族員として存する場合は母がそれである場合よりは比較的少なかるべく、また二つには父の存命中その

子が常に新家長となるとは限らず、高年齢に達してもなお家長の任務を継嗣に譲らず、終生家長として止る父もかなり多く、子は父の死後において新家長となる場合も多い故、かかる場合においては新家長の母はその家族の一員となっているとしても、その父が家族員中に見出されることはない。

第三に家長的家族においては家長の直系尊属親がその成員中に存するのみならず、その傍系親もその中に存する場合がある。この種の家族においては伝統を守ることが重要視せられている故、その他の子孫をもこの家員の共働を必要とするがごとき家業がある場合には、家長は継嗣のみならず、その他の子孫をもこの家業に従事せしめ、全家族員をこれに協力せしめてその家業を維持せんと努めている。それ故に特に分離を必要と認めない限り、家長はこれらの子孫をその家族外に析出しない。而してまた継嗣にあらざる子孫も久しくこの家業に従事し、ここに日常生活の安定を得ている限り、成人後において家系の連続上直接重要なる役割を演ずる者でないとしても、この家族から分離することについては多少困難を感ずるようになる。これらの子孫は婚姻または養子縁組によって他の家族の一員となり、または自己の妻子を得て新たに一家を創立する場合の外、常に父祖の家族に所属し、父祖たる家長およびその継嗣等と生計を共にし、ここに生活の根拠を置いている。それ故に、たとい父祖が家長たる地位から離れ、自分等の直系親にあらざる継嗣が新家長となった場合においても、直ちにこの家族から離れるとは限らない。これら継嗣にあらざる前家長の子孫は新家長に対してはその傍系親となるのであるが、これらの傍系親中、新家長の下に比較的止りやすくなっている場合は概して少ない。家長の第一傍系親は血縁的に家長に接近していることも強く、これに親しみを持ちやすくなっており、またこの家族から分れ得る機会に接していることも少ない故、この家長の家族中に止りやすくなっているが、家長の第二、第三の傍系

親等は血縁的にも家長からやや遠ざかっており、かつ前家長の時代においてもその傍系親であったが故に、この家族から分離し得る機会に接していることも多く、したがってこの家長の家族中に止る者が比較的少なくなるのである。

かくのごとく家長的家族においては家長（世帯主）夫婦とその子との外、家長の直系ならびに傍系の近親者をその家族員中に加え得るようになっているのであるが、現代わが国の家族もまたそれが家長的家族の傾向を持っているものである限り、第15表以下の諸表にあらわれているがごとく、世帯主と種々の続柄関係にある者をその所属員中に多少ずつ含んでいるのは当然である。第21表についてみると、家族構成員中、世帯主夫婦とその子とを除いた他の種の近親者およびその配偶者等は、約一割八分となり、そのうち世帯主の傍系親ならびにその配偶者等は約三分五厘となっている。これら三分五厘または一割八分に当る者はわが国民の家族が家長的家族の傾向を帯びているが故にあらわれた家族構成員である。もちろん家族の永続化を求めておらぬ夫婦一世代限りの家族においても、世帯主の傍系親等がその家族員のごとく取扱われている場合もある。しかしこの種の家族にあってはこのような場合は極めて少ないのみならず、これらの傍系親は世帯主およびその妻子と生計を共にし、苦楽を共にし、家族生活上の運命を共にせんとしている者ではなく、多くはこの世帯主夫婦とは別に生活し得る者であり、便宜上この世帯主の下に寄寓している者たるに過ぎない。したがってかくのごとき傍系親は世帯主と共に家族を構成している者とみらるべきではなく、寄寓者同居人にかくのごとき性質の寄寓者は少ないのである。わが国の家族構成員中に見出される世帯主の近親者中にはかくのごとき性質の寄寓者は少ない。

さて現代わが国民の家族的伝統の保護を受け、ここに生活安定を求めやすくなっている家族の構成員中に種々なる種類の近親者が含まれている所以く、大部分は家族的伝統の保護を受け、ここに生活安定を求めやすくなっている家族の支持者である。

は、前述のごとくこれらの家族を家長的家族の傾向を帯びているものと観ることによってほぼ明らかにすることが出来るのであるが、しかしこの家長的家族の傾向は現代わが国各地方の家族において常に同様にあらわれているのではない。一方にはこの傾向を帯びている家族が比較的多い地方もあり、他方にはそれに反する地方もある。したがって一方には家族構成員の種類がかなり多く、その構成形式が複雑になっている地方もあり、他方にはそれが比較的単純である地方もある。しからばかくのごとき差は何故に生じたのであろうか。何故に東北地方の家族にはその構成員たる世帯主の近親者の種類が多く、これに反し大都市または京阪地方の家族にはそれが少ないのであろうか。また何故に東北地方の家族には世帯主の直系卑属親の配偶者および傍系親等が京阪地方の家族におけるよりも一層多く存在しているのであろうか。この問題に答えるためには、家族員をその内に結びつけ得る作用ならびにこれらの者を外部へ誘致し得る作用が地方的に異なることないか否かを尋ねてみなくてはならぬ。

家長的家族においては伝統的生活形式の尊重と維持とが重要視せられるのであるが、家族員としてこれを尊重せしめ、維持せしめるためには、この生活形式中にこれらの家族員の生活要求に答え、これらの者の生活を保障し得るものがなければならぬ。少なくともこの種の家族においてはかくのごときものがあることが最も望ましいこととなっている。かくのごときものがある場合には、全家族員は協力して忠実にこれを守り、これと結びついている諸種の伝統を尊重し、家長の子孫はこの家族から離れることなく、家族の永続化は充分に保障せられ得るであろう。これに反してかくのごときものがない場合には、たとい子孫は自分等が尊重する父祖から伝統的生活形式を受継ぐとしても、これらの伝統形式は家族員の日常生活に大いなる効果をもたらすものと認められ難くなる故、子孫はこれを尊重し、支持するの念を徐々に失うようになるであろう。したがって多くの場合家長は出来るだけかく

のごとき要求に答え得る生活形式を求めんとし、事実上それに最も近いものとして、全家族員の直接的または間接的共働を求め得るがごとき家業を定めている。すなわち家長はその所属員を家業に協力せしめ、これによって各員の生活を保障し、各種の家族的行事をこの家業に結びつけて各員をしてこれを尊重せしめ、家族員の分離を防ぎ、家族の永続を計らんとしている。

家業はかくのごとく全家族員を共働せしめ、これらの者を家族的伝統に結びつける上に効果あるものである。それ故に各家族がそれぞれ固有の家業を持ち、この家業をなんらの故障なく、その子孫に伝え得るならば、各家族はその家族内に成育した種々の近親者ならびにその配偶者等に安住の場所を与え、これらの者を比較的多くこの内に包容し得るであろう。この場合もし各家族の家業が外部の人に取っても有価値の業務でありながら、各家族特有のものであり、独占的のものであるならば、すなわち各家業はその家族員によってのみ行われ、それと同性質のものはこの家族の外においてはいかなる人々によっても行われ得ず、いわば各家業がそれぞれ家伝の秘法によって行われるものであるならば、この家業に携わり得る家族員は自分らの家族の外に歩を向けることなく、忠実にこの家業を守り、この家業に従事し得る特権を尊重し、この家業と不可分的に結びついている家族から離れることは少ないであろう。あるいはまたかくのごとき一定の業務の家族的独占は許されないとしても、すなわち一定の業務は各家族内にても行われ得るが、また家族外にても行われ得るならば、人々は家族単位に行われるが家族外においてよりは家族内において、一層有利に行われる業務に精励し、子孫と共にこの家業の存続に努め、家族の外側に存し得る諸種の産業機関等に吸引せられるがごときことは少ないであろう。

しかしながらかくのごとき秘伝によらなければ行われ得ないような業務を持つ家族はいかなる時代

においても極めて少ないのみならず、現代の文明国においては各種の業務は家族単位に行われるよりも、家族外に存立する近代的産業機関において遙かに有利に行われ、そのために家族員は家族外に誘致せられやすく、各家業はその存立を根底より覆されるようになっている。現代においてはすべての業務は各人に向って開放せられ、社会的安寧秩序を阻害しない限り、いかなる人々も自由にその業務を選択し得るのみならず、これらの業務経営の方法もまた各人の任意に委されている。したがって従来家内において行われていた種々の業務も、家族外において特にこの業務遂行の目的のために形づくられた産業組織内で行われ得るようになり、各種の産業機関が家族の外に存立し得るようになった。

これらの産業機関が家族外に存立し得るようになって以来、それらは単に家族とは別に存する産業機関はその存立目的に従って作業形式を合理化し、近代文化が提供するあらゆる技術と機械的設備とを直ちに取り入れ、他の経営方法によって業務を遂行している家族よりも、物資の生産に関するものである場合には、同一品質の物資を一層安価に、迅速に、多量に提供し、また人々の要求に応ずる作用に関するものである場合には、多数人の要求に応じて種々の作用を一層便利にかつ規則正しく行うようになった。ここにおいて家族単位に行われる家業は、同一性質の業務である限り家族外に存する産業に圧倒されざるを得ないようになり、家族は漸次その家業を失うようになった。而してまたこのようにして家族がその家業を漸次多くの人々を共働せしめていた家族員をその内に失うようになった結果、これらの家族員は家族外にあって多くの人々を吸収し得る諸産業機関へ次第に多く歩を向けるようになった。すなわち、家族外に存立する近代的産業機関は従来家族員を内に結びつけていた家業を圧迫する

と同時に、各家族の成員を外部に誘出するようになった。

この場合においてももし家族がその家業を行うために、近代的産業機関が採用している経営方法を用い得たならば、それはなおこれらの機関と相並んでその家業を行い得る余地を見出し得たであろう。しかしながら不幸にしてこの経営方法は家族単位に行われる家業には著しく適用困難なる方法であった。家族は近代的産業機関のごとく特定の業務遂行のために打算的に形づくられた機関ではなく、その作業形式をかくのごとき機械化と能率化とに徹底せしめるためには余りに感情的人格的集団である。ただ現代わが国において家業としての命脈を保っている各種の生業の中には、何程か機械化と能率化との経営方法を採っているものもあるが、しかし家族が共同社会関係的性質の強い集団である限り、家族員の共働によってなる家業に、家族外に存する産業と全く同様なる経営方法が移され得ないことは云うまでもない。

このようにして近代文化が提供する一切の技術と機械的設備とを余すところなく採用し得る諸産業機関が家族の外に間断なく成立するにつれて、家業はその存立の根拠を覆されるようになったのであるが、この場合家業がこれらの機関からの圧迫を逃れんとするならば、これらの産業機関が採用している経営方法によることの出来難い業務の範囲内に自ら閉じこもるより致し方ない。すなわち家業の存続に著しく不利益なる事情の起っている現代において、家族がその成員を共働せしめるに足る家業を求めんとするならば、それは近代的産業機関によって捕えられることなく、これらの機関によって経営され難い性質の業務でなければならぬ。しかしながら現代文明国民の従事しつつある業務中これらの産業機関の手に移され難いものは殆どない。極めて小部分の人々の生活要求に応ずる業務でない限り、大部分の業務は常にこれらの機関の掌中に入りつつある。ただこれらの近代的産業機関に蚕食

されつつある多くの業務中、人為的に動かし難い自然と強く結びつくことによって行われる農業および半農半漁の沿岸漁業等は、比較的多くの人々の従事し得る業務でありながら、現在までの状態ではこの産業機関の経営からやや遠ざかっているようである。もちろん農業も家族外に存する機関の経営に移され得るが、わが国の農業のごとき、細分せられた小区画の土地に強い執着心を持っている人々によって集約的に行われるものにあっては、非家族的経営が必ずしも有利なる結果をもたらすと云われない。また漁業のごときはすでに近代的産業機関によって経営されているものもかなりあるが、沿岸漁業のごときものの中には、小規模なる農業と同様に、家族単位の経営に委され得るものもなお相当にあるようである。それ故にこれら二種の業務は近代的産業機関からの圧迫を受けながら、なお家業として存続し得る可能性を何程か備えているものと考えられる。

かくのごとく近代的産業機関は一方において家族員を外部に誘出し、他方において従来家業として存続しておった種々の業務を漸次駆逐しつつあるのであるが、家長的家族の傾向を帯びているわが国の家族も、またかかる産業機関の多い地方においては、また種々の交通機関が多くの人々をかかる産業機関に接近せしめやすくなっている地方においては、その抑圧を受け、家族生活上重要なる意義を持っている家業と、この家業に結びついている家族員とを最近においては徐々に失いつつある。現代わが国の都市または都市の影響を受けやすい地方においては従来の家業を捨て、家族外に存する諸種の業務につく者も多く、父子業を別にし、兄弟職を異にしている場合も多く、家族単位に行われ得る業務を持つ家族または世襲的家業を持つ家族は少なくなっているが、それは主としてこれらの地方において機械化と能率化に徹底している近代的産業機関が家族外に籔出し、それが一方において家族員を外部に吸収した結果に外ならない。ただ農業および沿岸漁業のごときものの中には、近代的産業機関の経営に委され得ないものもあり、また近代的産業機関のこれに対する圧迫も比較的少ないものがある。これらの業務を持つ家族は、かかる経営に接し得ないものとして、かかる経営に接し得ない地方において自滅せしめると同時に、他方において

岸漁業等が主として行われている地方においては家族単位に行われる業務に従事する者も多く、家族員はこれらの業務に従事することによって比較的生活の安定を得やすくなっている。それはこれらの地方においては、家族員を外部に吸収し得る諸産業機関も少なく、またたといかくのごとき機関が多少設立せられているとしても、農業および水産業のごときはこれらの機関によって経営されること少なく、家業として存続し得る余地を持っているからである。

前に掲げた第15表以下の諸表について観ると、現代わが国の家族構成員の種類は郡部に多く都市に少なく、また世帯主夫婦とその子以外の近親者が世帯主の家族員となっている場合は、東北地方に多く京阪地方に少なくなっているが、それは都市または京阪地方には家族外に人々を吸収し得る諸機関が多くの人々をその内に引き入れんとしていると同時に、他方において家族はその所属員を協力せしめ得る家業を失いやすくなっている。したがって家族員はたとい家族的伝統を尊重しているとしても、生活の必要に応じては従来所属していた家族から離れなくてはならぬ場合にしばしば遭遇する。かくのごとき諸機関も少なく、家族内にその成員を強く結びつけ得る家業を保持しているものが多いからであると云い得る。大都市または京阪地方のごとき都市的色彩の強いところにおいては諸産業機関が多くの人々をその内に引き入れんとしていると同時に、他方において家族はその所属員を協力せしめ得る家業を失いやすくなっている。したがって家族員はたとい家族的伝統を尊重しているとしても、生活の必要に応じては従来所属していた家族から離れなくてはならぬ場合にしばしば遭遇する。このような場合には家長的家族の傾向を持っているものにあっても、世帯主との続柄のやや遠い者は順次その家族から離れ、また世帯主夫婦に対して多少隔て心をもって接しやすい関係にある世帯主の近親者の配偶者等は世帯主の家族中に所属すること少なく、なおまたこれらの者よりも世帯主に対して一層続柄関係の遠いこれらの配偶者の子らは世帯主の家族中に入ることさらに少なくなり、その結

果これら都市的傾向の強い地方の家族は主として世帯主を中心とする少数近親者だけによって構成せられるようになるのである。しかるに農業家族等の多い郡部、殊に東北地方の郡部においては、家族員を外部に誘致する機関も少なく、多くの家族は家族員をこの内に結びつけ得る家業を持ち、家族員はこの家業によって日常生活の保障を得ている。それ故に家族内に成育した者は、世帯主の直系親ならびに傍系親も、特に分離を促す事情の起らぬ限り、その家族から離れること少なく、かかる家業を持つ家族に執着しやすくなっている。したがってこれらの地方の家族にあっては、世帯主の父母および妻子等が一家の所属員となっているばかりではなく、それらよりも続柄のやや遠い世帯主の直系ならびに傍系の血族およびその配偶者等がその所属員となっている場合も起り、またこれらの配偶者がその構成員となっている関係上世帯主とは一層続柄の遠いこれらの配偶者の子がその親と共に世帯主の家族に所属する場合も生じやすく、その結果家族成員の種類は多くなり、また世帯主の妻子以外の近親者がその家族員となる割合も比較的多くなるのである。

このように現代のごとく諸種の近代的産業機関が家業に制限を加え、人々を家族の外に多く吸収しつつある時代においても、家族員を外部に誘致し得る機関も少なく、家族単位に経営せられ得る農業または漁業等が家業として維持されている地方の家族についてみれば、その家族構成員の種類と員数とはしからざる地方のそれよりも多くなっている。しかしながら農業または漁業等が家業として維持せられている地方の家族構成が複雑になっているというのは、近代都市または都市的影響を受けている地方の家族構成に比較してみた場合に、概してそれが複雑になっているということに過ぎない。農村または漁村地方の家族構成がいずれの地方においても同様に複雑になっているというのではない。

現代わが国各地方の郡部の家族、殊に近代的産業機関も少なく、農業または漁業等が各家族の主要生

255　第三節　近親者と家族構成員

業となっている地方の家族についてみても、甲乙両地方における家族の構成形式が同様なるあらわれを持っている場合もあり、また甲地方の家族構成が乙地方のそれよりも複雑になっている場合もある。たとえば第15表において明らかなるごとく、鳥取県および島根県の郡部の家族と大分県および宮崎県の郡部のそれとは、その構成員の内容がほぼ相似しているが、青森・岩手二県の郡部の家族と鹿児島・宮崎両県の郡部のそれとは、その構成員の内容がかなり異なっている。これら二つの場合のうち、家族構成員の内容がほぼ相似している場合は前述のごとき近代的産業機関の有無および家業の存否だけによって説明され得るが、その内容が異なっている場合はこれらの事実だけでは説明され得ない。前節において述べたごとく青森・岩手両県の郡部と鹿児島・宮崎両県の郡部とはいずれも近代的産業機関の多い都市地方から離れており、農業または漁業戸数の多い地方であるが、前者の家族構成は後者のそれよりも複雑になっている。かくのごとき場合の家族構成員の種類と員数との地方的差は家業と家族外の諸機関との関係だけでは説明され難い。然らばかくのごとき地方的差は何にもとづいているであろうか。この問に対しては前節に述べたごとくこれら両地方の地方的事情の差を指示することによってその答えとなし得るであろう。青森・岩手両県の郡部も鹿児島・宮崎両県のそれも共に近代的産業機関から遠ざかっているが、これら両地方においては地方的に存する特殊事情が異なっている。前者にあっては従来の慣習上分家が比較的困難となっており、一戸当りの耕作地がやや多くなっているのに対して、後者にあっては分家も比較的容易となっており、また一戸当りの耕作地も幾分か少なくなっている。すなわち家族の分裂の難易とそれに伴って起っている家業の規模の大小とが両地方において異なっている。したがって一方においては世帯主に対する続柄関係の多少薄い者もその家族員中に含まれやすくなり、その結果その地方の家族構成が何程か複雑となり、他方においてはかくの

ごとき近親者は世帯主の家族から析出されやすくなり、そのためにその地方の家族構成は比較的単純となっているのである。

かくのごとく農村または漁村の多い地方にあっても、各地方における特殊事情（家族の分裂の難易と家族的に経営せられる家業の規模の大小）とに差のある場合には、家族構成員の種類と員数とは地方的に異なってくるのであるが、しかしかくのごとき地方的特殊事情に差のない限り、最近のごとく家業の存立が漸次困難となりつつある時期においても、家族外に人々を吸収し得べき諸機関も比較的少なく、また主として農業漁業等が行われている地方においては、これらの業務を家業としている家族も多く、家族構成員の種類も多く、種々の構成員が家族中に見出される割合も多くなっている。したがってかくのごとき機関が最も少なく、他の地方の影響を受けることの最も少ない地方において、農業または沿岸漁業に従事している家族のみを取ってみれば、家族構成員の種類ならびに種々の近親者が家族員中にある割合は第15表および第16表におけるものよりも概して多くなっている。いま右のごとき条件を備えている地方の家族として大正九年調査になる岐阜県白川村の一部の農業家族、青森県階上村大字道仏の一部の農業家族、青森県東通村大字尻屋の漁業家族、徳島県東祖谷山村の農林業家族および熊本県五箇庄の一部の農林業家族等を取ってその家族構成員を観察すると、それは次の第22表のごとくなる。註28

この場合白川村の一部では世帯主が自村生れの者であり、かつ家業が農林業であるものだけを取って三八家族を得、道仏の一小部落、東祖谷山村、五箇庄等においても同様なる条件を備えているものだけを取って各々、二〇家族、八六四家族、一一五家族を得、尻屋では同様なる条件を備えている漁業家族のみを取って三五家族を得た。

第22表（その1）（実数）

	白川村	道仏	尻屋	東祖谷山村	五箇庄
世　帯　主	38	20	35	864	115
配　偶　者	32	20	32	724	97
配偶者の血族	1	1	—	10	—
子	149	61	84	1,553	233
子　の　配　偶　者	5	18	16	160	30
孫	16	39	48	259	57
孫　の　配　偶　者	—	—	3	15	—
曾　　　孫	1	—	6	9	—
父	13	5	3	162	15
母	20	9	12	215	36
兄　　　弟	10	4	7	98	28
姉　　　妹	28	1	13	66	17
兄弟姉妹の配偶者	1	1	1	5	7
甥　　　姪	48	6	9	30	19
祖　父　母	2	2	4	39	—
伯　叔　父　母	47	6	5	14	4
伯叔父母の配偶者	1	2	—	—	1
従　兄　弟　姉　妹	16	9	10	2	2
甥姪の配偶者	—	—	1	—	—
姪　　　孫	2	—	5	—	—
従　祖　祖　父　母	9	—	—	—	—
従兄弟姉妹の配偶者	—	1	—	—	—
従　　　姪	5	1	4	—	—
従　伯　叔　父　母	7	—	—	—	—
再　従　兄　弟　姉　妹	5	—	—	—	—
再　従　姪	9	—	—	—	—
計	465	206	298	4,225	661
一　家　平　均　員　数	12.2	10.3	8.5	4.9	5.7

白川村は岐阜県大野郡白川村大字福島，牧，御母衣，長瀬，平瀬，木谷の6部落。
道仏は青森県三戸郡階上村大字道仏字道仏および荒谷の一小部落。
尻屋は青森県下北郡東通村大字尻屋。
東祖谷山村は徳島県美馬郡東祖谷山村。
五箇庄は熊本県八代郡樅木，葉木，椎原の3カ村，久連子および仁田尾の2村は省く。

第22表(その2) (指 数)

	白川村	道 仏	尻 屋	東祖谷山村	五箇庄
世　　帯　　主	1,000.0	1,000.0	1,000.0	1,000.0	1,000.0
配　　偶　　者	842.1	1,000.0	914.3	838.0	843.5
配 偶 者 の 血 族	26.3	50.0	—	11.6	—
子	3,920.9	3,050.0	2,400.0	1,797.5	2,026.1
子 の 配 偶 者	131.6	900.0	457.1	185.2	260.9
孫	421.0	1,950.0	1,371.4	299.8	495.6
孫 の 配 偶 者	—	—	85.7	17.4	—
曾　　　　孫	26.3	—	171.4	10.4	—
父	342.1	250.0	85.7	187.5	130.4
母	526.3	450.0	342.9	248.8	313.0
兄　　　　弟	263.2	200.0	200.0	113.4	243.5
姉　　　　妹	736.8	50.0	371.4	76.4	147.8
兄弟姉妹の配偶者	26.3	50.0	28.6	5.8	60.9
甥　　　　姪	1,263.1	300.0	257.1	34.7	165.2
祖　　父　　母	52.6	100.0	114.3	45.1	—
伯　叔　父　母	1,236.8	200.0	142.9	16.2	34.8
伯叔父母の配偶者	26.3	100.0	—	—	8.7
従 兄 弟 姉 妹	421.0	450.0	285.7	2.3	17.4
甥 姪 の 配 偶 者	—	—	28.6	—	—
姪　　　　孫	52.6	—	142.9	—	—
従 祖 祖 父 母	235.9	—	—	—	—
従兄弟姉妹の配偶者	—	50.0	—	—	—
従　　　　姪	131.6	50.0	114.3	—	—
従 伯 叔 父 母	184.2	—	—	—	—
再 従 兄 弟 姉 妹	131.6	—	—	—	—
再　　従　　姪	236.9	—	—	—	—

第22表にある家族構成員を第15表および第16表のそれと比較すると、前者にあっては後者においてよりも構成員の種類も増加しており、また世帯主夫婦とその子以外の者――殊に世帯主の傍系親――が家族員として存している割合も増加している。白川、道仏および尻屋等の家族構員中には、第15・16表にあらわれておらなかった世帯主の傍系親が家族員としてあらわれており、また世帯主の兄弟姉妹、甥姪、伯叔、従兄弟姉妹およびその他の傍系親が世帯主の家族中にある割合も第22表のものは第15・16表のものよりは遙かに増加している。東祖谷山および五箇庄の家族構成員の種類は第15・16表にあるものとほぼ似ているが、しかしこれらの村落の家族中にある割合が世帯主の家族中におけるそれよりは遙かに高まっている。このように第22表にある村落または九州地方の郡部の家族におけるそれよりは遙かに高まっている。このように第22表にある村落の家族にあっては、その構成員の種類も多く、また各種の構成員の数量も多くなっているが、それはこれらの村落の人々の家族外に吸引する諸機関がこれらの人々の交通圏内に少なく、かつこれらの地方の家族がその所属員をその内に結びつけるに足る家業を持っているからである。それ故に、これらの地方と他の地方との交通が一層頻繁になり、これらの地方の人々が外部に存する諸産業機関に接触しやすくなり、その交通圏が拡大するならば、たとい農業または漁業等のごとき家業がその存立を脅かされることはないとしても、世帯主の傍系親等は徐々にその家族から離れ、家族構成員の種類は一層少なくなり、世帯主の直系親ならびにその配偶者以外の者が家族員中に存する割合は一層少なくなるであろう。

今この家族構成員の種類と数量との変化をみるために、第22表に掲げた諸村落中、最も多くの種類の家族構成員を持っている白川、道仏および尻屋の三部落が、その後一〇年を経た昭和五年において、いかなる種類の家族員を何程持つようになったかを観察し、かつ道仏部落と比較的相似た条件を

第23表（その1）（実数）

	白川村	道仏	大沢田	尻屋
世　帯　　　主	45	21	168	36
配　偶　　　者	37	21	157	25
配偶者の血族	2	—	—	—
子	153	61	489	72
子　の　配　偶　者	9	17	92	22
孫	28	56	289	74
孫　の　配　偶　者	—	4	9	5
曽　　　　　孫	—	6	7	16
父　　　　　母	7	2	11	3
	18	11	33	13
兄　　　　　弟	11	3	13	11
姉　　　　　妹	26	1	10	14
兄弟姉妹の配偶者	1	1	2	3
甥　　　　　姪	14	3	1	10
祖　　父　　母	2	3	11	1
伯　叔　父　母	33	3	1	2
伯叔父母の配偶者	—	—	—	2
従　兄　弟　姉　妹	10	—	—	7
甥姪の配偶者	—	—	2	—
姪　　　　　孫	5	—	—	3
従　祖　祖　父　母	8	—	—	—
従　伯　叔　父　母	3	—	—	—
再　　従　　姪	1	—	—	—
計	413	213	1,295	319
一　家　平　均　員　数	9.2	10.1	7.7	8.9

　　白川村，道仏および尻屋は第22表のものと同一の場所。
　　大沢田は青森県上北郡大深内村大字大沢田部落。

第23表（その2）（指数）

	白川村	道仏	大沢田	尻屋
世　帯　　　主	1000.0	1000.0	1000.0	1000.0
配　偶　　　者	822.2	1000.0	934.6	694.4
配偶者の血族	44.4	—	—	—
子	3400.0	2906.7	2910.9	2000.0
子　の　配　偶　者	200.0	809.5	547.7	611.1
孫	622.2	2666.7	1720.4	2055.6
孫　の　配　偶　者	—	190.5	53.6	138.9
曽　　　　　孫	—	285.7	41.7	444.4
父　　　　　母	155.6	95.2	65.5	83.3
	400.0	523.8	196.4	361.1
兄　　　　　弟	244.4	142.9	77.4	305.6
姉　　　　　妹	577.8	47.6	59.5	388.9
兄弟姉妹の配偶者	22.2	47.6	11.9	83.3
甥　　　　　姪	311.2	142.9	5.9	277.8
祖　　父　　母	44.4	142.9	65.5	27.8
伯　叔　父　母	733.4	142.9	5.9	55.6
伯叔父母の配偶者	—	—	—	55.6
従　兄　弟　姉　妹	222.2	—	—	194.4
甥姪の配偶者	—	—	11.9	—
姪　　　　　孫	111.1	—	—	83.3
従　祖　祖　父　母	177.8	—	—	—
従　伯　叔　父　母	66.7	—	—	—
再　　従　　姪	22.2	—	—	—

備えている青森県上北郡大深内村大字大沢田部落を取り、この部落が昭和五年において何程の家族構成員を持っていたかをみると、その結果は第23表のごとくなる。[註29]

世帯主が自村生れの者にして農林業または漁業を家業としている家族は第22表には白川村に三八、道仏に二〇、尻屋に三五となっているが、同じ条件を持つ家族は第23表には白川村に四五、道仏に二一、尻屋に三六となっている。これらの部落においてはこの一〇カ年間に少しずつ家族が分裂した訳である。また同様なる条件を備えているものは大沢田において一六八家族あらわれている。

第22表と第23表とを比較すると後者においては家族構成員の種類も少なくなっており、らわれておらなかったような種類のものは白川村に僅か二種類（従伯叔父母、再従姪）あるだけとなっており、また世帯主の傍系親およびその配偶者等の数も著しく少なくなっている。いまこれら両表にあらわれている種々の家族構成員数を一層明瞭に比較するため、家族構成員を世帯主夫婦とその子との一部類、これらの中枢的構成員以外の世帯主の直系親およびその配偶者等の一部類および世帯主の傍系親およびその配偶者等の三部類に分かち、これら各部類の者が全家族員中に占める割合を求め、それを各村落別に示すと、それは次の第24表のごとくなる。

第24表にあらわれているものを第21表のそれと比較すると、昭和五年現在の家族員だけについてみてもこれら白川、道仏、尻屋等の家族は世帯主とその子以外の者を多く含んでいるのであるが、しかしこれらの家族は過去一〇カ年の間の世帯主の傍系親およびその配偶者等に集中するようになっている。それはこれらの諸村落の人々も鉄道、自動車、新聞、ラジオ等の普及によって他の地方の人々と接触しやすくなり、交通圏の拡大につれて家族員であった者が従来の家族の外に出るようになり、たとえ家業は破壊せられることはないとしても、家業に従事する者が少なくなった結果にほかならない。

第24表

		白川村	道仏	尻屋	大沢田
全家族構成員	大正9年 昭和5年	1000.0 1000.0	1000.0 1000.0	1000.0 1000.0	 1000
世帯主の傍系親および その配偶者	大正9年 昭和5年	404.3 271.2	150.5 51.6	184.6 163.0	 22.4
世帯主およびその子以 外の世帯主の直系親お よびその配偶者	大正9年 昭和5年	123.4 154.9	354.5 464.8	308.7 420.1	 349.0
世帯主夫婦とその子	大正9年 昭和5年	470.1 569.0	490.3 483.6	506.7 416.9	 628.6

この表中には配偶者の血族は加算されておらない

この場合少しく説明を要するものは飛騨の白川村の家族である。白川村の家族についてはそれがわが国の古代家族に近いものであろうというような説明を加える人々がある。しかしこのような説明は確実なる根拠なき想像説たるに過ぎない。わが国の古代家族が果して白川村の一部に見出されているような種々の構成員——殊に世帯主に対して続柄の薄い関係にある傍系親——を多く含んでいたか、否かは疑問である。古代家族の構成員の跡方を示すものとして『大日本古文書』一にある戸の構成員を挙げる人々があるが（註30参照）、御野国の戸籍として残っている郷戸の中にある戸主の近親者についてみても、または下総国の戸籍として残っている各房戸別の戸籍中にある戸内の構成員についてみても、戸主に対する続柄関係からみた戸の構成員の種類は白川村の現在家族構成員（戸籍上の家族ではなく事実上の家族員）のそれより一層単純になっている。郷戸の構成員と房戸のそれとを比較すると、郷戸の構成員の種類は白川村の家族のそれとやや類似しているが、しかし郷戸は事実上の家族ではない故、この構成員をもって律令制定時代の家族員とみなすことは出来ない。この当時の家族に最も近いものは房戸である（註32参照）。しかるにこの房戸の構成員の種類は註31において示されているごとく白川村の家族のそれよりは遙かに単純になっている。したがってこの点から考えてもわが国の古代家族が白川村の一

263　第三節　近親者と家族構成員

部においてみられるがごとき多くの種類の構成員を含んでいたとは云われず、また白川村の家族が古代家族に近いものであるというような主張は支持され得ない。

しかし仮りに古代家族が現在白川村の一部にある家族においてみられるいわゆる大家族が古代家族に近いものであるというような主張は支持され得ない。現在白川村の中においてみられるいわゆる大家族が古代家族の残存形式であるとは云われない。もし古代家族の形がこの白川村地方に残存しているのであるならば、白川地方の全体にわたってかくのごとき大家族が所々方々に見出されるか、または白川村の中にても特に交通不便なる奥地に主としてそれが見出されるかでなければならぬ。しかるにいわゆる大家族が主として存するところは、岐阜県大野郡白川村の内福島、牧、御母衣、長瀬、平瀬、木谷等の諸部落だけである。これらの諸部落のあるところは「中切」といわれる地方であり、白川村の南部と荘川村の北部との中間にあり、荘川の渓谷に沿うた傾斜地である。いわゆる大家族は主として「中切」に見出されるのであり、その上流地方にも下流地方にも殆ど見当らない。徳川時代には飛驒国にある荘川流域地方は白川郷と呼ばれ、そこには四二部落あったということであるが、明治八年以来この地方は荘川村（荘川の上流地方）と白川村（荘川の下流地方越中境まで）の二村となった。「中切」は両村の中間にある小さな数部落の総称であって白川村に所属している。この「中切」は日本海に注ぐ荘川の上流渓谷に里余にわたって数丁宛の間隔を置いて列んでいる小部落から成っているが、しかしこの「中切」の上流には約三〇丁を隔てて荘川村（約一八部落より成る）があり、その下流には約一里半を隔てて白川村の主要部落である荻町、鳩谷等の大部落がある。したがって「中切」は他部落とは多少離れてはいるが、他部落より奥まったところにある部落ではなく、白川郷を貫通する主要交通路に面して点在している諸部落である。白川郷と他郷とを結ぶ交通路は美濃国八幡より坂路を越えてこの郷に入るもの、飛驒の高山より山道を上下してこの地に入るものも、古くより共に荘川に沿うて一つとなり、荘川村より「中切」を経て白川村の主要部落に通じ、それより復坂路を経て越中国に入っている。したがって荘川および白川村の二村――昔の白川郷――は全体としては越

中の城端、飛騨の高山および美濃の八幡地方等から離れた交通不便なるところではあるが、このうち「中切」だけが特に白川郷中他の諸部落よりも著しく隔離されているところであるのではない。もちろんこの「中切」部落のあるところは上流にある荘川村よりもまた下流にある鳩谷、荻町等の部落よりも平地の少ないところではあるが、しかし荘川村および白川村の内には「中切」の諸部落と同様に傾斜の強いところに位している部落もある。しかるにいわゆる大家族と呼ばれている複雑なる構成員を持っている家族はこの「中切」の農家にみられるだけであり、荘川村にも白川村の他の部落にも殆どあらわれておらない。全くないとは云われないが、「中切」の諸部落におけるがごとく沢山なく、僅かに白川村の他の部落にいわゆる大家族にやや近いものが一、二戸あるのみである。この上流にある荘川村は世帯数五〇〇以上、人口約三、〇〇〇近くの村であるが、その家族構成員は他の一般の村落におけるものと同様なるものであり、また白川村は世帯数約四〇〇、人口約二、七〇〇の村であるが、「中切」以外の諸部落の家族構成員は、農家の家族員だけについてみても、わが国中部地方の農家のそれと同様なるものである。第22表または前述の二一六頁ないし二二〇頁の家族構成図にあらわれているがごとき構成員を持っている家族はこの「中切」地方だけに残って、その奥地の諸部落にもまた下流にある越中国境の諸部落にも残っておらないというがごときことはない筈である。しかるにこれらの奥地または国境地方にある僻地にはいわゆる大家族の形が見当らずして、中間の交通路の貫通しているところだけにそれがあらわれている。この事実は白川村のいわゆる大家族が古代家族の残存物でないことをわれわれに明らかに示すものである。これら「中切」の諸部落にある家族のみを観察して、その特殊形式に興味を感じ、その周囲にある他の諸部落の家族について注意しなかった人々はこれらの家族を古代家族であるかのごとく想像したであろうが、事実を忠実に観察する者はかくのごとく想像することは出来ない。

然らばこの「中切」にのみ何故に複雑なる種類の構成員を持つ家族が多くあらわれるようになったのであろ

うか。何故にこれらの部落の家族がその隣接部落のそれよりも異なるようになっているのであろうか。

第22表および23表を注意してみると、白川村の家族にあっては世帯主の子の数は多いが子の配偶者数は他の地方のものにおけるより少なく、また孫の配偶者は一人も見当らず、したがって曾孫も僅か一人しかあらわれておらぬ。それ故、世帯主の直系親だけについてみれば白川村の家族構成員は尻屋、道仏および大沢田等の家族構成員よりも単純であるのみならず、東北五県のそれよりも単純である。しかるにこの村の家族においては世帯主の兄弟姉妹、伯叔、および従祖父母等のごとき世帯主にその配偶者が少ないにもかかわらず、これらの者の子孫である甥姪、姪孫、従兄弟姉妹、従姪、従伯叔父母、再従兄弟姉妹および再従姪等のごとき傍系親がかなり多く世帯主の家族中に含まれている。これらの事実によってみると、この村の家族構成員は世帯主の直系親の種類と数量との多いことによって複雑となっているのではなく、その傍系親の種類と数量との多いことによって、他の地方のものよりも著しく異なるようになっているのであると云われ得る。すなわちいわゆる白川村の大家族は世帯主の直系親からみてなんら大家族に特有なる構成形式を充分に備えているのではなく、その傍系親の多いことだけによって大家族とみられているのである。

然らば何故にこれらの世帯主に対して続柄の比較的薄い傍系親がかなり多くこの間に包容せられるようになったのであるか。この問に対しては次のごとき答えが与えられ得る。第一にこの「中切」地方の家族にあっては、世帯主の傍系親または次世代において世帯主の傍系親となるべき者は公に認められた配偶者を持つことは殆どなかったが、一定の異性と性的に感情的に相許す関係を保つことを一般に黙認せられていた。したがってこれらの者は異性を求めるために従来所属していた家族から離れなくてはならぬというがごとき必要に迫られることはなかった。第二にかくのごとき異性との関係の下に出生した子供はその母と共に母の所属していた家族に所属することになっていたが故に、世帯主はかくのごとき子供を排斥することなく、それらの者が成人した家族に親しみを持っていたが故に、世帯主はかくのごとき子供を排斥することなく、それらの者が成人した後において

ても家業に従事せしめ、その生活を保障していた。第三にこの地方には平地少なく、人々は広い範囲にわたって存する山地または傾斜地に応じた農耕業を営んでいるため、各家族は比較的多くの労働力を必要とし、かかる労働力を持つ男女を多く吸収し得た。したがって家系の連続に直接重要な役割を持つこととなき世帯主の傍系親等も、他により好都合なる生活条件を見出すとか、または世帯主等に対して強く感情融和を欠くとかいうとの起らぬ限り、出生以来所属していた家族の家業に従事し、ここに生活の根拠を定めやすくなっていた。第四にこの地方は白川郷の主要交通路に直接しているとはいえ、荘川地方へもまたは荻町、鳩谷部落地方へも里余を隔てており、またこの白川郷全体は美濃および越中地方からは険路をもって隔てられていたがため、人々は他の地方に出て一層好都合なる生活条件を捕える機会に恵まれておらなかった。すなわちこの地方の人々は狭い交通圏の内に閉じ込められていたが故に、就職上家族の外に出る機会を持つことが少なかった。第五にこの地方においては、世帯主およびその継嗣はその配偶者と衣食住を共にすることになっているが、その他の者はたとい互いに相許す異性と接触を保っていたとしても、それらの者と家居を共にすることが許されなかった。もし世帯主の傍系親等がその配偶者ならびにその子等と同居していたならば、これらの夫婦および親子は互いに感情的に強く相結ぶと同時に、世帯主夫婦に対して多少隔てを置く小集団を世帯主の家族内に形づくりやすくなり、やがてこれらの者はこの小集団を単位として世帯主の家族から分離しやすくなったであろうが、この地方においてはかくのごとき小集団が一家族内に出来るのを未然に防ぐ慣習が行われていたため、世帯主の傍系親等は世帯主夫婦に対して隔てを置くような態度を取ることは比較的少なく、全家族員は互いに感情融和を保って家族的共同を支持し得た。第六にこの地方には分家を容易に許さぬ慣習が行われていた。分家は一つには部落共有地に対して入会権を持つ者を増加せしめ、部落民一般の利益を多少阻害する故この地方において比較的許され難くなっていたのであるが、二つには本家に多少の負担をかけ、竈を分割し、互いに生計単位を縮小することによって本家ならびに分家の一人当りの生活費を増加せしめやすくなる故、「中切」地方のご

とく、普通作に適する耕地少なく、収益増加の見込の立ち難いところにおいてはそれが一層許され難くなっていたのである。この分家の禁は他郷への人口移動を伴わない限り、当然各家族の構成員を増加せしめ、遂にこの地方に種々なる傍系親を含む大家族を出現せしめるようになったものと思われる。

白川村の大家族——傍系親の種類と員数との多い家族——は以上述べたごとき六種の条件に左右せられてあらわれたものであると考えられる。ただしこれら六種の条件は個々別々にこの地方の家族生活の上に作用していたのではない。これらの中には分家の困難、他郷との交通の困難および多くの労働力の吸収等のごとく他の地方にもあらわれている条件もあるが、世帯主とその継嗣以外の者に公認せられた一定の異性と相許す関係を結びながら生涯これと別居している者の多いこと、およびかくのごとき関係の下に出生した子供がその母の所属していた家族に入ることになっていること等のごとく、主としてこの「中切」に著しくなっているものもある。これら六種の条件はいずれも互いに相結び相重ってこの地方の人々の生活を左右し、他の地方におけるものとは著しく形式の異なる傍系親の多い家族をここに構成せしめるようになったものと考えられる。したがってこれらの条件と相容れない事実が新たにこの地方にあらわれて来れば、かくのごとき大家族は次第に崩壊するようになるであろう。前に示した第22表と第23表とを比較すると、大正九年以後の一〇カ年間に白川村の家族構成が漸次単純になり、世帯主との続柄において遠縁の関係にある傍系親が次第に少なくなっていることが明らかになるが、それは交通・通信・運輸機関の普及——殊に新聞の配布および自動車路の開通——によってこの地方と他郷との接触が容易になったこと、平瀬部落に発電所が設置せられ、この地方の人々が家族外に存する産業機関を直接見聞し得るようになったこと、外部からこの地に入り来る人々と接触することによって、他郷へ移住する者があらわれるようになったこと、他の地方にある紡織工業または都市等がこの地の若い婦人を徐々に外部に吸収し、そのために一家内に同居し得ぬ男子と相許すような婦人が漸減しつつあることおよび第22表および第23表によって明らかなるごとく、分家が次第に許されるようになり、農家

戸数も増加したこと等のごとき、従来の家族構成を支持していた条件に相反する事実がこの地方にあらわれるようになった結果に外ならない。

さていままで述べたところによって、わが国の家族が世帯主に対して種々なる続柄関係にある各種の近親者にその構成員たり得る資格を認めている所以、これら各種の近親者の中においても事実上最も多くの場合において家族員となっている者は世帯主夫婦とその子とである所以、およびこれら各種の近親者が家族構成員として存する割合は各地方により、都市と村落とによって異なっている所以を明らかにすることが出来た。わが国民は家系の連続に重きを置き、そのために種々の近親者を家族員中に包容しやすくなっているのであるが、しかしそれにもかかわらず、近代的産業機関の多い地方においては多くの家族成員をその内に吸収し得た家業は萎縮し、家族員は外部に歩を向けやすくなり、家族構成員たる近親者の範囲は次第に縮小しつつある。而して、またかくのごとき産業機関の少ない地方においても、人々の交通圏が拡大し、他の地方における諸産業機関への接近の機会が増加するにつれて、その地方の家族構成員の種類とその員数とは徐々に単純化しつつある。したがってこの傾向よりすれば人々の交通圏の拡大と諸産業機関の増加とともに将来わが国民のなす家族は次第にその構成員を縮小するもののごとく考えられ、またそれとは反対に人人の従事し得た産業機関の殆どなかった時代に遡るほど、その家族は複雑なる近親関係にある者を多くその内に含んでいたであろうと考えられやすい。

しかしながらわが国民の形づくっている家族は、前にも述べたごとく一方家族に固有なる性質を持っていると同時に、他方家族団体の存続を重要視する家長的家族の性質を帯びている。前者には家族

構成員の種類と員数との著しき複雑化を防がんとする傾向があり、後者にはそれの著しき単純化を妨げんとする傾向がある。わが国の家族はかくのごとき二つの性質を備えているが故に、たとい家族外に存する社会関係の消長いかんによって家族員たり得る近親者の範囲は何程か伸縮するとしても、しかもそれは一定の限界以上に拡大または縮小し得ないようになっている。まず近代的産業機関が起る以前におけるわが国の家族について観るに、各家族はその家業を持ち、家長的家族の諸機能を充分に実現し得る家族を備えていた。この事実よりして観れば前代の家族は現代のそれよりは一層多くの種類の近親者をその構成員としており、過去に遡れば遡るほどわが国の家族は種々の種類の近親者を多くその中に包容していたであろうと考えられやすい。しかしいかに家族外の諸社会関係へ人々の傾向が強くあらわれ得る条件の備わっていた時代においても、またいかに家長的家族の傾向が吸引せられることの少なかった時代においても、その時代の家族が家族に固有なる性質を持ち、感情融合にもとづく小集団として存立していた限り、その構成員となり得た近親者の範囲には一定の限界があったであろう。極めて特殊なる場合には例外的に数世代にわたる世帯主の直系ならびに傍系親等が同一家族の構成員となっていたこともあるであろうが、大多数の家族は主として世帯主の直系親およびその配偶者等によって構成され、世帯主に対して感情的に隔てを置きやすい種々の傍系親、殊に世帯主の第二または第三傍系親等がその家族員となっていたような場合は比較的少なかったであろう。今これを事実についてみるために、わが国の古代家族の構成員にほぼ近いものを示しているであろうと考えられる養老五年〔七二一年〕調査になる下総国大嶋郷の戸籍中にある各房戸の構成員（註31および32参照）および明治時代に到るまで極めて交通不便の場所であった相模国足柄下郡鍛冶屋村の宗門帳（慶応四年〔一八六八年〕調べ）に記載されている各家族の構成員を取って、これをその世帯主に対

する続柄に従って類別し、この類別の結果を第16表、第22表および第23表にあるところの家族構成員と比較してみると、それは次の第25表のごとくなる。

第25表に掲げた養老五年調査の大嶋郷の房戸の構成員中には前に註32中に述べて置いたごとく、一方同一の家族員であったであろうと考えられる者が除去されており、他方事実上の同居家族員ではなかったであろうと考えられる者が加えられている。『大日本古文書』一に掲げてある大嶋郷の戸籍について観ると、三歳以下の緑児または緑女のある房戸の構成員中に、これらの幼児または緑児の父の名が示してあるにもかかわらずその母の名が挙げてない場合がかなり多い。殊にこれらの幼児が房戸の世帯主の孫である場合には、この孫の母すなわち房戸の世帯主の子の配偶者の名はこの戸籍中に一つも掲げてない。これら幼少なる孫がいずれもその母と別れているというがごとくことはあり得ないと考えられる。恐らくこれらの緑児の母はその子と同一家族に所属していたのであろう。ただ戸籍上これらの母が幼児の父の房戸の所属員となり得なかった事情があったため、これらの母と子とは別々の戸の構成員として記載せられたのであろう。このように大嶋郡の房戸の構成員中には事実上同一の家族員と していたであろうと考えられる世帯主の孫の母等が除去されているが、また事実上同一の家族員ではなかったであろうと考えられる世帯主の傍系親たる女子がこの戸の構成員となっている。この戸籍中にある戸の構成員を性別にみると、男子よりも女子が遙かに多くなっている。殊に世帯主の傍系親にあっては女子が男子よりも著しく多くなっており、世帯主の兄弟は四二人であるのにその姉妹は六一人となっており、甥は一三人であるのに姪は一八人となっており、伯叔父は一人もないのに姑は五人となっているのに従姉妹姉妹の母すなわち伯叔の配偶者も五人となっており、なおまた従兄弟は一三人であるのに従姉妹は二六人となっている。しかもこれらの女子のうち、男子よりも多数になっている

第25表

	養老5年調査 大島郷	慶応4年調査 鍛冶屋村	大正9年調査 尻屋	大正9年調査 東祖谷山村	昭和5年調査 大沢田	大正9年調査 東北5県
世帯数(実数)	59	82	35	864	168	676,000
世　帯　主	1000.0	1000.0	1000.0	1000.0	1000.0	1000.0
配偶者(妻)	457.6	804.9	914.3	838.0	934.6	825.4
(妾)	169.5	—	—	—	—	—
配偶者の血族	—	—	—	11.6	—	11.8
子	3033.9	1792.7	2400.0	1797.5	2910.9	2230.8
子の配偶者	—	122.0	457.1	185.2	547.7	334.3
孫	220.3	48.8	1371.4	299.8	1720.4	633.1
孫の配偶者	—	—	85.7	17.4	53.6	14.8
曽　　　孫	—	—	171.4	10.4	41.7	11.8
父	17.0	402.4	85.7	187.5	65.5	85.8
母	305.0	451.2	342.9	248.4	196.4	239.6
兄　　　弟	711.9	561.0	200.0	113.4	77.4	93.2
姉　　　妹	1033.9	231.7	371.4	76.4	59.5	75.4
兄弟姉妹の配偶者	33.9	—	28.6	5.8	11.9	11.8
甥　　　姪	525.4	48.8	257.1	34.7	5.9	60.7
祖　父　母	—	61.0	114.3	45.1	65.5	29.6
伯　叔　父　母	84.7	12.2	142.9	16.2	5.9	22.2
伯叔父母の配偶者	84.7	12.2	—	—	—	1.5
従兄弟姉妹	644.1	—	285.7	2.3	—	10.5
甥姪の配偶者	—	—	28.6	—	11.9	1.5
姪　　　孫	17.0	—	142.9	—	—	1.5
従祖祖父母	—	—	—	—	—	1.5
従　　　姪	50.8	—	114.3	—	—	—

大嶋郷の伯叔父母の配偶者の数は五人であるが，この五人は世帯主の従兄弟姉妹の母または庶母とある者のみである。またその伯叔父母とある者の中には伯叔父は一人もなくいずれも姑とあるもののみである。

第26表

		総計	3歳以下(緑児緑女)	4歳以上16歳以下	同左指数	17歳以上60歳以下	同左指数	61歳以上および癈疾、残疾
甲和里	男	189	27	46	100.0	104	100.0	12
	女	263	27	65	141.3	158	151.9	13
嶋俣里	男	165	12	46	100.0	95	100.0	12
	女	205	14	60	130.4	116	122.1	15

『大日本古文書』一　289—291頁にあるところによって算出

いるのは小女、次女、丁女等（四歳以上六〇歳以下の女子）であり、三歳未満の者および六一歳以上の者は男女共にほぼ同数となっている。たとえば大嶋郷甲和里および嶋俣里の戸籍上の人口を性別および年齢別に観ると、第26表のごとくなっている。

かくのごとく幼少なる者は男女共にほぼ同数であるのに、年長なる者のみ女子数が男子数よりも二割以上五割内外までも多いというがごときことは事実上あり得ないであろう。これらの女子の中には戸籍面の房戸主と事実上同居しておらなかった者もあったであろうと考えられ、殊に世帯主の姉妹、姪、姑、従兄弟姉妹の母および従姉妹の中にはこの種の者が相当多かったであろうと考えられる。おそらくこれらの女子の中には口分田の規定によって受け得られた利益を増すために、または相続法上享受し得た利益のために、事実上房戸の同居家族員でなかったにもかかわらず、名義上その所属員となっていた者もかなりあったであろう。

このようにこの大嶋郷の房戸の構成員中には事実上の家族員であったであろうと考えられる者が加えられておらず、またそれでなかったであろうと考えられる者が加えられている。したがってこれらの房戸の構成員をもって直ちにその当時の家族の構成員とみなすことは出来ぬ。しかしながらこれら房戸の構成員中には前述のごとき傍系親が多く加えられているにもかかわらず、全員の六割二分以上は世帯主の直系親および配偶者よりなり、またその八割三分以上は世帯主、その配偶者、世帯主の父母、子孫、および兄弟姉妹等よりなっており、なおまた、各房戸中には継嗣たる嫡子は房戸主の年長男子一人あるのみである（註32参照）。それ故にこの房戸はたとい家族と同じものではなかったとしても、その当時の家族に最も近いものであったであろうと考えられる。したがってここにはこれら房戸の構成員をその当時の家族に最も近いものとして挙げたのであるが、これらの構成員をその当時の家族構成員に近い

いものとみなす場合には、前に述べたごとき房戸主の孫の母はその構成員中に加わっていたものと考えねばならず、またその姉妹、姪、姑、従姉妹等のかなり多くの者はその構成員中に事実上加わっていなかったものと考えねばならぬ。このような考えを許して、今を去ること一、二〇〇年以前奈良朝の頃、ある現代の農漁村地方の家族構成員と比較してみると、今を去ること一、二〇〇年以前奈良朝の頃、房総地方にあった家族も、現代東北地方の農漁村にある家族もその構成員はほぼ相似たものであるといい得るであろう。すなわちかなり古い時代の家族についてみても、その構成員は現代の農漁村の家族のそれよりも著しく異なっているものではないということが、右の事実によって示されていると考えられる。

次にまた第25表にある慶応三年調査の相模国鍛冶屋村の家族構成員を観るに、それは現代の東北地方のそれよりも単純であり、徳島県東祖谷山村の家族構成員等とほぼ相似たものとなっている。ただし鍛冶屋村の家族構成員中には世帯主の父母、殊に父が比較的多くなっており、したがって世帯主の孫が少なく、また曾孫等は一人もあらわれておらぬ。この地方において、家督相続人が妻を娶り、家の行事を処理し得るようになった場合に、被相続人が隠居することが比較的多かったからであろう。もしこれらの父を家長としてこの村の家族構成員をこの家長に対する続柄において観察するならば、この村の家族構成員は一層単純となり、家族員は殆ど家長の直系親とその配偶者とだけになるであろう。しかしかくのごとき技工を加えることなく宗門帳にあるがままの家族員をそのまま取ってみても、交通圏の著しく狭かった時代における鍛冶屋村の家族構成員は、現代の山村僻地における家族のそれと同様なるものとなっており、むしろ東北地方純農村の家族の方がこの鍛冶屋村のそれよりも一層複雑なる構成員からなっている。

これらの事実によって観ると、過去におけるわが国の家族構成員は、一般的には現代の家族のそれよりは複雑なる続柄関係にある人々からなっているが、しかし古い時代に遡ってみても、その家族構成員の種類とその員数とは近代的産業の影響をあまり受けておらぬ現代の村落のそれにほぼ等しいものであることが明らかになる。ただしここに過去の家族構成がすべてこれら二つのものと同様なるものであったとはいわれない。しかし平安朝以前における家族構成を尋ね得る資料はないように考えられ、また徳川時代のそれをさらに適当なる資料としては前述の大嶋郷の戸籍よりもさらに適当なる資料となり、前記の鍛冶屋村のごとき交通不便にして人口移動の少なかった村落の宗門帳の記述が最も有力なる資料となり、前記の鍛冶屋村のごとき交通不便にして人口移動の少なかった村落の宗門帳の記述が最も有力な当時の農家の家族構成、しかも伝統的家業を忠実に守り、比較的複雑なる関係にある近親者をやや多く含んでいたであろうと思われる村落の家族構成をみる上に最も適当なる資料となると考えられる。それ故にここにはこれら二つの村落を取り、これらの村落における房戸または家族の構成員をもって過去における家族の構成員に最も近いものとみなしたまでである。もちろん徳川時代の家族中には右の宗門帳にある家族構成員よりもなお遠縁の関係にある者が加入していた場合もあったであろう。たとえばその当時厄介と称せられていた者、すなわち家長の傍系親にしてその家族中にあった者の中には、稀には前記の家長の大叔父または従伯叔等もいたようである。したがってわが国の封建時代の家族構成員中には前記の鍛冶屋村のそれよりは幾分か広い範囲の傍系親等も時としては含まれていたであろう。しかしかくのごとき範囲の傍系親等が同一の家族員となっていた場合は稀であり（註38参照）、大多数の家族はほぼここに述べた宗門帳にある家族と同様なる構成員を持っていたものであろうと考えられる。

右に述べたところによって従来わが国民が形づくっていた家族の構成員の範囲は交通圏の狭い地方にある現代の農漁村の家族のそれよりも特に大なるものではなかったことがほぼ明らかになった。しからば今後わが国の家族はその構成員範囲をいかなる種類の近親者に限定して行くであろうか。将来わが国の家族がいかなる構成形式を持つであろうかを予測することは極めて困難なることであるが、しかしわが国民がその家族を形づくる場合に持っている意味に変りがない限り、すなわち今後もわが国民が各自の家族団体の存続、子孫を通じての家族の継承を求めんとする限り、従来の変遷過程よりして将来生じ得るわが国の家族構成を何程か推定し得るであろう。

最近に到るまでの傾向からみれば、近代的産業機関が多く設立されているところ、人々の交通圏が拡がり、各家族の所属員が他の人々と頻繁に接触し得るようになっている地方においては、家業は圧縮せられ、家族員は漸次家族外に吸引せられ、近代都市においてみられるごとく、家族構成員の範囲は世帯主に最も近い少数の近親者だけに限定せられつつある。この傾向よりすれば、将来家族の外側に諸種の産業機関およびその他の社会関係が増加し、人々相互の接触交通が容易になるにしたがい、家族構成員の範囲は次第に縮小するものの如くに考えられる。しかしながらこの家族構成員の範囲は無制限に縮小するものではない。いかに家業は圧縮され、諸種の産業機関が多く設立せられ、人々が家族外の諸社会関係へ多くの関心を向けるようになるとしても、家族に固有なる機能は他の社会関係によって容易に実現され得るものではない。したがって人々がこの機能に執着を持つ限り、夫婦および親子関係にある者を中心とする家族生活は常にあらわれ得べく、家族はこれらの関係にある者のいずれかをも排除し、その構成員の範囲をそれ以上に狭く制限するがごときことはないであろう。これに加えて、わが国民は従来家長的家族の範囲の生活形式を重んじ、一般に各自の家を連続せしめんとし、少

第二章　わが国の家族構成　276

なくともその家名および家系を存続せしめんとしている。かくのごとき要求がわが国民にある限り、たとい家族構成員となり得る近親者の範囲は今後において多少狭められるとしても、家族は世帯主夫婦およびその子だけにその所属員を限定することなく、世帯主の直系親はいうまでもなく、兄弟姉妹等のごとき傍系親をも、何程かその中に包容し得るであろう。もちろん今後わが国においては、家業として存続し得るがごとき業務の種類は次第に狭くなり、各家族の員数は徐々に縮小し、同一の家族員たり得る近親者の範囲はいままでのものよりは一層狭くなるであろう。しかしながら将来においても、国民が家族団体の永続を求め、各自の家の断絶を避けんとする傾向を持つ限り、これらの妻子とともにその家を継承すべき子は成人後、配偶者を求め、さらにその子を挙げた場合においても、これらの妻子とともにその家を継承すべき子は成人後、配偶者を求め、さらにその子を挙げた場合においても、新たなる世帯主の家族内に止ることあるべく、而してまたこの継嗣は世帯主の死後においては直ちに新世帯主となる故、前世帯主の第二子以下の者にして前世帯主の死に到るまでその継嗣とともにその家族に所属していた者は、他へ婚嫁するかまたは独立生計を立てるに到るまでは、新世帯主の家族員中に包容せられる場合が多いであろう。したがって将来わが国の家族はその構成員の数を漸次制限するとしても、その構成員たり得る近親者中には、世帯主夫婦とその子のほか、子の配偶者、孫、父、母、兄弟、姉妹等が何程か包容せられ得るであろう。

このことは人々を家族外へ吸引することの最も強いわが国の近代的大都市における家族構成員の種類とその員数とをみてもほぼ明らかに推定し得られると考えられる。最近わが国の各地方にはこれら大都市の生活形式——諸社会関係の複雑化、人々の交通圏の拡大、動的密度の増加、家族単位に行われる産業の減退等——が徐々に普及し、各地方の人々はその生活様式において漸次都市人に追随しつつある。したがって将来わが国の各地方に起るであろうと考えられる家族生活の形式のごときも、ある

程度までこれらの大都市のそれにおいて示されていると考えられる。このような意味においてわが国の大都市をみると、前節において述べたごとく、大都市においては郡部においてよりも員数の少ない家族が一層多くなっており、また第15表以下第21表に到る諸表において示されているごとく、大都市の家族構成員の種類は郡部のそれよりは一層単純なるものとなっており、家族員中には世帯主の大部分（約八割八分）は世帯主夫婦とその子とよりなっているが、しかもなおこの家族員中には世帯主の父、母、祖父母、子の配偶者、孫等のごとき直系親ならびに兄弟、姉妹等のごとき傍系親も何程か加わっている。すなわち現代わが国の大都市における家族はその構成員を世帯主およびその妻子だけに限ることなく郡部のそれよりも一層単純化しているが、しかもその成員中には世帯主およびその妻子以外の直系親および傍系親をもその中に包容している。僅かずつではあるが、これらの者以外の直系親および傍系親をもその中に包容している。

これら現代わが国の大都市にあらわれている家族構成員の種類と員数とは、将来わが国民が構成するであろうと考えられる家族のそれに近いものであろう。今後わが国において家族外に存する諸社会関係が一層増加し、家業として経営せられ得る業務が一層少なくなるとしても、国民が各自の家系を連続せしめんとする態度を失わない限り、その家族構成員としてあらわれるものは恐らく現代の大都市に見出されているものと大差ないであろう。もしこれら二者の間にあまり差がないとするならば、将来わが国民が構成するであろうと考えられる家族も一定の限界以上に単純化するものではないといい得るであろう。すなわちわが国の過去における家族の構成員が著しく複雑化したごとく、将来の家族構成員も著しく単純化することなく、現在の大都市の家族の構成員にほぼ近いものとなるであろう。交通圏の比較的狭い現代の農漁村の家族のそれにほぼ近いものであったごとく、将来の家族構成員も著しく単純化することなく、現在の大都市の家族の構成員にほぼ近いものとなるであろう。ただしこのことはわが国民が家族を構成する場合に持つ態度に変りがない限りにおいてのみいわれ得ることである。

この態度に著しい変化が起るならば、その家族員が右に述べたところのものより著しく変ったものとなるであろうことはいうまでもない。

註1 　族的関係は血縁連鎖の関係が尋ね得られる限り、無限に広く求められ得るが、この血縁連鎖の辿り方は各民族において必ずしも一様ではない。現代のわが国および欧米諸国においては、父（男）系および母（女）系の両面において血縁関係が辿られることになっているが、単に父（男）系だけにおいて血縁関係を辿るものもあり、また母の所属する族を以て子の所属すべき族とするものもある。わが国においても氏族関係は父系を通じて辿られるが、家族員の持つ紋章の連続は必ずしも父系的ではない。関東、東北地方においては男の子も女の子も共に父の紋章を継承するが、近畿以西においては男の子は父の紋章を継承し、女の子は母の紋章を継承するという慣習が相当に広く行われている。この場合紋章を通じて血縁関係を辿ることとすれば、関東以北の女子は父系的であるが近畿以西の女子は母系的であるといわれるであろう。このように血縁連鎖の辿り方は一様ではないが、しかしいずれの辿り方をとるとしても、血縁連鎖の辿られる限りにおいて血縁者を求めるならば、族的関係者は限りなく多くなるであろう。

わが国内地における族的関係者は通常「姓」を通じて尋ねられ得ると考えられているが、しかし「姓」を通じての族的関係者は養子の場合のほか男系の血縁者を含むのみである。またわが内地人は祖先伝来の姓を厳重に守っていたのではなく、その地位、境遇、住所、職業等のいかんによって「姓」を変更していたが故に、たとい男系を通じて族的関係者を定め得るとしても、現在同姓の者必ずしも同族ではなく、また異姓の者必ずしも異族ではない。王朝以来他民族にしてわが内地へ来住した者はなはだ少なかったにもかかわらず、古代の戸籍計帳等に見出される「姓」は今日われわれの周囲には殆ど当らない。また『新撰姓氏録序』には「凡一千一百八十二氏」とあるが、現在では少し注意すれば何人でも容易に一万種以上の「姓」を数え得る。恐らくわが内地人の「姓」の種類は二万種以上にもなるであろう。なおまた古事類苑姓名部には「同姓異出」および「同宗異姓」の例が多く挙げてある。これらの事実は現代のわが内地人の「姓」が同宗より流れ出た同族の全部を示す固有名詞ではなく、極めて断片的に切り取られた一小部分の族的関係者を示すに過ぎないものであることを明瞭に示すのである。しかるに朝鮮においては「姓」の変更は少なかったとみえ、古今を通じて同様なる「姓」が大部分の人々の間に守られしたがってまた「姓」の種類もはなはだ少ない。朝鮮総督府編纂の『朝鮮の姓』五七頁に権文海の

「韻玉」中の記述「東韓名閥非一自高麗時奕世不絶者以李、朴、金、權、沈、尹、韓、鄭、柳、崔、任、許、申、趙、曹、成、安、盧、南、宋、為最」という説明が引用してある。これによって観ると、現在朝鮮に最も多く存する金、李、朴、崔、鄭、盧、趙等の「姓」は古くから存続していたことが知られる。また朝鮮では「姓」の種類も少く、現在二五〇種であるが、それは李朝英祖時代に李宜顕によって数えられた二九八姓より四八姓少なくなっている（『朝鮮の姓』五六頁）。これらの事実によってみると、朝鮮の「姓」は女系を辿らない点において内地のそれと同様なるものであるが、しかしわが内地のそれよりは遙かに包括的に血縁連鎖の関係にある者を示す固有名詞となっていると考えられる。

2 親族称呼が単に血縁連鎖の関係を示すだけの言葉でなく、日常生活において、互いに親しみと尊敬との感情を持ち得るように、比較的接近しやすい状態に置かれている族的関係者を示す言葉であることについては多くの例証を挙げ得る。たとえば男系を追うて族的関係を辿る慣習を持っている民族は、女系の系統に属する血縁者を指示に男系の血縁者を示すのと同様なる親族称呼を用いず、また多くの場合これら女系の者を近親者として取り扱わず、たといこれを近親者と認めるとしても、血縁連鎖の濃淡だけによって男系の者と同じ程度における近親者の者と認めない。わが国の「令」の規定をみると儀制令中に五等親の制度が定められてあるが、この規定は五等親にも加えられておらず、また兄弟の孫の血縁者は近親者中に加えられておらぬ者が多い。たとえば父方の曾祖は三等親、高祖、従祖父母、従祖伯叔、従祖姑再従兄弟姉妹および従姪は四等親であるが、姉妹の孫は近親者となっているが、従父兄弟の子は近親者でないことになってる。㈠次にまた同じ程度の血縁者中にあっても男系の者が女系の者より一層近親関係にある者とせられている。たとえば父方の祖父母伯叔、および姑は祖父母であるが母方のそれらは四等親であり、父方の従兄弟姉妹は三等親であるが、母方のそれは五等親であり、兄弟の子（姪）は二等親であるが、姉妹の子（外甥）は四等親であり、孫は二等親であるが、外孫は五等親である。㈢さらにまた配偶関係を通じての近親者にしても常に男系に重きが置かれてある。たとえば夫の父母は二等親であるが、妻の父母は五等親であり、嫡男の婦は二等親であるが、女壻は五等親であり、夫の祖父母、伯叔姑および姪は三等親、夫の兄弟姉妹は四等親であるが、妻のそれらは近親者でないことになっている。これらの規定は血縁連鎖の関係だけを標準としては解釈し得られないものである。それは男系が重要視され、男系の者は女系のそれよりは一層強く相接近し、また互いに相尊重すべきものであるとの考えにもとづいて制定せられたものであろう。

また支那の儀礼喪服制の規定のごときも同様なる意味のものと思われる。この規定によると、祖、嫡長孫、兄、兄の子お

よび世父に対する喪服は斉衰期となっている(服部宇之吉著『増訂支那研究』四五六―七頁)。もし血縁の濃淡だけからみるならば、祖父に対する喪服と世父に対するそれとは異ならざるを得ず、また兄と兄の子とに対する喪服が同等であることは少しく無理であり、なおまた世父と兄とを同等に扱うことも少しく無くなっている。しかし漢民族の生活慣習上これらの関係に立つ近親者に対しては、人々が同様なる親しみと尊敬とを持ちやすくなっていたものであろうと考えるならば、右のごとき規定も比較的容易に理解され得るであろう。

またモルガンの研究によると、Seneca-Iroquois 族にあっては、父および父の兄弟はすべて父と呼ばれ、母および母の姉妹はすべて母と呼ばれ、父の姉妹は叔母と呼ばれ、子は子と呼ばれ、兄弟の子は兄弟からは子と呼ばれ、姉妹からは甥姪と呼ばれ、姉妹の子は姉妹からは子と呼ばれ、兄弟からは甥姪と呼ばれていたということである(L. H. Morgan, Ancient Society, New York, 1877. pp. 424-453)。かくのごとき親族称呼は血縁連鎖の関係を示すものではなく、族的集団の生活慣習により互いに接近しやすい関係にある者を示しているものと考えなくてはならぬ。

3 明治七年十月十七日太政官布告第百八号

服忌ノ儀追テ被仰出ノ品モ可有之候得共差向京家ノ制武家ノ制両様ニ相成候テハ法律上不都合有之ニ付、自今京家ノ制被廃候条此旨布告候事。

明治七年十一月十八日(京都府伺)
服忌令ノ儀ハ追テ被仰出ノ品モ可有之候得ハ本年第百八号ヲ以テ御布告相成右武家制服忌令ノ儀ハ元禄年中改正元文年中増補ノ別冊相用ヒ可然哉為念伺。
別冊(中略)
(太政官指令)明治八年一月七日
伺之通。

と『現行法令輯覧』にある。

4 喪葬の服紀制中に掲げてある近親者にして現行令中に掲げてないものは一つもなく、現行令中に掲げてある近親者にして喪葬令中に掲げてないものは、服七日の近親者中にある曾孫、玄孫、外孫、従母兄弟姉妹、姉妹の子(五等親制の外甥)だけである。次に元文元年の増補はこれら忌服を受くべき近親者の範囲を増減したものではなく、主として養親子間の忌服、養子となった者とその実親との忌服、嫡母、継母等が改嫁した場合の忌服、嫡子死後における末子の受くべき忌服等を

それぞれの場合につき詳細に規定したものに過ぎない。また貞享元年二月制定のになった服忌令にある近親者の範囲も元禄六年の改正令中にあるものとほぼ等しく、離別之母、夫之父母、嫡母等が受くべき忌服期間が多少異なるのみである。すなわち京家以外の者に対して、徳川時代に初めて統一的に示された貞享元年二月三〇日の服忌令によると、父母、夫、服九十日、祖父母、出母、養父母、服百五十日、曾祖父母、伯叔父母、兄弟姉妹、外祖父母、夫の父母、嫡母、妻、嫡子、服三十日、高祖父母、継父母、外家の叔父母、異父の兄弟姉妹、女子、季子、嫡孫、従父兄弟、甥姪、末孫、外孫、姉妹の子、父の姉妹の子、外家の従兄弟姉妹、服七日となっている。

5 直系親五世同居の家族は後に第二章第四節において説明するごとく東北地方には多少あるが、全国を通じてみれば、かかる家族は家族総数中僅かに一万分の二内外あるに過ぎない。

6 世帯主の傍系親の配偶者（兄弟姉妹、伯叔、甥姪等の配偶者）にしてこれらの傍系親と共に世帯主の家族員となっている者は、全国的には約八万人ある（第15表参照）。

7 『釈親考』は尊属親については『親族正名』に挙げてあるものとは多少異なるものを親族として挙げている。『親親考』には玄孫（玄孫の子）曩孫（玄孫の孫）仍孫（玄孫の曾孫）、雲孫（玄孫の玄孫）等が掲げてあるないが、『親族正名』には玄孫以下の直系親が掲げてある。しかし現実にかくのごとき来孫（玄孫の子）曩孫等と人々が族的に相接することはない、またわが国民はかくのごとき遠縁の後胤に対する親族称呼を持たない。これらの子孫がこれらの者を現実の親族中に数えていたことを語るものではない。次にまた『釈親考続編』には各種の親族についての種々の異名（たとえば父についてはは考、大人、厳君、郎罷、嗣父、椿府、尊公、ゴシンプ等のごとき異名）が挙げてあり、それにつき国字音の称呼がつけてあるが、これらの国字音の称呼中にはこの書以外に家府等のごとき異名）は見出され難きものがかなりある（たとえば族曾祖父、族祖父、表伯父、三従高祖、表兄弟、曾姪孫 表姪 等）。これらは支那の古典中に散見する親族称呼を集めて強いてこれに国字音を附したものの如くと考えられる。

8 『親族正名』に「（前略）爾雅ニ釈親ノ篇アリテ親親ノ名謂ヲ明セリ、学者ハ是ヲ以ンデ其名ヲ弁知スベシ、然レドモ其文前後錯雑シテ次序分明ナラザル故ニ幼学ノ士惑ヒヤスキコトアリ、況ヤ常人ハ読ムコトサヘ難ケレバ九族ノ名ヲ知ラントコト何ニヨリテカ求ンヤ、故ニ今爾雅ノ説ニ本ヅキ同宗ノ親族ヨリ異姓外家ノ親戚マデヲ叙列シテ詳ニ其行次ヲ分ケ国字ヲ以テ解説シテ読ミ易ク解シヤスカラシム、其次序ハ爾雅ノ文ニ拝ハラズ尊卑近遠ヲ以テ先後トス、爾雅ニ遺闕アルヲ愚案ヲ以

テ補ヘリ云々』(『親族正名』享保一〇年五丁)とある。これによってみると、この書の記述は『爾雅』に根拠を置いたものであることは明らかであるが、しかし一面においてはその当時わが国民に知られていた親族称呼を用いて親族の範囲を示し、当時の人々が認めていた親族制における親族間の遠近の行次を明らかにしたものであると考えられる。

服部宇之吉著『増訂支那研究』(大正一五年(一九二六年)四五六―四五七頁

儀制令五等親制に掲げてある宗族親中には、曾姪孫、従姪孫、再従姪および第四傍系親等が除外せられている。『親族正名』には族曾祖父、姑等に国字音の称呼がないと述べてあるが、『釈親考続編』にはこれらの者に対して「ヒオオオジ」、「ヒオオオバ」という国字音の称呼がつけてある。しかしかくのごとき国字音の称呼は現実に用いられること殆どなかったであろうと思われる。

9
10
11

12 岐阜県大野郡白川村においては「イトコチガイ」および「マタイトコチガイ」等の親族称呼が現代においても用いられており、これらの称呼によって示される者が家族員中に加っている場合もある。

現代わが国民が形づくっている家族の所属員は第15表にあるごとく世帯主の宗族親の範囲では、主として世帯主の祖父母より曾孫に至る直系親、兄弟姉妹より姪孫に至る第一傍系親、伯叔より従兄弟姉妹に至る第二傍系親以内の者である。しかしこれだけの者の間においても世帯主の伯叔と世帯主の子との関係は従祖従兄弟姉父母と姪孫との関係であり、世帯主の従兄弟姉妹と世帯主の子との関係は「イトコチガイ」の関係であり、世帯主の従兄弟姉妹と世帯主の孫との関係は族祖父母と従姪孫(イトコオイマゴ)との関係となる。もちろんこれらの者の全部が一家族の成員中にある場合は少ないが、後に述べるごとく青森県の一部または岐阜県の一部等にはこれらの関係にある者が一家族の成員となっている場合もある。

13 『親族正名』にはたとえば伯叔父の配すなわち伯叔母は伯叔父と同様なる忌服を受けるべき親族とせられているが、姑の配すなわち姑夫(父の姉妹の夫)は無服の親族であるとせられている。このように宗族親たる男子の配と女子の配とは忌服の有無の別が立てられているが、宗族親の配偶者である限りはすべて親族として挙げてある。

14 世帯主の従兄弟姉妹が世帯主の家族員となっている者は大正九年の調査では世帯主一万人につき約二二人ある(第15表および第16表参照)。世帯主の従兄弟姉妹がその配偶者と共に世帯主の家族員となっているものも僅かながらある。昭和五年調査になる青森県が、しかし東北地方の家族の中にはかくのごとき近親者を包容しているものは殆どない。すなわち一家一〇人以上の近親者からなる階上村の普通世帯中、世帯主の近親者が一〇人以上の家族となっているものは僅かに、世帯主の近親者がその妻および子(従姪)と共に世帯主の家族員となっている世帯を求めると一八八世帯あるが、そのうち世帯主の従兄弟がその妻および子(従姪)と共に世帯主の家族員となっている世帯を求めると

ている場合が二つある。また大正九年調査になる同村大字道仏字道仏という小部落にある二〇世帯（世帯員数に制限なく）についてみると、右のごとき場合が一つある。

ここに云う「アヒヤケ」は相親家すなわち相互的に親族となる家族という意である。

家長的家族は常に大家族であり、大家族すなわち相互的に親族となる家族は構成員数の大なる家長的家族を構成している故、わが国民の家族は成員数の大なる家族であり、単に夫婦および親子のほかに種々の族的関係にある者を含む家族であると考えている人々はかなり多い。家長的家族は近代的家族よりは一般に多くの員数からなり、また一層複雑なる族的関係からなっているが、しかしこの家族の構成員が多少複雑なる族的関係者からなっていることおよびそれが幾分多人数にあるものからなっていることは、家長的家族に欠くべからざる要事ではない。構成員数は少なくまたその所属員相互の続柄関係は単純であっても、家族的伝統を永続せしめんとする意味において形づくられる家族が家長的家族である。それ故にわが国民の形づくる家族の構成員数が多く、またその家族員の近親関係が複雑であると考えるのは当らない。

ここに削除した一五世帯は、抽出写しには普通世帯となっているが、その世帯構成員の性質上普通世帯とみなし得ないものである。たとえば世帯主一人のほか世帯主の妻子、父母、兄弟等一人もなく、世帯主と同職業の同居人が数人あるに過ぎぬがごときもの、また世帯主とその甥または従兄弟等よりなっている世帯であるが、それらがすべて出生地を異にしている同業者であるというがごときものである。かくのごとき世帯は合宿のごときものであり、事実上普通世帯ではない。ただし国勢調査申告の場合合宿とせず、普通世帯のごとく主人のほか何人という形にて申告せられていたが故に、それが普通世帯中に入れられたものと考えられる。

15 16 『親族正名』享保一〇年（一七二五年）一四丁

17 福田徳三著『経済学全集』第二巻『国民経済講話』大正一四年（一九二五年）（一七九頁以下）、および本庄栄次郎著『経済史研究』（大正九年（一九二〇年））（四六四頁以下）に白川村の家族に関する記述あるが、いずれにおいても「イトコチガイ」なる称呼は父の従兄弟姉妹と従兄弟姉妹の子との二種の近親者を指示する称呼として用いられている。福田博士の記述は警察調べによったものであり、本庄博士の叙述は戸籍によったものであるが、これらの記述によると、従伯叔父母すなわち父の従兄弟姉妹を示す場合には常に「従兄弟姉妹違い」なる称呼が用いてあり、従姪すなわち従兄弟姉妹の子を示す場合には「従姪」なる称呼と「従兄弟姉妹違い」なる称呼とが混用してある。たとえば同一家族の構成図におい

て、従妹の子が「従弟違い」、「従姪」、「従甥」、「従弟違い男」等の称呼において示されている。これによってみると、この白川村地方の人々は従伯叔父母を示す場合には「従兄弟姉妹違い」なる称呼も用いるが、また「従姪」なる称呼を用い、従姪を指す場合には「従兄弟姉妹違い」として示されている者にして世帯主より年長なる者はこれを従伯叔父母であるとみなしても大いなる誤りはないであろう。

20 第15表にある数字は拙著『家族の研究』（三五九―三六四頁）において発表した数字と僅かながら異なっている。それは『家族の研究』において家族構成の問題を取り扱った後、さらに原資料について考察を続けている間に、訂正を要する部分のあることを見出し、訂正したが故に、かくのごとき差が生じたのである。

21 第16表においては各府県別および都市別の身分関係別家族員数の表を省略した。それは抽出写しによって各府県別および都市別の家族数および家族員数を求めると、その数は実数の千分の一であり、比較的少なくなる。したがってこれら比較的少数となっている家族員数を各種の近親者に分類して世帯主数に対する比を求めても、誤差がかなり大きくなり得ると考えられるからである。

22 第16表によると、世帯主の兄弟姉妹、甥姪、伯叔等は、東北および北陸地方の郡部以外においては、郡部の家族においても都市の家族においてもほぼ同様なる割合にてあらわれている。殊に六大都市の家族は京阪地方の郡部の家族よりもこれらの傍系親を比較的多く包容している。然るに世帯主の直系親は郡部の家族に比較的多く、都市殊に大都市のそれに著しく少なくなっている。このことは一見奇異に思われやすいが、しかし前に甥姪等について述べたところを省察するならば、この疑問は直ちに氷解するであろう。これらの傍系親にして都市殊に大都市の家族中にある者は、必ずしも世帯主と事実上家族的共同をなしている者ばかりではなく、その中には単に世帯主の家居に寄寓しているに過ぎない者も相当にあるであろう。ただ抽出写しにある記述だけではかくのごとき寄寓者を共に家族員中に数えた。したがってもこれら寄寓者または使用人のごとき難い場合が多かった故、止むなくこれらのごとき世帯主の傍系親をこれを家族の外における人々の部類に入れ得るならば、大都市の家族中に存するこの種の傍系親の割合は第16表にあるところよりさらに少なくなるであろう。

23 世帯主の配偶者の血族は主として妻の連れ子である。ただ僅かではあるが、それが妻の母または妻の兄弟姉妹等は、多くは便宜上世帯主の家居中に寄寓しているに過ぎない者と考えられる。かくのごとき場合においては、妻の母は世帯主には義母である故世帯主の母に準ずべき者と考えられ、また妻の兄弟姉妹等は、多くは便宜上世帯主の家居中に寄寓しているに過ぎない者と考えられる。したがってこの種の近親者はま

24 の数も少なく、特に他の家族員と区別して観察しなくても差し支えないであろう。わが国の家族は家長的家族であると云われ得るが、しかしわが国民のなす家族がこの民族生活創始時代よりして家長的家族であったか否かは一つの問題である。わが国の家族がいつ頃より家族の永続化に目標を置くようになったのであるかは未だ何人によっても明らかに解答せられておらぬ。わが国に早くから職業世襲の傾向があったこと、これらの世襲職業と結びついていた姓が重要視せられ、姓を偽り族の系合を乱す者が取締られたこと（允恭天皇の御世における探湯）、また養子を置くことが早くから認められていたこと（景行天皇の宣命）等によって考えると、わが国民は早くから家長的家族を形づくっていたのではなかろうかとも考えられるが、しかしこの問題を今ここに明らかにすることは頗る困難である。

このようにわが国における家長的家族の起源は未だ明らかになっておらないが、しかしこの家族形式が律令制定時代以後、殊に武家時代以後において一般国民に普及していたことは何人も疑い得ない。律令制定時代以後においては親の教令に違反する者は厳重に取締られ、有位者の継嗣および一般人の養子は法律上公認せられ、また妻に子なき場合にはこれを去ることが是認せられるようになっていた。次いで武家時代に入ってより後は封建組織の影響を受けて家長権は一層強まり、家長の命に違反する者は家族外に排除せられ、家名家風尊重の傾向は強まり、家風に合わぬ妻は離別せられ、継嗣に対しては特別の訓育と待遇とが与えられ、また一般人も墳墓を営み得るようになった結果、祖先崇拝の傾向は一層助長せられるようになった。かかる時代にあらわれた家族がその集団の永続化に重点を置いたであろうことは云うまでもない。

現代においては家長的家族の存立に影響を及ぼし得る他の社会的条件が武家時代におけるほど有利になっておらぬ。家族外に存する多くの社会関係は家長的家族の確立をむしろ多少阻止しつつある。しかしそれにもかかわらず現代わが国民は各自の家族団体の持続に大なる関心を結びつけている。それは現行法の上においてわが国民が家族の永続化に役立つ形式を認めているだけではなく、法律上の形式に関係なく、各人が日常生活において示す態度において、わが国民が家族の永続化に役立つ形式の存立に寄与しつつある。現代わが国民の大多数は祖先を崇拝し、家族的伝統を尊重するのみならず、家系の断絶を憂慮し、継嗣を得ることを重要視している。嫁入りまたは婿入り等の形式、家産の設定または同族会社の設立等は、継嗣をして家系を維持せしめることに役立つことが多い。この継嗣を求め、家系を連続せしめんとする態度が現代わが国民にあることは現代わが国民が家族団体の永続化を求めんとしていることを示すものであると考えられる。

25 穂積陳重著『隠居論』大正四年〔一九一五年〕九六―一二五頁

26 家長の母の生存率が父のそれよりも大なることは、一つには妻の年齢が夫のそれよりも小なることにより、二つには婦人が男子よりも一般に長寿であることによる。婚姻年齢をみるに、法制上定められている婚姻適齢が男子に高く、女子にやや低くなっているのはいうまでもないが（たとえば唐制を模したわが国の『令』の規定では男年一五、女年一三以上となっており、現行民法規定では男一七年以上、女一五年以上となっており、また他の国における法規にあっても多くは男子の年齢が女子におけるよりも高くなっている）、事実上あらわれている年齢も夫のそれが妻のそれよりも一般的に高くなっている。たとえば前に掲げた第14表においてみられるごとく、現代わが国民の婚姻にあっては、いずれの地方のものも、男子の平均婚姻年齢は女子のそれよりも高くなっており、また古代の戸籍計帳によって筆者が調べたところによってみても、夫の平均年齢は妻のそれよりは約四・六歳ほど高くなっている。したがってこの点だけから考えても家長の母の生存率が父のそれよりも大となるであろうことは容易に推定し得らるる。ただし朝鮮においては年長なる妻を娶る場合もかなり多いのであるが、かくのごときは特殊的事情に由るものと考えられる。

次にまた現代わが国においてあらわれているところによってみると、男女の数はほぼ相等しいにもかかわらず、六〇歳以上の者は大正九年調査では男二〇一万五千人、女二四九万二千人となり、七〇歳以上の者は男六八万八千人、女九四万一千人となっている。これによってみても長寿を保つ者は男子よりも婦人に多く、したがって母は父よりも一層長く生存する傾向を持っていると云い得る。

27 近代的産業機関の多い都市においてはそれの比較的少ない郡部においてよりも、二〇歳以上の男子にしてその親と同居する者も少なく、また親と同じ業務に従事している者も少ない（拙著『家族と婚姻』三四頁参照）。したがって都市においては、職業の世襲、すなわち家業の存続は郡部においてよりも少なくなっていると云われる。

28 飛驒の白川村、阿波の祖谷、肥後の五箇庄等が交通不便の土地であり、農林業家族の多いところであることはいうまでもないが、本文に掲げた青森県の階上村大字道仏の一小部落および東通村の尻屋等もまた他の都市等の影響を受けていることの少ない農漁村である。たとえば大正九年国勢調査の結果の報告によると、階上村では現住男子人口三、二六四人中自村生れの者三、〇〇八人にして、九割二分以上は純粋の村人であり、またこの村は寄宿舎とか旅館等のごとき渡世帯を一つも持たず、普通家族以外に人々のいるべきところなき純農漁村であり、殊にこの村の内にても道仏部落内の一小部落は他との交通不便なる漁村部落にして漁獲物の収益を共有にしており、他の地方の者の移住を容易に許さない封鎖的の部落である。

29 青森県上北郡大深内村大字大沢田は同県階上村大字道仏等とほぼ相似した社会的条件を備えた部落である。大正九年国勢調査の報告によると、大深内村では現住男子人口二、四九七人中、自村生れの者二、二九五人となっており、約九割二分はその村で成育した者である。またこの村は階上村と同標準世帯の一つもない村であり、一世帯平均員数もかなり多い村である。

30 たとえば福田徳三博士はその著『経済学全集』第二巻（二七五頁以下）において原始乱婚説を否定し、人類は原始時代より一定の配偶者と夫婦関係を定めていたと説き、かかる夫婦関係中には「妻はその親の家に住っていて夫の方から通う」形のものがあり、かくのごとき婚姻慣習は余程広く行なわれており、「我邦の上古にも其事あったことは古事記や書紀に載せてある」とし、飛驒白川村の家族制度は「昔の家族制度に余程似て居る」と説明して、それより白川の交通不便の状況を述べ、「此事情（交通不便なる環境）が大家族制度が今日迄存続する一大原因ではないかと想像する」と主張しておられる。また河田嗣郎博士はその著『家族制度研究』（大正八年（一九一九年）（一四八頁）において、「現今飛驒の山中に存在する大家族組織は一種特異の趣を有し、純然たる家族共産体の俤を有し、甚だ昔時の状態を偲ばしむるに足るものあると同時に、其生活の実状は又甚だ劣等農耕民族の氏族生活に似たるものあるが如し」と述べておられる。なお また岡村精次氏はその著『飛驒白川村の大家族制』（岐阜県学務課 昭和四年（一九二九年）（一八頁以下）において、「白川村には我国往古に広く行われた大家族制度が残っていることで古来有名である」と述べ、それより岡村利平氏の研究になる「白川村家族制と大宝二年戸籍との比較」『飛驒史壇』一ノ二 大正三年（一九一四年））を引用して、『大日本古文書』一にある御野国春部里にある戸の構成員と白川村の戸籍上の構成員とを比較し、両者の類似点を求め、「右の如くして両大家族の形態は甚だ類似して居る所あるを以て、白川村の大家族制は我国往古の大家族制の遺物と見ることを得べし」と主張しておられる。

31 『大日本古文書』一にある古代戸籍の残簡中より、戸籍上の各人員に関する記録（姓名、世帯主に対する続柄、年齢、性等）に欠陥少なきものだけを求めると、大宝二年〔七〇二年〕調査の御野国戸籍において一〇九戸（郷戸数）、養老五年〔七二一年〕調査の下総国大嶋郷戸籍において五九戸（房戸数）を求めることが出来る。《この五九戸の房戸は大部分戸内の各員に関する記録に欠陥なきもの、すなわち戸内の人員合計数と同じ数だけの人員の姓名年齢等が掲げてある戸であるが、しかしかくのごとき条件を備えている戸であっても、戸籍中の記録が誤記であろうと容易に判断し得るがごとき戸、たとえば戸主の年齢が二三歳であるのに、その家族員たる姪の年齢が五〇歳となっているがごとき戸（『大日本古文書』一二

	御野国春部里戸籍の構成員		下総国大嶋郷戸籍の構成員	
	実　数	指　数	実　　数	指　数
戸主	109	100.0	59	100.0
妻	81	74.3	27	45.8
妻の血族	21	19.3	—	—
妾	14	12.8	10	17.0
子	471	432.1	179（うち,女子93）	303.4
子の配偶者	23	21.2	—	—
子の配偶者の血族	1	0.9	—	—
孫および外孫	149	136.7	13	22.0
曾孫	4	3.7	—	—
父	—	—	1	1.7
母	31	28.4	18（うち,庶母5）	30.5
兄弟	107	98.2	42	71.2
姉妹	77	70.6	61	103.4
兄弟姉妹の配偶者	43	39.5	2	3.4
兄弟姉妹の配偶者の血族	2	1.8	—	—
甥姪	446	409.2	31（うち,姪18）	52.5
伯叔父母	3	2.8	5（姑）	8.5
伯叔の配偶者	2	1.8	5（従兄弟姉妹の母）	8.5
従兄弟姉妹	8	7.3	38（うち,従姉妹26）	64.4
甥姪の配偶者	26	23.9	—	—
姪孫	105	97.3	1	1.7
姪孫の配偶者	2	1.8	—	—
曾姪孫	4	3.7	—	—
従姪	1	0.9	3	5.1

二七―二二八頁）はこれをこの五九戸中に加えず、また戸の構成員中に一名に関する記述等よりして、その一人が誰人であるかを容易に推定し得るがごとき戸（『大日本古文書』一 二二六頁、孔王部忍の戸、同一二四四頁、戸主不明の戸）はこれをこの五九戸中に加えて置いた）。いまこれらの戸の構成員を郷戸主または寄口とある主に対する続柄の種別において観察すると前頁のごとくなる。（ただしこれらの構成員中には戸籍に同党または寄口とあるものおよび戸主に対する続柄の不明なるものは入れてない）。

これらの構成員を第22表にある白川村の家族構成員と比較すると、郷戸たる御野国の戸籍中にあって、白川村の家族中にないものは、妾、子および兄弟の配偶者、甥姪の配偶者、姪孫の配偶者および曾姪孫等であり、主として戸主の妾と姻族とであるが、白川村の家族中にあってこれら郷戸の戸籍中にないものは、父、祖父母、従祖父母、従伯叔父母、再従兄弟姉妹、再従姪等であり、世帯主の直系尊属および第三傍系親等である。また房戸たる下総国の戸籍中にあって、白川村の家族中にないものは妾だけであるが、白川村の家族中にあって、これら房戸の戸籍中にないものは、妻の血族、子の配偶者、曾孫、祖父母、従祖祖父母、再従兄弟姉妹、世帯主の直系親、傍系親および姻族等almost 八種の近親者におよんでいる。すなわち郷戸のごとき家族以上の大なる集団の戸籍についてみても、その構成員の種類は白川村の家族成員よりはやや単純であり、また事実上存していた家族構成員とは多少異なるものであるが、それに最も近いものであったであろうと考えられる房戸の構成員についてみれば、その構成員の種類は白川村の家族のそれよりは遙かに単純になっている。

32 『戸令』の最初に掲げてある戸についての『集解』の注釈には、「謂、一家為一戸也」とあり、また「凡戸皆五家……」の条の注には、「朱云言五戸也」とある。これらの解釈によると、『令』の戸（すなわち郷戸）と家とは同一視せられている。しかしこの「五家」の条の中にある「相保」の注には「古記……一戸之内縦有十家以戸為限不限家多少也」とある。これによると戸は数家よりなり家は戸の構成単位であるとみられている。したがって『集解』の解釈によると、戸は時としては家と同一視せられており、また時としては家よりも大なるもの、すなわち家の集合体であるとみられていることになる。このように戸および家なる語は『集解』には二様に解せられているが、大宝二年以後の調査になる戸籍計帳について、戸の構成員に注意して家なる語を観察すると、戸籍面の筆頭に戸主が掲げられている戸（郷戸）は家の集合体であり、家よりも大なるものであったことが明瞭になる。まず第一に大宝二年調査になる御野国の戸籍をみるに、各戸には戸主は一人であるが、一戸の内に嫡子が二人以上ある場合が非常に多い。たとえば御野国春部里上政戸六人部伯麻呂の戸の構成員をみると、次のごとく（『大

『日本古文書』二一二頁）一戸の内に四人の嫡子がある。

下々戸主伯麻呂（年四九）

次　孚　粟（年一五）

嫡　子　伴（年四）

次　諸　身（年四）

嫡子古麻呂（年四）

次　小　稲　賣（年八）

　嫡　子　大　多（年二二）

　次　飯　得（年四）

　次　安倍弟法麻呂（年二二）

　次　孚　足　奈（年二）

　戸主妻六人部伊牟比賣（年四七）

　安倍妻若倭部之和良賣（年三五）

戸主丁勝長兄（年七七）　　耆老　　課戸

妻墨田勝赤賣（年四〇）　　丁妻

男丁勝廣國（年二三）　　　正丁　　嫡子

（男三名省略、いずれも小子、上件三口、嫡弟、嫡子の弟の意）

（女三名省略、いずれも丁女、上件三口先嫡女、丁勝長兄の先妻の娘の意）

（女三名省略、次女一名、小女二名、上件三口今嫡女、長兄の現在の妻の娘の意）

妹丁勝椋賣（年六〇）　　　丁女

從子丁勝宇奈麻呂（年四三）正丁

妻秦部椋賣（年四五）　　　丁妻

妾丁勝波太賣（年三二）　　丁妾

男丁勝犬手（年一七）　　　少丁　　嫡子、先嫡男（宇奈麻呂の先妻の嫡長男の意）

男丁勝麻呂（年二）　　　　緑兒　　妾男

女丁勝興理賣（年二二）　　丁女　　今嫡女

（女二名省略、いずれも小女、上件二口妾女、妾波太賣の娘の意）

　次　孚　大（年一九）

　戸主甥安倍（年三八）

　嫡子麻呂（年八）

　戸主甥支弥麻呂（年三五）

　兒　稲　賣（年一三）

　兒　姉っ賣（年一五）

なおまた大宝二年調査になる筑前国豊前および豊後国等の戸籍についてみても、一戸の内に二人以上の嫡子がある場合を数多く見出すことが出来る。たとえば同年調査の豊前国仲津郡丁里の戸主丁勝長兄の戸籍をみると次のごとくなっている（『大日本古文書』一六五—一六七頁）。

右に掲げてある嫡子は単に嫡妻の子を指示しているだけではなく、嫡長子にして継嗣たる者を指示していることは戸籍の記述上よりみて明らかである。このように一戸の内に二人以上の嫡子があったことはこれらの嫡子によって継承せらるべき家がこの戸の内に二つ以上あったことを示すものである。すなわちこれらの事実は大宝二年調査になる戸籍の戸が二つ以上の家をその内に含んでいた郷戸であったことを明瞭に示している。

次に養老五年調査になる下総国の戸籍をみるに、一人の戸主の下に統轄せられている戸とこの戸主の戸とは別に記述せられている戸とが別けられている。すなわち戸主を含んでいる戸と然らざる戸とが別々に記載せられている。たとえば下総国大島郷戸主孔王部荒人の戸籍をみると、それは次のごとく荒人の戸の外に、その従父兄二人の戸が各別に戸(房戸)として記述せられている(『大日本古文書』一 一二二四—一二二七頁)。

戸主孔王部荒人 (年四四)　　　　　　　正丁　　　　課戸

弟孔王部荒瀬 (年三三)　　　　　　　　正丁

(以下弟二人、妹二人、母一人省略)

戸孔王部忍 (年六四)　　　　　　　　　老丁　　　　戸主従父兄

妻孔王部多須伎賣 (年四六)　　　　　　丁妻

男孔王部刀良 (年三六)　　　　　　　　正丁　　　　嫡子

男孔王部伊良都 (年二四)　　　　　　　正丁　　　　嫡弟

(以下男四人、女一人、孫三人(刀良の子二人、伊良都の子一人いずれも二歳)省略)

戸孔王部古忍 (年五二)　　　　　　　　正丁　　　　戸主従父兄忍弟

妻孔王部伊良賣 (年四八)　　　　　　　丁妻

男孔王部黒秦 (年三〇)　　　　　　　　正丁　　　　嫡子

弟丁勝恵方 (年三六)　　　　　　　　　兵士

妻秦部廣賣 (年三三)　　　　　　　　　丁妻

男丁勝龍 (年一一)　　　　　　　　　　小子　　　　嫡子

(男二名省略、小子一名、緑児一名上件四戸主奴婢)

(奴二名、婢二名省略、上件四戸主奴婢)

《以下男二人、女二人、孫一人（黒麻の子）省略》

右の戸籍の記述によると、戸主荒人は自己のほかに弟三人、妹二人、母一人すなわち七人よりなる自己の房戸と、従父兄忍とその妻子および孫等十三人よりなる戸忍の房戸と、従父弟古忍とその妻子および孫等八人よりなる戸古忍の房戸と三つの房戸の家長となっていたことが明らかになる。すなわち荒人はこれら三房戸よりなる郷戸の戸主となり、忍および古忍は各自の房戸の家長となっていたのである。したがってこの記述によると、前述の古記の解釈のごとく、戸（郷戸）は数家（房戸）よりなっていたことが明らかになる。

最後に下総国大島郷の戸籍にあるがごとき、郷戸とは別に記述してある房戸だけについてみるに、これらの各房戸中には嫡子は常に房戸主の男子唯一人のみである。たとい房戸主の弟、従父または従父兄弟等がその子と共にこの房戸の構成員となっている場合においても《『大日本古文書』一 二三六頁、二四二頁、二五二頁等》、房戸主の男子以外の者が嫡子となっている場合はなく、また一房戸中に二人以上の嫡子がある場合もない。したがってこの房戸は唯一人の嫡子によって房戸主（家長）たる地位が継承せらるべき一個の家族であったかまたは家族に最も近いものであったかと考えられる。

なおまた、これらの房戸の構成員についてみても、註31に示されているごとく、それは主として世帯主およびそれと近い血縁関係にある者ならびにそれらの配偶者等よりなっている。もちろん世帯主の姪孫または従姪等のごときやや遠縁の者も一、二その中に含まれてはいるが、この房戸の構成員の九割九分以上は世帯主、その妻妾、子孫、父母、兄弟姉妹、その配偶者、甥姪、姑、伯叔父の配偶者および従兄弟姉妹等よりなっている。すなわちそれは現代わが国の多少交通不便なる地方にある農漁村の家族構成員とほぼ同様なる種類の近親者からなっている。したがってこの点から考えてもこれらの房戸は家族とほぼ同様なるものであったろうと考えられる。

ただしこれらの房戸の構成員として記載せられている者の中には、事実上の家族員でなかった者が多少加えられており、また事実上家族員であった者がこの中から多少除外せられているようである。まず第一に、この大島郷の戸の人員合計に関する記述についてみると第26表にあるごとく女子数が男子数よりも遙かに多くなっている。なおまた、これらの房戸の構成員についてみるに、世帯主の男の子数は女の子数よりも少なく、世帯主の傍系親にあっては男子数が女子数よりも遙かに少なくなっている。このように女性の構成員のみが特に多いというがごときことは不自然である。これはこれらの房戸の戸籍に事実上その所属員でなかった者が記入せられているのであるか、しからざれば事実上房戸の構成員であった男子が記録上だけにおいて除去せられているかでなければならぬ。多分事実上おらなかった女子が戸籍上だけにおいて房戸の構

33　明治時代以前におけるわが国の家族が家長的家族の諸機能を充分に実現し得る条件を備えていたことについては多くの説明を要しないであろう。『律』の「八虐罪」には「七日不孝……」とあり、「闘訟律」には「子孫違犯教令、及供養有闕者、徒二年……」とあり、『法曹至要抄』には「不孝子不預財物」とあり、『貞永式目』には「譲二所領於子息一安堵御下文之後、悔二還其領一譲二与他子息一事」とあり、さらに寛永一二年（一六三五年）の『武家諸法度』には「不孝之輩於レ有レ之者、可レ処罪科二事」とあり、なお明治以降ではまた「凡ソ子弟不孝跡ニテ親兄ノ教誡ニ従ハザル者其情実ヲ申出レバ役場ニオヒテ精々説諭シ尚改心セザルニ及ビ勒当久離ヲ願出レバ官ニ於テ其情実ヲ探索シ改心スベカラザル者ト認定セシ上許可シテ除籍スル事一般ノ通例ナリ云々」（『全国民事慣例類集』第七章第二款）とある。これらの規定は父兄にして家長たる者がその家族員に対して行使し得た家長権の伸長を致す上に大なる効果があったであろう。次にまた古代においても中世にいたるまで各家族は家業を世襲的家業とし、国家はまた姓（家名）を偽って他の人々の世襲職業を侵す者を処罰したのであるが、徳川時代に到ってはこの家業を尊重し、一定の職業は家名と結びつき、族内の者のみが携わり得る特権をなした。したがって各家族は家業を存続せしめ人々の生活を家族内において安定せしめるために種々の規定が置かれるようになった。たとえば寛文三年（一六六三年）の「諸士法度」には「家業無二油断一可二相勤一事」とあり、正徳元年（一七一一年）の江戸高札には「家業を専にし、惰る事なく、萬事其分限にすぐべからざる事」とあり、その他五人組帳には家業の維持に関する規定が多い（拙著『家族と婚姻』三〇頁参照）。これら家長権を助長するがごとき規定および家業の維持に関する規定等は、明治時代に到るまでのわが国の家族が家族的家族としての機能を発揮せしめる上に充分の効果があったであろう。

34　成員として記載せられているのであろう。すなわち世帯主の子の婦が一人も見当らない。この二者が別々の戸に附籍せられたのであろうと考えられる寄口なるものがかなりあってみると、この房戸の構成員は、近代的産業機関の影響を受けることの少ない地方の農村の家族構成員とほぼ相似たる点を暫く除いてみるならば、その当時の事実上家族員とは多少異なるものであると考えられる。しかしこれらの事実を挙げてものであり、またこの房戸中には、前に述べたごとく一人の嫡子すなわち継嗣が立てられている故、この房戸の調査当時の家族と同様なるものであると考えられる。

成員として記載せられているのであろう。次にまたこの房戸の構成員中には幼少なる世帯主の母すなわち世帯主の子の婦が一人も見当らない。これらの孫の母は事実上孫と同居していたものであろうが戸籍上の家族的の共同に参加していなかったであろう。さらにまたこの房戸中には事実上家族員とは多少異なるものであると考えられる。これらの事実を挙げてみると、この房戸の構成員は、近代的産業機関の影響を受けることの少ない地方の農村の家族構成員とほぼ相似たる点を暫く除いてみるならば、その当時の事実上家族員とほぼ相似たる点を暫く除いてみるならば、その構成員は、近代的産業機関の影響を受けることの少ない地方の農村の家族構成員とほぼ相似たる点を暫く除いてみるならば、その当時の事実上家族員とは多少異なるものであると考えられる（『大日本古文書』一　二七一頁、二八二頁、二八六頁等）。

相模国土肥鍛冶屋村は現在神奈川県足柄下郡吉浜村大字鍛冶屋となっている。この村は東海道本線真鶴駅と湯河原駅との

中間にある谷川に沿うた部落であり、現在は約二〇〇戸あるが、徳川時代の末期に八二戸であったと伝えられている。宗門帳によると石高は三七〇石余、人数は四六八人となっている。この地方一帯は土肥郷と云われたところであるが、一方が海に面しているのみで三方は山また山に囲まれ、外部との交通は、近代的交通機関があらわれるまでは、頗る不便なるところであった。

35 『田令』には「給口分田者、男二段、女減三分之一、五年以下不給云々」とある。五歳以下の者は男女いずれも口分田を受けることは出来ないが女子は男子の三分の二だけを受けることが出来た。しかるに『賦役令』には「正丁一人絹絁八尺五寸……次丁二人、中男四人並准正丁一人云々」または「正丁歳役十日……次丁二人同一正丁云々」とあるのみであって女子に対する賦役の規定がない。すなわち女子は口分田を受け得たが男子のごとき賦役を課せられていなかった。それ故に戸籍面に女子の数を多く挙げて置けば各戸はそれだけ多くの口分田を受け得たが、しかしそれは男子の場合のごとく房戸の負担を増すこととはならなかった。したがって各戸は戸にとって有利な六歳以上の女子をその籍に附け、かくして一人の女子が二重に附籍せられたがごとき場合も相当にあったのであろうと考えられる。このように考えなければ本文にあるがごとき男女数の不均衡を説明することが出来ない。

36 『戸令』応分条には「……兄弟倶亡則諸子均分、其姑姉妹在室者、姉妹等にして相続人と同居していた者は被相続人の遺産分配に与ることが出来た。もちろん他へ婚嫁した者も未だその生家から財物の分配を受けておらなかった場合には、この遺産分配に与ることであろう故に、これらの姑、姉妹等は未だ財物の分配を受けておらなかった場合には、たとい他へ婚嫁していた場合においても籍を別ける場合が少なかったのであろう。これに反して相続人たる嫡子の伯叔等はこの遺産分配に与ることなかったものと見える。なおまた、この嫡子の兄弟等は在室と否とにかかわらず遺産分配に与り得たが故に、姉妹のごとく強いて相続人と同籍する必要がなかったのであろう。

37 大宝二年調査の筑前国川辺里の戸籍には戸主の孫の母（男の子の婦）が挙げてある場合が多い。たとえばその戸籍上の記述は次のごとくなっている（『大日本古文書』一一〇七―一〇八頁）。

戸主物部細（年六〇）　　　正丁　　課戸

妻葛野部比良賣（年六三）　老妻
妾己西部酒津賣（年五二）　丁妾
男物部羊（年三九）　嫡子
男物部刀良（年三五）　正丁
男物部都牟自（年三〇）　正丁　上件二口嫡弟
男物部廣目（年二八）　兵士　妾男
（男三名いずれも小丁省略、内二人は嫡弟、一人は妾男）
（女二名はいずれも小女省略、いずれも妾女）
婦卜部赤賣（年四三）　丁妻　羊妻
孫物部鳥代（年九）　小子
孫物部非豆賣（年一一）　小女　上件二口羊先妻男女
婦物部乎婆賣（年二九）　丁妻　刀良妻
孫物部廣国（年二）　緑児
孫女物部廣嶋賣（年一一）　小女　上件二口刀良男女
婦物部牧太賣（年二五）　丁妻　都牟自妻
婦中臣部刀良賣（年二五）　丁妻　広目妻
孫物部意富麻呂（年三）　緑児
孫物部宇志麻呂（年二）　緑児
卜部宿古太賣（年三）　緑女　牧太賣先夫女

右の戸籍によると孫の母はいずれも孫と同籍中に入れられている。殊に三男の婦の連れ子（先夫女卜部某）もその母と同籍中に入れてある。それはこれらの母子が事実上同居していたからであろう。したがって事実上の戸の構成員を記述したならば右の記述のごとく、世帯主の孫の母と孫とは同一の戸の構成員として記述せられたであろうが、養老五年調査の大嶋郷の戸籍には、特殊の事情あって、これら事実上の同居人が別々の戸籍に附けられたのであろう。
中田薫著『法制史論集』第一巻（五九五頁）に次のごとき引用文が挙げてある。

諸例集巻第十四、九九、第九三条、文化十年十月十日　大久保佐渡守伺「私厄介養方之大叔父大久保主税、並同人忰大久保弥五七大久保米五郎儀、此度在所江差置、暫彼地ニ差置候様致度、此段奉届候以上」。御目付方問合留控第七六条、文政六未年三月　寄合肝煎織田衛守より問合附札「厄介之大叔父致死去候節、手前罷在候者之儀ニも御座候間、死去御届計申上候筋ニ御座候哉、尤他家ニは忌掛親類も御座候間、此段及御問合候以上……」

これらの記述によってみても徳川時代の家族構成員中に加えられていた厄介の中には時として家長の従祖父母または従伯叔父母等がいたことが明らかになる。ただしこれらの者が家族員中に存した場合は稀であったのであろう。もしそれが日常しばしばみられ得た場合であったならばかくのごとき問合せ等は起らなかったであろう。

第四節　家族の構成形態

現代わが内地人が形づくっている家族の大きさ、これらの家族全体を通じてみての家族構成員の族的範囲ならびに各種の近親者が家族員となっている割合等は前節および前々節に述べたところによって明らかになった。しかしながらこれらの説明だけではわが内地人が構成している家族中最も多くの場合にあらわれる家族はいかなる形のものであるか、いかなる種類の近親者からなる家族がわが国の家族中最も普通なるものであるか、また家族構成の内容からみて近親者に対する包容力が比較的大であると認められ得るものが何程あるか、わが国民の形づくっている家族は通常家長的家族であるといわれ、それは父祖によって構成せられた家族生活の形式が子孫を通じて永続する意味を持った家族であるといわれているが、果してかくのごとき意味に応じた形を備えている家族が全家族中の大部分を占めているのであろうか、というがごとき問題は明らかにならない。家族構成の考察においては家族の員数、家族員たる者の種類および各種の近親者が家族員中にあらわれる割合等を明らかにすることも必要ではあるが、同時に各家族をその構成形式上の型からみて、いかなる型に属するものが何程あるかを考察することも必要である。各家族を員数別に考察することによっていかなる大きさの家族がいかに分布せられているか、都市と村落とにおいて家族の大きさがいかに異なっているか等の問題を明らかにすることは出来るが、しかしこのことを明らかにしてもいかなる人々によって構成せられて

いる家族が何程あるか、都市に見出されやすい家族は主としていかなる型のものであり、村落に見出されやすい家族は主としていかなる型のものであるかを知ることが出来ない。同じく六人家族であっても世帯主夫婦とその子四人とからなる家族と、世帯主夫婦と長男夫婦と孫一人と世帯主の弟一人とからなる家族とは、構成員の内容が著しく異なっており、家族の型が異なっており、また家族を生計単位としてみた場合にその消費単位数が著しく異なっている。一方は親子二世代の者のみからなる単純なる家族であり、他方は三世代にわたる世帯主の直系親の外にその傍系親および姻族等をも交えている複雑なる家族である。また一方は成人男子一人を一消費単位としてみて約四消費単位内外の家族であるが、他方は五消費単位以上の家族である。このように構成員の内容からみて著しく異なっているものを単に員数の点だけからみて家族構成上同様なるものとみなすことは出来ない。

このような場合には各家族をその大きさの点から観察すると同時に、成員の内容からもこれを考察しなければならぬ。次にまた一定時期における特定地方の家族構成員の族的種類ならびにこれら各種の家族員の数量等を観察することは、その地方の家族がいかなる人々によって構成せられているかを尋ね得ることにはなるが、しかしかくのごとき観察だけではこの地方にはいかなる型の家族が多いか否かを充分明瞭にすることが出来ない。たとえば甲村の全家族員中には一〇〇世帯につき世帯主の子が二〇〇人、世帯主の兄弟姉妹が一〇人あることが明らかになったとしても、それだけでは世帯主とその子とからなる家族が何程あり、世帯主とその子とその兄弟姉妹等とからなる家族が何程あるかが明瞭にならず、また族的関係の異なる種々の成員を含む家族が何程あり、しからざるものが何程あるかが明らかにならない。このような場合にはこの村の各家族をその構成員の内容からみて、いかなる人々よりなる家族が何程あり、また族的関係を異にしている種々の成員の共同を促進し得るようないかなる機能を

持っている家族が何程あるかを考察しなければならぬ。

さて家族をその構成形式上よりみてこれを各種の型に類別せんとする場合には種々の分類方法が用いられ得るのであるが、ここにはわが内地人の形づくっている家族を量的に区分して、いかなる型に属するものがいかほどあるかを考察することとする。従来行われた多くの家族型の分類は夫婦関係の形式に基準を置いたもの、親子関係の辿り方に基準を置いたもの、家族の統制形式に基準を置いたものおよび家族的伝統の持続性に基準を置いたもの等、種々様々のものがあるが、これらの分類はいずれも家族には甲種のものと乙種のものが区別せられ得るというに止まり、単に定性的に甲種のものはいかなる性質のものであり、乙種のものはいかなる性質のものであるかを説明するに止まっている。家族の構成形式を考察する場合には各家族の性質の差に従ってこれを定性的に類別することも必要であるが、しかし単に定性的分類だけに止まる場合には果していかなる構成形式のものが事実上最も行われやすい家族であるか、また社会的環境の異なるに従っていかなる型のものがあらわれやすく、いかなるものが減少しやすくなっているかを明らかにし難い。たとえば家族の統一化に基準を置いて家族を統一化の強いものとしからざるものとに区分し、二、三の実例を引用して甲家族のごときは統一化の程度の強きものであり、乙族家族のごときはそれの弱きものであると説明しても、果して統一化の強きものが最も多くの人々によって形づくられている家族であるか、またはそれの弱きものが例外的の家族であるかは明らかにならない。常識で考えて一般的または例外的でないと証明せられる場合はかなり多い。それ故に家族の構成形式の類別の結果一般的または例外的のものが詳細なる調査の結果一般的または例外的に観察するだけではいかなる型のものが一般的の家族であるか否かを明らかにすることが出来ない。これを明らかにせんとするならば一定範囲内の各家族を

その構成形式上より数種の型に分類し、各々の型に所属する家族が何程あるかを量的に観察して行かなくてはならぬ。

家族をその構成形式上より数種の型に分け、各々の型に属する家族の数量の大小を観んとする場合には、かかる観察の許され得る一定の分類標準を求めなくてはならぬが、かくのごとき標準として適当なるものを求めることはかなり困難である。家族を単に質の差だけにしたがって分類する場合には種々の分類標準が求められ得るが、右に述べたごとき観察に好都合なる分類標準を求めることは容易でない。元来家族は近親者相互の感情融合にもとづく小集団であり、家族員は内にあっては緊密に結合して相互の内的安定を助長し、共産的に共同して扶養を共にし、外に対しては連帯的に合一化して進退を一つにしている。かくのごとき小集団をその構成上の差にしたがってさらに類別せんとする場合には、その構成上の意味の差にもとづいて、家族をその永続化に重点を置いているものとしからざるものとに分類することが重要であると考えられる。なぜならばこの分類は家族の主要なる性質の差にもとづく分類であり、家族生活上みられる主なる形式の差はこの小集団が永続化の意味をもって構成せられているか否かによって説明せられ得るところが多いからである。たとえば夫婦関係の成立ごとに新たに構成せられその消滅ごとに解体するがごとき夫婦中心の家族と、かくのごとき夫婦関係の成立または消滅いかんにかかわらず、一度構成せられた家族団体はその構成員の新陳代謝あるにもかかわらず順次に世代を通じて存続する家族との差は、これらの家族が永続化の意味を以て構成せられているか否かによって説明せられ得べく、また配偶者の選定に関して婚姻当事者の父母および家長の同意を必要とするがごとき家族が永続化の意味を以て形づくられているか否かによって説明せられ得べく、その他世帯主に強い権力を認めやすくなっている家族とし

からざるものとの差、相続上の形式の差、出生の順位または性の別に従って子に対して施される訓育を別にする家族としからざる家族との差、離婚に関して当事者の意志が重んぜられているか否かの差および家族的行事として行なわれ得る生活形式の種類の差等も同様にこの家族構成の意味によって容易に説明せられ得る。註3

かくのごとく家族をその集団構成上の意味に従って、永続性のものとしからざるものとに分類することは家族の分類として重要なるものとなるのであるが、しかしかくのごとき分類は定性的には容易であるとしても定量的にはかなり困難である。なぜならば家族が永続化の意味を以て構成せられているか否かは家族員がその家族生活において取るところの態度いかんによるものであり、而してかかる態度いかんは一定の基準をもって直接かつ明瞭に観察することの出来難いものであるから である。家族員が互いに離れ難き愛情をもって結びつき、互いに自己の所属する家族生活を尊重し、その家族の内において行わるべき諸機能を忠実に履行するのみならず、これをその子孫に伝えんとし、子孫もまたその父祖によって形づくられた家族生活の形式を以て形づくられたものと認められ得るのであるが、しかしかくのごとき家族員の態度いかんはこれを客観的に一定の基準をもって判別することが頗る困難である。数個の家族につきこれを個別的に考察し、それらを比較観察する場合には、これらの家族中いずれの家族の所属員が最もよく連帯化し、その家族生活の形式を尊重し、これを永続化せしめんとしているかを明らかにし得るであろうが、一定の民族または国家等に所属する全成員の構成する各家族につき、各々の家族員の家族生活に対する態度を客観的に容易に識別し得るがごとき基準をもって観察することは事実上困難である。それ故にかくのごとき家族員の態

度を容易に観察し得る基準が求められない限り、この分類だけでは果して永続化の意味を以て構成せられている家族が何程あるか、かくのごとき意味を以て形づくられているものが多いか否かを明らかにすることが出来ない。

このように考えてみると家族をその構成上の別に従って分類し、それぞれの種別に属する家族がいかに多いか少ないかを観察するためには、家族構成の意味の差を各家族について明らかに捕え得るがごとき客観的基準を求めなくてはならぬのであるが、右に述べたごとくかくのごとき基準として適当なるものは容易に見出され難い。それ故にここにはこの家族構成の意味の差を直接明瞭に捕えるという点からみれば不充分ではあるが、しかしこの差を比較的明らかに示し得るものとして各家族の構成員の族的範囲の差——構成員の世代数の大小および族的種類の多少——を取り、これを基準としてわが内地人の形づくっている家族を分類し、各類に所属する家族が何程あるかを観察することとする。

なぜならば家族団体の永続化すなわち家系家風の連続に重点を置いて形づくられる家族にあっては、順次に後の世代の者を通じてその伝統を存続せしめようとする関係上、父祖と子孫とは同居し、子——殊に家系を継承すべき地位にある子——は配偶者を得た後においても親と別居すること少なく、したがって家族員中に見出される世代数の別ならびに族的種類の別はしからざるものにおけるよりも多くなり、家族はその構成員に対する包容力の大なるものとなるに対して、家族団体の永続化に重点を置かず夫婦関係の成立するごとに新たに構成せられる家族にあっては、子は親の構成した家族の生活様式を継承するのではなく、配偶者を得ると同時に新たなる家族を形づくるのである故、配偶者ある者がその親と共に一家族をなすことは殆どなく、家族員は感情融合の最も緊密に行われ得る夫婦とその幼少なる子だけに限られやすく、家族員中に見出される世代数別および族的種別は単純なるものとな

り、家族は成員に対する包容力の小なるものとなるからである。しかしかくいえばとて各家族の成員の族的範囲いかんは常に家族構成上の意味の差に応ずるものであるというのではない。世帯主夫婦とその子とよりなる単純なる構成形式の家族中にも家系の連続に重点を置いているものもあり、また時としては世帯主の直系親三世代にわたる者からなる家族またはその傍系親等をも含んでいる親族世帯でありながら、なんら家族団体の永続化について顧慮しておらぬものもあり得る。家長的家族において世帯主の継嗣がその配偶者を迎える前に世帯主の親が死亡しているがごとき場合、また世帯主の親が家業を営み家風を維持する責任を負うようになると同時に前世帯主が隠居分家しているがごとき場合、または世帯主がその親の族の範囲から分れて新たに分家を構成しているがごとき場合は前者の主なる場合であり、親の家族とは全く別に新たに子夫婦によって形づくられた家族中にこの親または子の弟妹等が寄食しているがごとき場合は後者の例である。したがって家族がその永続化に重点を置いているか否かは単にその成員の族的範囲の広狭だけでは判別せられ難い場合がある。しかしながら直系親三世代以上の者よりなる家族は父祖によって形づくられている家族中にその子孫が加わることによって成る家族であり、子孫によって形づくられている家族中にその父祖が他より転入することによって成るごとき場合は稀である。このように子孫が出生以来その父祖の家族に所属する場合には父祖より感化を受けること強く、彼らは父祖によって形づくられた家族的伝統を尊重し、その生活形式に親しみ、父祖伝来の家系を維持しやすく、また、これを連続せしめんと努めるようになりやすい。しかるに直系親二世代以下の者より成る家族等のごとく、家系の継承を重んじているものもあるが、しかしこの種の家族中には世帯主の親の死亡または隠居分家による新戸設立の場合等のごとく、家系の継承を重んじているものもあるが、しかしこの種の家族中による新戸設立の場合等のごとく、家系の継承を重んじているものもあるが、しかしこの種の家族中には成人した子、殊に配偶者を得たる子は親から分れて新たに自分らの家族を構成し、事実上祖と孫と

の関係にある者があってもこれらの者が一家族内に止まることなく、父祖と子孫とは出生上の系統を示す名を同じくする外、なんら前世代の者の持っていた家族的伝統を後の世代の者に伝えるという意味を持たないものもある。それ故に家族構成の形式上よりみて直系親三世代以上の者よりなる型の家族はこれをその永続化に重きを置いているものとみなすことが出来、したがってかくのごとき型の家族が多い場合には永続化を重んじている家族が多いということが出来、また直系親二世代以下の者よりなる型の家族はその中に永続化の意味を持たないものもかなり多く含んでいると考えられ得る故、かくのごとき型の家族が多い場合には、永続化の意味を持たない家族が比較的多くなっているといわれ得る。

このように考えてみると、家族員の族的範囲の広狭は家族構成上の意味の差と精確には相一致するものではないが、しかしこの範囲のいかんによって各家族を類別するならば、いかなる意味にもとづいて構成せられている家族が多いか否か、いかなる種別に属するものがほぼ何程あるかをある程度まで明らかにすることが出来るであろう。

家族構成員の族的範囲の広狭に従って各家族を類別するにあたっては、まずこれらの構成員中より世帯主、その直系親ならびにそれらの配偶者等を取り、世帯主の傍系親が家族員中にあると否とにかかわらず、これらの直系親だけについてその中に見出される世代数別および族的種別に従ってこれを類別することが家族構成上の性質の差を明らかにする上において効果的であると考えられる。なぜならばわが国においては家系の継承は常に世帯主の直系親を通じて行われ、これらの直系親およびその配偶者が家族的伝統を維持する責任者となっているが故に、これらの直系親ならびにその配偶者等がその世帯主と同一家族に所属しているか否かによって、すなわち世帯主と同居しているか否かによって家族を類別するならば、世帯主と同居しているその直系親ならびに配偶者と同一家族の族的範囲のいかんに従って家族を類別するならば、世帯主と同居しているその傍

系親の族的範囲の広狭に従って各家族を分類しなくても、各家族はその構成員上主要なる差に従って類別せられることとなるからである。それ故にここには世帯員およびその家族員たる直系親の世代数の大小に従って、世帯主一世代の者よりなる家族より、世帯主およびその直系親五世代に到るまで家族を五種に類別し、さらにこれら五種の各々につき世帯主およびその直系親が有配偶者であるか否かに従って各種のものを細分して総計二一種類の型に区分することとする。世帯主の直系親の世代数の別による区別を五種に止めたのは現在わが国に見出される家族中世帯主の直系親五世代以上の者よりなる家族がないからである。今これら二一種の家族型につきこれを指示する便宜上、これらの各々にA、B、C、……等の符号を付け、A型B型等の家族の内容を示すとこれは次のごとくなる。

A　世帯主の外にその直系親も配偶者もおらない家族である。世帯主一人の単独世帯、世帯主とその使用人とよりなる世帯（家族としては単独世帯と同性質のもの）、または世帯主とその傍系親よりなる家族のごときものがこれである。単独世帯を家族と同様に取り扱うことは無理であるが、前に一人世帯を便宜上家族とみなして置いたが故に（第二章第一節註7参照）、ここにもこれを家族に準ずるものとみなしておく。

B　世帯主夫婦の外にその直系親のおらない家族である。世帯主夫婦だけの家族または世帯主夫婦とその傍系親よりなる家族である。

　AおよびBは、直系親だけについてみれば世帯主一世代の家族である。

C　世帯主の直系親についてみて、世帯主とその子三人以内の者よりなる家族である。この型の家族中に世帯主の傍系親が含まれているものと然らざるものとがあることは云うまでもない。

D　C型と同性質のものであるが、C型よりも世帯主の子の多い場合、すなわち四人以上の子とその親一人とよりなる家族である。この種の家族をC型のものから特に区別しなければならぬ理由はないが、C型よりも

第二章　わが国の家族構成　306

D型が少しく成員に対する包容力が大であると考えられる故これを区別したまでである。二、三人以内の子を持つ家族にあってはこれらの子は、多くは幼少なるものであろうが、かくのごときは成人以上の子を持つ家族にあってはこれらの子の内には成人または成人に近い者もあるであろう。かくのごときは成人または成人に近い子が世帯主たる親と寝食を共にしている家族は然らざるものよりは成員に対する包容力が大であると云われ得るであろう。

E　世帯主とその父母（双方または一方）とよりなる家族または世帯主とその父母と世帯主の傍系親とからなる家族である。

F　世帯主とその子と子の婦とよりなる家族、または世帯主とその子夫婦と世帯主の傍系親とからなる家族である。この種の家族は世帯主の子のうちそのいずれかの者（多くの場合長子）が有配偶者である点においてCまたはD等とは型の異なるものであり、CまたはD等よりも族的範囲が広く包容力の大なるものである。

G　C・D・E・F等はいずれも世帯主に配偶者なくして世帯主の直系親二世代の者よりなる家族またはそれに傍系親の加わっている家族である。

H　世帯主が有配偶者である外Cと同様なる成員よりなる家族である。
I　世帯主が有配偶者である外Dと同様なる成員よりなる家族である。
J　世帯主が有配偶者である外Eと同様なる成員よりなる家族である。
　世帯主が有配偶者である外Fと同様なる成員よりなる家族である。

G・H・I・J等はいずれも世帯主が有配偶者であってかつ世帯主の直系親二世代の者よりなる家族またはそれに傍系親の加わっている家族である。

K　世帯主の直系親三世代の者よりなる家族であってこれらいずれの世代の者にも配偶者なき家族である。すなわち世帯主およびその直系親からなる三世代の者はいずれも死別者、離別者または未婚者等である家族で

ある。ただしこの種の家族中に世帯主の傍系親が加わっており、その傍系親が有配偶者であるとしても、これらの成員からなる家族はこの型に属するものとしておく。ただ事実上かくのごとき成員からなる家族は殆ど見当らない。

L　世帯主の直系親三世代の者よりなる家族にしてそのうちいずれかの一世代の者（多くは世帯主）に配偶者ある家族である。たとえば母と世帯主夫婦と子とよりなる家族、世帯主の父母と世帯主とその子と世帯主の傍系親とよりなる家族または祖母と父と世帯主夫婦とよりなる家族のごときものである。

M　世帯主の直系親三世代の者よりなる家族にしてその中の二世代の者に配偶者ある家族である。たとえば父母と世帯主夫婦とその子とよりなる家族、母と世帯主夫婦とその子と子の婦等よりなる家族またはこれらの者と世帯主の傍系親等とよりなる家族のごときものである。この種の家族中には父母と世帯主とその子夫婦とよりなる家族のごとき中間世代の者に配偶者なく、その前後の世代の者に配偶者あるがごとき家族もあり得る訳であるが、しかしかくのごとき家族は筆者が観察した範囲においては事実上あらわれておらない。

N　世帯主の直系親三世代の者よりなる家族にしてこれら各世代の者に配偶者あるものである。たとえば世帯主夫婦、その子夫婦、その孫および孫の婦等よりなる家族または父母、世帯主夫婦、その子および子の婦ならびに世帯主の傍系親等よりなる家族のごときものである。

O　世帯主の直系親三世代の者よりなっていた家族であるが現在その中間世代の者を欠いている家族である。たとえば世帯主夫婦とその孫とよりなるもの、または祖母と世帯主夫婦と世帯主の弟妹等よりなる家族のごときものである。

P　世帯主の直系親四世代の者よりなる家族にしてそのうちいずれの世代の者にも配偶者なき家族である。たとえば母と世帯主と子と孫とよりなるもの、またはこれらの家族中に世帯主の傍系親の加わっているもののごときがこれである。ただしこの種の家族は稀に見出されるのみである。

Q 世帯主の直系親四世代の者よりなる家族にしてそのうちいずれかの一世代の者に配偶者のある家族である。たとえば母と世帯主とその子夫婦と孫とからなる家族またはこれらの者の外に世帯主の傍系親が加わっている家族のごときものである。

R 世帯主の直系親四世代の者よりなる家族にしてそのうち二世代の者に配偶者のある家族である。たとえば母と世帯主夫婦とその子夫婦と孫とからなる家族または祖父と父と母と、世帯主夫婦とその子と世帯主の叔母等よりなる家族のごときものである。

S 世帯主の直系親四世代の者よりなる家族にしてその中の三世代の者が有配偶者である場合である。たとえば父と母と世帯主夫婦とその子夫婦と孫とからなる家族またはこれらの者の外に傍系親の加わっている家族のごときものである。

T 世帯主の直系親四世代の者よりなっていた家族であるが現在その中間の一世代の者を失っている家族である。たとえば祖母、世帯主夫婦およびその子よりなる家族のごときものである。

U 世帯主の直系親五世代の者よりなる家族である。一家族中に五世代にわたる直系親が共同しているというがごとき場合は極めて稀であり、僅かに東北地方の村落に多少見出されるのみである。ここにこの種の家族の一例として青森県階上村大字道仏の某家の事実上の家族構成を示しておく。

青森県階上村大字道仏某家の家族構成

```
母
├─ 妻
│   世帯主
│      ├─ 四男
│      │   養子
│      └─ 次男 ─ 婦
│              ├─ 孫
│              ├─ 孫
│              ├─ 孫
│              ├─ 孫
│              └─ 孫 ─ 婦
│                      └─ 曽孫
```

309　第四節　家族の構成形態

右に掲げた二一種の各型に属する家族は多くは世帯主の直系親よりなるものであろうが、しかしこれら各種のものの中には世帯主の傍系親をも含むものも相当にあるであろう。これら傍系親をも含む家族は同じ型に属するものの中にあっても世帯主の直系親のみより成る家族よりは一層所属員の族的範囲の広い家族であり、包容力の大なる家族である。それ故に右の二一種の各々の型をさらに世帯主の直系親のみよりなる家族（便宜上甲類とする）と、その傍系親をも含む家族（便宜上乙類とする）とに区分すると家族型の種別は四二種類となる。このように分類してみると家族はその構成員の族的範囲の広狭に従って種々の型に分けられるのであるが、これら各種の家族を考察して行くためにはこれらの家族がその所属員をその内に強く結びつけやすき機能を持っているか、またはこれらの者を家族外に存する諸社会的機能に引きつけられやすくなっているかに従って区別して観察することが必要である。したがってここにはこの意味の区別を便宜上世帯主の職業によって行うこととし、前述の各種の家族を世帯主の職業よりみて主として農林業、漁業等のごとき産業に世帯主が従事するもの（Ⅰ類とする）と、商工業、鉱業および交通業等のごとき業務に従事するもの（Ⅱ類とする）と、公務自由業等にその内に一層強く吸引し、これらの者を断えず共同せしめ得るような機能を持っているか否かは主としてその世帯主の職業に依存することが多いからである。

さて、右に述べたように家族を分類してくると、構成員の族的範囲からみてそれは四二種の型に分けられ、さらにまた世帯主の職業のいかんによってこれら各々の型に属するものは三分せられ、総計一二六種の型に分けられるのであるが、現代わが内地人が構成している家族はこれら種々の型の中にいかように分布せられているであろうか。わが内地人が形づくっている家族はいかなる型のものが多

く、いかなる型のものが少ないであろうか。この問題を明らかにするためにここには前に利用したのと同様に大正九年に作製せられた国勢調査抽出写しを資料とし、各々の普通世帯中より世帯主と族的関係を持っている者だけを取ってこれを各家族の構成員とみなし、これらの構成員よりなる各家族を前述の家族型に照らしてこれを類別することとした。今この類別の結果を全国的にみたるもの、都市と郡部とに分けてみたるもの、各地方別にみたるもの、および職業別にみたるもの等に分けて示すとそれは第27表（実数）および第28表（比例数）のごとくなる。

第27表および第28表にあらわれたところによってみると、現代わが内地においては甲類の家族が最も多く、また世帯主の直系親二世代以下の者よりなる家族が最も多い。まず第一にいずれの地方のいずれの職業の単純なる構成形式を持っている家族が最も多く、世帯主の傍系親をも含んでいる乙類のものは甚だ少ない。すなわち三二三頁の第29表によって明らかなるごとく東北地方の郡部の家族および農林業の家族を除いては常に甲類のものが九割以上を占めている。

このように大多数の家族は世帯主とその直系親とのみよりなるものであるが、しかし特殊の事情のある個々の村落等につき個別的に観察する場合には、乙類の家族がかなり多く見出される村落もある。かくのごとき村落として最も著しいものは岐阜県大野郡白川村における前述の中切部落であろう。この中切部落には世帯主がこの村生れの者である農業家族は大正九年には三八戸あったのであるが、そのうち乙類の家族は三四戸（約九割）となっている。恐らくこの部落よりも乙類の家族の多い部落はわが内地にはないであろう。この部落においても、昭和五年には農業家族は四五戸となり、そのうち乙類の家族あるものとみえ、その後一〇年の後、昭和五年には農業家族は四五戸となり、そのうち乙類の家族は次第に甲類のそれへ転化しつつ

第27表（その1）全国，郡部および都市

	計	甲 類			乙 類		
		I	II	III	I	II	III
計	11,119	4,608	4,155	1,267	590	416	83
A	717	120	284	260	17	26	10
B	1,249	329	654	162	37	60	7
C	548	186	201	136	11	12	2
D	84	32	30	20	2	—	—
E	288	40	83	20	70	64	11
F	42	20	10	7	4	—	1
G	3,237	1,156	1,598	314	72	79	18
H	1,246	592	494	105	27	22	6
I	249	71	74	18	54	30	2
J	227	152	51	15	9	—	—
K	252	110	70	37	22	9	4
L	1,523	807	365	98	169	72	12
M	1,011	713	172	37	60	24	5
N	19	16	1	1	—	—	1
O	145	63	39	29	5	8	1
P	3	2	—	—	1	—	—
Q	71	43	7	3	13	4	1
R	124	96	12	2	9	5	—
S	32	26	1	1	3	—	1
T	50	32	9	2	5	1	1
U	2	2	—	—	—	—	—

第27表（その2）全国郡部

	計	甲 類			乙 類		
		I	II	III	I	II	III
計	8,989	4,549	2,654	881	587	263	55
A	502	117	169	185	17	10	4
B	912	323	403	115	37	31	3
C	440	182	146	92	11	7	2
D	65	32	19	12	2	—	—
E	205	40	46	8	70	36	5
F	36	19	7	5	4	—	1
G	2,484	1,140	1,003	205	71	53	12
H	1,017	580	317	76	26	12	6
I	210	71	48	16	53	21	1
J	210	152	40	9	9	—	—
K	210	108	44	26	22	6	4
L	1,330	796	229	73	169	55	8
M	956	711	130	32	60	18	5
N	16	16	—	—	—	—	—
O	128	61	35	22	5	4	1
P	3	2	—	—	1	—	—
Q	68	43	5	2	13	4	1
R	121	96	9	2	9	5	—
S	31	26	—	1	3	—	1
T	43	32	4	—	5	1	1
U	2	2	—	—	—	—	—

第27表（その3）東北5県（青森，岩手，宮城，秋田，山形）の郡部

	計	甲 類			乙 類		
		I	II	III	I	II	III
計	676	355	153	66	77	20	5
A	18	3	9	5	1	—	—
B	37	14	10	10	—	3	—
C	20	8	7	3	1	1	—
D	7	2	1	3	1	—	—
E	13	—	2	1	8	2	—
F	5	—	—	2	3	—	—
G	154	65	53	20	11	4	1
H	61	40	15	—	4	2	—
I	11	2	4	1	3	1	—
J	32	21	4	3	4	—	—
K	16	4	4	2	4	—	2
L	120	60	24	9	20	5	2
M	109	81	14	6	8	—	—
N	7	7	—	—	—	—	—
O	11	4	5	1	1	—	—
P	—	—	—	—	—	—	—
Q	10	8	—	—	1	1	—
R	30	23	1	—	5	1	—
S	9	8	—	—	1	—	—
T	5	4	—	—	1	—	—
U	1	1	—	—	—	—	—

第27表（その4）京阪地方（滋賀，京都，大阪，兵庫）の郡部

	計	甲 類			乙 類		
		I	II	III	I	II	III
計	861	349	336	103	34	34	5
A	47	8	16	18	1	3	1
B	82	21	42	15	3	1	—
C	66	14	30	19	2	1	—
D	8	4	3	1	—	—	—
E	27	6	4	4	6	6	1
F	—	—	—	—	—	—	—
G	265	102	136	13	6	6	2
H	89	38	37	11	2	1	—
I	25	7	12	1	2	3	—
J	25	14	9	2	—	—	—
K	16	8	4	3	1	—	—
L	123	72	26	10	7	7	1
M	69	46	12	3	3	5	—
N	—	—	—	—	—	—	—
O	11	4	2	3	1	1	—
P	—	—	—	—	—	—	—
Q	—	—	—	—	—	—	—
R	6	3	3	—	—	—	—
S	1	1	—	—	—	—	—
T	1	1	—	—	—	—	—
U	—	—	—	—	—	—	—

第27表（その5）全国都市

	計	甲 類			乙 類		
		I	II	III	I	II	III
計	2,130	59	1,501	386	3	153	28
A	215	3	115	75	—	16	6
B	337	6	251	47	—	29	4
C	108	4	55	44	—	5	—
D	19	—	11	8	—	—	—
E	83	—	37	12	—	28	6
F	6	1	3	2	—	—	—
G	753	16	595	109	1	26	6
H	229	12	177	29	1	10	—
I	39	—	26	2	1	9	1
J	17	—	11	6	—	—	—
K	42	2	26	11	—	3	—
L	193	11	136	25	—	17	4
M	55	2	42	5	—	6	—
N	3	—	1	1	—	—	1
O	17	2	4	7	—	4	—
P	—	—	—	—	—	—	—
Q	3	—	2	1	—	—	—
R	3	—	3	—	—	—	—
S	1	—	1	—	—	—	—
T	7	—	5	2	—	—	—
U	—	—	—	—	—	—	—

第27表（その6）6大都市（東京, 横浜, 名古屋, 京都, 大阪, 神戸の6市）

	計	甲 類			乙 類		
		I	II	III	I	II	III
計	1,170	21	857	177	—	101	14
A	117	2	68	33	—	12	2
B	204	2	165	15	—	21	1
C	55	2	25	26	—	2	—
D	9	—	4	5	—	—	—
E	50	—	19	7	—	21	3
F	2	1	1	—	—	—	—
G	441	8	357	51	—	19	6
H	101	4	85	8	—	4	—
I	29	—	20	2	—	6	1
J	9	—	7	2	—	—	—
K	18	—	11	7	—	—	—
L	100	2	73	14	—	10	1
M	20	—	15	2	—	3	—
N	—	—	—	—	—	—	—
O	8	—	2	3	—	3	—
P	—	—	—	—	—	—	—
Q	1	—	1	—	—	—	—
R	2	—	2	—	—	—	—
S	—	—	—	—	—	—	—
T	4	—	2	2	—	—	—
U	—	—	—	—	—	—	—

第27表（その7）北海道郡部

	計	甲 類			乙 類		
		I	II	III	I	II	III
計	340	187	85	34	19	13	2
A	18	6	4	3	4	1	—
B	37	17	9	6	1	4	—
C	12	9	2	1	—	—	—
D	3	2	1	—	—	—	—
E	3	—	1	—	—	2	—
F	—	—	—	—	—	—	—
G	119	59	44	11	2	1	2
H	74	52	10	8	4	—	—
I	5	3	1	—	—	1	—
J	6	5	1	—	—	—	—
K	5	4	—	1	—	—	—
L	35	18	6	2	6	3	—
M	20	10	6	1	2	1	—
N	—	—	—	—	—	—	—
O	2	1	—	1	—	—	—
P	1	1	—	—	—	—	—
Q	—	—	—	—	—	—	—
R	—	—	—	—	—	—	—
S	—	—	—	—	—	—	—
T	—	—	—	—	—	—	—
U	—	—	—	—	—	—	—

第27表（その8）東北地方（青森,岩手,宮城,福島,秋田,山形）の郡部

	計	甲 類			乙 類		
		I	II	III	I	II	III
計	910	458	236	90	97	24	5
A	36	8	19	8	1	—	—
B	66	20	27	12	3	4	—
C	27	10	11	4	1	1	—
D	8	2	2	3	1	—	—
E	17	1	2	1	11	2	—
F	6	—	—	2	4	—	—
G	218	89	87	24	12	5	1
H	90	55	23	5	5	2	—
I	13	3	4	1	4	1	—
J	36	24	5	3	4	—	—
K	20	6	5	2	5	—	2
L	143	69	28	17	22	5	2
M	138	102	16	7	13	—	—
N	7	7	—	—	—	—	—
O	14	7	5	1	1	—	—
P	—	—	—	—	—	—	—
Q	12	9	—	—	2	1	—
R	39	31	1	—	5	2	—
S	9	8	—	—	1	—	—
T	10	6	1	—	2	1	—
U	1	1	—	—	—	—	—

第27表(その9) 北陸地方(新潟,富山,石川,福井)の郡部

	計	甲 類			乙 類		
		I	II	III	I	II	III
計	647	332	161	75	54	20	5
A	35	7	10	18	—	—	—
B	45	12	18	9	5	1	—
C	36	13	10	9	3	1	—
D	5	1	2	2	—	—	—
E	12	3	3	—	6	—	—
F	6	4	1	1	—	—	—
G	152	74	53	12	6	7	—
H	69	38	19	7	2	1	2
I	19	6	1	—	8	3	1
J	16	10	4	1	1	—	—
K	23	12	4	4	1	1	1
L	110	63	20	5	17	4	1
M	81	61	14	4	1	1	—
N	4	4	—	—	—	—	—
O	8	3	1	3	1	—	—
P	—	—	—	—	—	—	—
Q	5	4	—	—	—	1	—
R	14	12	1	—	1	—	—
S	3	2	—	—	1	—	—
T	4	3	—	—	1	—	—
U	—	—	—	—	—	—	—

第27表(その10) 関東地方(茨城,栃木,群馬,埼玉,千葉,東京,神奈川)の郡部

	計	甲 類			乙 類		
		I	II	III	I	II	III
計	1,566	678	545	178	104	51	10
A	70	13	16	37	2	1	1
B	196	51	104	32	4	5	—
C	61	22	17	17	2	1	2
D	3	1	—	1	1	—	—
E	35	4	10	1	10	8	2
F	3	2	1	—	—	—	—
G	462	156	227	48	18	10	3
H	175	88	65	15	2	4	1
I	35	11	7	2	10	5	—
J	28	13	6	1	3	—	—
K	32	14	9	3	4	2	—
L	196	107	41	11	29	8	—
M	188	141	29	6	10	2	—
N	2	2	—	—	—	—	—
O	17	4	8	3	—	2	—
P	—	—	—	—	—	—	—
Q	19	11	2	—	4	1	1
R	26	21	1	—	2	2	—
S	9	7	—	1	1	—	—
T	9	5	2	—	2	—	—
U	—	—	—	—	—	—	—

第27表（その11）中部地方（山梨，静岡，愛知，三重，長野，岐阜，滋賀）の郡部

	計	甲 類			乙 類		
		I	II	III	I	II	III
計	1,472	845	388	113	82	35	9
A	69	14	18	34	1	2	—
B	152	65	68	5	9	3	2
C	76	45	17	13	1	—	—
D	14	8	4	2	—	—	—
E	36	11	5	—	14	6	—
F	6	2	2	1	—	—	1
G	413	229	146	21	9	6	2
H	165	98	54	8	5	—	—
I	30	9	6	6	5	4	—
J	24	19	5	—	—	—	—
K	40	23	5	7	4	1	—
L	246	172	33	11	19	10	1
M	161	120	21	4	11	3	2
N	—	—	—	—	—	—	—
O	14	9	3	1	1	—	—
P	—	—	—	—	—	—	—
Q	9	6	1	—	2	—	—
R	5	4	—	—	1	—	—
S	2	2	—	—	—	—	—
T	9	8	—	—	—	—	1
U	1	1	—	—	—	—	—

第27表（その12）近畿地方（京都，大阪，兵庫，奈良，和歌山）の郡部

	計	甲 類			乙 類		
		I	II	III	I	II	III
計	970	388	369	126	47	34	6
A	58	10	19	23	2	3	1
B	86	19	46	17	2	2	—
C	71	13	34	20	3	1	—
D	10	4	5	1	—	—	—
E	26	2	6	4	9	4	1
F	1	1	—	—	—	—	—
G	277	100	142	19	7	7	2
H	115	53	42	14	3	2	1
I	26	9	10	3	2	2	—
J	30	18	10	2	—	—	—
K	19	10	5	3	1	—	—
L	142	83	28	10	13	7	1
M	79	53	14	4	4	4	—
N	—	—	—	—	—	—	—
O	18	6	5	5	1	1	—
P	—	—	—	—	—	—	—
Q	—	—	—	—	—	—	—
R	10	5	3	1	—	1	—
S	1	1	—	—	—	—	—
T	1	1	—	—	—	—	—
U	—	—	—	—	—	—	—

第27表（その13） 中国地方（鳥取，島根，岡山，広島，山口）の郡部

	計	甲 類			乙 類		
		I	II	III	I	II	III
計	951	517	283	80	51	17	3
A	85	22	31	29	3	—	—
B	95	40	39	11	1	4	—
C	40	18	13	7	1	1	—
D	8	5	1	2	—	—	—
E	21	5	6	1	7	2	—
F	6	4	2	—	—	—	—
G	245	117	100	19	3	6	—
H	82	47	28	3	4	—	—
I	29	9	11	1	7	1	—
J	21	17	3	1	—	—	—
K	25	17	6	—	1	—	1
L	132	91	21	3	15	2	—
M	113	93	13	1	6	—	—
N	1	1	—	—	—	—	—
O	21	11	7	1	1	—	1
P	—	—	—	—	—	—	—
Q	10	5	1	1	2	1	—
R	10	9	1	—	—	—	—
S	4	3	—	—	—	—	1
T	3	3	—	—	—	—	—
U	—	—	—	—	—	—	—

第27表（その14） 四国地方（徳島，香川，愛媛，高知）の郡部

	計	甲 類			乙 類		
		I	II	III	I	II	III
計	595	328	162	55	34	12	4
A	40	6	21	11	—	2	—
B	62	28	22	7	3	1	1
C	39	17	17	4	—	1	—
D	4	3	1	—	—	—	—
E	17	7	3	—	4	2	1
F	2	1	—	1	—	—	—
G	142	71	48	17	3	2	1
H	65	43	18	4	—	—	—
I	18	6	5	1	5	1	—
J	17	15	1	—	1	—	—
K	12	6	4	1	—	1	—
L	96	64	12	4	14	2	—
M	51	38	5	4	3	—	1
N	1	1	—	—	—	—	—
O	14	10	3	1	—	—	—
P	—	—	—	—	—	—	—
Q	5	3	1	—	1	—	—
R	6	6	—	—	—	—	—
S	—	—	—	—	—	—	—
T	4	3	1	—	—	—	—
U	—	—	—	—	—	—	—

第27表（その15）九州地方（福岡，佐賀，長崎，熊本，大分，宮崎，鹿児島および沖縄）の郡部

	計	甲 類			乙 類		
		I	II	III	I	II	III
計	1,538	816	425	130	99	57	11
A	91	31	31	22	4	1	2
B	173	71	70	16	9	7	—
C	78	35	25	17	—	1	—
D	10	6	3	1	—	—	—
E	38	7	10	1	9	10	1
F	6	5	1	—	—	—	—
G	456	245	156	34	11	9	1
H	182	106	58	12	1	3	2
I	35	15	3	2	12	3	—
J	32	26	5	1	—	—	—
K	34	16	6	5	6	1	—
L	230	129	40	10	34	14	3
M	125	93	12	1	10	7	2
N	1	1	—	—	—	—	—
O	20	10	3	6	—	1	—
P	2	1	—	—	1	—	—
Q	8	5	—	1	2	—	—
R	11	8	2	1	—	—	—
S	3	3	—	—	—	—	—
T	3	3	—	—	—	—	—
U	—	—	—	—	—	—	—

第28表（その1）全国郡部および都市

	計	甲 類			乙 類		
		I	II	III	I	II	III
計	1000.0	414.4	373.7	114.0	53.1	37.4	7.5
A	64.5	10.8	25.5	23.4	1.5	2.3	0.9
B	112.3	29.6	58.8	14.6	3.3	5.4	0.6
C	49.2	16.7	18.1	12.2	1.0	1.1	0.2
D	7.5	2.9	2.7	1.8	0.2	—	—
E	25.9	3.6	7.5	1.8	6.3	5.8	1.0
F	3.8	1.8	0.9	0.6	0.4	—	0.1
G	291.1	103.9	143.7	28.2	6.5	7.1	1.6
H	112.1	53.2	44.4	9.4	2.4	2.0	0.5
I	22.4	6.4	6.6	1.6	4.9	2.7	0.2
J	20.4	13.7	4.9	1.3	0.8	—	—
K	22.6	9.9	6.3	3.3	2.0	0.8	0.4
L	137.0	72.5	32.8	8.8	15.2	6.5	1.1
M	90.9	64.1	15.5	3.3	5.4	2.2	0.4
N	1.7	1.4	0.1	0.1	—	—	0.1
O	13.0	5.7	3.5	2.6	0.4	0.7	0.1
P	0.3	0.2	—	—	0.1	—	—
Q	6.4	3.9	0.6	0.3	1.2	0.4	0.1
R	11.1	8.6	1.1	0.2	0.8	0.4	—
S	2.9	2.3	0.1	0.1	0.3	—	0.1
T	4.5	2.9	0.8	0.2	0.4	0.1	0.1
U	0.2	0.2	—	—	—	—	—

第28表（その2）全国郡部

	計	甲 類			乙 類		
		I	II	III	I	II	III
計	1000.0	506.1	295.3	98.0	65.3	29.3	6.1
A	55.9	13.0	18.8	20.6	1.9	1.1	0.4
B	101.5	35.9	44.8	12.8	4.1	3.4	0.3
C	48.9	20.2	16.2	10.2	1.2	0.8	0.2
D	7.2	3.6	2.1	1.3	0.2	—	—
E	22.8	4.4	5.1	0.9	7.8	4.0	0.6
F	4.0	2.1	0.8	0.6	0.4	—	0.1
G	276.3	126.8	111.6	22.8	7.9	5.9	1.3
H	113.1	64.5	35.3	8.4	2.9	1.3	0.7
I	23.3	7.9	5.3	1.8	5.9	2.3	0.1
J	23.3	16.9	4.4	1.0	1.0	—	—
K	23.3	12.0	4.9	2.9	2.4	0.7	0.4
L	148.0	88.6	25.4	8.1	18.8	6.1	0.9
M	106.4	79.1	14.4	3.6	6.7	2.0	0.6
N	1.8	1.8	—	—	—	—	—
O	14.2	6.8	3.9	2.4	0.6	0.4	0.1
P	0.3	0.2	—	—	0.1	—	—
Q	7.5	4.8	0.6	0.2	1.4	0.4	0.1
R	13.4	10.7	1.0	0.2	1.0	0.6	—
S	3.4	2.9	—	0.1	0.3	—	0.1
T	4.8	3.6	0.4	—	0.6	0.1	0.1
U	0.2	0.2	—	—	—	—	—

第28表（その3）東北5県

	計	甲 類			乙 類		
		I	II	III	I	II	III
計	1000.0	525.1	226.3	97.6	113.9	29.6	7.4
A	26.6	4.4	13.3	7.4	1.5	—	—
B	54.7	20.7	14.8	14.8	—	4.4	—
C	29.6	11.8	10.4	4.4	1.5	1.5	—
D	10.4	3.0	1.5	4.4	1.5	—	—
E	19.2	—	3.0	1.5	11.8	3.0	—
F	7.4	—	—	3.0	4.4	—	—
G	227.8	96.2	78.4	29.6	16.3	5.9	1.5
H	90.2	59.2	22.2	—	5.9	3.0	—
I	16.3	3.0	5.9	1.5	4.4	1.5	—
J	47.3	31.1	5.9	4.4	5.9	—	—
K	23.7	5.9	5.9	3.0	5.9	—	3.0
L	177.5	88.8	35.5	13.3	29.6	7.4	3.0
M	161.2	119.8	20.7	8.9	11.8	—	—
N	10.4	10.4	—	—	—	—	—
O	16.3	5.9	7.4	1.5	1.5	—	—
P	—	—	—	—	—	—	—
Q	14.8	11.8	—	—	1.5	1.5	—
R	44.4	34.0	1.5	—	7.4	1.5	—
S	13.3	11.8	—	—	1.5	—	—
T	7.4	5.9	—	—	1.5	—	—
U	1.5	1.5	—	—	—	—	—

第28表（その4）京阪地方

	計	甲　類			乙　類		
		I	II	III	I	II	III
計	1000.0	405.3	390.2	119.6	39.5	39.5	5.8
A	54.6	9.3	18.6	20.9	1.2	3.5	1.2
B	95.2	24.4	48.8	17.4	3.5	1.2	—
C	76.7	16.3	34.8	22.1	2.3	1.2	—
D	9.3	4.6	3.5	1.2	—	—	—
E	31.4	7.0	4.6	4.6	7.0	7.0	1.2
F	—	—	—	—	—	—	—
G	307.8	118.5	158.0	15.1	7.0	7.0	2.3
H	103.4	44.1	43.0	12.8	2.3	1.2	—
I	29.0	8.1	13.9	1.2	2.3	3.5	—
J	29.0	16.3	10.5	2.3	—	—	—
K	18.6	9.3	4.6	3.5	1.2	—	—
L	142.9	83.6	30.2	11.6	8.1	8.1	1.2
M	80.1	53.4	13.9	3.5	3.5	5.8	—
N	—	—	—	—	—	—	—
O	12.8	4.6	2.3	3.5	1.2	1.2	—
P	—	—	—	—	—	—	—
Q	—	—	—	—	—	—	—
R	7.0	3.5	3.5	—	—	—	—
S	1.2	1.2	—	—	—	—	—
T	1.2	1.2	—	—	—	—	—
U	—	—	—	—	—	—	—

第28表（その5）全国都市

	計	甲　類			乙　類		
		I	II	III	I	II	III
計	1000.0	27.7	704.7	181.2	1.4	71.8	13.1
A	101.0	1.4	54.0	35.2	—	7.5	2.8
B	158.2	2.8	117.8	22.1	—	13.6	1.9
C	50.7	1.9	25.8	20.7	—	2.4	—
D	8.9	—	5.2	3.8	—	—	—
E	39.0	—	17.4	5.7	—	13.1	2.8
F	2.8	0.5	1.4	0.9	—	—	—
G	353.5	7.5	279.3	51.2	0.5	12.2	2.8
H	107.5	5.7	83.1	13.6	0.5	4.7	—
I	18.3	—	12.2	0.9	0.5	4.3	0.5
J	8.0	—	5.2	2.8	—	—	—
K	19.7	0.9	12.2	5.2	—	1.4	—
L	90.6	5.2	63.8	11.7	—	8.0	1.9
M	25.8	0.9	19.7	2.4	—	2.8	—
N	1.4	—	0.5	0.5	—	—	0.5
O	8.0	0.9	1.9	3.3	—	1.9	—
P	—	—	—	—	—	—	—
Q	1.4	—	0.9	0.5	—	—	—
R	1.4	—	1.4	—	—	—	—
S	0.5	—	0.5	—	—	—	—
T	3.3	—	2.4	0.9	—	—	—
U	—	—	—	—	—	—	—

第28表（その6）6大都市

	計	甲 類			乙 類		
		I	II	III	I	II	III
計	1000.0	18.0	732.5	151.3	—	86.3	12.0
A	100.0	1.7	58.1	28.2	—	10.3	1.7
B	174.4	1.7	141.0	12.8	—	18.0	0.8
C	47.0	1.7	21.4	22.2	—	1.7	—
D	7.7	—	3.4	4.3	—	—	—
E	42.7	—	16.3	6.0	—	18.0	2.6
F	1.7	0.8	0.8	—	—	—	—
G	377.0	6.8	305.1	43.6	—	16.3	5.1
H	86.3	3.4	72.6	6.8	—	3.4	—
I	24.8	—	17.1	1.7	—	5.1	0.8
J	7.7	—	6.0	1.7	—	—	—
K	15.4	—	9.4	6.0	—	—	—
L	85.5	1.7	62.4	12.0	—	8.6	0.8
M	17.1	—	12.8	1.7	—	2.6	—
N	—	—	—	—	—	—	—
O	6.8	—	1.7	2.6	—	2.6	—
P	—	—	—	—	—	—	—
Q	0.8	—	0.8	—	—	—	—
R	1.7	—	1.7	—	—	—	—
S	—	—	—	—	—	—	—
T	3.4	—	1.7	1.7	—	—	—
U	—	—	—	—	—	—	—

第28表（その7）職業別，

	全国都市および郡部			6大都市		東北 5 県郡部		
	I	II	III	II	III	I	II	III
家族実数	5,198	4,571	1,350	958	191	432	173	71
比例数計	1000.0	1000.0	1000.0	1000.0	1000.0	1000.0	1000.0	1000.0
A	26.4	67.8	200.0	83.5	183.2	9.3	52.0	70.4
B	70.4	156.2	125.2	194.2	83.8	32.4	75.1	140.8
C	37.9	46.6	102.2	28.2	136.1	20.8	46.2	42.3
D	6.6	6.6	14.8	4.2	26.2	6.9	5.8	42.3
E	21.2	32.1	22.9	41.8	52.4	18.5	23.1	14.1
F	4.6	2.2	5.9	1.0	—	6.9	—	28.2
G	236.3	366.9	245.9	392.5	298.4	175.9	329.5	295.8
H	119.1	112.9	82.1	92.9	41.9	101.9	98.3	—
I	24.1	22.8	14.8	27.1	15.7	11.6	28.9	14.1
J	30.9	11.2	11.1	7.3	10.5	57.9	23.1	42.3
K	25.4	17.3	30.4	11.5	36.6	18.5	23.1	56.3
L	187.7	95.7	81.5	86.6	78.5	185.2	167.6	154.9
M	148.7	42.9	31.1	18.8	10.5	206.0	80.9	84.5
N	3.1	0.2	1.5	—	—	16.2	—	—
O	13.1	10.3	22.2	5.2	15.7	11.6	28.9	14.1
P	0.6	—	—	—	—	—	—	—
Q	10.8	2.4	3.0	1.0	—	20.8	5.8	—
R	20.2	3.7	1.5	2.1	—	64.8	11.6	—
S	5.6	0.2	1.5	—	—	20.8	—	—
T	7.2	2.2	2.2	2.1	10.5	11.6	—	—
U	0.4	—	—	—	—	2.3	—	—

家族の実数は千家族単位

第29表（その1）地方別

	全国都市および郡部	全国都市	六大都市	東京市	大阪市	全国郡部	京阪地方郡部
甲類	902.0	913.6	901.8	886.2	925.9	899.7	915.1
乙類	98.0	86.3	98.3	113.9	74.1	100.3	84.8

	大阪府郡部	宮崎県郡部	鹿児島県郡部	東北五県郡部	青森県郡部	岩手県郡部	北海道郡部
甲類	912.1	924.2	910.4	849.0	830.3	851.8	900.0
乙類	87.9	75.8	89.6	151.0	169.6	148.2	100.0

第29表（その2）職業別

	全国郡部および都市			六大都市		東北五県郡部		
職業	I	II	III	II	III	I	II	III
甲類	886.6	909.0	938.5	894.6	926.7	821.8	884.4	929.6
乙類	113.4	91.0	61.5	105.4	73.3	178.2	115.6	70.4

は二五戸（約五割六分）となっている。この白川村中切部落に次いで乙類の家族の多く見出される部落は、筆者の調べた範囲では青森県下北郡東通村の尻屋部落である。尻屋には世帯主がこの村生れの者である家族が大正九年には三五戸あったのであるが、そのうち乙類の家族は一五戸（約四割三分）となっており、昭和五年には家族数は三六戸になっているが、そのうち乙類のものは一六戸（約四割四分）となっている。

これら白川村の中切および尻屋には後に述べるごとく特殊の事情あるため、かくのごとく乙類の家族が多くなっているのであるが、一般には外部との接触の比較的少ない村落等についてみても乙類のものは少なく、約八割五分までは甲類のものとなっている。たとえば前に掲げた徳島県東祖谷山村の家族または青森県大深内村の大沢田の家族等についてみても、次の第30表に示すがごとく、乙類の家族数は白川村および尻屋等におけるよりは遙かに少なくなっている。

323 第四節 家族の構成形態

第30表

	大正9年調査東祖谷山村	昭和5年調査大沢田	昭和5年調査尻屋	昭和5年調査白川村	大正9年調査白川
家族実数	864	168	36	45	38
甲類（比例数）	842.6	904.7	555.6	444.4	105.3
乙類（比例数）	157.4	95.2	444.4	555.5	894.7

しからば白川村の「中切」および東通村の尻屋等には何故にこのように乙類の家族が多いのであろうか。家族が近親者の感情融合にもとづく小集団である限り、感情融合の程度を異にしやすい世帯主の傍系親が世帯主の家族員としてその家族中に止まっているがごとき場合は少ないであろうと考えられ、而してまたかかる場合は一般的にみれば前表に示されているごとき事実上少ない。世帯主の傍系親にして世帯主の家族に属している者は第16表にあるごとく全国的にみればその数も少なく（千家族中僅かに一五六人）、しかもそのうち大部分を占めている者は世帯主に最も近い傍系親たる兄弟姉妹（一一二人）および甥姪（二七人）等である。これらの傍系親はその親が世帯主の家族中にある場合、すなわちE・I等の二世代家族および成員三世代以上の者からなる家族にして世帯主とその親とが同居している場合に最も多くあらわれ、しからざる家族には比較的少ない。たとえば乙類の家族の最も多く見出される二世代家族についてみるならば、世帯主とその子または世帯主夫婦とその子というがごときC・D・G・H等の単純なる家族にあっては約五分（総家族数五一万五千中、二五万一千）が乙類の家族であるのに対して、世帯主または世帯主夫婦とその親とが同居しているE・I等の家族にあっては約四割三分（総家族数五万七千中、二三万一千）が乙類の家族となっている。然るに世帯主の親が世帯主と同居している場合は第16表にあるごとく比較的少なく（千家族中、世帯主の親が世帯主の父がいる場合七〇家族、母がいる場合一九五家族）、而してまたこれらの親が世帯主と同居しているとしても、世帯

主の兄弟姉妹および甥姪等がこれらの家族中に加入している場合はこれらの家族中の一部分である故、世帯主と比較的血縁の近い傍系親が所属しやすくなっている乙類の家族すらその数は少なくならざるを得ない。なおその上に、これら各種の傍系親は一人ずつ世帯主の家族に所属しているのではなく、二人以上同一家族に加入している場合もかなり多い故、事実上あらわれる乙類の家族数は家族員中にある世帯主の傍系親の数よりもさらに少なくなるのである。

一般的にみればこのように世帯主の家族に所属する傍系親の数も少なく、また乙類の家族数も少ないのであるが、しかし時には前述の二村落のごとく世帯主の家族員たる傍系親の数も多く（中切では一〇〇家族につきこの種のもの一四四、うち世帯主の兄弟姉妹二四九、うち世帯主の傍系親二四九、うち世帯主の兄弟姉妹および甥姪九七、また乙類の家族数の多い村落もある。これらの村落において乙類の家族が多くなっている理由については種々の事情が考えられ得るが、そのうち主なるものとしては(1)部落内分家の出来難いこと(2)他の地方への移住の困難なること(3)世帯主の傍系親も世帯主の家族内において産業上必要なる者となっていることおよび(4)世帯主の傍系親が特に多い理由について隠居する慣習あること等が挙げられ得る。中切地方の家族に世帯主の傍系親が特に多い理由はこれらの事情は前節に述べておいた。この地方にはここに掲げた諸事情中最後の(4)を欠くのみで(1)、(2)、(3)の三事情およびその他の事情が存している。この地方に乙類の家族が多い理由はこれらの事情を参照することによって自ずから明らかになるであろう。

尻屋には中切地方においてみられるがごとき異性間の関係およびそれに伴う子供の所属関係は一般的には認められておらぬが、ここに掲げた(1)、(2)、(3)の事情の存することは明らかである。(1)この部落には戸数に比して耕地少なく、かつ気候の関係上耕地の生産力も弱く、村の人々は主として海産物を共

同に採取し、またこれを共同販売することによって生計を立てている。なおそのほか、この村の人の共同作業は共有の山林原野への放牧、燃料の獲得、住居の屋根の葺き替え等種々なるものがある。このように村人は共同して生計に必要なるものを獲得するよりして、この共同の生業に参加し得る戸数の増加を嫌い、外部よりの移住者には部落内の私有地を購入せしめず、またこれらの者をして村の共同作業に参加せしめないのみならず、部落内の者がここに分家を出すことについてもかなり厳重なる制限を設け、村民一同の是認がなければ分家ができないという意味の村規約を定めている。したがって尻屋では部落内分家は事実上僅かしか行われておらぬ。(2)またこの部落は青森県の東北端に位し、前面は太平洋、背面は幾重にも山野をもって他部落から隔てられ、隣り部落（西側の岩屋、西南側の尻労）までにさえ交通困難なる道路が二里余あり、またこの東通村地方の唯一の物資の集散地たる下北郡田名部町までは険路悪路が一〇里にわたっている。なおその上に隣り部落もまた尻屋の村人た共同作業を持ち、他部落の者の移住についてはかなりの制限を設けている。したがって尻屋の村人は他部落へ行くこと比較的少なく、従来は隣り部落はいうまでもなく、その他の部落等へ移住することも容易でなかったようである。(3)なおこの部落は村の住民として認められた者にして年齢一五歳以上の者には海産物の採取および共同販売の利益に均霑せしめる権利を付与している。それ故に各家族は一五歳以上の年齢の者の員数の多からんことを望み、「かり子」と称する特殊の準家族員すら置くようになっている。したがって家族内において生れた者であるならば、たとい世帯主の傍系親であっても家族内にあっては歓迎せられ、村の共同作業へ参加する資格を与えられて身の安定を得ているようである。かくのごとくこれら三つの事情が相重なってあることによって、尻屋に生育した者は世帯主の傍系親となる者も比較的その世帯主の家族内に止まりやすくなり、かくてこの部落には乙類の家

族が多くなるようになったものと考えられる。

白川村の中切および東通村の尻屋等に乙類の家族が多く見出される特殊事情については、以上述べたところによってほぼ明らかになったと考えられるが、これらの村落には世帯主が早く隠居する慣習があることによって、前世帯主の時にその直系親であった者が新世帯主の時にはその傍系親たる家族員となり、したがって乙類の家族が多くなっているというがごとき事実は見出されない。しかし、もしかくのごとき慣習の行われている地方があるならば、その地方には必ず乙類の家族が多くなるはずである。現代わが内地にかくのごとき慣習の行われている村落のあることを未だ聞かないが、筆者が知り得た範囲内では前に掲げた相模国土肥鍛冶屋村（慶応四年調査宗門帳よりみた村の家族ならびに人口についてみると）にはこの慣習があったものと推定せられる。第25表〔二七二頁〕にあるところによって明らかなるごとく、この村には世帯主の傍系親、殊に第一傍系親の数が多く、また乙類の家族数も総家族数八二に対して三九（四割八分）の多数となっている。わが国の封建制時代にはこの村に似た家族構成型を持っていた村も多少はあったであろうが、この村は乙類の家族の多い村の代表的なるものの一つであろう。しからば何故にこの村に乙類の家族が多かったのであろうか。この村は徳川時代には外部との交通不便であったため、村人は他郷へ出ることも少なく、かつ耕地が少なかったため分家を出すことも容易ではなかったであろうが、しかしこの村に乙類の家族の多かったことは単にこの交通不便と分家の困難ということだけにもとづいたものではない。第25表によってみると、この村の家族構成員中には世帯主の父の数が他の地方におけるよりも遥かに少なく、世帯主数の約四割に達しており、これに反して世帯主の孫の数は他の地方におけるよりも遥かに少なく、世帯主数の約五分未満となっている。このことは一方この村の世帯主の多くが比較的若い年齢の者であったことを告

げると同時に、他方前世帯主（現世帯主の父）が比較的若くして隠居していたことを知らしめるものである。この宗門帳調査時期におけるこの村の世帯主の年齢を計算すると平均年齢は三九歳余となっており、他の地方の世帯主のそれよりも遙かに若く、また世帯主の家族員となっている父（隠居）の年齢についてみると、六五歳以上の者も一〇名あるが大部分は六五歳以下の者であり、その中には五〇歳未満の者が四名もある。このようにこの村において約四割（二三戸）の家族が世帯主の父を家族員中に含んでいたこと、しかもこれらの父の年齢が一般に比較的若かったこと等の事実よりみると、この村には世帯主があったことおよび世帯主の年齢が大部分六五歳以下であり、中には五〇歳未満の者も数名が比較的早く隠居して家督を子に譲る慣習が行われていたのであろうと推定し得られる。[註11] もしかくのごとき慣習がないとしたらこのような推定を許さないならば前述のごとき事実は説明され得ない。もしかくのごとき慣習がないとしたらばこの村にかく多数の父が単なる家族員として公簿に記録せられているわけがなく、なおまた世帯主の平均年齢が四〇歳以下であるというがごときことはあり得ない。明治初年頃までのこの村の家族構成員中に世帯主の傍系親が多く、かつこの村に乙類の家族が多かったのは右のごとき慣習にもとづくことが多かったのであろう。すなわちこの村には外部への移住の困難および村内分家の困難という事情があった上に、特に世帯主の父が比較的若くして隠居する慣習があった故に、この父の膝下にあった子供らは新世帯主に対してはその傍系親となり、かくしてこの村に乙類の家族が多くなったものと考えられる。[註12] したがってこの村の家族について、もしとれら隠居している父を世帯主と仮定してみるならば、世帯主の傍系親の数は著しく減じ、これに反してその家族構成は前述のものより遙かに単純になり、この村の家族は主として甲類のものとなるであろう。[註13]

以上述べたがごとく白川村の中切、東通村の尻屋および幕末頃の土肥鍛冶屋村等には特殊の事情あ

第31表

調査時期	村　落　名	家族総数	甲類	乙類
宝暦14年	出羽国落野目村（山形県東田川郡）	49	35	14
天保6年	押切村下組（山形県東田川郡）	63	48	15
弘化5年	下総国立木村（茨城県北相馬郡）	99	79	20
元治1年	大和国新口村（奈良県磯城郡）	88	59	29
安政3年	平野郷流町（大阪市住吉区）	145	125	20

ったが故に、乙類の家族が四割または五割以上の多数となっていたのであるが、一般にはこの種の家族は少なく、純農村においても多くは約一割五分以内である。ただ封建時代の終りまでは現代とは諸種の生活条件が著しく異なっていたが故に、かかる時代には乙類の家族が二割以上となっていたところもあった。明治以前には交通設備の関係上他の地方への移住も容易でなく、また各村落はかなり封鎖的であり、村内の有力者が保証しない限り他村の者は村の住民となり難く、なおその上に他郷への移住を制限する規定等あったため、新たに開かれる宿場または開墾地等がない限り、他郷への移住は容易でなかった。このように移住が困難であった上に耕作地の細分が制限せられ、かつまた新田開拓の行われ難き地方においては多くの場合農村の戸数は飽和状態になりやすかったが故に、村によっては現代の農村等よりも乙類の家族を多く含んでいるものの村落または小都市等には現代の農村等よりも乙類の家族を多く含んでいるものもあった。たとえば筆者の手元にある人別帳等について約五〇戸以上の戸数からなる町村を調べても、上の第31表にあるごとく、乙類の家族が幾分か多く、村落によってはこの種の家族が三割内外に達しているところもあり、また町においてもそれが一割五分以上に達しているところもある。

このように明治以前においては世帯主の傍系親が世帯主の家族から離れることを困難ならしめる事情が比較的多かったが故に、乙類の家族の何程か多い村もあったのであるが、現代においてはかくのごとき事情が少なくなっているの

みならず近代的産業機関の多いところにおいてはこれらの者が世帯主の家族から離れることを助長するがごとき条件さえ存している。したがって一般的にはいずれの地方の家族についてみても甲類のものが大多数となっている。第一に現代わが国には世帯主の傍系親が分家または他へ移住することを事実上妨げるがごとき事情は殆どない。単に法制のうえだけからみる場合には、分家せんとする者は戸主の同意を得なければならず、また戸主はその家族員に対して住所を指定し得ることとなっている。それ故に家族員の分家または移住は戸主によって制限せられ得るがごとく考えられるが、しかし事実上戸主から離れんとする戸主の傍系親は戸主の扶養を得なければ生存を維持し得ない者は、戸主の意に反して戸主から離れた場合には不利益を蒙むるであろうが、戸主の傍系親は多くの場合、かくのごとき不利益を受けることなく、自ら生計を維持し得る能力を持つ限り、容易に戸主から分離し得る。このように法制上家族員の分家または事実上分離せんとする場合にはこれを制限することが出来ない。戸主たる世帯主ですら、その傍系親が事実上分離せんとする場合に何等の制限を施し得ないことはいうまでもない。次にまた現代においては家族の外側に存する諸産業機関ならびに諸社会関係が人々を家族の外に吸収しやすくなっている。したがって前節に述べたごとく、都市および都市の影響の強いところにおいては、全家族員を共働せしむるに足るがごとき家業を持っている家族は少なくなりつつある。而してまた家族員の共働によって営まれ得る家業——農業、家内工業、小売業等——を持っている家族も、その経営を合理化しつつある故、業務上世帯主の傍系親の共働をも必要とする場合は少なく、なおまた業務上相当の員数を必要とする家業を持っている家族にあっても、世帯主およびその直系親と同様にこの業務上の利益

を受け得る見込みのない傍系親は、家族員でありながら業務上の使用人と同一視せられることを好まない。かくして家業の上からみても世帯主の傍系親がその家族中に止まり得る場合は次第に縮小されつつある。さらにまた第三に現代においては老年期に達しておらない戸主たる父が隠居することは、疾病その他やむことを得ざる理由ある場合のほか、法制上許されないのみならず[註22]、かかる場合は事実上にも少ない。それ故に前世帯主が若年の子供を残して他界した場合のほか、現世帯主の兄弟姉妹等がその家族員として存する場合は比較的少ない。

現代わが国の家族中乙類のものが少なくなっているのは主として右に述べた事情によるものと考えられる。したがって現代においても外部への移住のやや困難なる地方においては乙類の家族が幾分か多く、家族外に存する諸社会関係に容易に結びつき得る都市においてはそれが幾分か少なくなっており、また家業上比較的多くの家族員の共働を求め得る I 類の家族においては甲類のものが少なく、かかる共働を求め得ない III 類の家族にあってはそれが最も多くなっている。さてこの傾向からみるならば乙類の家族は大都市以外の中部地方以西の郡部におけるところによってみると、六大都市——殊に東京市——においては乙類のものは中部地方以西の郡部においてよりも多くなっている。すなわち第27表より算出すると、この種の家族は中部地方の郡部において約八分八厘、京阪地方の郡部において約八分五厘、中国地方の郡部において約七分五厘、四国地方の郡部において約八分四厘、九州地方の郡部において約一割一分であるが、東京市においては一割一分以上となっている。このことは前述の傾向と相反するがごとくみえる。しかしそれは前節に述べて置いたごとく[註23]、現代わが国の大都市には元来世帯主の家族員でなかった傍系親が便宜上一時世帯主と同居している場合がかなり多いことを考慮するならば、容易に理解され得る。これらの場合は乙類の[註24]

家族とみなされ得ないのであるが、これを元来の家族員である世帯主の傍系親を含む乙類のものと区別して観察することが出来難い故、ここには計算上乙類のものが何程か多くなってあらわれるのである。もしこの両者を区別して観察することが出来るならば、大都市における乙類の家族は前述のものよりは一層少なくなるであろう。

右に述べたごとくわが内地人の形づくっている家族を甲類と乙類とに分けて考察すると、比較的単純なる近親者からなっている甲類のものが大多数となるのであるが、次にまた世帯主を中心としてそれと同一家族に所属している世帯主の直系親の世代数の別に従って現代わが国の家族を考察してみても、比較的単純なる構成形式を持っている二世代以内の者からなっている家族が、一般的には多数となっている。第28表によってみると、全国的には世帯主または世帯主夫婦とその親または子とか（A・B）は総家族数中、約一割七、八分であるが、世帯主または世帯主夫婦からなっている一世代家族らなっている二世代家族（C・D・E・F・G・H・I・J）は第一位に多数を占め、それだけにて五割三分余に達しており、これら一世代家族および二世代家族は合して総家族数中七割以上の多数となっている。しかるに三世代家族（K・L・M・N・O）は二世代家族の約半数、約二割七分未満に減じており、四世代家族（P・Q・R・S・T）はこの三世代家族の一〇分の一以下の少数となり、総家族数中僅かに二分五厘余あるに過ぎず、五世代家族（U）に到っては殆どないといって差し支えなく、一万家族中二家族という微少数となっている。すなわち現代わが内地人の形づくっている家族はその構成形式からみれば、大部分世帯主の直系親二世代以下の者よりなっている単純なる家族であり、三世代以上の者よりなっている家族は総家族数中約三割弱となっている。

わが国民は自家の族的集団の永続化を重んじ、この永続化を致すべき家系の消滅を忌み、血統上自

家の家系を継承すべき男子のない場合は、他より男子を養子として迎えてまで自家の存続を計り、もしまた止むを得ぬ事情のため廃家または絶家となった家族があった場合は、その近親者がこれを再興するという慣習を持ち[註25]、また他の切実なる要求に迫られざる限り自家に固有なる伝統またはその存続上に重要なる意味を持つ伝統は、なるべくこれを忠実に維持せんとする傾向を持っている。このようにわが国民が各自の家族の存続を重んじている関係上、父祖はその子孫を愛撫しこれを保護すると共に、伝来的家族生活の形式についての指導者となり、子孫は父祖を信頼し、これを敬慕すると共に、その指導によって自家の伝統に親しみを持ち、自家に固有なるものを遵守しやすくなり、家系を継承すべき一家族内においては夫婦関係または親子関係にある者が緊密に融合するのみならず、家族構成員は三世代以上の直系親にまで拡がりやすくなっている[註26]。

このように家系の存続を重んずる傾向よりしてわが国民は親、子、孫等三世代以上の者よりなる家族を構成しやすくなっているのであるが、しかし事実上あらわれている家族の構成形式についてみるならば、前述のごとく直系親三世代以上の者よりなっている家族は総家族数中、約三割弱に過ぎない。家族の永続化が重要視せられているとするならば直系親二世代以下の者よりなる家族よりも三世代以上の者よりなる家族が多いであろうと考えられるのであるが、しかるに事実はこれに反して三世代以上の者よりなっている家族は遙かに少なくなっている。然らばそれはいかなる理由によるのであろうか。わが国民は家系尊重の傾向を持っていながら、現代においてはこの傾向を事実上失ないつつあるが故に、この種の家族がこのように少なくなっているのではなかろうか。あるいはまた、この傾向は維持されているとしても、他に特殊の事情あるため、現代においてはこの種の家族が少な[註27]

くなっているのではなかろうか。今この問題を解答するためには、まず世帯主の直系親三代以上の者が同時に一家族の構成員として存し得る場合、すなわち事実上同居しているか否かは別として、これらの者が同時に一家族員として存することの可能なる場合が何程あるかを明らかにしなくてはならぬ。国民中家系尊重の傾向が強くあらわれているとしても、親、子、孫等の関係にある者が一家族の構成員として同時に存在し得る場合が少ないならば、三代以上の者よりなる家族は少なくなるであろう。それ故にここにはまずかくのごとき場合が何程あるであろうかを明らかにしなければならぬ。

世帯主の直系親三世代以上の者が一家族に同時に所属し得る場合は、わが国のごとき家系を追うて家系を連続せしめる慣習のあるところにおいては、父母いずれかの在世中家系を継ぐべき男の子が配偶者を迎え、さらにその子を得ている場合である。女子は家系を継承すべき男子なき場合のほか他家に嫁し、他家の構成員となる者である故、たといこの女子がさらにその子を挙げた場合においても、それは多くはこの女子の親からみれば外孫であり、この親と同一の家族に所属すべき者ではない。

それ故に親、子、孫等三世代以上の者が同一家族内に在り得る場合は、一般的にみるならば、各世代間の年齢間隔の少ない場合だけについてみても、母（父よりも母が年少者である場合多く、したがって母とその子との年齢間隔は父とその子とのそれよりも小である）とその子たる年長の男の子との男の子の子とが同時に存在している場合でなければならぬ。しかるにかくのごとき場合が多いか否かは第一には国民一般の平均初婚年齢のいかんによって規定せられ、第二には有配女子の出産率の大小によって規定せられ、さらに第三には国民一般の年齢別生存率のいかんによって規定せられる。

第一に平均初婚年齢が低い場合には比較的若くして子を得べく、かくして親、子、孫または時としては曽孫等が同時に存在し得る場合が多くな

次に有配女子の出産率の大なる場合、すなわち有配女子が最も多産年齢期にある場合には、一般的には通婚後、短期間に子女を挙げ得べく、これらの子女もまた通婚後早く出生を伴い得べく、かくして三世代以上の直系親が同時に存在し得る場合が多くなる。なおまた国民一般の生存率が大なる場合には、婚姻年齢に達するまでに死亡する者も少なくなり、その結果、子あり、孫ある者が多くなり、三世代以上の者が同時に同一家族の構成員たり得る場合が多くなる。

このように家族員中に親、子、孫等三世代以上の直系親が同時に存し得る場合の大小は主として右のごとき三条件に規定せられるのであるが、前述第27表および第28表に示されている家族数は大正九年調査の家族数である故、ここには大正九年において右のごとき構成員を含み得る可能性のあった家族が何程あったであろうかを推算し、この推算の結果と前述の表にあるところとを比較することとする。

まず大正九年において親、子、孫の三世代の者およびそれ以上の世代の者が同時に同一家族に所属することが国民的慣習上可能であった場合が何程あったであろうかは次のごとくにして推算し得られる[註28]。すなわち(1)大正八、九年以前において平均初婚年齢に達し、既に通婚して一人以上の子を挙げているであろうと考えられる男の子を一人以上持ち得ることになっている母は大正九年において何歳以上の年齢に達している者であろうかを推算し、(2)またこれらの母の夫、すなわち男の子の父はこの年において何歳以上の年齢に達しているものであろうかを推算し、(3)さらにこれらの年齢以上に達している父（未婚者にあらざる男）および母（未婚者にあらざる女）が大正九年において何人あったかを計算し、(4)最後にこれらの年齢以上に達している者の中より、有配の父と、死別の母と死別の父と離別の

父との数を求め、これを総計してみれば、ここにいうところの場合が何程あったであろうかは明らかになる。なぜならば直系親三世代以上の者が一家族内に所属し得る場合は、国民の家族生活上の慣習からみれば、右のごとき年齢にある既婚の男女ある場合の外にはなく、而してまたこれらの場合においても有配の男女は同一家族に所属しているであろうと考えられる故、そのうちいずれかの一方を取れば充分であり、また離別の女子は多くの場合、自己より出生した男の子が継承すべき家系の内に所属しておらぬ故、これを除去する必要があるからである。ただし右の算定において有配の男ある場合を取り、有配の女ある場合を取らなかったのは、三世代以上の者が同時に同一家族に所属し得る場合がなるべく多くなり得るよう推算せんとしたからである。国勢調査の結果によれば五〇歳以上の有配偶者中にあっては男子の数が女子の数よりも多くなっている。したがって右のごとき推算であった場合よりは幾分か多くられた結果は実際において親、子、孫等が同一家族員となることが可能であった場合よりは幾分か多くなっているわけである。

さて右のごとく推算の条件を定めて大正八、九年以前に平均初婚年齢に達しており、すでに一人以上の子を得ているであろうと考えられる男の子を一人以上持ち得ることになっている母は大正九年において何歳以上の年齢に達しているであろうかを尋ねるに、それは少なくともこれらの男のうち、最年長者である者が出生した年よりも前において、その当時の平均初婚年齢に達していた女子でなければならぬ。すなわちそれは少なくとも大正八、九年頃における男子の平均初婚年齢に達する年数と、それだけの年数を大正九年より遡った年代における女子の平均初婚年齢に相当する年数とを合した年数以上の年齢に相当する年数をなすためにわが国の過去三、四〇年間における平均初婚年齢の変遷をみるとそれは次の第32表のごと

第32表 註29

	昭和5年	大正14年	大正8年	大正3年	明治42年	(明治22・23年頃)
男	27.33	27.09	27.43	27.09	26.88	(26.42)
女	23.21	23.12	23.30	22.80	22.92	(22.63)

わが国の平均初婚年齢は明治42年迄のものは計算されているが，それ以前のものは算出せられておらぬ。それ故にここには昭和5年より明治42年までに到るまでの平均初婚年齢低下の傾向を求め，この傾向がそれ以前にも続いているものとみなして，明治22・23年頃すなわち大正9年より約30年前の平均初婚年齢を推算した。この推算には何程か誤りがあり得るであろうが，平均初婚年齢は長い期間にわたってみても僅かの変化あるだけである故，多少の誤算あるとしても，前述のごとき意味の女子の年齢を計算するためには，ここに推算したもので差し支えないと考えられる。

くなっている。

上の表によって計算すると大正八、九年頃における男子の平均初婚年齢は二七歳余となっており，大正九年より二七年余を遡った明治二五年頃の女子の平均初婚年齢は二二歳余となっている故，大正九年頃に一人以上の子を挙げ得ることになっている男の子を一人以上持ち得ることになっているであろうと考えられる母は，少なくとも明治二五年より二二年余前，すなわち明治三年（一八七〇年）以前に出生し，年齢五一歳以上に達している女子でなければならぬ。このように計算すれば右に述べた条件に適する母の年齢がほぼ推算せられ得たかのごとくに考えられるが，しかしこの計算だけではなお甚だしく不充分である。第一に第32表にある平均初婚年齢は法律婚による届出での年齢より計算せられたものであり，事実上の平均初婚年齢ではない。事実婚は都市および郡部を通じて一般的にみれば，法律婚より約一カ年ほど先立っている。したがって事実に近い平均初婚年齢を求めんとせば前表にあるところより約一カ年ずつ年齢を下げてみなくてはならぬ。第二にまた通婚後直ちに出生を伴うものではなく，また通婚後毎年出生を伴うものでもない。出生は一般的にみれば通婚後一定の期間を隔てて順次に起り，有配女子の出産率は第33表の表にあるがごとく年齢の上昇

第33表 注30
大正14年有配偶女子千人につき出産率　（嫡出子）

母の年齢	出産率
18歳	507
19	545
20	545
21	515
22	463
23	434
24	396
25	372
26	364
27	343
28	331
29	320
30	304
31	289
32	284
33	260
34	262
35	251

の順位には男女の別なく、男児出生の場合と女児出生の場合とは半々である。それ故に有配の女子が男の子を一人以上挙げるであろうとみなされ得る場合は、一般的にはこれらの女子が第二子を挙げた後であるといわなくてはならぬ。すなわち有配の女子が平均初婚年齢の上に二人以上の子を挙げるに必要なる年数を重ねなければ（もし平均初婚年齢が二二歳であるならば、二六歳以上に違しなければ）、一般的にこれらの女子が一人以上の男の子を挙げているとみなされ難い。さらにまた第三に継嗣たるべき男の子が出生したとしても、これらの男の子がすべて成人するとは限らない。これらの男の子が成人して有配の継嗣となるまでに死亡する危険もかなり多い。今わが内地人にして年齢二五歳以上三〇歳以下の者の生存率を求めるため、明治三三年より三八年に到るまでの出生数を調べ、また昭和五年において年齢二五歳以上三〇歳以下になっている者の数を求め、後者をもって前者の生存者とみなし、その生存率を算出すると次のページの第34表のごとくなる。

この表によって観るとわが内地人が二五歳ないし三〇歳に達するまでには三分の一の犠牲者が出

と共に漸次遞減している。

有配女子の年齢別出産率が右のごとくなっているとすると、一般的には二〇歳にて通婚した者はその二ヵ年間に一・〇六人の子を得、二五歳にて通婚した者はその後三ヵ年を経て一・〇七九人の子を挙げることとなる。しかるに継嗣としては男の子が重んぜられるとしても、初生児は必ずしも男児ではない。出生

第34表 註31

出生年度	出生数	昭和5年現存者数	昭和5年における年齢	出生1,000に対する生存率
明治 33 年	1,420,534	895,532	30	630
明治 34 年	1,501,591	952,231	29	633
明治 35 年	1,510,835	972,245	28	646
明治 36 年	1,489,816	980,860	27	658
明治 37 年	1,440,371	948,525	26	659
明治 38 年	1,452,770	978,773	25	674

て、生存者は三分の二となっている。すなわち三人の子を産んだ母は二五年の後には二人の子の母となるわけである。しかるに前に述べたごとく、有配の女子が一般的に一人以上の男の子を得ているであろうとみなされ得る場合は、二人以上の子を得ている場合である。してみればこれら二人の子が成人し、うち一人の男の子が有配の継嗣となり、さらにその子を得、かくして三世代の直系親が同居し得るようになるためには、この継嗣の母は最小限において三人の子を産んでおらねばならぬ。すなわち一般的にみれば、三人以上の子を産んだ母が家系を継ぐべき男の子を通じての孫をみることとなるわけである。

右のごとき種々の条件を考慮して、大正九年において継嗣たる男の子を通じて一人以上の孫を得ているであろうとみなされ得る母（かりに甲と名づけておく）の年齢を計算すると、それは次のごとくなる。まず大正八、九年頃における法律婚による男子の平均初婚年齢は二七歳余である故、事実婚のそれは二六歳余であるとみなされる。しかるに第32表によっても知られるごとく、わが内地にては一般的に男子の平均初婚年齢は女子のそれより約四歳高くなっている故、これらの男子は二二歳余の女子と通婚しているものと考えられる。而して二二歳余の有配女子は第33表によれば、通婚後約二カ年のうちに一人の子を得る計算となる故、二六歳余で婚姻した男子（かりに乙と名づけておく）は一般的には二八歳余に達して一人の子を挙げ得るわけであ

る。次にこれらの男子（乙）が前の甲なる母の子であるとすると、この甲は少なくとも大正九年より二八年以前に有配偶の女子となった者でなくてはならぬが、明治二〇年ないし明治二五年頃の法律婚による女子の平均初婚年齢は二二歳余である故、これらの甲は二一歳余にて事実上婚姻していたものとみられる。而してこれら二一歳余にて通婚した甲は第33表にあるところに従って計算すると二三歳までに第一子を挙げ、二六歳までに第二子を挙げ、二九歳までに第三子を挙げ得ることとなる。すなわち、これらの甲すなわち母は二九歳以上に達して三人以上の子を得ているものとみなされる。しかるに前に述べたところによりこれら第三子までの子のうち、いずれかの一人は女子であるとみなされる故、成人男子は一人という計算になる。そし、残る二人中いずれかの一人は女子であるとみなされる故、成人男子は一人という計算になる。それ故にこれら三人の子のうち、もし第三子が成人男子として生存し、配偶者を得てさらにその子（かりに丙と名づけておく）を挙げるものとするならば、甲は少なくとも五七歳以上（甲が乙を得るまでに二八年）に達しているわけである。すなわち、この場合には大正九年において継嗣たる男の子は乙は二八歳以上に達し、甲は少なくとも五七歳以上（甲が乙を得るまでに二十九年、乙が丙を得るまでに二八年）に達しているわけである。すなわち、この場合には大正九年において継嗣たる男の子（乙）を通じて一人以上の孫（丙）を得ているであろうとみなされ得る母（甲）の年齢は五七歳以上ということになる。もしまた右の三子中、第二子が成人男子として生存し、さらにその子を挙げ、丙を得るものとするならば、その場合には乙の年齢は前の場合と同様二八歳以上であるが、甲の年齢は五四歳以上となる。さらにまた右の三子中、第一子が成人男子として生存し、丙を得るものとするならば、その場合には甲の年齢は五一歳以上となる。しかるにこれらの三子中、第一子が甲の子にして丙の父たる乙となる場合と、第二子がその乙となる場合と、第三子がそれとなる場合とはいずれも三分の一ずつであると考えられる。したがって乙を通じて丙を得ている甲の数は五一歳以上の甲の数の

三分の一と、五四歳以上の甲の数の三分の一と、五七歳以上の甲の数の三分の一とを加えたもの、または五七歳以上の甲の数と、五四歳以上の甲の数の三分の一と、五一歳ないし五三歳の甲の数の三分の一とを加えたものに等しくなるわけである。

男の子（乙）を通じての孫（丙）を得ているであろうと考えられる母（甲）の年齢は右のごとく推算されたが、次にこれらの母（甲）の夫（かりに丁と名づけておく）すなわち乙の父（丁）は大正九年において何歳になっているものであろうか。その答えは極めて簡単である。夫の年齢は妻のそれよりも約四歳高くなっている故、丁の年齢は甲の年齢に四歳加えたものとなる。したがって乙を通じて丙を得ている丁の数は六一歳以上の丁の数と、五八歳以上六〇歳以下の丁の数の三分の二と、五五歳以上五七歳以下の丁の数の三分の一とを加えたものに等しくなる。

以上述べたところによって、継嗣を通じての孫を得ているであろうと考えられる者の年齢は推算されたが、然らば大正九年において右の年齢に相当する者が何人あり、五八歳以上六〇歳（丁）、死別の男（丁）および離別の男（丁）にして六一歳以上の者の数の三分の二が何程となり、五五歳以上五七歳以下の者の数の三分の一が何程となっていたであろうか。また死別の女（甲）にして五七歳以上の者が何程あり、五四歳ないし五六歳の者の数の三分の二および五一歳ないし五三歳の者の数の三分の一は何程になっていたであろうか。いま、これらの年齢に相当する者の数を大正九年国勢調査報告によって求めると[註32]、有配、死別および離別の男（丁）にして六一歳以上の者は一九〇万九、八三〇人、五八歳ないし六〇歳の者の三分の二は三〇万八、〇〇二人、五五歳ないし五七歳の者の三分の一は一九万九、〇一一人となり、また死別の女にして五七歳以上の者は一七七万四二五人、五四歳ないし五六歳の者の三分の二は一三万五、一

〇九人、五一歳ないし五三歳の者の三分の一は五万七、七五〇人となり、これらの者の総計は四三八万一二七人となる。これら四三八万人は大正九年において計算上継嗣たる男の子を通じての孫を得ているであろうと考えられる者の総数である。すなわち親（甲、丁）子（乙）孫（丙）等三世代の者およびそれ以上の者が国民的慣習に従って同一家族の所属員たることが可能であった場合の総数である。これら三世代以上の者によって構成され得る家族の可能的場合の総数を大正九年における総家族数に比較してみると、前者（四三八万一二七）は後者（一、一二一万九、〇〇〇）の三割九分四厘八毛となる。すなわち三世代以上の者よりなる家族は、その可能的なる場合のすべてについてみても、大正九年における総家族数の約四割未満にしかならない。しかるに第27表および第28表についてみると、事実上三世代以上の者からなっている家族（KからUまでの家族）数は三二三万二千にして総家族数の二割九分六毛（約三割）となっている。これら事実上三世代以上の者からなっている家族数の可能的なる場合の総数に比較してみると、前者は後者の七割三分七厘九毛となる。すなわち三世代以上の者を含み得る家族の可能的なる場合の総数にして事実上これを含んでおらないものは約二割六分であり、大部分は直系親三世代以上の者からなっている家族数を総家族数とのみ比較してみる場合には、それがいかにも少ないようにみえ、わが国民は家系尊重の傾向を持っているといわれているにもかかわらず、現代においてはこの傾向を失いつつあるのではなかろうかというごとき疑問も起り得るのであるが、しかし右に述べたごとくかかる家族数が何程あるかを明らかにしてみると、かのごとき疑問は直ちに消え去るであろう。直系親三世代以上の者からなっている家族数が総家族数の約三割未満となっているのは、国民が家系尊重の傾向を失いつつあるからとか、または父祖あるにかかわらず家系を継承すべき子孫が父祖から離れてい

る場合が多いからとかいうがごとき理由に拠るよりはむしろ、家系を継承すべき子（乙）を通じての孫（丙）を得ている者（甲、丁）の家族が総数の四割未満にしかならないからであるといわれ得る。これらの親、子、孫等が同時に一家族の成員たることの可能なる場合についてみれば、大部分（約七割四分）は三世代以上の者からなっている家族である。

右のごとく観察してくると、第28表にある直系親三世代以上の者からなっている家族数が何故に総家族数の三割未満となっているかが明らかになるのであるが、同様にして直系親四世代以上の者からなっている家族数が何故に総数の僅か二分五厘に過ぎないかをも明らかにすることが出来、したがってまた二世代以下の者からなっている家族数が何故に総数の七割余となっているかをも明らかにすることが出来る。まず直系親四世代以上の者からなっている家族（PよりUまで）についてみるにこの種の家族は前の三世代家族における父（丁）の親がこれらの三世代の者と共に同居している家族であり、少なくともそれは丁の母（かりに戊と名づけておく）の親があるところにはこれら三世代以上の者を含み得る家族があると考えられる。いまこれら戊およびその夫（丁の父）に該当する者が何程あるであろうかをみるために戊の年齢を推算すると、それは丁よりも二〇歳以上の年長者でなければならぬ。何故ならば戊の婚姻当時の事実上の初婚年齢が低く、かりにそれが一八歳余であったとしても、戊が第一子を得るまでには二〇歳余となり、第二子を挙げるまでには二二歳余となるからである。しかるに前に述べたごとく丁の年齢該当者は丁の子たる乙の出生の順位いかんによって三種となるのであるが、戊の年齢該当者も丁が、戊の第一子であるか、または第二子、第三子であるかに従って三種となる。それ故に詳細に計算するならば丁の母たる戊の年齢該当者は九種となり、乙が丁の第一子である場合

343　第四節　家族の構成形態

にして丁が戊の第一子である場合の戊の年齢該当者数の九分の一、第二子である場合のそれの九分の二、第三子である場合のそれの九分の三、乙が丁の第二子にして丁が戊の第一子である場合のそれの九分の四、第三子である場合のそれの九分の六、および乙が丁の第三子にして丁が戊の第一子たる場合のそれの三分の一、第二子たる場合のそれの三分の二、第三子たる場合のそれの三分の三を取れば、丁の母たる戊に該当する者の数を求めることが出来る。しかしこのように計算することは複雑であるのみならず、高年齢者はその数比較的少ない故、かくのごとき計算を施しても実際上の結果には余り効果がない。それ故にここには三世代の家族（K、L、M、N、O）についてみてもその数の多い東北および北陸地方の平均初婚年齢より推算して明治初年頃の女子の事実上の初婚年齢を満一八歳余とし、次にまた直系親四世代以上の者の同居が可能なるためには各世代間の年齢差が少なくなっておらねばならぬ故、丁（または乙）はその親（戊または甲）の第一子であるか、あるいは第一子以下が女子のみであった場合に、これらの女子中生存した年長者に配偶者として迎えられた養子である場合が比較的多いであろうとみなして、丁とその母たる戊との年齢差を二〇歳と定め、この仮定の下に戊の年齢を計算すると、大正九年における戊の年齢を求め、そのうち、有配、死別および離別の男にして七九歳以上八一歳以下の者の三分の一、八二歳以上八四歳以下の者の三分の二および八五歳以上の者を取ると、戊の夫に該当する者の数における戊の年齢は、乙が丁の第一子たる場合に七五歳以上となり、乙が丁の第二子たる場合に七八歳以上となり、第三子たる場合に八一歳以上となる。[註33]したがって戊の夫たる丁の父の年齢はそれぞれ七九歳以上、八二歳以上および八五歳以上となる。今これらの年齢にある者を大正九年国勢調査の報告によって求め、そのうち、有配、死別および離別の男にして七九歳以上八一歳以下の者の三分の一、八二歳以上八四歳以下の者の三分の二および八五歳以上の者を取ると、

は六万四千余人となり、また死別の女にして七五歳以上七七歳以下の者の三分の一、七八歳以上八〇歳までの者の三分の二、および八一歳以上の者を取ると、戌に該当する者の数は二四万二千人となり、二者合して三〇万七千人となる。この三〇万七千人の者が所属していた各家族は、大正九年において四世代以上の者を含むことが可能であった家族であり、それは総家族数の二分七厘六毛となる。これによってみると大正九年において四世代以上の者からなっていた家族数（総数の二分七厘六毛）は、かかる家族の可能であった場合（総数の二分七厘六毛）と大差なく、前者は後者の九割二分四毛）に達している。すなわち四世代以上の者からなり得る家族にあっては、その殆ど大部分がこの種の家族となっているといわれ得る。

次に直系親二世代以下の者からなっている家族についてみるに、それは前のものよりは単純なる型の家族であり、また一般にあらわれやすい型の家族である。総家族数中より三世代以上の者を含み得る家族を除けば、残りは二世代以下の者よりなっている家族となるのであるが、この二世代以下の者よりなっている家族は単にこれらの残りの家族だけに限られているのではなく、三世代以上の者を含み得る家族中にもあり得る。前に述べたごとく三世代以上の者を含み得る家族は総家族数の三割九分余であるから、残り六割余は二世代以下の者からなっている家族でなければならないが、都市または通勤者の多い地方にあっては職業上、または保健上の必要よりして父祖と子孫とが別居している場合もある故、三世代以上の者を含み得る家族中にも、二世代以下の者しか含んでおらない場合があり、したがって二世代以下の者よりなっている家族は右の六割余よりも多くならざるを得ない。

さてわが内地における全家族についてみれば、右に述べたごとく世帯主の直系親二世代以下の者よりなっている家族が最も多く、三世代以上の者よりなっている家族は約三割弱となっているが、これ

らの家族のあらわれ得る可能的なる場合についてみれば、事実上あらわれている家族数は可能的なる場合の家族数の大部分を占めている。しからば、かくのごとき傾向は全国いずれの地方においても同様にあらわれているであろうか。家族構成員の世代数の大小に応じて分けられた家族数の割合は各地方の別に従いまたは世帯主の職業の別に従って異なっているのではなかろうか。この問題を明らかにするために、いま便宜上都市においては東京、大阪のごとき近代的大都市の家族を取り、郡部においては北海道より九州に到る各地方の家族、ならびに青森県、岩手県、宮崎県、鹿児島県の郡部の家族、および大都市付近の郡部として大阪府下の郡部の家族を取り、なおまた、世帯主の職業の別にしたがって家族を類別し、これらの家族中一世代家族、二世代家族、三世代家族等がいかなる割合にてあるかを表示するとそれは第35表のごとくなる。

第35表によってみると世帯主の直系親三世代以上の者を含んでいる家族は東北地方の郡部において最も多く、岩手県の郡部にあってはこの種のものが五割以上に達している。東北地方の郡部に次いでは北陸地方の郡部に多く、約三割九分となっており、その他の地方の郡部においては三割二、三分ないし二割七、八分となっており、西南端の宮崎県、鹿児島県の郡部にあっては二割五分以下となっている。次にこの種の家族は移住者の多い北海道のごとき地方および都市ならびに都市付近に少なく、北海道の郡部では一割九分以内、大阪府の郡部では約一割七分、東京市においては約一割二分、大阪市においては約一割五分となっている。なおまた世帯主の職業中に多く、全国の農林業、漁業等の家族中に多く、全国の農林業、漁業等のそれの中には五割五分以上となっている。しかるに二世代以下の者よりなっている家族は商工業、公務自由業等の家族中に多く、三世代以上の者を含んでいる家族の多い東北地方の郡部において

第35表

		家族総数	一世代家族	二世代家族	三世代家族	四世代家族	五世代家族
	全　　　国	1000.0 (11,119)	176.8	532.4	265.2	25.2	0.2
	全 国 都 市	1000.0 (2,130)	259.2	588.8	145.5	6.6	—
	6 大 都 市	1000.0 (1,170)	274.4	594.9	124.8	5.9	—
	東 京 市	1000.0 (　　448)	254.5	627.2	111.7	6.6	—
	大 阪 市	1000.0 (　　270)	274.1	574.1	148.1	3.7	—
	全 国 郡 部	1000.0 (8,989)	157.4	518.9	293.7	29.4	0.2
	北海道郡部	1000.0 (　　340)	161.8	653.0	182.3	2.9	—
地	東北地方郡部	1000.0 (　　910)	112.1	456.2	353.8	76.9	1.1
	東北5県郡部	1000.0 (　　676)	81.3	448.2	389.1	79.9	1.5
	青森県郡部	1000.0 (　　112)	107.2	419.6	419.6	53.6	—
	岩手県郡部	1000.0 (　　135)	37.0	392.7	451.8	111.1	7.4
方	北陸地方郡部	1000.0 (　　647)	123.6	487.0	349.3	40.2	—
	関東地方郡部	1000.0 (1,566)	170.0	512.0	277.8	40.2	—
	中部地方郡部	1000.0 (1,472)	150.2	519.0	313.1	17.0	0.7
	近畿地方郡部	1000.0 (　　970)	148.5	573.2	266.0	12.3	—
別	京阪地方郡部	1000.0 (　　861)	149.8	586.5	254.4	9.4	—
	大阪府郡部	1000.0 (　　273)	175.8	652.1	161.1	11.0	—
	中国地方郡部	1000.0 (　　951)	189.4	475.2	307.0	28.4	—
	四国地方郡部	1000.0 (　　595)	171.4	511.0	292.4	25.2	—
	九州地方郡部	1000.0 (1,538)	171.7	544.2	266.5	17.7	—
	宮崎県郡部	1000.0 (　　132)	212.2	545.4	227.3	15.2	—
	鹿児島県郡部	1000.0 (　　279)	186.4	602.1	197.1	14.4	—
職	全国郡部 I	1000.0 (5,198)	94.8	480.7	378.0	44.4	0.5
	および都市 II	1000.0 (4,571)	224.0	601.3	166.4	8.5	—
業	III	1000.0 (1,350)	325.2	499.9	166.7	8.2	—
	6大都市 II	1000.0 (　　958)	277.7	595.0	122.1	5.2	—
別	III	1000.0 (　　191)	267.0	581.2	141.3	10.5	—
	東北5県 I	1000.0 (　　432)	41.7	400.4	437.5	118.0	2.3
	郡　部 II	1000.0 (　　173)	127.1	554.9	300.5	17.4	—
	III	1000.0 (　　 71)	211.2	479.1	309.8	—	—

括孤内の数は各地方の家族数千戸単位の実数

第四節　家族の構成形態

も、これらの職業の家族にあっては二世代以下の者よりなっている家族が六割八分以上となっており、大都市の商工業、公務自由業の家族にあってはそれが八割五分以上に達している。而してまた二世代以下の者からなっている家族の多い商工業、公務自由業者の家族にあっても、最も単純なる一世代家族は公務自由業者の家族に多く、全国の公務自由業者の家族にはこの種のものが約三割二分以上、東北地方の郡部のそれの中にあっても約二割一分となっている。

これらの事実によって直系親三世代以上の者からなっている家族と二世代以下の者からなっている家族との数量上の割合が地方的にかなり強く異なっていることが明らかになった。然らばこれら三世代以上の者が同時に同一の家族員として存し得る場合は各地方によって何程となっているであろうか。三世代以上の者からなっている家族数の少ない地方に果してかかる家族のあらわれ得る場合も少ないのであろうか。この問題を明らかにするためには前に全国的のものについて計算したのと同様なる方法をもって、各地方におけるこの種の家族のあらわれ得る場合が何程あるかを推算しなければならぬ。すなわち、まず各地方における大正八、九年頃の男子の平均初婚年齢を求め、それによって継嗣（乙）の事実上の平均初婚年齢をもってこの年齢に二年を加えたものをもって乙が丙を得ている場合の年齢とし、次に明治二二、三年頃における甲（乙の母、丙の祖母）の事実上の平均初婚年齢を求め、この年齢にもとづいて第33表によって甲が第一子を得ている場合、第二子を得ている場合および第三子以下の子を得ている場合の年齢の各々に乙が丙を得ている場合の年齢を加えたものをもって大正九年における甲の年齢三種を定め、これらの年齢の各々に乙が甲の年齢（三種）とし、第三にこれら甲の年齢の各々に四歳を加えたものをもって丁（甲の夫、乙の父）の年齢（三種）とし、第四に乙が甲の第一子である場合の甲の年齢該当者たる死

別の女の数の三分の一をもって(イ)とし、乙が甲の第二子である場合のそれの三分の二をもって(ロ)とし、乙が甲の第三子以下の者である場合のそれをもって(ハ)とし、また乙が丁の第一子である場合の丁の年齢該当者たる有配の男、死別の男および離別の男の総数の三分の一をもって(ニ)とし、乙が丁の第二子である場合のそれの三分の二をもって(ホ)とし、乙が丁の第三子以下の者である場合のそれをもって(ヘ)とし、これら(イ)、(ロ)、(ハ)、(ニ)、(ホ)、(ヘ)の合計を求めなければならぬ。いま第35表にある各地方中より東京市、大阪市、大阪府郡部、宮崎県郡部、鹿児島県郡部、青森県郡部および岩手県郡部の七地方を選び、これらの地方において(イ)、(ロ)、(ハ)、(ニ)、(ホ)、(ヘ)の合計が何程となっているかを見るとそれは次の第36表のごとくなる。

これら(イ)、(ロ)、(ハ)、(ニ)、(ホ)、(ヘ)等の者は大正九年において継嗣を通じて孫を得ていた者とみなされ得る。したがってこれらの者が所属していた家族はこの年において直系親三世代以上の者を含む可能性のあった家族である。それ故にこれらの者が所属していた家族数の合計はこの年において直系親三世代以上の者を含む可能性のあった家族の総数となる。いま各地方におけるこれらの家族数がその地方の全家族数に対する比を求め、またこれらの家族数と事実上三世代以上の者からなっている家族数との比を表示すると第37表のごとくなる。

（以下便宜上直系親三世代以上の者が同時に同一家族員として存し得る条件を備えている家族の数をmとし、事実上三世代以上の者からなっている家族の数nをとす。）

第35表によってみると、事実上三世代以上の直系親からなっている家族数（n）は東北地方の一部を除くの外、いずれの府県においても二世代以下の者よりなっている家族数よりは少なく、而してnが全家族数に対する比は郡部にあっては東北地方に多く、九州西南部、北海道および大都市付近においては少なく、また都市にあっては普通都市に多く、大都市において少なくなっている。しかるに第37

第36表 註34

	乙の事実上の初婚年齢	甲の事実上の初婚年齢	大正9年における甲の年齢			同年における丁の年齢			イロハニホへの合計
	歳	歳	歳	歳	歳以上	歳	歳	歳以上	
全　　　　国	26	21	51~53	54~56	57	55~57	58~60	61	4,380,127
東　京　市	29	23	57~59	60~62	63	61~63	64~66	67	71,608
大　阪　市	29	23	57~59	60~62	63	61~63	64~66	67	40,253
大阪府郡部	28	23	56~58	59~61	62	60~62	63~65	66	56,777
宮崎県郡部	27	21	52~54	55~57	58	56~58	59~61	62	48,900
鹿児島県郡部	27	23	55~57	58~60	61	59~61	62~64	65	83,605
青森県郡部	23	18	45~46	47~48	49	49~50	51~52	53	64,186
岩手県郡部	23	19	46~47	48~50	51	50~51	52~54	55	88,349

第37表

	m	総家族数千に対するm	総家族数千に対するn	n／m ‰
全　　　　国	4,380,127	394.8	290.6	737.9
東　京　市	71,608	159.8	118.3	740.3
大　阪　市	40,252	149.1	151.8	1018.1
大阪府郡部	56,777	208.0	172.0	826.9
宮崎県郡部	48,900	370.5	242.5	654.5
鹿児島県郡部	83,605	299.7	211.5	705.7
青森県郡部	64,186	573.1	473.2	825.7
岩手県郡部	88,349	654.4	570.3	871.3

表についてみると、三世代以上の直系親を含み得る家族数（m）もまた東北地方に多く、mと全家族数との比は岩手県の郡部にあっては六割五分強となり、鹿児島県の郡部にあっては三割弱となり、大都市においては二割以下となっている。すなわちnと全家族数との比もまた大となり、前者の小なる地方においては後者もまた小となっている。したがってnとmとの比は地方的に多少の差はあるが、nまたはmと全家族数との比が地方的に異なっているがごとき強い差はない。nは大阪市を除くの外いずれの地方においてもmの六割五分ないし八割七分となっている。前に全国の都市および郡部を通じてみた場合にnはmの約七割四分に達していたのであるが、各地方別に観察した場合においてもnはmの三分の二以上となっている。ただ大阪市においては計算上mはnより小となっているが、かかることは事実上あり得べからざることである。それは多分大正九年大阪市現住者にして甲および乙に該当する者の初婚年齢が第36表にあるところの年齢より低くなっていたであろうと考えられるのであるか。しからば何故にこれらの者の初婚年齢が第36表にあるところの年齢より低くなっていたであろうと考えられるのであるか。第36表にあるところの初婚年齢は戸籍上の届出による年齢の平均より一歳とその端数とを除いて得たものである。戸籍上大阪市民である者の事実上の平均初婚年齢は右のごとくにして得られた年齢にほぼ近いものであったであろうが、大正九年大阪市現住者中には近畿、中国、四国地方の町村よりの来住者が非常に多く、これらの来住者の出生地の平均初婚年齢は戸籍上の大阪市民のそれよりも一年ないし四年ほど低くなっている。したがって大正九年大阪市内現住者についてみれば、甲および乙に該当する者の事実上の平均初婚年齢は第36表にあるところより低くなっていたであろうと考えられる。ただこれら大阪市民の事実上初婚年齢が第36表にあるところよりも何程低くなっているかを明らかにすることが困難であったため、ここには全国一般

註35
註36

についてみられたのと同じ方法によってその年齢を推算し、その結果前記のごとき m を得たのである。この m が大阪市に関する限り誤りであり、事実上の m は前記のごとき計算上の m よりも大なるものでなければならぬことは明らかである。これと同様に東京市における m についても何程かの誤りがあることは来住人口の多いことからして直ちに推定し得られる。大正九年東京市現住者中には、戸籍上の東京市民よりも早婚なる地方の出身者がかなり多い。したがって東京市における甲および乙に該当する者の初婚年齢は第36表にあるところよりは何程か低く、m はこの表にあるところよりは何程か多く、n と m との比は第37表にあるところよりは小となり、全国一般についてみられた七割三分八厘弱よりも少なくなっているであろう。

大阪市および東京市について計算せられた m には多少の誤りがあるが、一般的にみれば、n の大小は m の大小に応じており、しかも m の大部分は n となっている。これによってみると、直系親三世代以上の者からなっている家族数の割合は地方的にかなり異なっており、また大都市および大都市付近においてはそれがかなり少なくなっているが、それは単に家系尊重の傾向、または外部における諸社会関係の作用が地方的に異なり、したがって家系を継ぐべき継嗣が父祖の家族から分れるような場合がある地方では多くなり、また他の地方ではそれが少なくなっているがために生じた差のみではなく、主として各地方における m の割合の上に影響を及ぼすであろうことは容易に肯定せられ得るが、前表にあるがごとき n の割合の地方的差は主として m の割合の地方的差によっていると考えられる。しかるに前述によって明らかなるごとく全家族数中に見出される m の大小は各地方における平均初婚年齢の高低によって逆比例的に規定せられている。すなわち平均初婚年齢の低い地方においては甲と乙との年

齢差もまた乙と丙とのそれも少なく、甲は比較的低い年齢において継嗣を通じての孫を得やすく、したがって、mの割合は大となり、これに反して平均初婚年齢の高い地方においては甲は老年に達しなければ継嗣を通じての孫を挙げ難く、したがってmの割合は小となっている。それ故に直系親三世代以上の者からなっている家族数（n）の割合の大小は、生命の長さすなわち生存率に大いなる差のない限り、または他の特殊事情のない限り、主として各地方の平均初婚年齢いかんによって規定せられていると考えられる。もし特定の地方に高年齢生存者が著しく多いというがごときことのある場合、または甲と乙との年齢差を特に小ならしめ得るがごとき事情のある場合（たとえば乙の多数が甲の養子である場合）には、かかる地方においては初婚年齢は高いとしてもmが多くなり、したがってnも多くなるであろうが、かくのごとき事情のない限り、一般には平均初婚年齢の高低が主としてnの割合いかんを規定していると考えられる。

このように考えてみると、地方別にみられたnの割合が明瞭に説明し得られるのみならず、職業別家族数中にあるnの割合についても、その理由を明らかにすることが出来る。第35表によるとKないしU型の家族数（n）は全国的にみても、またはこれらの型の家族の多い東北地方のものについてみても、農林業漁業等（I類）の家族中に多く、商工業、交通業（II類）および公務自由業等（III類）の家族中に少ない。しかるに第36表によってみると、I類の家族の多い地方においてはII類およびIII類の家族の多い都市においてよりも婚姻年齢が概して低く、註38したがってnの割合も多くなっている。してみればI類の家族中にnの割合が多く、II類およびIII類のそれにnの割合が少なくなっているのは、家族員が外部の諸社会関係に吸引されやすくなっているか否かということにもよるであろうが、主としてI類の家族構成員が比較的早婚であり、II類およびIII類のそれが比較的晩婚であるという事

実にもとづいているところが多いと考えられる。ただわが国内地における婚姻年齢は地方別に調査せられているのみで職業別には調査せられておらぬ。それ故にここにはⅠ類の家族構成員の平均婚姻年齢とⅡ類およびⅢ類のそれとを比較してその差を明瞭に示すことは出来ない。しかし同じくⅡ類およびⅢ類の家族中にあっても大都市のものと東北五県の郡部のものとを比較してみると、nの割合は前者において約一割五分以内、後者において約三割一分内外となっており、また同じくⅠ類の家族中にあっても東北五県の郡部のものと宮崎、鹿児島両県の郡部のものとを比較してみると、nの割合は前者において約五割六分、後者において二割六分ないし三割四分となっている。かくのごときnの割合の差は職業の別から生じた差ではなく大都市と東北地方と九州西南部地方とにおける婚姻年齢の差にもとづいて生じたものである。もし第35表にある職業別家族型別家族数においてみられるnの割合の差が職業の性質だけに由来するものであるならば同種類の職業の家族にあってはいかなる地方の家族についてみてもnの割合はほぼ同様でなくてはならぬ。

もちろん家族員が従事する職業自身もまた家族的共同に参加する者の数量および家族構成員たる近親者の範囲にかなりの影響を及ぼすものである。世帯主が農林業または漁業等に従事する場合にはこれらの業務は家族の全員が従事し得る家業となり、世帯主の直系親のみならずその傍系親までもその家業に参加し、職業の性質上家族的共同をなす者の範囲は拡げられやすく、なおまたこれらの職業の家族の多い地方においては家族外に存する諸社会関係も少なく、家族員が外部に吸引せられることも比較的少なく、かくしてこれらの職業を持つ家族にあっては父祖と子孫とは職業上においても結びつけられやすくなり、これらの家族中にはKないしU型の家族があらわれやすくなる。これに反して世帯主の職業が商工業、交通業および公務自由業等である場合には同一家族内に生育した者を世帯主と

共に職業上共働せしめ難き場合もあり、また親、子、孫等三世代以上の者が同時に存在しているとしても、父祖と子孫とが業務を異にしている関係上、これらの者が家居を別にしなくてはならぬ場合もあり、さらにまたこれらの業務に従事する者は家族外に存する諸社会関係に吸引せられやすく、その結果これらの職業を持つ世帯主の家族にあっては家族的共同をなす者の範囲は何程か縮小せられ、Kないし U 型の家族が形づくられ得る人的条件は備わっているとしても、事実上これらの型の家族があらわれ難くなる場合がある。したがって世帯主の職業上からみても、他の事情が同一である限り、I 類の家族は II 類および III 類のそれよりは幾分か多くの近親者を容れやすく、三世代以上にわたる世帯主の直系親を含みやすくなるといわれ得る。

しかしながら第35表において I 類の家族中に n の割合が多く、II 類および III 類のそれに n の割合が少なくなっているのは単にこれらの家族の職業の差だけにもとづいているのではない。もしこの n の割合の差を職業の差だけによって説明せんとするならば、親、子、孫等三世代以上の者が同時に存在し得る条件の備わっている家族数、すなわち m はいずれの職業の家族中にも等量にあるにもかかわらず、I 類の家族と II 類および III 類の家族とにあっては、職業の性質上これらの人々を吸収する程度が異なっている故に、I 類の家族と II 類および III 類のそれとにおいて n の割合に差が生ずるようになるのであるといわなくてはならぬ。職業の差が n の割合に何程か影響を与えるであろうことは容易に考えられ得るが、しかし直系親三世代以上の者からなり得る条件を備えている家族数（m）がいずれの職業の家族中にも等量にあるにもかかわらず、単に職業の性質上の差によって、それぞれの職業の家族中にあらわれる n の割合に差が生ずるようになるのであるというがごときことは肯定せられ得ない。

何故ならば m は全国的には総家族数の三割九分余となっている故、各職業の家族中 m が等量にある

とするならば、Ⅰ類、Ⅱ類、Ⅲ類の家族中にはいずれにおいてもmは三割九分余であるとみなくてはならぬ。然るに全国的にみられたⅠ類の家族中にはnは四割二分余となり、nがこのmより多くなっている。かくのごときことは有り得べからざることである。してみれば職業別家族数において、Ⅰ類の家族にnの割合が比較的多く、Ⅱ類およびⅢ類のそれにnの割合が比較的少なくなっているのは家族員の従事する職業の性質の差によるところも何程かあるであろうが、それよりもむしろこれらの家族員の婚姻年齢の差にもとづくところが多いと考えなくてはならぬ。

このように考察して来ると、わが内地人が形づくっている家族について観るならば、世帯主の直系親三世代以上の者よりなっている家族数の大小は、家族外に存する諸社会関係の吸引力の大小または家族員を家族内に結びつけ得る家業の有無等に左右されているところも何程かあるが、主として各地方における人々またはそれぞれの職業に従事している人々の婚姻年齢いかんによるところが多いといわれ得る。このことは第30表にあるがごとき外部の人々との接触交渉比較的少なく、近代都市の影響を受けていることの少ない村落の家族等についてもいわれ得る。第30表および第31表にあるがごとき明治以前の人別帳等にあらわれている村落の家族等についてもいわれ得る。第30表および第31表等にある村落の家族中には世帯主の傍系親をも含むがごとき複雑なる家族が比較的多く見出されたのであるが、これらの村落の家族中には次の第38表において明らかなるがごとくK型ないしU型等のごとき世帯主直系親三世代以上の者よりなっている家族も比較的多くなっている。

第38表にある町村の家族と第35表にある地方別の家族とを比較してみると現代わが内地の交通不便なる地方にある村落中においても、青森県大深内村の大沢田および東通村の尻屋等のごとくnの割合はⅠ類の割合に前者において多く、後者において少なくなっており、また第38表だけについてみると

第38表

	家族総数 （実数）	一世代 家族	二世代 家族	三世代 家族	四世代 家族	五世代 家族
大正9年調査　東祖谷山村	1000.0 (864)	135.5	447.9	350.7	64.8	1.2
昭和5年調査　大沢田	1000.0 (168)	29.8	291.7	476.1	202.2	―
昭和5年調査　尻屋	1000.0 (36)	83.3	222.2	361.1	305.5	27.8
大正9年調査　白川村中切	1000.0 (38)	26.3	315.7	473.7	184.2	―
昭和5年調査　白川村中切	1000.0 (45)	88.9	355.6	488.9	66.7	―
宝暦14年調査　落野目村	1000.0 (49)	40.8	489.8	449.0	20.4	―
天保6年調査　押切村下組	1000.0 (63)	127.0	333.3	444.4	95.2	―
弘化5年調査　立木村	1000.0 (99)	131.3	292.9	515.1	60.6	―
元治元年調査　新口村	1000.0 (88)	159.1	534.1	295.5	11.4	―
慶応4年調査　鍛冶屋村	1000.0 (82)	48.8	329.3	561.0	61.0	―
安政3年調査　平野郷流町	1000.0 (145)	200.0	613.8	179.4	6.9	―

合の多い部落もあれば、また徳島県東祖谷山村のごとくそれの比較的少ない村もあり、さらにまた明治以前における町村中においても出羽国落野目村、同押切村、下総国立木村および相模国鍛冶屋村等のごとくnの割合が五割ないし六割に達している村もあれば、大和国新口村のごとくそれが三割内外に止まっている村もありまた摂津国平野郷のごとくそれが二割未満となっているところもある。このようにnの割合が地方の別に従って種々異なっているのは家族外に存する諸社会関係の影響等によるであろうが主として各地方の人々の婚姻年齢いかんにもとづくところが多いであろう。第35表においてよりも第38表においてnの割合が多くなっているのは、都市においてよりも郡部において人々の婚姻年齢が何程か低下しているがごとく、同じ郡部においても郡部一般においてよりも外部との接触の少ない村落において、婚姻年齢が一層低下しているが故であると考えられ、また第32表にあるところによって推定せられ得るがごとく、現代の町村においてよ

357　第四節　家族の構成形態

りも明治以前の町村において婚姻年齢が一層低かったが故であると考えられる。次に尻屋および大沢田等におけるnの割合が東祖谷山村におけるそれよりも約二割五分も多くなっているのは、前者を包んでいる青森県地方の婚姻年齢が後者を包んでいる徳島県地方のそれよりも低いからであると考えられる。他の条件にして大いなる差のない限り、婚姻年齢の低い地方の中にある尻屋および大沢田等においては、それの高い地方にある東祖谷山等においてよりも平均婚姻年齢は低いであろう。さらにまた明治以前における鍛冶屋村においては前に述べたごとく、比較的若くして隠居していた者(前世帯主)が多くあった。かくのごとき慣習が行われ得たのはこの村の人々の婚姻年齢が低かったからであろう。婚姻年齢が一般に低かったが故に比較的若い父が後事を委すに足る継嗣を早く得ることが出来、したがってこれらの父が若くして隠居することが出来たのであり、而してまたこの故にこの村におけるnの割合が六割二分以上の多数に達していたのであろう。なおまた落野目、押切および立木等の村落のある地方（山形県および茨城県）の平均初婚年齢と新口および平野郷等を含んでいる地方（奈良県および大阪府）のそれとを比較してみると、明治四〇年頃のものについてみても前者が後者よりも少なくなっている。かくのごとき平均初婚年齢の差は急に明治以後にあらわれたものではなく、明治以前から何程かあったものであろう。このような差が明治以前からあったが故に、荘内地方の農村および利根川沿岸の農村においては近畿地方の農村――殊に商工業者の多かった平野郷流町――においてよりもnの割合が多くなっていたのであろう。

以上述べたところによって明らかなるごとく、現代わが国民が形づくっている家族中にはその形態の比較的簡単なるもの多く、世帯主の直系親三世代以上の者よりなっている家族は比較的少なく、而してかかる家族のある割合は、現代わが内地においてもまた明治以前においても、地方の別によって

異なっている。このことは現代わが国民が家系尊重の傾向を失いつつあるからであるとか、またはこの傾向が地方的に異なっているからであるとかいうがごとくにのみ説明せらるべきではない。もちろん家系の永続化を重視する傾向のいかんは家族構成員の族的範囲いかんに大いなる影響を与えるものであるが、わが内地における n の大小は m の大小と正比例している。それ故に封建時代と現代とを比較し、村落と都市とを対比してみれば、家系尊重の傾向の厚薄、家族内における諸機能の強弱および家族外の諸社会関係の作用いかん等に差はあるであろうが、三世代以上の者からなっている家族数の大小は主として人々の婚姻年齢の高低によって逆比例的に定められているものと考えられる。このように考えてみると今後婚姻年齢が次第に上昇するにつれて、三世代以上にわたる直系親が同時に同一家族に存し得るがごとき場合（m）は次第に少なくなり、たとい家系の永続化を尊重する意識はわが国民から失われないとしても、事実上家族的伝統について祖父母が孫の指導者たり得る機会が少なくなり、子孫は父祖が形づくった家族生活の形式に充分親しみ難くなるであろう。而してまた親、子、孫等三世代以上の者が同時に同一家族に所属し得る場合が次第に少なくなれば世帯主の傍系親等を含む家族も漸次少なくなり、世帯構成員たる近親者の種類は単純となり、婚姻年齢の上昇とともに家族内における児童数は少なくなり、家族員数は徐々に少なくなるであろう。このように家族構成員の族的種類が単純になり、その員数が少数となれば、家族は最も緊密に融合しやすき関係にある者のみによって構成されるようになるのであるが、しかしそれと同時に生計単位としての家族はますます小さい単位となり、国民生活全体の上からみての生計費はますます増加するようになるであろう。

註

1 家族を生計単位と見て、この生計単位の構成員数を成人男子一人に換算する方法については種々の換算方法があり得る訳であるが、ここには内閣統計局調査になる家計調査において採用せられている方法に拠ることとし、一五歳以上の男子一人を一消費単位とし、次のごとき規準に従って家族員数を消費単位数に換算した。

年齢	〇—一歳	二—四歳	五—七歳	八—一〇歳	一一—一四歳	一五歳以上
男	〇・二	〇・四	〇・五	〇・七	〇・八	一・〇
女	〇・二	〇・四	〇・五	〇・七	〇・八	〇・九

2 欧米の家族研究者中には「家族」と「婚姻」との別を明瞭にせず、婚姻形式の別を以て家族形式の類別とみなしている者がある。たとえば Lewis H. Morgan のごときは家族を 1. Consanguine Family 2. Punaluan Family 3. Pairing Family 4. Patriarchal Family 5. Monogamian Family (同氏著 Ancient Society, p.384 の五類型に分けているがこの分類は家族を夫婦関係の形式の上から分けたものである。これとほぼ同様なる考えは Franklin H. Giddings, Principles of Sociology, New York & London, 1898 pp. 154-157 にも見えている。次に親子関係の辿り方を規準として家族を父系家族および母系家族に分類する方法は John F. McLennan, Primitive Marriages, chap. 8 およびその他の家族研究者によって用いられている。また家族を集団的に統制する家長権の強さからみて家長的家族と近代的家族とに分類した人としては Helen Bosanquet, The Family, London, 1906 があり、家族の経済的機能からみて大家族と小家族とに分けた人としては Ernst Grosse, Die Formen der Familie und die Formen der Wirtschaft, [Freiburg und Leipzig, 1896] がある。なおこれらのほかに家族をその構造上からみて共産的家族と非共産的家族、独立家族と非独立家族、移動の家族と固定的家族、家長的家族と母権的家族と平等家族とに分ち、またその機能の上からみて統一化の強き家族と然らざる家族、安定的家族と非安定的家族とに分けた人としては M. F. Nimkoff, The Family, [Boston & New York, 1934] がある。このように家族の分類は種々試みられているが、従来試みられた分類は質的分類たるに止まりいかなる種類の家族がいかほどの量にて存在しているかを示したものはない。

3 永続化に重きを置く家族にあってはその家族員の配偶者の選定または離婚等もその当事者だけの任意に委せず、家族生活の存続という点よりみて配偶者が適当なる資格を備えているか否かを家族の統一維持の責任者たる家長に判断せしめ、家長の意志によって通婚または離婚の可否等が定められるようになる。またこの種の家族にあっては家族的伝統を維持すること

が重要となる故その維持に責任を持つ家長の権力が強まりやすくなり、またこの家長的伝統を維持し得るよう子孫を訓育することが必要となり、特に将来この伝統維持の責任者となるべき者に対しては特別の訓育が施されるようになり、かくのごとき責任を持つべき子孫は家族生活上重要なる資産管理の権利と責任とを継承するものとなり、かくのごとき永続化を重んずる家族は安定性の強きものとなり、統一化の強きものとなり、固定化の強きものとなり、独立性の強きものとなり、共産的性質の強きものとなり、註2にあるニムコフの分類による家族の諸分類のごときはこの永続化の意味いかんによって説明せられ得ることとなる。

4　家長的家族において世帯主の親が死亡した場合または隠居分家した場合には、この家族の家族は主として世帯主夫婦とその子とから構成せられるようになる。したがってこの種の家族はその成員からみれば夫婦中心の近代的家族と同様なるものとなる。しかしこの種の家族は父祖から伝えられた家名、家系、家風、家産、家業を継承し、これをその後に来る子孫に継承せしめんとする意味を持っている故、成員の種類はたとい一時的には夫婦中心の家族と相似たものであるとしても、家族構成の意味は異なっている。次に一つの家長的家族の所属員であった者がこれから折出されて新たに一家族を構成する場合には、この家族の成員は多くは新世帯主夫婦またはこれらの夫婦とその子とのみからなり、夫婦中心の家族が一世帯を構成した場合と同様なるものとなるのであるが、しかしこの場合においても新たに構成せられた家族はこれを構成した世帯主夫婦の意味を以てその家族集団はこれを構成するものでないという意味を持っている。したがってかくのごとき分家と夫婦中心の家族とは構成員だけについてみれば類似したものであるが、家族構成の意味は異なるものであると云わねばならぬ。

5　第27表に掲げてある家族数は抽出写しによって求めたものである故、事実上の家族数はこの表にある数字の千倍になるわけである。したがって事実上の家族数はこの表にある数字の千倍になるわけである。たとえば第27表（その1）の計、一万一、一一九とあるのは一、一一一万九、〇〇〇家族であり、B、一、二四九とあるのは一二四万九、〇〇〇家族となるわけである。

6　世帯主の傍系親が一人だけ（たとえば弟一人、または妹一人）その家族に所属している場合もかなり多い。たとえば青森県階上村には世帯主夫婦とその子供数人および母等のほかに弟、弟の配偶者、甥姪、妹等を加えている家族もかなり多く尋ね得られ、また甥姪等がその親（世帯主の兄弟姉妹およびその配偶者）とその配偶者と共に世帯主の家族中に加わっているものも見出された。したがって家族員中にある世帯主以上の傍系親がこれに所属している場合もかなり多い。

の傍系親の数と乙類の家族の数とを比較してみれば、次に示すがごとくいずれの地方においても前者より後者の数が少なくなっている。

家族員たる世帯主の傍系親数 乙類の家族数	全国郡部および都市	東北五県郡部	六大都市	東祖谷山村	大沢田
	一、七三一、〇〇〇 一、〇八九、〇〇〇	一八九、〇〇〇 一〇二、〇〇〇	一六〇、〇〇〇 一三五、〇〇〇	二一五 一三六	二九 一六

すなわち家族員たる世帯主の傍系親は第16表にあるごとくその数少ない上に、これらの傍系親が二人以上同一家族に属している場合もある故、乙類の家族はその数少なくなるのである。

7 二六六―二六八頁参照

8 青森県東通村の尻屋は昭和一一年夏筆者が調査した時は三九戸よりなる小部落であり、耕地は田約一〇町歩、畑約二〇町歩あるのみ、住民は主として、鰻、鮑、昆布、海蘿およびその他の海産物を獲得して生計を立てている漁村であった。この部落では山林、原野（放牧場）、家賃、漁具の主なるもの、納屋（艤置場、共同作業場）番屋（烏賊つり時期に他県よりこの地方に烏賊つりに出漁して来る者に一船につき一期約八〇円位に賃貸する海岸の借家）等が共有の資産とせられており、かつ海産物についてはこれを共同に獲得し販売するために特殊の規定が設けられている。前記三九戸中小学校教員一、寺僧一、宿屋一、船大工一、村書記兼日用品販売人一の五戸を除いた三四戸の者のみが村の共有物および共同の漁業に参加する資格を認められており、而してこれら三四戸の住民のうち一五歳以上七二歳以下の者が村民としての「一人前」の資格を認められている。これら「一人前」の村人は毎日午前六時頃村の中央部にある掲示場に村惣代の掛声に応じて集り、その日の作業をいかにすべきかについて惣代よりの命令を受ける（毎月陰暦に一日より七日まで、および一六日より二〇日までは大抵海の仕事、八日より一五日まで、および二一日より月末までは陸上の仕事）。海の仕事のうち、第一に昆布の採取は男子の共同作業であり、採取当日浜に出た一五歳以上七二歳以下の男子はその日の全収穫昆布を平等に頭割にして頭割額を受ける。老年にて作業の出来ぬ者も浜に出ておれば一人前の頭割額を受ける。また病身者は代人を出すことによって頭割額の採取を受ける。次に鮑の採取も「一人前」の男女の作業であるが、鮑は各人の頭割額だけが各人の所有物となる。第三に海蘿の採取は「一人前」の男女の作業の出来ぬ者も浜に出ておれば一人前の頭割額を受ける。各人の取得物は各人の所有物となる。第四に烏賊つりについては出漁に適する男子が三組に分けられており、三つの発動機船にて作業する。これら昆布、鮑、海蘿および烏賊はこの部落の主要海産物で

あるが、これらの海産物の販売については各人の任意を許さず、「一人前」の者のいる数に応じて各戸の販売し得る分量を按分比例によって定める。たとえば商人が来て海蘿千貫目を買入れる申込みをなした場合は、「一人前」の村人の総数をかりに一二〇人としたならば、村惣代は各戸に対して千貫の一二〇分の一に各戸の「一人前」の者の数を乗じただけの分量を各戸毎に計算して（村書記が庶務を司る）、それだけの分量の海蘿を各戸の持分から出さしめ、これを総計して商人に売渡し、各戸の所得を「一人前」の者の数に応ぜしめるのである。

このようにこの部落においては主要海産物の獲得および販売を共同にする規定を設けているが、なお以上のほかに海草類の繁殖に関する諸種の作業を共同にし、漁具はいうまでもなく、米、塩、石油、醬油、正月の酒等も共同に購買し、また牧畜を共同し、薪の取入れを各戸に配給し、その他祭祭の共同はもちろん、各戸の田畑の耕作および刈入れ等も「ゆい」（相互扶助）をなし、各戸の田畑の耕作および刈入れ等も「ゆい」（相互扶助）をなし

かくのごとくこの部落は各戸が共同し相互に協力する方面が頗る多く、村人にこの相互の共同によってほぼ過不及なく日常生活を保障せられている故、村人としてはこの共同の利益に均霑し得る戸数の増加を好まず、外来者にこの共同の利益を与えず、また外来者には一切部落内の私有地を購入せしめないのみならず（村人がその所有地を売る場合には買主は村人でなければならないという村規約がある）、村人といえども部落内に分家することは容易に許さない。部落の規約によると「本村民の家族にして戸主の承認を得て総代人に迄別家届出る場合は本家戸主の承認を得るとは本家戸主と合意上家屋屋敷は勿論山林田畑等本家の資産状態に応じて相当財産を分譲せられ分家せるものを云ふ」とあり、新分家が村の共同経済に参加するためには三〇〇円を一時または年賦にて納入するものとなっている（村惣代の話）。したがって部落内に分家を出すためには本家は分家がほぼ独立し得るだけの資産を与え、かつ、村に三〇〇円納入しなければならず、かなりの負担となる。したがって事実上この部落には分家は容易に出来ない。この部落の惣代および村の事情に精通している老書記から筆者が尋ね得たところによると、この部落の現在分家している者のうち分家の世帯主が分家創設者であるもの二戸、二代目（前世帯主の時の分家）であるもの三戸あるが、この部落の現世帯主および前世帯主の子弟にして同郡内の田名部、入口、大畑等を始め八戸市、札幌、大阪、ブラジル等へ家分したものは二〇戸となっている。なおまた、この部落に関する古記録によると、今より約二百三十数年前享保六年の尻屋の戸数二〇戸とあり、その後約一六〇年を経た明治十二年の戸数は三〇戸とあり、現在村人の戸数は前述のごとく三九戸中三四戸となっている。明治時代以後この地方の海産物の収獲がかなり増加しているにもかかわらず、村人の村内分家がいか

に少なかったかはこれらの事実からも推定出来るであろう。

9　現在田名部より尻屋までは約一〇里、地図の上では県道が通じているが、この道路たるや東北地方の最悪の県道よりも更に交通の困難なる道路である。山道にかかれば草が両側から路上に押し寄せているところもあり、海岸に向えば砂浜つづきで車が通らぬところも多々ある。しかもこの一〇里の山道浜道が続いている間に村里らしいものは極めて少なく、尻屋より田名部までの間には岩屋、尻部、野牛、目名等の数個の小部落があるだけである。現在はこの道路に強いて自動車を走らせば走らぬこともないが、通常はこの人里から離れたこの道路を歩くか、然らざれば稀に通る荷車を利用する外、この部落の人々は他に出ることが出来ない。それでもこの道路の開通以来次第に尻屋と他町村とは結びつけられやすくなったのであるが、それまではこの村は孤島のごとき状態にあった。海上交通のことも考えられるが、小さい漁船で尻屋岬を廻って北へ出ることは容易ではなく、海路を通じて他郷へ出掛け得る日は従来は極めて少なかったようである。近来は註8に述べたごとく尻労で尻屋に類似した共同作業と共同の利益とを村人が持っており、明治時代までは他への往住はかなり困難であったと云われている。したがって現在でもこの部落は部落内のものが最も多く、他部落から娶る場合においてもその通婚範囲は附近の漁村に限られている。このようにこの部落は外部との交通が困難である上に、隣接部落（隣接といっても悪路二里余を距てている）の岩屋および尻労を廻って北へ出ることは容易ではなく、他村の者を容易に村人の仲間に入れない。したがって尻屋の人々は近い隣村への移住も出来ず、また遠方への往住は寂しい険路によって著しく妨げられていたのである。

10　註8に述べておいたごとく尻屋の村民は主要海産物を共同に採取し、またこれを共同して販売するのであるが、この場合家族員中に一五歳以上の者の数が多ければ多いだけその家族は多くの利益を受ける訳である。それ故各家族は家族員数の多からんことを望み、実子にあらざる「かり子」と称する者までも成員中に加え、成員と同様にこれを取り扱っている。「かり子」は他の地方においては継続的に勤務している農業上の作男または下男を指していう言葉となっているところもあるが、尻屋ではその意味が違っている。尻屋の「かり子」は幼少の時から育てた養子のごときものである。他町村から孤児または親の養育を兼ねる子供を貰い受け、実子と全く同様に育て、実子と共に労働せしめ、これを家族員として取り扱いしたがって親の養育を兼ねる子供を貫い受け、実子と全く同様に育て、実子と共に労働せしめ、これを家族員として取り扱いしたがって親の養育兼ねる者が「かり子」である。この「かり子」は村人として「一人前」の資格も認められるのであるから、これを持つ家族はそれだけの利益を受けるのである。「かり子」は二〇歳以上に達した後は本人の任意によって育て親から離れ他へ移住することも出来るが、また育て親の家族中に生涯止まることも出来る。「かり子」が他

へ移住する場合は従来「かり子」所有となっていた貯金および品物等は全部これに与え、かつまた、時としてはこの「かり子」に資産を幾分か与えて他へ分家せしめる家族もある。

このようにこの部落においては「かり子」を必要とするほど人々は家族員数の増加を希望しているのである故、家族内に生れた者ならばたとい世帯主の傍系親となった場合においても、「一人前」の者として共同の作業と利益とに与ることが出来るのであり、家族員としては世帯主の直系親と同様に重要なものとなっている。したがってこれら乙類の家族中にある傍系親も特に肩身狭く感ずることなく、家族の受ける利益の一部を支持する者として比較的身の安定を得ている。この部落では第22表および23表において観られるごとく、世帯主の家族員たる傍系親にして配偶者を有する者が比較的多くなっている。

11 世帯主の平均年齢は現代の村落について観れば五〇歳前後のところが最も多い。新移住者の多い都市または外来人の多い新停車場附近の部落ではその平均年齢が四〇歳位のこともあるが新開地でない限り大抵その平均年齢は四五歳以上となっている。また明治以前における村落の世帯主の平均年齢は鍛治屋村においてこそ若いが、筆者の調査した範囲内では、かなり古い人別帳である承応三年〔一六五四年〕の信州野沢之内原村の人別帳に載っているところについてみても、また宝暦一四年〔一七六四年〕の出羽国田河郡落野目村の宗旨人別帳にあるところによってみても、弘化五年〔一八四八年〕の下総相馬郡立木村の宗門人別帳にある記載によってみてもいずれも四五歳以上五〇歳以下となっている。

12 明治初年頃における土肥鍛治屋村に、世帯主の父にしてその家族員たるものが多かったこと、しかもそれらの父の年齢が大部分六五歳以下であったこと、また世帯主の平均年齢が三九歳というがごとき比較的若いものであったこと等は決してこの時期だけにあらわれたことではないであろう。世帯主の父がその家族員となっている場合はこの父が隠居している場合に起るのであるが、かかる隠居はその人の家族内においてのみならず、集団の一般的慣習に従い、家族の外側における対人関係にも重大なる変化を及ぼすものである故、単に個人の任意のみでは行われ難く、集団所属員が一般に是認している伝統的形式に従って行われるものである。かかる慣習に従っておらない場合には、その隠居は社会的に承認せられ難く、それが社会的承認を受けなければ事実上その隠居は無意義のものとなる。たとえば隠居という慣習が認められておらぬ集団にあっては、たとい世帯主がその家族生活を支持すべき責任から離れたいと希望し、この責任をその子に譲らんとしても、家族の外側にある集団の人々はこれを認めず、この世帯主は親としてとり扱うであろう。また自己の子が配偶者を迎え、家計を維持し得るようになったならば、親は隠居して家計の責任から離れるべきものであるという慣習のあるところ

では、後継者夫婦が壮年期に達し、事実上家族生活において重要なる役割を持ち得るようになっているのに、なおその親が世帯主たる地位から離れないような場合があるならば、かかる親は明示的または黙示的に集団人から非難せられるであろう。したがって、もしある地方に隠居の比較的若いとかいう事実があるならば、それはこの地方に比較的早く隠居する慣習があるものと観なくてはならない。明治初年頃の鍛冶屋村の家族においても、られる世帯主の父も決してこの時期だけに偶然に多くあらわれた家族構成員ではなく、この頃までこの地方において一般に承認せられていた慣習にもとづいてあらわれたものと考えなくてはならぬ。然らずればかく多数の父が世帯主の単なる家族員としてあらわれることもなく、またそれが人別帳のごとき公簿に記録せられることもないであろう。

鍛冶屋村の宗門人別帳の記述について観ると、次のごとき成員からなっている家族がかなり多く見出される（括弧内の数字は年齢、家族員の名省略）。

13 金右衛門（二五）、父伝吉（四九）、母（四二）、女房（二〇）、男子（二）、妹（一六）、弟（一三）、弟（七）
定七（二八）、父亀吉（五四）、母（五三）、女房（二八）、女子（七）、男子（六）、男子（三）、弟（一六）、弟（一）

14 安蔵（二七）、父安吉（五五）、母（五三）、女房（二四）、弟（二〇）、弟（一四）

かくのごとき乙類の家族は全く世帯主の父が早く隠居したことにもとづいたものであり、これらの父を世帯主として観ればかくのごとき家族はすべて甲類のものとなる。

明治以前には一般に外来者は容易に村人となることが出来なかったようである。村には有力者（名主、惣代、肝煎、組頭、親方百姓、長人百姓、おもだち）があり、この有力者の配下（子方）となっている者はこの有力者の保護を願い、そこに「わらじをぬぎ」、それの引請を得た上でなければ村人となり得なかった。「笠を置いた者」、「わらじをぬいだ者」などいわれる家族が現在もなお村人の記憶の中に残っているが、これはかつてこの村の有力者を親方とし、その人の子方となり、その保護の下に村人となり得た外来者の子孫の家族である。このような保護の依頼は初めは口頭でなされたものであろうが、後には書面をもってなされるようになったものとみえる。たとえば庄内押切下組の加藤惣七方には佐藤芦奄および斎藤作兵衛方より次のごとき一札が入れられている。

指出申一札之事

一、拙者母親家南町作兵衛と申者引越に付組方へ家作相致度御願申上候得共組方之御引請人に口成候間漸々組方御相談の上に而御承知被下候間家作仕候作兵衛身の上難口之儀は出来仕候共貴殿へ御苦労少も相懸申間敷候為後日一札差出仍而如件

文化四卯年六月

　　　　　　　　　　　　　　　　　　　　　　佐　藤　芦　奄

　　　　　　　　　　　　　　　　　　　　　　斎　藤　作　兵　衛

加藤惣七殿

この一札は佐藤芦奄の親族斎藤作兵衛が押切下組へ引越すにつき、村方に対する引請を加藤惣七に依頼し、村方の承諾を得た後において村内に住居を建て得たことを示している。なおこの引請は重要なるものであったとみえ、「庄内二郡五人組掟之条々」中には次のごとき箇条がある。

一、（前略）且又新規に当村へ百姓に有着度旨願者有之候者出所／為問合弥蝕成者に而樗無之候者惣百姓相談の上請人を究め宗門も相改申出差図を請べし並当村出生之者に而も他国へ行年数歴帰候者ハ可為同前事云々

一、人請之儀猥に立申間敷候然共近親類又は出所㑋成者に候はゞ肝煎、長人百姓五人組へ相断請に立可申事

これらの事実によってみても明治以前において他村への移住民となるにはかなり面倒なる手続が必要であったと考えられる。

15 封建時代には社会組織の固定化が重んぜられていた関係上、人口移動についても種々の制限が置かれていたのであるが、町村人口の流入または流出についても五人組規定等の形を通じて制限が加えられていた。たとえば出羽国庄内二郡五人組掟之条々」中には次のごとき規定があり、

一、他родpubl弥ハ御制禁に候、若無拠子細有之其訳申出可請差図候、惣而他所出之儀以書付願出可申候、若願不申立他所へ罷出後日相知候者可為曲事之事、附他郷出之者願之上にても五ケ年に可限事、

また大和国十市郡新口村の「相守るべき条々」の中には次のごとき規定がある。

一、御領下の者我儘に引越他所の村江参候を隠置候はゞ其村の庄屋年寄親類共迄曲事に可申付候、無拠子細有之においては奉行所に相断可申候、遠国に参候儀は不及申他所江の物参茂相断下知次第可仕候、尤他の奉公人の請に立申間敷事、

これらの規定がこの当時文字通りに行われたとは考えられないが、しかしこのような規定がある限り、これらの規定は人口移動を制約する上にかなりの効果があったであろう。

封建時代においても新たに開墾せられ得る土地があった場合には、遠方からの移住者もあった。たとえば新潟県岩船郡長政には明和年間〔一七六四―一七七二年〕に新田が開拓され、その後寛政〔一七八九―一八〇一年〕の初めた新田開墾があったのであるが、初めの開墾の時には紀の国新田と長政新田との開拓者が来住しており、次の開墾の時には同郡女川村から三田某およびその人の子方になっている者が来住している。この新田開拓と同様に新たに宿場等が出来た場合にも遠近からの移住者を起している。渡辺某の子方になった者も移住して来ている。この新田開拓と同様に新たに宿場等が出来た場合にも遠近からの移住者を吸引してかなりの部落を作っているのとはあたかも現代において人家の少ないところに出来た新停車場が新たに移住者を吸引してかなりの部落を作っているのと同様なものであったであろう。しかし明治以前においてはかかる宿場の設置も少なくまた新田開拓も多くなかった故、かくのごとき性質の人口移動は少なかったであろう。

徳川時代にはこの種の制限を掲げているものも多い。たとえば「庄内二郡五人組掟之条々」の中には次のごとき箇条があり、

16 一、持来たる田畑子孫へ為分取候儀不可致者不得止事為分取候共壱人前高五石より内不可分之年季売之通大庄屋元へ相届反畝水帳切面共改可申候小高百姓ハ惣領壱人へ可譲之跡式之儀存生之内肝煎長人百姓五人組加判為致置可申事、

また大和国十市郡新口村の「相守るべき条々」の中には次のごとき規定がある。

17 一、百姓の跡式小分に成候得者共に牛馬持候事ならず候、公儀御代官下高拾石より内は分申事御停止候間自今以後御領下も此旨堅可相守候、縦惣領たりといふ共常々徒者にて耕作成かね可申ものには跡式譲るべからず、庄屋年寄共永合相続可仕ものに譲るべし云々

このような規約があったからとて一〇石以下の者の土地細分が全く行われなかったのではなかろうが、しかし、これらの規定は分家を制限する上に効果があったであろう。かくのごとき村規約と相並んで事実上分家を制限する上に効果があったであろうと考えられるものは、分家分地に関する許可願の手続である。この種の願書として筆者のみたものは陸中国江刺増田村にあった次のごとき書類である。

江刺郡増沢村右近御知行　百姓庄右衛門持高之内本地田代百壱文本地畑代三拾三文新田畑代弐拾壱文之所右庄右衛門弟与蔵方へ永代分遣新御百姓被成下度旨願申出於右近方指支之儀無御座候間如願之御首尾被下度候以上

乍恐新御百姓奉願候御事

高八百八拾弐文（内訳省略）

右高同郡同村御蔵入并御給人様前御百姓西屋鋪庄右衛門家内同居罷有候弟与蔵方へ永代分遣り人数三人に而新御百姓被成下度奉願候右人頭庄右衛門家内人数九人之内三人相移申候而も残人数六人に而田畑之働御郡役共指支申義無御座候尤居屋敷之儀ハ遣リ受申候畑之内家作仕住居仕様被成下度又奉願候遣受申畑之内御蔵入田代有来分坪に而新規分坪には無御座候間如願之新御百姓被成下度如奉願候

　　増沢之内御留野等無御座候

右之通御蔵入並御給人様前御百姓西屋鋪庄右衛門弟与蔵方へ永代分遣り人数三人に而新百姓に被成下度奉願候双方勝手乍内々申合吟味仕候上親類五人組合組頭地肝入立合地形境見届御検地帳御田地見帳人数帳江茂寄世坪高引合広狭無之様末々迄紛乱之儀無御座様与蔵義末々共御年貢諸色無滞上納仕者有之尤御地頭様方御指支無御座段御証文指添前願申上候条御座様可仕候遣り受申候田畑之内御蔵入田代有来分坪に而新規分坪には無御座候間如願之新御百姓被成下度拙者共連判を以如斯奉願候以上

文化元年十月

　　　　　　増沢村地形分遣人並新百姓与蔵人頭
　　　　　　　同村新御百姓　　庄　右　衛　門 ㊞
　　　　　　　　　　　　　与　　　蔵 ㊞
　　　　　　同村右庄右衛門親類
　　　　　　　　　　　　　甚　之　丞 ㊞

　　　　　　　　　　　　　　　　江刺郡増沢村御蔵入並御給人様前御百姓西屋鋪
　　　　　　　　　　　　　　　　　　　　　　庄　右　衛　門

文化元年九月

前田五郎八郎殿

　　　　　　　　　村扱　　大　浪　十　三　郎 ㊞（華印）
　　　　　　　　　同　　　岩　淵　杢　内 ㊞（華印）

大肝入
　千葉　幸　作　殿

右之通前願申上候に付吟味仕候所指支申義無御座候間如願之被成下度奉願候無御異義御下知被成下候て御格之顧申上候様首尾可仕如此申上候以上

　　　　　　　　　　　同村右与蔵親類
　　　　　　　　　　　　　　甚　右　衛　門 ㊞
　　　　　　　　　　　同村庄右衛門五人組合
　　　　　　　　　　　　　　吉　兵　衛 ㊞
　　　　　　　　　　　　　　吉　三　郎 ㊞
　　　　　　　　　　　　　　十　右　衛　門 ㊞
　　　　　　　　　　　　　　万　右　衛　門 ㊞
　　　　　　　　　　　同村組頭
　　　　　　　　　　　　　　市　左　衛　門 ㊞
　　　　　　　　　　　同村仮肝入地肝入
　　　　　　　　　　　　　　七　右　衛　門 ㊞

　同年同月
　　江刺大肝入
　　　　　　千葉　幸　作 ㊞
五郎八郎様

右之通申出候間無御異義候はゞ格之顧指出候御聞判被成様仕度御座候以上

　同年同月
　引地正左衛門殿
　　　　　　前田　五郎八郎 ㊞

　同年同月

庄右衛門儀御年貢諸式皆済せしめ候事に而無異義候間格之顧可指出事

　　　　　　高成田　要　七 ㊞

地形分遣り新御百姓願申上候御事

（中略内容は前記のものと略同様）

文化元年十二月

大肝入
千葉幸作殿

（中略）

同年同月　　　　　　　　　　　　　江刺郡増沢村御蔵入並御給人様前御百姓西屋鋪地形分遣り人
五郎八郎様
同年同月　　　　　　　　　　　　　　　　　　　　　　　　　　庄右衛門
高成田要七殿㊞
同二年正月十九日㊞

同年同月
同年分人数帳引合
同年分御田代見帳引合　　　　　　　　江刺郡大肝入
同年分茶畑帳引合　　　　　　　　　　　　千葉幸作㊞
　　　　　　　　　　　　　　　　　　　前田五郎八郎㊞
　　　　　　　　　　　　　　　　　　　遠藤要治㊞
　　　　　　　　　　　　　　　　　　　太斉勇作
　　　　　　　　　　　　　　　　　　　萱場為右衛門㊞

右の書類は仙台藩のものであるが、これによって観ると分家分地の願書の手続は極めて複雑なるものである。分家分地せんとする者はまず村役人立合の上で土地の検分を受け、これらの人々の連判を得て、内意を伺うために願書を地方的の大肝入（この場合江刺郡の大肝入）に差し出さねばならぬのであるが、この大肝入は更に調査の上差し支えなき場合にこの書類に奥書を附してこれを仙台の役人（この場合前田五郎八郎）に提出せねばならず、更にこの役人はそれぞれの係の役人に奥書を附してこの書類を提出せねばならず、最後に差し支えなしと判定せられた後において、正式の願書を前と同じ順序において提出せねばならぬ。それ故に分家分地が合法的のものである場合においても、最初の願書の提出期より最後の正式の許可が下るまでには約四、五カ月の日数が必要となっている。ただ明治以前の各藩においてかくのごとき複雑なる手続が分家分

371　第四節　家族の構成形態

地に関してとられたか否かは明らかでないが、前記の五人組規約等を参照して観れば、分家分地を簡単に許さない藩もかなりあったであろうと考えられる。

18　徳川時代においても古くから開けていた農村には新田開拓の余地もなく、農村戸数は飽和状態にあったようである。たとえば註17にある新口村は大和の国中平野の中央にある水田村落であるが、この当時既に農家戸数が過飽和状態にあったとみえ、村規約では家畜使用を禁じ、細分せられていた耕地を人力のみをもって耕すことと定めている。したがってこの村には戸数増加少なく元治元年〔一八六四年〕に八戸あったのであるが、明治以後において村落内に織布工場およびボタン工場が出来、また早くから配置売薬業者等があったにもかかわらず、昭和一一年までに僅か八戸増加したのみである。現在この村には耕地約四〇町歩あるが、これだけの耕地を以てしては九六戸の村民は生計を維持し得ないので、一方宅地面積を極度に縮小すると共に村内にある数個のボタン工場等に通勤し、また売薬行商の方法によって生計の助けを得ている。これらの点から観てもこの村が早くから農家戸数過飽和の状態にあり、村人が絶えず新たなる産業樹立に努力していたことが伺われる。

また相模国土肥鍛冶屋村のごときも狭い谷間の村落であるが、耕地少なく早くから戸数飽和状態にあったとみえ、古くから江戸の花屋に「しきみ」を供給するという特殊業があったにもかかわらず、明治初年に到るまでは永い間戸数の増加はなかった。元文五申年〔一七四〇年〕「村方五人組帳」には家数八二戸となっており、延享四卯年〔一七四七年〕三月二八日附「相州足柄下郡鍛冶屋村明細書」にも八二戸となっており、明治元年の宗門帳にも八二戸となっている。すなわちこの村では少なくとも一三〇年間戸数の増加はなかった。明治以後におけるこの村の戸数増加は果樹栽培およびその他の新産業が開発せられたからである。

なおまた、庄内の押切下組は大和の新口村と同様に平野の中央にある純水田村落であるが、この地方も明治以前にすでに農家戸数の飽和点に達していたとみえ、天保六年〔一八三五年〕の戸数は六三戸であったが、現在（昭和一一年）では四九戸に減じている。

さらにまた、下総国相馬郡立木村は利根川の北岸にある部落である。この地方も早くから農家戸数が飽和状態にあったとみえ、文化元年〔一八〇四年〕の人別帳に家数一〇一軒とあるものがその後四五年後の嘉永二年の人別帳には一〇〇軒となっている。

19　明治以前の村落中には現在の村落よりも乙類の家族を多く含んでいるものが見出されやすいが、しかし封建時代の村落で

あるからとて常に乙類の家族を多く含んでいた訳ではない。たとえば今より約二八〇年前承応三年〔一六五四年〕に調査せられた「野沢之内原村人別帳」（長野県南佐久郡）についてみるとこの村には本百姓二八戸、門屋二〇戸あったことが記録されているが、門屋には乙類の家族一戸もなく、本百姓二八戸中に乙類のものがただ一戸記述してあるだけである。多分その当時この地方には分家を困難ならしめる事情が少なかったのであろうと考えられる。

20 民法第七四三条および第七四九条等の規定は、戸主の承認を求めずして事実上分家または移住せんとする戸主の傍系親に対しては戸主はなんら有効なる制裁を加え得ない。離籍はこのような者に対して一種の制裁となる訳であるが、この離籍のために不利益を受ける者は戸主の扶養を受けなければ生計を維持し難き者または資産家である戸主の推定家督相続人およびかかる戸主の子孫等であり、戸主の傍系親にして戸主から離れんとしている者などはこの離籍のために不利益を受けることは少ない。

21 第二章　第三節（二五〇─二五四頁）参照
22 民法　第七五二条および第七五三条
23 第二章　第一節註7および第三節註22参照
24 六大都市の家族中甲類と乙類との割合は次のごとくなっている。

	東京市	横浜市	名古屋市	京都市	大阪市	神戸市
甲類	八六・一	九一五・八	九〇三・二	八八〇・〇	九二五・八	九一三・七
乙類	一一三・九	八四・二	九六・八	一二〇・〇	七四・一	八六・三

右のうち東京市と京都市とにおいて乙類のものがかなり多くなっているが、それは世帯主の傍系親、殊に弟妹または甥姪等にして修学上、就職上または見学上一時世帯主の家族中に同居している者が、これら二市において特に多いからであろう。

25 わが国民が家系の永続化に重きを置いていることは、家督相続なる形式が行われていること、婚姻が多くの場合嫁取り婚姻となっていること、家風に合わぬ妻が離婚せられる慣習のあったこと、子無き妻が離別せられる規定があったこと等によっても明瞭に認められ得るが、法定の推定家督相続人たる男子のない場合に男子を養子とすることが出来る（民法第八三九条）という規定によってもまたこれを認めることが出来る。養子の制としては『戸令』に「凡無子者、聴養四等以上親、於昭穆合者」という規定あり、而して集解の註（私案）に「無子謂妻年五十以上無男子也、縦有女子為無子也」とあり、又

373　第四節　家族の構成形態

現行民法に「成年ニ達シタル者ハ養子ヲ為スコトヲ得」（第八三七条）、「尊属又ハ年長者ハ之ヲ養子ト為スコトヲ得ス但女婿ト為スニ在リテハ此限ニ在ラス」（第八三九条）「法定ノ推定家督相続人タル男子アル者ハ男子ヲ養子ト為スコトヲ得ス但女婿ト為スニ於ルル場合ハ此限ニ在ラス」（第八三九条）という条文が定めてある。『戸令』の場合は養子を四等親以内者（一八三頁参照）に制限しているが、この制度の意味は両者共同様に家系はかくのごとき制限をにこれを得ることを定めたものである。もし家系の存続ということを必要としないならば右の規定の家系の継承者なき場合にこれを得ることを定めたものである。実子なければとて子に非ざる者を子とする必要はない。遺産のごときは国家に帰属せしめるごとく出来、他に利用方法は何程でもあり得る。勿論養子には慈恵的のものもあり、また女子のために配偶者を得る目的にも出でたもの（第八三九条第二項）もあるが、男子なき者が養子を為すことが出来るとか、年長者の養子としてはならないとか、昭穂に合う者を養子とせよとかいうがごとき規定は家系存続の意味を持ったものである。慈恵的の養子または女婿を得るだけの意味のものならば、養子に関するこれらの規定は不必要となる。殊に養子は四等親以内の近親者に限るというがごとき規定は慈恵的の養子または女婿を支えないことになっているが、事実上養子は女婿に関するこれらの規定としては無意味である。現行法では養子を四等親以内の近親者に限るというがごとき規定は慈恵的の養子または女婿を支えないことになっているが、事実上養子は近親者である場合がかなり多く、また家族の伝統、殊に祖先の祭祀を維持するという点からすれば、同宗の族であることが最も好都合である。

廃家となることを防ぎまた廃絶家がある場合にはこれを再興するという慣習が家系の存続を尊重する意味のものであることは云うまでもない。現行民法は「新ニ家ヲ立テタル者ハ其家ヲ廃シテ他家ニ入ルコトヲ得」（第七六二条第一項）と定め、新たに一家創立した場合にはこの家の創設者が他の家に所属せんとするならばこの新たに創立されたる家族団体を廃することを規定しているが、「家督相続ニ因リテ戸主トナリタル者ハ其家ヲ廃スルコトヲ得ス」（第七六二条第二項）と定め、すでに前世代の人々によって構成せられた家族団体を継承したる者は原則としてこれを廃してはならないとしている。すなわち事実上家系を継承すべき者がないために絶家となる場合（第七六四条）の外、すでに存続してこれを許さないという規定である。ただし同じく家系の連続を重要視するについても、一層根幹的であり、一層永く存続している本家の家系は分家の家系よりは一層重要であると認められ、「但本家ノ相続又ハ再興其他正当ノ事由ニ因リ裁判所ノ許可ヲ得タルトキハ此限リニ在ラス」（第七六二条第二項）という但書規定が附けられている。これらの規定はすべて国民が各自の家系、殊に永く存続している家系または分家の根幹となっている本家の家系の永続化を求め、その断絶を忌み嫌うという慣習を持っていることを示すものである。国民がこのような慣習を持っているが故

に、一度廃家または絶家となった家系もこれを再興し得るということになっている（第七四三条第一項）。もし国民が家系の連続を求めておらないとすれば、たとい同宗の者の家系であるとしても、一度消滅した家系を再興するというがごときことは有り得ない。消滅した家族と新たに成立した家族とは全く別のものとなるはずである。

27　家族の伝統として重要なるものは祖先の祭祀、家憲、家業、家産、家名家紋等であるが、わが国民は祖先の祭祀を鄭重にな持せんとしている。家名を重んじ、家憲、家訓等ある場合には外部的事情の改訂の必要が起らない限り伝来的のものを維離となる場合が多いが、現代においては家業の世襲が一般的に行われ、家業の遵守は重要事とせられ、「家業油断なく堅く守るべきこと」というがごとき意味の規定は徳川時代の村々の五人組規約または村掟等にも掲げられていた（拙著『家族と婚姻』二七―四〇頁参照）。なおまた家産ある者はこれを単に市場価値だけの物の資材としてみて、市場価値いかんにかかわらずこれを尊重する傾向を持っている。このように国民は各自の家族的努力の結晶であると考え、従来はこの伝統を尊重せぬ家族員は家族員たる資格を剝奪せられて家族外に排除せられ、またこれを遵守せぬ妻は離別せられた。

28　単に三世代以上の直系親が一家族内におり得る場合だけならば、必ずしも継嗣を通じての三世代同居でなくてもよく、外孫等によっての三世代同居でも差し支えない。したがってこのような場合は年長なる子が通婚すれば間もなくあらわれやすく、その数はかなり多くなるであろう。しかしここにいう直系親三世代同居はかくのごときで外孫等と一時同居することによってなるがごとき場合をいうのではなく、国民的慣習に従い継嗣たる者を通じての三世代同居である。すなわち家系を継承すべき地位にある者を通じてあらわれ得る三世代同居を云うのである。なおまた婚姻年齢等についても同様に国民的慣習に従い、大多数の者の通婚年齢において通婚し、出生を伴って三世代同居となる場合を云うのである。特殊の場合に二〇歳以下の者がすでに父となり、さらにその子がまた二〇歳以下にて父となっているというがごときことあるとしても、左様な場合はここにいう計算の基礎に置かない。

29　第32表にある明治四二年より昭和五年に到るまでの平均初婚年齢は『統計時報』第一〇号、第一六号、第三七号に掲載せられてあるものである。

30　ここに「大正十四年有配偶女子千人につき出産率」とあるものは内閣統計局調査資料第一輯『父母の年齢と出生との関

係」四九頁に「嫡出子出生率、全国」として掲載せられているものの一部である。この表にある女子の年齢別出産率は前に東京帝国大学の学生の母について調査した有配偶者の年齢別出産率（拙著『家族と婚姻』一九九頁）よりやや高くなっている。前者は全国の有配偶者についての調査である。このように両者は被調査者となる者が異なっており、また調査方法が異なっている。前者は大正一四年度における全国の有配婦人を年齢別に観察したものであり、後者は各々の有配婦人が通婚後年齢の上昇につれて何程の出産力を持っているかを調査したものである。したがってこの両者の間に差が出来るのは当然である。ここには三世代以上の者の同居家族の多くなるように計算するため、出産率の大なる前者を用いることとした。

31　第34表における昭和五年現存者は大部分明治三三年ないし三八年にわが内地で出生した者の生存者であるが、しかしその中には内地以外で出生した日本人および外国人が多少含まれている。したがって正確にいえばこの表における昭和五年現存者は明治三三年ないし三八年出生の者の生存者のみではない。しかし明治三三年ないし三八年出生の内地人にして、昭和五年に生存しておりながら内地におらなかった者も、これらの外地出生者および外来者の数に匹敵するほどであろう。それ故にこの表にあるところによって、それが明治三三年ないし三八年に生れた者の生存率であるとみなしても大なる誤りはないであろう。

32　『大九国調全』第一巻　五四―五七頁

33　第27表によって明らかなるごとく、KないしUまでの家族数と総家族数との比は東北地方に最も多く、次いで北陸地方に多くなっている。然るにこれらの地方女子の法律上の平均初婚年齢は明治の終り頃のものについてみても比較的低い（青森県一九・七〇、岩手県二〇・二九、秋田県二〇・二四、山形県二一・八九、新潟県二一・五八、富山県二一・〇〇）。したがって明治の初め頃におけるこれらの地方の事実上の初婚年齢が低かったが故に世代間の年齢差が少なくなり、四世代以上に亘る者までもが同時に存在し得たのであると考えられる。而してまた初婚年齢が満一八歳以下であった場合がかなり多かったであろうと考えられる。それ故にここに戌の初婚年齢を満一八歳以下と見做しても大なる誤りはないであろう。つぎにまた四世代以上にわたる者が同時に存在するためには世代間の年齢差が比較的少なくなっておらねばならぬが、この年齢差が少なくなっているためには、第一子が継嗣であった場合が多いか、または第一子以下がすべて女子であった場合が多いかでなければならぬ。このような場合に養子を配して継嗣とした場合が多いとすると戌と丁との年齢の差は二〇歳となり、第二子が戌と丁との年長生存者たる女子に養子を配して継嗣とした場合には約二〇歳位となる。すなわち丁が第一子であったとすると戌と丁と

34 たとするとその差は二二歳となり、もしまた丁が戊の第一子たる女子の夫であったとすると戊と丁との年齢差は一六歳となり、第二子たる女子の夫であったとするとその差は一八歳となり、第三子たる女子の夫であったとするとその差は二〇歳となる。したがってこの差を二〇歳位としても差し支えないであろう。

第36表にある乙の初婚年齢は大正八年の法律婚による平均初婚年齢より一歳と一歳未満の小数とを引き去って得たものであり、また甲の初婚年齢は明治二〇年ないし二五年頃の法律婚による平均初婚年齢より約一歳を引き去って得たものであり、この法律婚による平均初婚年齢を算出するために用いた平均初婚年齢は第32表によるのと同様にすべて『統計時報』第一〇号、第一六号、第三七号に掲載せられてあるものによった。ただし第36表にある郡部の初婚年齢とあるものは市部を除いた郡部の初婚年齢ではなく、市部と郡部とを含めての府県の初婚年齢としてあるのである。たとえば岩手県についてみるならば、盛岡市をも含めての岩手県の初婚年齢を以って岩手県郡部の初婚年齢としてあるのである。それは各府県の初婚年齢中より郡部のものだけを分けてみることが困難であったからである。

35 『大正九年国勢調査報告大阪府の部』のものについてみると（四六頁）、大阪市人口一二五万二、九八三人中、市内出生の者四六万六、三九〇（内男二三万五、〇三四、女二三万一、三五六）、他町村よりの来住者七八万六、五九三（内男四三万八、六一四、女三四万七、九七九）となり、市民中約六割三分までは来住人口である。

36 戸籍上大阪市民となっている者の平均初婚年齢は、大正八年の男子の初婚年齢についてみても、または明治四二年の女子のそれについてみても、近畿、中国、四国等のいずれの地方の平均初婚年齢よりも高くなっている。大阪市に多くの移住者を送っている府県は兵庫県を始め、奈良県、京都府、和歌山県、徳島県、香川県、広島県、滋賀県等であるが、これらの府県の平均初婚年齢は男女共に大阪市のそれよりは一年ないし四年位低くなっている。（『統計時報』第一〇号参照）

37 『大正九年国勢調査報告東京府の部』のものについてみると（三四頁）、東京市人口二一七万三、二〇一人中他町村よりの来住者は一二五万〇、四六七人にして全市民の五割七分となっている。これによってみると他町村よりの来住者は大正九年の人口についてみれば、東京市においても大阪市において幾分か多くなっている。しかしこれら移住者の出身地方の婚姻年齢が現住地のそれよりも低いことは、東京市の移住者についてみても、大阪市のそれにおけると同様である。（『統計時報』第一〇号参照）

38 『統計時報』第一〇号にあるところに従って東京市、大阪市（Ⅱ類Ⅲ類の家族の多いところ）、宮崎県、岩手県（Ⅰ類の

家族の多いところ）等における平均初婚年齢を求めるとそれは次のごとくなっている。

	明治四二年		大正三年		大正八年	
	男	女	男	女	男	女
東京市	29.50	24.48	29.89	24.94	30.16	25.15
大阪市	29.76	23.14	30.24	25.40	30.98	25.85
宮崎県	26.98	23.24	27.25	23.43	28.07	24.18
岩手県	24.08	20.29	24.46	20.58	24.62	20.84

第35表にはあまりに煩瑣となるため各地方別に職業別家族型別の家族数を示すことを省略したのであるが、ここに宮崎、鹿児島両県のものだけについて職業別家族型別家族数を示すとそれは次のごとくなっている。

	職業	家族総数（実数）	一世代家族	二世代家族	三世代家族	四世代家族
宮崎県郡部	Ⅰ	1000 (九一千戸)	175.8	483.5	318.7	22.0
	Ⅱ	1000 (二六千戸)	269.2	469.3	38.5	—
	Ⅲ	1000 (一五千戸)	333.3	666.7	—	—
鹿児島県郡部	Ⅰ	1000 (二〇八千戸)	144.2	596.2	240.4	19.2
	Ⅱ	1000 (五〇千戸)	260.0	660.0	80.0	—
	Ⅲ	1000 (二一千戸)	428.6	523.8	47.6	—

青森県地方と徳島県地方における平均初婚年齢は『統計時報』第三七号および第一〇号によってみると次のごとくなっ

ている。

41 山形県、茨城県、奈良県および大阪府等における平均初婚年齢は『統計時報』第三七号および第一〇号によってみると次のごとくなっている。

	明治四二年		大正八年		昭和五年	
	男	女	男	女	男	女
青森県	二三・八七	一九・七〇	二四・二七	二〇・一七	二四・七八	二〇・四六
徳島県	二六・七〇	二三・二五	二六・五四	二二・八六	二六・三四	二二・五七

	明治四二年		大正八年		昭和五年	
	男	女	男	女	男	女
山形県	二五・三七	二一・八九	二六・一六	二二・五五	二六・一七	二二・八九
茨城県	二五・九二	二三・九〇	二六・八〇	二三・六五	二六・九七	二三・五一
奈良県	二七・五九	二三・九八	二八・〇三	二三・九六	二七・五九	二三・六九
大阪府	二八・八一	二四・六五	二九・八六	二五・二三	二八・九六	二四・五四

379 第四節 家族の構成形態

解説——日本における家族社会学の定礎者戸田貞三博士

喜多野清一

I

　日本の社会学史上、戸田貞三博士の占める位置は極めて高く大きいが、日本の社会学の発展にとっては、博士は言わば日本における近代社会学的家族社会学の基礎を確立した学者として、長くその功績を記念されねばならない人である。博士の家族社会学的業績は数多くあるが、学位論文となった『家族構成』が主著とされている。昭和一二年（一九三七）の出刊である。しかしこの書の内容的根幹は、それに先行する『家族の研究』（大正一五年、一九二六）、『家族と婚姻』（昭和九年、一九三四）に収録されている諸論文によって、どのように準備・展開されてきたかを見ることができる。

　博士の家族研究への関心はもっと早くからであったことは、後年自らの学究生活を回顧して語られた「学究生活の思ひ出」（思想）三五三号、一九五三年二月）の中にも出ているが、博士の東大卒業論文は「日本における家の制度発達の研究」というのであって、当時の指導教授建部遯吾博士の主宰していた日本社会学院の年報第一巻第一・二合併号（大正二年、一九一三）に掲載されている。博士はこれについて、「社会学研究には国家とか民族の研究の重要であることは認めていたが、自分の力からいって家族の問題から入ってゆくのが最もやりやすい」と考えたというふうにいっている。そしてこの研究ではまだ日本の伝統的家族制度の主として歴史的な発展論的観点からの考察態度であった。ところが博士が再度家族を研究対象にとりあげたのは東大助教授に迎えられてからであったようである。博士は大正一一年九月に、約二カ年半にわたる欧米留学から帰国して、東大文学部社会学講座に建部博士の後任助教授として迎えられたのである。「私はその後、大学で日本の家族制度の研究をす

すめました。卒論を書いた時以来考へていたことをおしすゝめるつもりで、最初婚姻制度の講義を準備してやってみましたが、どうもポイントがはっきり掴めずうまくゆかない。それで最初に出発した点に戻っていろいろ勉強してゐるうちに、ファミリーといふ言葉と日本でいふ家といふ言葉がどうもぴったり一致しないのではないかといふことに気がつき、この家、家族と日本でいはれてゐるものの概念内容を歴史的にみてみやうと思ふに至りました」と上記の「思ひ出」の中で博士は述べている（「思ひ出」九一頁）。そして言葉をついで「家族制度の研究はヨーロッパでも一八六〇年のころから著名な研究が幾つか出てゐましたが、いわゆる団体としての家族の性質を見極めやうとしたものは極めて少なく、これの研究は非常に大事なことだと痛感しました」（「思ひ出」九一頁）。つまりこれは博士における家族の集団的解明への出発だったわけである。そして当時すでに近代化していた欧米のファミリーとまだ伝統的な性格を残していた日本の家との、集団的性質に見られるさまざまな差異への着眼とその解明への意欲が明確に形成されたのである。それは自ら集団としての家族の近代社会学的考察への途を進むことになる。

ところで博士がこのような分析視角と方法を持つに至った過程はどうであったろうか。博士の海外留学は一九二〇年二月からであって、まずアメリカに一カ年半を過ごされた。シカゴ大学が主であった。しかし博士の研究テーマは社会学そのものでなく、日本の社会事業を「ちゃんと筋立ったものにすること」であったという。しかし社会事業の講義が面白くなかったので主として社会学の講義を聞いたとのことである。フェーリスの講義は面白かったが、パークやスモールのものは本に書いてあるとおりだったとも言っていられる。パークの編した *An Introduction to the Science of Sociology,* 1921がちょうど出版されたところである。この書物は博士も良い本だと言って私などの在学中に演習テ

キストに使用されていた。それはともかく博士によると「一般的に言ってアメリカ社会学から理論的に学んだというふよりも、実際の社会現象をつかまえて深く探究してゆく学風に大いに学ぶところがあった」とのことである。

その頃はアメリカの家族社会学も漸く科学的研究の段階へ入ろうとする頃であった。クリステンゼンの家族研究発展史の段階区分では、第二期の社会ダーウィニズムの時期（一九世紀後半から二〇世紀の開始期まで）を受けて第三期の新らしい台頭科学の時期（二〇世紀の前半を占める）にかかろうとする言わば転入期にあった。コマロウスキーとウォラーは一九一五年から一九二六年の約一〇年間を家族研究が人類史的または制度史的な大規模な研究から脱して、はじめて経験的統計的研究方法をもって現代家族を研究することに関心が向上した時期として取り出している（H. T. Christensen; De-velopment of the Family Field of Study, in Handbook of the Family Field of Study, ed. by H. T. Chris-tensen, 1964, pp. 6-8）。婦人問題、婚姻、性の諸問題への関心と並んで、クーリーやタマス、パーク、バージェス、リッチモンドなどの仕事が、精神分析学者の仕事とともに注目をひいた時代であった。博士の帰国後の講義や談話にはパークやリッチモンドに注目していられたことを察知できた。しかし当時のアメリカ家族研究の影響はあまり受けて来られたわけではなかったように思われる。

このことは博士の家族社会学理論の核心をなしている家族の集団的特質の規定形成にあたって、アメリカ家族社会学をほとんど参照していないということとも照合する点である。博士はかなり広く社会学人類学民族学等の諸分野から家族研究の業績を渉猟して、家族結合の特質に関する理論追究を行なったが、とりあげられた学者にはグッドセル、マウラー、グローヴス、オグバーン等のアメリカ社会学者も数えられるが、博士の関心に直接大きい影響を与えたのはコント、リール、マックス・ヴェ

ーバー、フィーアカント等であって、フュステル・ド・クーランジ、グロッセ、ミュラーリヤー、ボサンケーなどは、家族のごとき小集団の集団としての性質、その内部構造や集団形態についての研究においてあきたりないとしているのである。こうした理論検討を通して博士が到達し、博士の『家族構成』がそれに立脚しているている立場は、「人々の内部的要求にもとづいて生ずる家族結合の意味ならびにこの意味に従ってあらわれる家族的集団の機能および形態を明らかにすること」であった。「家族なる小集団は人々の内部的要求が基本となり、この内的要求が外部社会から課せられる諸条件に直接支配せられて、社会的に是認せられうる形をとって現われるものである。それ故にこの集団に関する研究としては単に外部的諸条件とこの小集団との関係を考察するばかりでなく、この小集団自身の基本的性質を攻究しなくてはならぬ。然るに従来あらわれた多くの家族研究はこの小集団の集団としての性質、その内部構成および集団的形態等に関して比較的無関心であったように見える」（『家族構成』一七―一八頁）。博士はこのように考えてこれらの問題を解明することに家族研究の主要課題を定めたのである。

博士のこのような問題設定がいつ頃確定したかは明らかでない。しかし前出の「思ひ出」にあるように、東大助教授就任後の家族研究再出発を機に、日本の家と西欧のファミリーの差異点の解明、団体としての家族の研究の重大性確認などのうちに胚胎していたと見ることはできよう。そして暫らくは制度としての家族と並んで団体としての家族の考究が続けられている。その結果として、大正末年に書かれた九篇の論文がまとめられて『家族の研究』となって出版され、つづいて昭和九年までに発表された一一篇の論文が『家族と婚姻』という一巻にまとめられている。これを見ると博士の研究の重心が制度よりも集団としての家族の研究に漸次移されてゆき、また婚姻離婚、夫婦結合と親子結合などの問題追究とならんで家族の集団的特性そのものの解明に向う状況の他に、統計的手法による家族

構成の分析がだんだん積み上げられてゆく様子をみることができる。つまり博士の学風がやがて『家族構成』として結晶してゆく過程が看取されるのである。

『家族の研究』の第一論文「家族結合と社会的威圧」は『哲学雑誌』第四五九号（大正一四年五月）に掲載されたものであるが、その書き出しは「家族といふ団体は夫婦、親子、又はそれらの人々の近親者から成立している団体である。この団体を構成している人々の結合様式は、人々相互の間にある対人関係の異なるに従って種々様々となってゐる。またこれらの人々によって構成される団体の性質の差異すなはち家族の種類の差異に従って必ずしも一様でない」と述べて、家長的家族と近代的家族とを対置し、それぞれの家族生活での各成員間の結合関係の態様と性質を明らかにすべきこと、特に夫婦間と親子間の結合関係を重要なものとして考察すべきであるという基本構想をすでに示している。そしてこの線に沿って夫婦関係親子関係についての幾つかの論稿が発表されている。ところが第二著の『家族と婚姻』の第一論文「家族の集団的特質」はこの研究路線につながるものであるが、内容的に一層『家族構成』に直結しており、『家族構成』の第一章「家族の集団的特質」は右に挙げた同名の論文と内容的に極めて近似している。

この論文がいつ執筆されたのか確かめることができない。ただし『家族と婚姻』には昭和二年（一九二七）から昭和九年（一九三四）の間に書かれた論文が収録されているのであるから、あるいはその後半期に書かれたものかと推せられる。そしてその頃バージェスの有名な「相互に作用しあう諸人格の統一体としての家族」という命題を基点にして躍進していたアメリカ家族社会学の業績との関連に興味を持たれるのであるが、前にも述べたように博士はアメリカの業績にはあまり関心を示していないように思われる。そして博士の家族結合の特質規定は、結合主体である人間の感情的要因を重視し

ながら、論究の手順は心理学的でも経験的でもない論理的抽象の手法に従っている。この点はバージェス以後のアメリカ家族社会学が社会心理学との協力でアメリカ近代家族の内部構造について様々な問題を提起し且つ解明していったのと対照的で、もし博士がこの業績に接触したならばどう評価し取捨したかたいへん興味がある。しかしそれはともかく、博士が主として準拠したのはむしろヨーロッパ大陸の社会学者であって、たとえばリールは Das Ganzhaus を、マックス・ヴェーバーは Hausgemeinschaft を、またフィーアカントは Grossfamilie を主題として、そこから Familie に関説していったように、むしろ家父長制家族を考察した成果に博士は学んでいる。これは日本の家とファミリーとの差異に着目して出発した博士の研究にとってあるいは自然な行き方だったのかも知れない。しかしこれらの経過を貫いて存在する家族結合一般の特質の追究が博士の研究主題のいう団体としての家族の特質の究明である。それが博士

これと並んで今一つの太い路線は家族構成の研究である。そして『家族の研究』にはやはりこの路線に沿う研究成果が幾つか見出される。その中で注目されるのはこの書の第八論文「家族的生活者と非家族的生活者」（『社会政策時報』大正一四年一一月）である。これは大正九年国勢調査の調査票千分の一抽出写しを利用した世帯構成員の分析であって、これは後に『家族構成』の第二章「わが国の家族構成」の第一節「家族の内における人々と外にある人々」の原形を示している論文である。また第九論文の「家族構成について」という論稿も家族内の地位別人員分布の上記の国勢調査抽出写しの数字を利用して求めたものであって、これもまた『家族構成』第二章の中に一層詳密な整備において論ぜられている問題を扱ったものである。この第九論文がいつ書かれてどこに発表されたものか、他の収録論文とは異ってこれのみはその明示がない。いずれにしても大正末期のものであるが、このように『家

族構成』はこの頃から着々その準備が進められていた。そしてこれら家族構成を扱った論文でとられている手法は極めて客観主義的な統計的観察分析である。この手法はまた他の論文でも屡々とられているもので、博士の学風の大きい特長であるように一般に印象づけているところのものである。

けれどもわが国家族の構成論的考察は、博士の実証主義的研究態度——に基づいて、殊に大正九年国勢調査の諸結果を利用することによって、大きく展開したのである。そしてその成果の第一報はすでに大正一四年に世に送られているのである。その後の発表論文を収めた『家族と婚姻』にはこの方向の路線の成果があまり見当らないが、僅かに「家族構成」と題する一編がある。ところがこの論文は家族の構成論的諸問題を扱う諸節とともに、家族結合の性質や家族制度、家族構成の外部的条件などを扱う節を含んでいて、題名の示すような純粋な構成論ではない。いわば二つの研究路線の諸論題を併せ含んで編まれており、後の『家族構成』の基本構想がスケッチ風に示された趣の論文をなしている。蓋し博士の構想の愈々熟しつつあることを語るものではあるだろう。前にも述べたようにだいたい併行して進行させられたこの二つの研究目標は、一見かなり距離のあるもののごとき感を与え、その手法がまたかなり対照的であるために、人々をしてこの二つの路線課題が内的には如何に強く連繋するものであるかについての考慮を十分になさしめなかった観がある。また『家族構成』が発刊されて、人々の関心・評価はいずれかというと第二章の学的貢献の方に注がれた。このため第一章とのかかわり合いの重要性が十分認識されなかった。私の解説はむしろこの重要性の指摘によって、この書物のわが国家族社会学史上に占める意義の大きさを再認識しようとするものである。

II

『家族構成』は第一章「家族の集団的特質」、第二章「わが国の家族構成」の二章から成っている。そして第二章が主部である。しかし第一章がわが国家族研究史上にもっている意義は第二章に劣らず大きい。ここで展開されている家族結合の固有の性質に関する理論的検討は、わが国における社会学的小家族理論の最初の基礎づけとして極めて大きい意味をもっている。そしてこの家族結合理論は第二章の家族構成分析に対して理論的準拠枠として深く関連している。戸田博士は第一章での論理的考察を第二章での計量的分析の中に滲透させようとして、さまざまな制約の中でも努力している。このことは本書をよく読めば直ちに気づくところである。

しかしそれでも第二章が本書の主部であることは間違いない。当時の日本家族について、これを全国的に、出来るだけ客観性の確かな資料に基づいて、量的に測定し、家族構成の実態を明らかにし、それを通して当時の日本家族の性質を知ろうとするのがこの書物の大きい目標である。もちろんそれには資料の完備していることが必要である。そしてそれを可能にしたのは大正九年第一回国勢調査の抽出写しの利用であった。全国的なひろがりにおいて一定時の家族の状況を確実に知りうる資料は容易に入手できるものでない。国勢調査の資料という制約を免れえないとしても、それに代る利点は極めて大きい。博士はこれを利用して、全国約一千百二十万世帯の千分の一、すなわち一万一千二百十六世帯の調査票写しを独自の見解で整理し、これを観察分析したのである。そこで第二章では終始統計的計量的方法が用いられている。しかしその結果、当時の日本家族のさまざまな構

成面が、はじめて全国的規模において明瞭にされたのであった。日本の家族構成研究の基礎事業がここに完遂され、その後の研究の拠点が出来たとして高く評価された。第二章はまさにそういう内容を盛っているものとして、『家族構成』を代表する章である。

ところが前にも述べたように、また博士の研究の経過によって知られるように、博士は家族の集団としての性質、その内部構成および集団形態を明らかにすることを早くから念としていた。もちろん家族構成の研究はそれと無縁なものでなく、むしろ博士は、この構成は成員間の意味的結合を契機として成立するものと考えているから、家族結合の特質に関する理論的理解との関連においてこそ家族構成の諸問題も正しく解明されるとする考えを基本的に持っていた。そういう意味で第一章が据えられていると見ることができる。これは博士のこれまでの研究の二つの路線の関係でもある。これが結実して『家族構成』としてまとまったのである。人によってはこの二つの章の関係を比較的軽くみるが、私はこのように考えて博士の苦心の跡を追ってみたいと思うのである。

さて二つの章の関係をこのように見るとして、第一章はそれだけでまた重要な意義をもっている。博士はここで集団としての家族の社会学的研究という研究分野を新らしく開拓している。そして独自の家族の集団的特質論を展開した。その骨子は家族結合の特質として博士によって挙げられている六項目（三七頁以降）によって知られるが、博士はこのうち㈢、㈥の二項目を必ずしも必須でないとして除き、残る四項目によって家族結合の主要な特質が示されるとしている。そしてこれらを要約して「家族は夫婦親子ならびにその近親者の愛情にもとづく人格的融合を根拠として成立する従属関係共産関係である」（四八頁）としている。すなわち家族共同においてあらわれている家族員間の従属関係も共産関係も、その基本には家族員相互の愛情と信頼があってそれを究極の根

390

拠として成立しており、かかる内部的態度が対人関係にあらわれて従属・共産の関係が具体化しているとするのである。ところでこのような緊密な感情的融合、人格的信頼は特定の少数者——夫婦・親子のごとき——の間にのみ実現される。そこで家族は、構成上からは夫婦関係にある特定の異性ならびに血縁的にもっとも接近している親子を主たる成員とする少数近親者の集団であり、結合の性質からは少数成員の感情的要求にもとづく緊密な共同であり、さらに主たる機能からすれば成員の生活要求に安定を与える連帯的共産的関係である（五一頁）。そして民族と時代の生活様式の差によって家族生活の形式も変り、その形式に伸縮を生じるのではあるが、他の集団に比して少数近親者の緊密な感情的融合を基礎として成立する集団であるところに家族の基本的な特質があるとするのである。

博士はこの家族共同の緊密な結合の基礎に対し、成員の感情的融和・融合あるいは合一化、相互の人格的信頼、相互信頼による人格的合一化、相互の全的開放没我的全的一体化を求める内的関係などさまざまな表現を与えているが、成員の感情的融和あるいは融合と言う場合がもっとも多く、これらの心的態度を一応この表現で代表させることができる。そしてこれらの心的態度においてもっとも強く緊密に結合しうるものを、夫婦とその共同による親子の関係と考えて、これを家族の中枢的成員とするのである。そして、この中枢的成員の間では感情的融和はもっとも実現されやすく、成員間の心理的障壁は全く除かれると考える。人々はここでは全く集団集中的に結合する。そのため家族の独自性は高められ、他に対する排他性は強められる。博士の言葉ではないが、この小さい結合が家族結合の核を形成する。博士の家族理論にはいつもこの考え方が据わっている。

そこで家族は自ら小集団たらざるをえない。このことを博士は家族が如何にその成員を、種類においても数においても限定しなければならないかという形で論究している。つまり構成論への結びつけ

である。博士によれば家族はその構成員を一定の資格によって制限する。その最初に考えられるのは夫婦関係である。この関係にある男女は互いに感情的融和、相互信頼、内的安定をもっとも自然に且つ緊密に形づくることが出来る。かかる関係の異性が集団成立の基礎であるというのは家族のみの特色である。そこで夫婦結合は家族の不可欠の条件であり、これを欠く家族は変態であると博士は言うのである。家族結合の究極に夫婦関係をおく考え方は鈴木栄太郎博士の家族論にも見られるが、鈴木博士にあっては家族構成の原理を男女の性的愛着におく考え方が一貫している。だから夫婦は家族の不可欠の成員である。そして如何なる民族にも、また近代的家族と家長的家族との別なく、夫婦が家族構成の最重要成員であって、これを欠くことがあるとしても、それは一時的状態だとするのである。

ところで夫婦関係は家族内に親子関係を発生せしめる。親子は夫婦に劣らぬ家族の重要成員であるが、それは夫婦関係を基点として現出する。夫婦の共同が自然に新らしい成員を生み出し、親の愛護と親子不可分離の関係によって新らしい家族成員が成立する。こういう成員増加の仕方も家族以外の集団にはない。この親子結合は特に母子間に見られるような強い一体化をもつ結合であるが、それを博士は血縁連鎖のもっとも強い者の間に生じる自然的な愛情にもとづく結合であるといっている。(傍点筆者)。また成員相互の愛着が現実にもっとも濃厚に現われるのは、親子の結合だともいっている。

だから夫婦とそれと不可分に結びつく子供が家族の中枢構成員であって、彼等の間の感情的融和に基づく緊密な生活共同が家族結合の核（博士の言葉でない）をつくる。だから同居して生活を共にするものでも、これらの夫婦と族的連鎖を持たぬものは、家族員と交わることは許されても、子としての資格をもつものとして家族の中に加えられることはない（六六頁）とするのである。

このように家族は夫婦と親子の関係にあるものを主たる構成員とするが、これらの存在は血縁的類似の比較的強い近親者を家族員中に加入せしめることとなる（傍点筆者）。家長的家族のように世代を重ねて家族員の存在するところでは収容される近親者の幅が広くなる。けれどもその間に上記のように夫婦と親子が結合する小さい核が成立すれば、そこに自ら独自の緊密な結合が生まれて、周囲と心的距離をつくることとなり、血縁の遠いものから外に出てしまう。すなわち博士は夫婦の愛情結合と血縁連鎖の強弱または濃淡を家族形成の重要条件と考えているようであるが、なかんずく夫婦の愛情結合を家族成立の基点とみなしているのである。

このように家族の基本関係の特殊な性質の故に、構成員の資格はおのずから狭い範囲の近親者に限定されてしまい、従ってまたその成員を極めて少数に制限する。家族結合の性質がこのように特定の成員間の強い感情的融和と人格的合一化による無距離的な共同であることによって、その結合を独自な排他的な小結合に制約し、家族を特定の資格の成員から成る小集団たらしめる。家族結合の特質が、このようにして家族構成を規制することを博士は『家族構成』の各所で立証しようとしているのである。このようにして第一章の論理的考察は第二章の統計的分析の中に密接に入りこんでいるのである。

そしてもう一つ指摘しておかねばならぬことは、この特質規定は家族集団の特質についての一般的の関係が従来あまり正当に評価されなかったように私には思われる。

な論理的規定であるということである。この特殊な社会集団の基本関係の性質と集団構成員の内的態度に——心理的とは異なる——集団形成の契機を求めて、この契機の規定要因の論理的綜合を導き出したのである。博士はこれを諸先学の家族理論——特に集団としての家族理論を提示している諸先学に学んで、論理的に追究したのである。そしてその結果は夫婦と親子の全人格的な結合を中枢とする近親者の小集団に家族の基本型を認めたのである。だからこの基本型のもっている諸特質は家族の普遍的特質であって、いかなる民族の家族にも、またそのいずれの歴史的家族形態にも備わっているその特質である。大都市の近代的家族も僻村の家長的家族もひとしくこの基本型に拠って構成され、その特質を持っている。家族集団を追究してこういう認識に到達したことと、それが今日一般にほとんど容認されているように見えるところの核家族の構成にひとしいことは——この二つの概念の導出過程にもまたそれに付与されている内容にも差のあることを暫らく措くとして——やはり注目されるべきであると思う。第一章はその論理的作業を示しているものとして独自の意義を持つものであることを指摘しておきたいのである。

さて博士が大正九年の日本家族についていよいよ観察を加えはじめると、直ちに問題になるのは、当時はなお残存度の高かった伝統的な家族生活形式——家の問題である。博士の家族研究はむしろ日本の伝統的家族、家族制度の研究からはじまっていることは前にも少しふれておいた。『家族の研究』にはこの系列の論文が含まれている——たとえば「家系尊重の傾向について」(大正一三年九月)。「家」という博士は多くのばあいこれを家長的家族として近代的家族との対比において扱っている。『家族構成』ではそれは第二章第三節の末尾とそのほか二、三の箇所名辞はあまり使用していない。『家族構成』では大きく、日本の家族が家長的で見る程度である。しかし家長的家族に対する顧慮は『家族構成』では大きく、日本の家族が家長的

家族の特性を保存していることを常に家族構成考察の一方の軸に据えているのである。

もちろん博士は当時の日本の家族をそのまま家長的家族ときめてかかっているのではない。当時の日本の家族はなお家長的家族の特性を——殊に僻地の農村家族のごときにおいては強い程度に——保持していたというのである。逆に日本の家族は漸次家長的家族の伝統を失いつつある——殊に大都市家族においては急速に——というのである。博士はこのほかに様々な対比において家長的家族の特性の保存を述べている。そしてそれは日本の家族は概ね家長的家族であったということでもあるようである。家長的家族は日本に限らずかなり広く存在した歴史的家族類型であって、その特性を日本の家族もまた保蔵していたことを言っているのである。そしてそれが家族構成に影響をもつことを検出しているのである。

博士はわが国家族構成員が近親者の少数範囲から成ることを実証する個所で、家長的家族についてこう言っている。通常わが国の家族は家長的家族であるといわれ、その故に種々なる関係の近親者を構成員としているといわれる。「たしかにわが国の家族はこれを家長的家族であるとみることによってかなりよく説明せられる」（二四三頁）。ところで家長的家族の特質については種々の解釈があるが、ここには「世代を通じての家族団体の永続化、すなわち家系の連続に重点を置いている家族であると解しておきたい」。そこで「家長的家族には家族員に対する家長の支配権、祖先崇拝、家系の尊重、家族的伝統の尊重、職業の世襲、家督相続、継嗣の選定、養子の設置、家族的統制に従わぬ者に対する排除作用（勘当、除籍）、婿入または嫁入の方法による通婚等のごとき生活形式が多分にあらわれやすくなっているが、これらの生活形式はすべて各自の家族団体を子孫を通して永続せしめんとする要求にもとづいているものである」（二四四頁）。したがってまた家長の支配権そのものも家族団

体永続のためのものである。「かくのごとく家長的家族は団体生活の永続化に重点をおく近親者の小集団であると解せられる」（二四四頁）。ところがわが国民の家族生活の諸形式も、右に挙げられた諸形式と同じように、家族団体の永続化を目標としているものが頗る多い。このように観察した結果、博士は結論的にいう「この意味において現代わが国民の形づくる家族も家長的家族であると言われうる。少なくともそれは家長的家族の傾向を多分に持っているものであると言われうる」（二四五頁）。まわりくどいようであるが博士の論法にはこういう特色がある。そして『家族構成』では資料と方法の性質上、量的観察に準拠した即物的で平淡な表現がとられている。

それはともかく問題の家族構成は当然家長的家族の特性による規制を受けざるをえないだろう。家長的家族は家族団体の永続、家系の連続を求めるが故に、子孫の存在は重要であり、世代を重ねての同居の生活形式が尊重される。その結果は多くの種類の近親者を包容することになるだろう。第二章第三節は本書の中心課題である近親者と家族構成の関係を扱っているので、この関係を各種の場面で仔細に検討することにあてられている。家長的家族の特性を保持する程度の濃淡は近親者の種類と数を包容する程度によって一応測ることができるはずである。家長的家族の傾向を多分にもっていると考えられた当時の日本家族はこれをどのように実現していただろうか。この実証はずいぶん克明に行なわれている。国勢調査抽出写しの世帯票について近親者の包容状況を検分し、これを地方別に、また職業別に分類観察して、国民の如何なる部分に、また地方に、家長的家族の傾向が如何に保持され、その家族構成を如何なる状態に形づくっているかが検証されている（第一五表、第一六表）。　僻地の農漁村はもっとも濃密に家長的家族の性質をもつだろうという想定から、岐阜県白川村、青森県階上村道仏、青森県東通村尻屋、徳島県東祖谷山

村、熊本県五箇庄などの事例についても細かい観察も行なわれている。しかしこれらの検討を通じて概括的には近親者の包容されている範囲は予想されるほどに広くないと、また近親者の種類の多い複雑な構成の家族があるとしてもその数は案外に少数であることを博士は見たのである。

このことは如何に解さるべきであるか。博士によればそれは家族結合の一般的特質の規制が基本的には働いているからである。この特質は家族結合に固有な特質である。それは家族に固有な、すなわち他の集団では代替されえない機能に結合して家族に具有されている特質である。だから家長的家族にも具有されていて、これを規制する。これは博士の基本見解である。だから右の近親者包容程度の問題も、家長的家族の特性による規制と家族の一般的特質による規制との競合関係の結果としてみなければならない。逆にいうと、家長的家族の特性を多分に保有していると解せられた日本家族の構成を検討して、家族の一般的特質の存在を博士は実証したということになる。家族構成はなお様々な家族構成の面をとりあげているが、いずれの場合にもこの二つの規制力の関連において観察分析が行なわれているといってよいようである。第二章第三節の末尾の要約（二六九頁以降）はこの問題についての博士の基本的考え方を示しているので、少し長くなるが引用を主として紹介しておきたい。

まず博士は家族構成と近親者の関係の種々なる側面を明らかにしたことを述べた後、しかしわが国民の家族は一方家族に固有な特質をもつと同時に他方家長的家族の性質を帯びているから、前者は家族員の種類と員数の著しき複雑化を防ごうとするし、後者はその著しき単純化を防ごうとする傾向をもっている。そこでたとえ家族外の社会関係の消長如何によって家族員となりうる近親者の範囲に伸縮を生じるとしても、それは一定の限界以上に拡大しまたは縮小しえないようになっている。近代産業の起こる前の家族は家業をもち且つ家族外の社会関係に家族員の吸収されることが少なかったので、

家長的家族の傾向が強く現われる条件をもっていたが、それでも家族に固有な性質は家族構成員たりうる近親者の範囲に一定の限界を付した。特殊な場合を除きやはり大多数の家族は世帯主の直系親および その配下によって構成され、感情的に隔てをおきやすい傍系親、特に第二第三傍系親は比較的少ない。これらの事実（例証省略）によってみると過去のわが国家族構成員は、現代の家族のそれよりは複雑であるが、近代的産業の影響の少ない現代村落のそれにほぼ等しいものである。これを将来について考えるのに、その予測は極めて困難であるが、国民が各自の家族団体の存続、子孫を通しての家族の継承を求めるという家族形成の意味に変りがないとして何程かの推定はできる。すなわち最近の社会情勢は家族構成員の範囲を縮小せしめると見られるが、しかし無制限に縮小することはない。家族に固有な機能が維持される以上、夫婦および親子関係を中心とする家族生活は常に現われ、従って家族構成員の範囲はそれ以上狭く制限されることはないだろう。そのうえ家長的家族の生活が重んじられる限り、家族は世帯主の直系親はもちろん兄弟姉妹等の傍系親をも包容しうるであろう。もちろん家族の員数は徐々に縮小し、近親者の範囲は一層狭くなるだろうが、しかし将来のわが国民が家族団体の永続を求め、各自の家の断絶を避けんとする傾向を持つ限り、将来のわが国家族は世帯主夫婦とその子の外に、子の配偶者、孫、父母、兄弟姉妹等を何程か包容するだろう。このことは近代大都市の家族構成員の種類と員数をみてほぼ推定しうると考えられる。この大都市の家族構成がわが国将来の家族のそれに近いものだろう。すなわち過去の家族構成員が著しく複雑化したものでなかったごとく、将来の家族員も一定の限界以上に単純化するものでないかぎり、おいてのみいわれることであって、この態度に著しい変化が起こる場合ならば著しく変ったものとなるだろう。以上が要約の極めて簡単化した紹介である。

398

家族構成には家族と外社会との対応関係が作用するとみるのは一般の常識であって、博士もこの要因を幾つか挙げて分析に使用しているが、それよりも人々が家族を形成する内的態度に家族構成を規制する基本的要因を認めて、それに基づいて一貫的に家族構成の諸側面を厳密に観察分析したことは、博士の家族結合の特質論とも方法的に整合されていて、美事な業績であるといわなければならない。もし博士が今日の日本の家族構成を観察されるとして、上記のごとき予測と照合して、果たしてどんな解釈をもたれるであろうか。しかしこれはむしろ博士がわれわれに残された課題として解決さるべきものであろう。

ところで日本の家族が「家長的家族の傾向を多分に持っていた」ことが、家族構成の分析に大きい意味を持つことが明瞭に示されたわけであるが、博士の家長的家族論、あるいは日本の家論は、ここで展開されているわけでない。家長的家族についての博士の解釈は上に簡単に挙げておいたが、それは家族構成と関連する諸点に焦点をおいての解釈であった。『家族構成』の研究の目標とアプローチの性質が日本の家長的家族論をこの場で展開させることを要せず、むしろ量的な構成論の限界で問題とされるに止まらしめたのである。だから家族結合一般の特質を問題とするばあいは、第一章が示しているように、精到な論理の展開が行なわれ、この小集団の統合が如何にして成立するかを美事に論証しているにもかかわらず、家長的家族についてはその統合が如何にして可能であるかの検討は少なくとも満足な形では行なわれていない。たとえば家長的家族はそれ自身の特性をもっと同時に、基本的には家族の一般的特質を内包している。この二重構造は家族構造分析のあちこちの場面で——博士の方法論がそうさせるのだが——たびたび問題として出てくる。博士のように夫婦とその子たちの緊密な感情的融合と人格的合一に家族結合の基体をおく以上、それを超えたどういう内的態度の統合と

して家長的家族は成立するのか、これはわれわれのもっとも聞きたいところであって、従ってまた不満を感じるところである。しかしそれをこの『家族構成』の中に求めるのは必ずしも適当ではない。博士もその限界を知悉しながら本書の論述を進めていられるようである。しかしかなりの場面でこの二重構造の問題に遭遇し、それぞれに博士の見解が述べられているから、それらを注意深く読めば、博士の家長的家族論を今少し精しく知ることができるだろう。少し傍道にそれた感がないでもないが、それだけの指摘をここでしておきたいと思ったのである。

さて第二章の最後の節は「家族の構成形態」であるが、近親者の組合せによる家族構成の型を分類してそれらの分布を確認する仕事が行なわれている。それは家族構成論としては一つの帰結点である。この分類も博士の家族論に依拠してなされている。まず世帯主とその直系親の結合をとる。それを世帯主とその家族員である直系親の世代数の大小で類別することとして、世帯主一代から世帯主の直系親五世代までの五種類に類別し、その各々について世帯主およびその直系親が有配であるか否かでさらに細分して総計二一種類の構成の型を分類している。いわゆる家族の核にあたるものの区分である。

そして今一つの観点は、三世代以上の家族と二世代以下の家族に二区分することによって、家族団体の永続を求める家族であるか否かを判別しようとする意図を含ませているのである。前にも近親者の種類の容する範囲の大小を基準にしたことを見たが、ここでも家族構成員の世代数の大小と近親者の種類の多少をとりあげて、この言わば量的な基準をもって家族の質的な差を測る——その不十分であることをよく知りながら——ことにしている。つまるところは「わが国の家族は家長的家族であると言われうる」という日本家族の基本的な質的問題を、家族構成分析を通して何程かでも量的に観測しうるのではないかという試みを博士は行なっているのである。そこで二一種類に区分した家族の各々につい

て、さらにこれに世帯主と直系親のみのもの（便宜上甲類とする）と、傍系親をも含むもの（乙類とする）に分かつと家族型は四二となる。それをさらに世帯主の職業別に分ける。職業を㈠農林漁業、㈡商工業鉱業交通業、㈢公務自由業に分ける。家族がその所属員を家族内に留めやすい機能を持つか、それとも外部に吹引されやすい性質をもつかがこの分類の根拠である。これも博士が本書の考察に常に採用した観点であった。そうすると家族の型は一二六になる。これに従って家族の分布を観察して、いわゆる家族の構成形態とその分布の観測を行なったのである（第二七、二八表、三二一―三二二頁）。

その結果はどうであったか。当時の日本家族は甲類のものが一二六のものがもっとも多く（九〇％強）、また世帯主の直系親二世代以下のものから成る家族がもっとも多い。一世代家族一七％強、二世代家族五三％、三世代家族二七％弱、四世代家族二・五％、五世代家族はほとんどない。家長的家族の傾向が強いとすれば三世代以上の者から成る家族を構成しやすいのであるが、事実は三〇％弱にすぎない。これは何故であろうか。博士は家族構成の人口学的要因を考える。すなわち国民一般の平均初婚年齢、有配女子の出産率の大小、国民一般の年齢別生産率などが規定因として働いているだろうと考える。そこでその検証を行なって、世帯主直系親三世代以上の者から成る家族数の大小は婚姻年齢如何によるところが多いと言いうるとするのである（三五六頁）。このことは現代わが国民が家系尊重を失いつつあるとか、この傾向が地方的に差があるとかでは説明さるべき事柄ではない。「家系尊重の傾向の厚薄、家族内における諸機能の強弱および家族外の諸社会関係の作用いかん等によって逆比ろうが、三世代以上の者から成っている家族数の大小は主として人々の婚姻年齢の高低によって逆比例的に定められている」と考えると博士は結論するのである。そして親子孫三世代以上のものが同一家族に所属する場合が少なくなれば、傍系親を含むことも少なくなり、世帯構成の近親者の種類は単

純となって、婚姻年齢の上昇とともに家族員数は少なくなり、家族はもっとも緊密に融合しやすい関係にある者のみによって構成されるようになる。これが博士の家族構成形態追究の帰結である。

博士の家族構成考察にはいつも家族結合一般と家長的家族とが考察の基軸に据えられていることについてはたびたび触れたところである。ここでもそうであることは上記の要約の中にも現われている。一二六の家族型を分類することは如何にも機械的で量的観察にとらわれているごとくにも見える。しかしそこに博士が観察しようとする目標との連関があることはすぐ理解されたはずである。ただその効果は間接的で精確とはいえない。構成員の世代数の大小とか族の種類の多少をもってしては、家族構成の意味の差をとらえるに十分でないことはもちろんである。しかしこれは大量観察に頼る家族構成の考察には避けられない、そして一面においては有効な方法である。今日でも家族構成の分類しろ今日の核家族構成にほぼ等しい構成を基体に考えている。そして家族構成員の世代数やその親族種類の大小を区分の基準にとりあげるのは家族の質を間接的に知ろうとする苦心である。これは『家族構成』の全巻に通じてみられる目標であり苦心である。しかし方法的には所与の資料の性質に由来は家族構成員の族的身分の組合せの種類とその所属員の大小による量的処理でなされている。博士のとの組分けは博士の家族論と結合して独自なものであるが、別段今日のそれとも異質なものでなく、むする制約をよく弁別して工夫されているというべきだろう。殊に家族構成に現われている諸現象を解釈するばあい、家族内部にその規定因を求めて解釈を試みるという方法論上の一貫性にわれわれは注目しなければならないと思う。

私の解説は少し方法的な面に偏しているかも知れない。しかしこの古典については長い間、特に第二章で果たされている家族構成分析の諸成果の輝かしい学的業績のみが喧伝されてきた。それはそれ

でよいのであるが、博士が家族研究に志されてからずっとたどってきた研究経路と関連して、家族構成という問題で結実した博士の家族論を、もっと体系的な理解で解説することは、より一層重要であると思ったのである。そういう意味では第一章の家族結合の特質論は極めて重要である。その所以についてはもっと説明しなければならないのであるが、十分に行なわれていない。しかし一九二〇年代という早い時期から集団としての家族の結合の性質を究明するという目標を明確にして、遂にこのような小家族理論を構築したということは、日本における近代的家族社会学の基礎を定めたものというべきであろう。そして第二章の構成分析という地味な仕事がこの家族理論と結び合って行なわれているということを十分に認識することが大切である。そのことを私は指摘したかったのである。しかしこれもまた不十分にしか行なえていない。仕事が地味で、計量的な処理と量的な証明を繰り返してゆく叙述である上に、博士は慎重でやや重複の多い論じ方をするから、本書は読みづらい感じがあるかも知れないが、少し注意深く読めば、一方に博士の家族理論と家長的家族としての日本家族への理解とを二つの基軸に据えての研究企画と、他方にぼう大な資料の整理とその解釈の慎重さと、この二つを併せて実によく組織された研究であることが解るはずである。

もっと精しく紹介すれば、もっと大切な種々な問題が含まれている書物であることを示すこともできるのであるが、ここでは割愛せざるをえない。たとえば第二章第三節の家族構成員としての近親者を細かく分析しているところは、日本の親族組織論を展開している形になっている。もちろんその当時には法学者の制度的な親族論はあったとしても、社会学的なものは全くなかった。博士は近親者とは何か、それは日本ではどういう連鎖に拡がって、どの範囲のものであるのか、そしてそれが家族に包容される実態はどうなのかを見きわめることが目的であった。けれども問題を追究してゆけば結局

親族組織に及ばなければならない。それは事柄の必然の途である。このさい博士は事実上の親族関係認定の方法として親族称呼を判断の基準に使用している。これもまた注目さるべき方法上の着目であった。しかし今日の親族組織研究の段階からすればもちろん問題は深められていない。けれども直接これを目ざしているわけでない博士が、既に早くからこれだけの用意をもって親族関係の内包する諸問題に迫って行っていることは驚嘆に値する。この事もまた従来ほとんど、否全く伝えられなかったといってよいので、ある程度でも述べておきたかったのであるが、叙述がそれでなくても紛れが多いので、割愛することにしたのである。こういう割愛が種々あるので読者は十分注意して精読されることを希望する。私は自分の不備をも顧みず、しかもこのように整わない文を綴って、敢て解説と称することは、曽つて受業の身としてまことに申しわけない。ただ新泉社の諸氏がこの書を叢書「名著の復興」の一冊として再刊しようという企画に満腔の賛意を表して、協力の微意をつくした次第である。なお早稲田大学大学院文学研究科博士課程学生松尾精文君は本文の校正を担当してくれたほか、索引、統計表一覧、地名対照などの作製を引き受けてくれたうえ、終始細かい助力の労をとってくれた。ここに厚く謝意を表しておきたい。また新泉社の増田温美さんが熱心で辛抱強い配慮を惜しまれなかったことにも御礼を申しあげる。

404

Thomas, William I.   136n
Vierkandt, Alfred   24, 29–32, 42
Ward, Lester F.   39, 41
Weber, Max   24, 26–8, 32, 34, 42, 98

Westermarck, Edward   14, 110n, 140n
楊西孟   108n
Znaniecki, Florian   136n

人名索引

Baber, Ray E. 110*n*
Bachofen, Johann. J. 12
Bosanquet, Helen 16
Comte, August 24-6, 32-4
大宰春台(『親族正名』) 192
Davenport, Charles B. 47
Dealey, James O. 46
Engels, Friedrich 14
福田徳三 284*n*, 288*n*
Fustle de Coulanges, N. D. 13, 18, 34, 36-7, 45
Giddings, Franklin H. 360*n*
Goodsell, Willystine 16, 47, 136*n*
Grosse, Ernst 14, 360*n*
Groves, Ernest R. 16
萩野由之 15
服部宇之吉 283*n*
Howard, George E. 14
Hozumi Nobushige(穂積陳重) 15, 286*n*
本庄栄次郎 284*n*
磯辺秀俊 150
伊藤長胤(『釈親考』) 192, 282*n*
河田嗣郎 288*n*
Keller, Albert G. 42
古楳 107*n*
栗田寛 15
Lilienfeld, Paul V. 36
Lippert, Julius 14

Maine, Henry S. 12
牧野巽 107*n*
McLennan, John F. 13, 360*n*
三浦周行 15, 112*n*
Morgan, Lewis H. 13, 281*n*, 360*n*
Mowrer, Ernest R. 16
Mucke, Joh. R. 14, 39
Müller-Lyer, F. 14
中田薫 15, 105*n*, 296*n*
中川善之助 46*n*
Nimkoff, Meyer F. 360*n*, 361*n*
Ogburn, William F. 16
岡村精次 288*n*
岡村利平 288*n*
太田亮 15
Ratzenhofer, Gustav 36, 39, 41
Riehl, Wilhelm. H. 18, 24, 32-4, 41
Ross, Edward A. 110*n*
Schäffle, Albert E. Friedrich 340, 35, 42
関根正直 15
Spencer, Anna G. 18
Spencer, Herbert 14, 36
Starcke, Carl N. 14
Sumner, Graham 42
高田保馬 42
田崎仁義 42

16

分家	161, 170, 256, 304, 325, 330, 368

　　——と夫婦中心の家族　361*n*
　　本家と分家の族的接触　202
分地　162
別籍異財　93
傍系親　95, 233-4, 247
　　第一——　186, 194, 195, 234, 247
　　第二——　186, 195, 234, 247, 270
　　第三——　186, 195, 234, 247, 270
　　第四——　187, 194, 200
　　第五——　187
房戸　263, 271, 275, 290*n*, 293*n*,
法律婚　337
母系親　197, 200
　　『親族正名』による——の範囲　196
母系制　12
母系的血族　196, 197
母方の親族　197
母権制　13
母子の共同　27
母子の結合　91-2

ま行

妾　70, 73-5, 87, 90

御野国戸籍　71, 263, 288*n*
御野国春部里の戸　290*n*
喪服制(支那の)　194, 280*n*
紋章の連続　279

や行

厄介　275, 297*n*
養親子の関係　105, 191
養子　12, 206
　　家長的家族と——　61, 64, 333
　　養親と——　186
養子縁組　189, 190, 206
嫁取り婚姻　373*n*

ら行

利益社会関係的性質　117, 128, 141
利益社会関係的生活　136*n*
離縁　64
離婚　64, 109*n*
離籍　373*n*
掠奪婚　12, 13, 39
炉　36, 267

わ行

和合一致　48, 94, 103

直系血族親の範囲　188*ff*
直系親(家族員たる)　230-3
直系尊属親　246
通婚　56, 57, 58, 205, 244
同居同財　93
同居人　121, 122, 144, 149, 153, 243, 248
同籍同財　93
同族　63, 184
都市(近代的)　128, 130, 136
都市化　129, 134, 171
都市の家族　154, 164, 235, 238, 241, 249, 255, 278, 285, 347,
都市文化　168
　　近代的——　141, 171

な行

内婚制　12
内的安定　104, 115, 119, 126, 128, 134, 301
農業経営　163, 165, 166
農林漁業の家族(世帯)　150, 156-8, 159, 160-3, 246, 255-62, 276, 287*n*, 311, 346

は行

媒介婚　12
配偶者　53, 58, 73, 93
廃家・絶家, 再興　333
階上村道仏の家族構成図　213, 309
非家族的生活者　121

家族外の生活者　124
　　家族を構成しない者　134
扶育　11, 44
夫婦関係　16, 50, 52, 53-8, 66, 67, 70, 74, 80, 190, 203, 301
夫婦(間)の共同　25, 28, 33, 60
夫婦(の)結合　84, 87-91
夫婦中心の家族　301, 361*n*
夫婦の一体化　204
夫婦の(内的)合一化　51, 53, 83, 91, 113*n*
服役婚　12, 39
父系親　195, 196, 199, 200
父系制　12
父系的血族　197
父権制　13
父権的家長権　13
父子の共同　26
豊前国仲津郡丁里の戸　291*n*
普通世帯　121, 122, 142, 143, 144, 145, 149, 153, 156, 175*n*, 210
普通世帯構成員　123, 144
普通世帯平均員数　142, 144, 156, 167
服忌　184, 185, 186
服忌令(徳川時代の)　184, 192, 196, 199, 281*n*
服紀制(喪葬令の)　184, 194, 281*n*
扶養　190, 301, 330
　　——義務　136*n*
　　——の共同(Versorgungsgemeinschaft)　26, 28, 41
　　——の共同社会　98
分割相続　170

14

親族称呼の内容規定(家族的地位を示す)　211-4, 215-20
親族の範囲(現行民法による)　186-7, 187-90, 191
　(『民法改正要綱』による)　187-8, 188-90, 191, 203-4, 204, 206,
親族世帯　143, 156, 175n, 304
信頼感(Hingebung)　41, 49, 83-4, 86, 87, 98, 123, 241
　夫婦の――　89, 90
　リールの――　33-4
心(理)的距離　82, 87, 126,
心(理)的障壁　81, 87
姓　279n-80n, 286n, 294n
生活(の)安定　135, 248, 254
生活(の)保障　11, 83, 254
生計〔消費〕単位としての家族　299, 359, 360n
政略婚　40, 58, 85, 88
世代を通じて存続する家族　301
世帯　122-3
　平均世帯員数　142, 145, 147, 156, 159, 163, 167, 171n
　世帯員数別普通世帯の分布形式
　　東北地方型　148, 152, 171, 173n
　　都市型　148, 171, 173n
　　内地一般型　148, 171
世帯主　68, 122, 123, 138n, 150
世帯主の近親者の親族図　221
世帯主(夫婦)とその近親者　121, 123, 143, 150, 179n
『全国民事慣例類集』　161, 294n
宗族親　192-7, 200
　五等親制の――　283
　男系の――　200
　女系の――　200
宗族親族図(『親族正名』による)　193
双祧　90
族的運命共同　181, 182
族的関係　57, 194, 204, 208, 210, 279n
族的関係者　180-1, 182, 183, 189, 192, 195, 280n
　わが国における――　279n
族的集団　57, 122, 137n
　――の永続化　532
族的接近　181, 189, 190, 204
族的接触　202
族的身分関係　210
族譜(支那の)　72
祖先祭祀　37, 43

た行

大家族　29, 31, 43, 50, 81, 144
　――と家長的家族　284
　支那の――　68
　白川村の――　265-9
台湾の家族　105n
多妻制　12, 70, 72
多妻的夫婦関係　89-90
　支那の多妻的家族　71
多夫制　12
男系　186, 191, 197, 278, 334
単独世帯　143, 156
筑前国川辺里の戸籍　295n

購買婚　　12, 40
国勢調査　　60, 105*n*, 121, 137*n*, 209
　　――抽出写し　　121, 210, 214, 221, 311
古代(的)家族　　25
　　クーランジの――　　36
　　白川村の古代家族説　　263-4
　　わが国の――　　270
五等親の制度(「儀制令」の)　　183, 191, 195, 199, 203, 280*n*
婚姻　　12, 204, 205
　　――年齢　　353, 356, 359
　　平均初婚年齢　　165, 334, 352, 359

さ行

三世代以上の直系親が同時に存し得る可能性の推算　　334-43, 343-6, 348-9
産児数　　76*ff*
　　――の調査　　65, 75-6, 76-7, 78
事実婚　　337
下総国大嶋郷戸籍　　71, 263, 270, 275, 288*n*, 292*n*
　　大嶋郷の房戸　　271-4
宗教的共同(社会)　　29, 36, 37, 45
自由婚　　12
住居　　123
従属関係　　24, 27, 34, 37, 40, 41, 43, 48
　　性の――　　25
　　年齢の――　　25, 26

出生　　16, 43, 63, 92, 337
出生率　　60, 165, 171, 177*n*
種族　　53, 67
宗門帳　　275
準家族員　　326
準世帯　　121, 122
小家族　　43, 81, 360*n*
　　大家族と――　　31-2, 81,
女系　　186, 191, 278
商工業等家族(世帯)　　150, 156-8, 159, 163, 346
小集団　　9, 17, 28, 56, 62, 94, 180, 241-2, 267
　　感情融合にもとづく――　　51, 115, 301, 324
使用人(雇人)　　57, 120, 144, 149, 153, 175*n*, 191, 234, 285*n*
除籍　　64, 244
白川村の家族　　105*n*, 263-9, 290*n*
白川村の家族構成図　　216, 218, 219, 220
尻屋部落の家族　　362*n*-5*n*
人格的共同　　28, 35
人格的従属関係　　27
人格的融合　　48
人的結合　　37
親族　　48, 51, 186, 189, 191, 192, 195, 197, 200, 201, 283*n*
親族称呼　　14, 50, 80, 181, 182-3, 190, 192, 194, 206, 207, 210, 221, 280*n*-1*n*
　　わが国の――　　197, 282*n*
　　(漢民族とわが国民の用いる)親族称呼の比較　　197-9

家族的共産団体　209
兄弟姉妹の共同　27
兄弟姉妹の関係　66
共同　25, 28, 51, 68, 83, 85, 134, 242
　——の内容　49
　——の範囲　55
　経済的——　27, 28, 34
　人格的——　35
　性的——　44
　内的——　87, 88
　家族員の——　95-8, 99-105
　家族員の連帯的——　86
　家族内の——　169
　感情的要求にもとづく——　51, 86
　感情融合にもとづく——　48
　少数近親者の——　169
　信頼感による——　123
　族的運命の——　181
共同の機能　169, 310
共同社会関係　27
　——的性質　115, 128, 141, 241, 242, 252
近親者　80, 139n, 142, 144, 149, 158, 167, 180, 181, 182-3, 191
　——の愛着的結合　48
　——の共同　9, 28
近親者の範囲(家族を構成する)　49, 50, 180, 208, 269, 275-6, 354
　親族称呼による——　183ff
　五等親制の定める——　183

服忌令の定める——　184-6
服紀制の定める——　184-6
(わが国民の)近親者と認める者の範囲　206-8
近代的家族　25, 30, 41, 42, 54, 57, 60, 62, 284n, 361n
　——と古代家族　36, 37
　——と析出作用　54
近代的産業機関　251, 255, 269
群婚制　12
群婚形式　74
郡部の家族　236, 238, 243, 255, 260, 311
経営　166, 170, 252
　非家族的——　253
継嗣　244, 245, 246, 304
血縁者　182, 184
血縁的近親者　182
血縁(的)連鎖　12, 36, 38, 81, 91, 95
　——の関係　60, 182, 279n, 280n
血族　186
　——の範囲　187, 188-201
血族親　200
権威と従属　27, 28, 33, 49
原婚乱婚　13
　——説　288
戸　290n, 295n, 296n
　——の構成員　263, 288n-90n
合一化　24, 81, 82, 85, 86
　信頼的——　98
　(ロールの)男女の——　32
郷戸　263, 290, 292

11

b．世帯主の職業による家族の
　　分類　　310, 331, 353, 355
　c．世帯主の直系親よりなる家
　　族（甲類）　　310, 311, 331
　　世帯主の傍系親をも含む家
　　族（乙類）　　10, 311, 325-9,
　　331
　d．世代数の別による　　332,
　　343, 344
　e．三世代以上の直系親を含み
　　うる家族（m）　　349, 351,
　　355, 359
　　直系親三世代以上よりなる
　　家族（n）　　305, 342, 349,
　　353, 355, 359
家族外の諸社会関係　　127, 129,
　　135, 330, 352, 356, 359
家長　　64, 68, 85, 136*n*, 155, 197,
　　244, 274, 294*n*, 301, 360*n*
　――の権威　　33
家長権　　12, 25, 286*n*, 294*n*, 360*n*
家長的家族　　30, 45, 47*n*, 54, 56,
　　57, 67, 68, 89, 93, 94, 136*n*,
　　144, 155, 197, 244, 253, 269,
　　284*n*, 294*n*, 298, 361*n*
　――と家業　　249-50
　――と宗教的機能　　36, 45
　――と宗教的共同　　29
　――と出生および扶育　　44
　――と夫婦関係　　54-6
　――と分家　　303-4
　――と養子および勘当　　60-6,
　――の生活形式　　43, 197, 199,
　　243*ff*, 276

わが国における家長的家族の起源
　　286*n*
家督相続　　12, 244
家廟　　37
竈（カマド）　　52
家名相続　　12
勘当　　64, 66, 135*n*, 244
感情（的）融合〔または融和〕
　　10, 25, 26, 37, 39, 48, 51, 81,
　　86, 98, 115, 118, 168, 208,
　　242, 267
　――〔融合〕の共同　　243
　――〔融合〕の小集団　　301,
　　324
　親子の――　　61
　夫婦の――　　89, 91, 94
　家長的家族の――　　155
　農業家族の――　　158
感情的要求　　9, 27, 33, 38, 45, 51,
　　86, 242
　妻の――　　94
感情的合一化　　26
寄寓者　　258
機能　　40, 96, 171, 299
　経済的――　　26
　個体保存の――　　34
　種族保存の――　　34, 37, 43-4,
　　48,
共産的関係　　28, 37, 41-3, 48, 50,
　　51, 83, 98, 103, 123
共産的共同　　27, 28, 42, 48, 51,
　　123, 301
共産的生活　　100
共産的団体　　98

166, 169
　わが国将来の員数別家族数の分布
　　型式　171
家族形式の分類(欧米の研究者による)　360n
家族結合　70, 81, 155, 143
　——の意味　17
家族構成
　——の意味　361n
　——の意味の差　302ff
　わが国将来の——　276
家族の構成形式　142, 300
　わが国の——　209, 243, 249, 256, 305, 311
家族構成員　122, 123, 139, 141, 148, 180, 207-8, 209, 241, 311
　——の資格　52-3
　——の種類とその員数　255, 269, 275
　——の族的種類と範囲　243, 249, 304, 359
　——の族的範囲の差　303
　——の族的範囲の広狭　305, 310
　わが国の——　214
　わが国封建時代の——　275
家族の中枢的構成員　83, 95, 166, 238, 240
家族(の)構成員数　142, 158
一家族(の)平均員数　68, 142, 144, 154, 156, 158, 159, 169,
　——の規定条件　164, 166
　事実上の——　172

　わが国将来の——　171
家族生活上の身分の別　209
家族制度　19, 20
家族存立に関する外的条件　10, 20
家族(団体)の永続化　244, 303
　——の意味　301
家族団体の存続　269
家族的行事　244, 250
家族的伝統　155, 244, 248, 250, 254, 304, 305, 359
家族的共同　16, 41, 42, 45, 56, 68, 84, 116, 122, 126, 209, 285n, 294n, 354
　——の真の根拠　26
　——と職業　166, 354
　家長的家族と——　64
　近代的家族と——　42
　事実上の——　137n
　白川村の家族の——　268
　非家族員と——　52, 123
　夫婦関係と——　55
家族的制裁　135
家族の解体　10, 62
家族の機能　11, 31, 43, 45, 51, 62, 127, 135, 359
　シェフレーの——　35
　固有なる——　127-8, 134, 167
　成員間の機能分化　25
家族の型　299
　——の分類　300
　a．家族型の分類〔21種(A〜U)の〕　306-9
　　————〔42種の〕　310

事項索引

あ行

愛着心　95, 104, 241
相親家(アイヤケ)　284
イトコチガイ　182, 283n, 284n
家　137, 276
　戸籍上の——　122, 137n
家共同体(Hausgemeinschaft)　26
　——の共同　27
一族一門　49
一夫一婦(制)　12, 89
姻族　136, 190, 196
　——の範囲　187
　近親者と認める姻族の範囲　200-5
隠居　12, 274, 325, 327, 331
隠居分家　304
氏族　36, 48, 50, 67
　——関係　279n
親子関係　25, 58-66, 75-9, 168, 333
親子の共同　16, 25, 33, 40, 84
親子(の)結合　87, 91-5

か行

外婚制　12
家業　250-5, 269, 278, 294n, 304, 339, 354, 356

家族員の共働と——　330
家計　123
家系　197, 244, 333
　——の永続化　359
　——の継承　12, 44, 305
　——の尊重　342, 352
　——の連続　304
家産　98, 206, 246, 286n
家族
　——の集団的形態　21, 23, 142
　——の集団的集中性　86, 98
　——の集団的性質　34, 37
　——の集団的特質　19, 21, 23, 26, 32, 37ff, 48, 51ff
　——の小集団としての合一化　19, 38, 55, 68, 83, 301
　——の排他性〔独自性〕　19, 39, 42, 50
　社会単位としての——　26
　普通世帯と——　177
　欧米の——　99, 103, 155
　わが国の——　117-9
　わが国将来の——　177, 278
家族員数　80, 149, 155, 158, 165, 166, 168, 169, 170, 359
　——と世帯員数　173n
　——の縮小　171
(家族)員数別家族数　142, 145, 150, 152, 154, 156, 158, 159,

新旧地名対照

〔旧地名〕　　　　　　　　　〔現　在〕

青森県下北郡田名部町　　　　青森県むつ市田名部
　　　同　東通村尻屋　　　　　　同　前
　　　上北郡大深内村大沢田　　　十和田市大沢田
　　　三戸郡階上村　　　　　　　同　前
出羽国押切村　　　　　　　　山形県東田川郡三川村押切
　　　落野目村　　　　　　　　　酒田市落野目
陸中国江刺郡増沢村　　　　　岩手県江刺市岩谷堂町増沢
栃木県芳賀郡逆川村　　　　　栃木県芳賀郡茂木町逆川
下総国立木村　　　　　　　　茨城県北相馬郡利根町立木
相模国足柄下郡鍛冶屋村　　　神奈川県足柄下郡湯河原町鍛冶屋
信州野沢之内原村　　　　　　長野県佐久市野沢
新潟県岩船郡（金屋町）長政　新潟県岩船郡荒川町渡辺三新田（俗称長政）
岐阜県大野郡白川村　　　　　　同　前
大和国十市郡新口村　　　　　奈良県橿原市田原本町新口
平野郷流町　　　　　　　　　大阪市東住吉区平野流町
徳島県美馬郡東祖谷山村　　　徳島県三好郡東祖谷山村
　　　　　　　　　　　　　　＊昭和25年1月、三好郡に編入替した。
熊本県八代郡五箇庄　　　　　熊本県八代郡泉村五箇庄

第36表	直系三世代以上のものが同一家族にいる可能性をもつ家族数の地方別構成 〔DS 大9国調〕	**350頁**
第37表	直系三世代以上の者が同時に存し得る家族（m）と，事実上三世代以上の家族（n）との地方別割合 〔DS 大9国調〕	**350頁**
第38表	現在の東祖谷山などの村落および江戸時代の町村における，世代別家族構成（指数） 〔DS 宗門人別帳など〕	**357頁**

第27表	(その13)	同	(中国地方の郡部)	318頁
第27表	(その14)	同	(四国地方の郡部)	318頁
第27表	(その15)	同	(九州地方の郡部)	319頁
第28表	(その1)	同	(比例数)(全国郡部および都市)	319頁
第28表	(その2)	同	(全国郡部)	320頁
第28表	(その3)	同	(東北5県)	320頁
第28表	(その4)	同	(京阪地方)	321頁
第28表	(その5)	同	(全国都市)	321頁
第28表	(その6)	同	(6大都市)	322頁
第28表	(その7)	同	(全国都市および郡部,6大都市および東北5県郡部の職業別比較)	322頁

第29表　(その1)　直系親のみの家族(甲類)および傍系親を含む家族(乙類)の地方別構成(指数)　323頁
〔DS　抽出写し〕

第29表　(その2)　同　甲類および乙類の職業別構成(指数)　323頁
〔DS　抽出写し〕

第30表　東祖谷山村,大沢田,尻屋,白川村の甲類および乙類の家族の割合　324頁

第31表　江戸時代の宗門人別帳による甲類および乙類の家族の割合　329頁

第32表　過去40年間の平均初婚年齢の男女別構成　337頁
〔DS　『統計時報』〕

第33表　有配偶女子の年齢別出産率　338頁
〔DS　内閣統計局資料〕

第34表　明治末から昭和初年における出生とその後の生存率との相関　339頁

第35表　各世代家族の地方別および職業別構成　347頁
〔DS　大9国調〕

尻屋，東祖谷山村および五箇庄の家族の続柄別構成（実数）
〔DS 大9国調〕

第22表	（その2） 同 （指数）		259頁
第23表	（その1） 昭和5年の白川村，道仏，大沢田および尻屋の家族の続柄別構成（実数）		261頁
第23表	（その2） 同 （指数）		261頁
第24表	白川村，道仏，尻屋および大沢田の家族構成員中に，世帯主夫婦とその子等の占める割合〔大正9年と昭和5年の比較〕（指数）		263頁
第25表	養老5年大嶋郷，慶応3年鍛冶屋村，大正9年尻屋，東祖谷山村，昭和5年大沢田等の家族の続柄別構成（指数）		272頁
第26表	養老5年大嶋郷甲和里および嶋俣里の戸籍上の人口の性別，年齢別構成（実数）		272頁

〔DS 『大日本古文書』〕

第27表	（その1） 世帯主の職業別家族型（A〜Uおよび甲，乙類）構成（実数） （全国，郡部および都市）		312頁

〔DS 抽出写し〕

第27表	（その2）	同	（全国郡部）	312頁
第27表	（その3）	同	（東北5県の郡部）	313頁
第27表	（その4）	同	（京阪地方の郡部）	313頁
第27表	（その5）	同	（全国都市）	314頁
第27表	（その6）	同	（6大都市）	314頁
第27表	（その7）	同	（北海道郡部）	315頁
第27表	（その8）	同	（東北地方の郡部）	315頁
第27表	（その9）	同	（北陸地方の郡部）	316頁
第27表	（その10）	同	（関東地方の郡部）	316頁
第27表	（その11）	同	（中部地方の郡部）	317頁
第27表	（その12）	同	（近畿地方の郡部）	317頁

本, 大分, 宮崎, 鹿児島, 沖縄)

第15表 (その11) 同 (6大都市：東京, 大阪, 京都, 神戸, 名古屋, 横浜) 228頁

第16表 (その1) 家族員の続柄別構成 (世帯主1,000にたいする割合) (全国, 全国郡部, 東北5県, 京阪地方, 全国都市, 6大都市) 229頁

第16表 (その2) 同 (北海道, 東北, 北陸, 関東, 中部, 近畿) 229頁

第16表 (その3) 同 (中国, 四国, 九州, 6大都市, 人口10万～30万の都市, 人口10万以下の都市) 230頁

第17表 家族構成員中に, 世帯主の父, 母, 子の配偶者および孫, 祖父母, 孫の配偶者, 曽孫のいる割合 (実数および指数) 233頁
〔DS 大9国調全〕

第18表 家族構成員中に, 第一, 第二, および第三傍系親およびそれらの配偶者のいる割合 (実数および指数) 235頁
〔DS 大9国調全〕

第19表 東北および京阪地方郡部の家族と大都市の家族に, 世帯主夫婦およびその子以外の近親者の占める割合 (実数および指数) 237頁
〔DS 大9国調全〕

第20表 世帯主の直系親および傍系親の配偶者が家族中にいる割合 (指数) 239頁
〔DS 大9国調〕

第21表 家族構成員中に, 世帯主夫婦とその子の占める割合 (指数) 240頁
〔DS 大9国調〕

第22表 (その1) 大正9年当時, 白川村, 道仏, 258頁

第12表	世帯主の職業別世帯平均人員の構成 〔DS 大9国調〕	156頁
第13表	大都市,東北地方,南九州における一世帯当りの児童数および子と孫の数 〔DS 大9国調全〕	164頁
第14表	大都市,東北地方,南九州における平均初婚年齢,出生率および一世帯あたりの児童数 〔DS 『統計時報』,『日本帝国人口動態統計』〕	165頁
第15表	(その1) 家族員の続柄別構成(実数) (地方別Ⅰ:全国,全国郡部,東北5県,京阪地方,全国都市,6大都市別) 〔DS 大9国調・抽出写し〕	222頁
第15表	(その2) 同 (地方別Ⅱ:北海道,東北,北陸,関東,中部,近畿)	223頁
第15表	(その3) 同 (地方別Ⅲ:中国,四国,九州,および6大都市,人口10万〜30万の市,人口10万以下の市)	224頁
第15表	(その4) 同 (各県別Ⅰ:北海道,青森,岩手,宮城,秋田,山形,福島)	225頁
第15表	(その5) 同 (各県別Ⅱ:新潟,富山,石川,福井,群馬,栃木,茨城)	225頁
第15表	(その6) 同 (各県別Ⅲ:東京近郊,三多摩郡,神奈川,千葉,埼玉,山梨,静岡)	226頁
第15表	(その7) 同 (各県別Ⅳ:愛知,三重,長野,岐阜,滋賀,奈良,和歌山)	226頁
第15表	(その8) 同 (各県別Ⅴ:京都,大阪,兵庫,鳥取,島根,岡山,広島)	227頁
第15表	(その9) 同 (各県別Ⅵ:山口,徳島,香川,愛媛,高知,福岡,佐賀)	227頁
第15表	(その10) 同 (各県別Ⅶ:長崎,熊	228頁

表一覧

〔DS＝Data Sourcesを示す〕

第1表　普通世帯構成員(A)のうち，世帯主およびその近親者総数(B)と同居人，使用人等の総数(C)の年齢別構成（実数および比例数）——男　　125頁
〔DS　大9国調全〕

第2表　同　　——女　　125頁

第3表　東京市人口(A)のうち，自己の家族に属するもの(B)とそれから離れているもの(C)の年齢別構成（実数および比例数）——男　　131頁
〔DS　大9国調〕

第4表　同　　——女　　131頁

第5表　6大都市人口(A)のうち，自己の家族に属するもの(B)とそれから離れているもの(C)の年齢別構成（実数および比例数）——男　　133頁
〔DS　大9国調〕

第6表　同　　——女　　133頁

第7表　（上段）東北諸県郡部の家族と大都市の家族の平均員数比較　　143頁

　　　　（下段）東北諸県および大都市の一世帯平均員数比較
〔DS　（上段)抽出写し，（下段)大9国調全〕

第8表　全国と，青森，岩手，岐阜県および東京，大阪市の世帯員数別普通世帯数（実数）　　146頁
〔DS　大9国調〕

第9表　同　　（千分比）　　146頁

第10表　東祖谷山村，五箇庄，逆川，白川村における員数別家族数（実数）　　151頁
〔DS　逆川を除き大9国調〕

第11表　同　　（千分比）　　151頁

1

新版 家族構成

1970年6月10日　第1版第1刷発行
2001年7月10日　新版第1刷発行

著　者＝戸田貞三(とだていぞう)

発行所＝株式会社 新 泉 社
東京都文京区本郷2-5-12
振替・00170-4-160936番　TEL03(3815)1662／FAX03(3815)1422
印刷・萩原印刷　製本・榎本製本

ISBN4-7877-0112-6　C1036

新版 社会構造 ●核家族の社会人類学

G・P・マードック著　内藤莞爾監訳
A5判上製・472頁・7000円

原始乱婚説，母権論，進化論的家族発展説などの家族論に対し，科学的・実証的資料に基づいて批判を加えた，家族を論じる際に避けて通ることのできない基本文献。

新版 社会構造とパーソナリティ

T・パーソンズ著　武田良三監訳
A5判上製・496頁・7000円

社会学・心理学分野できわめて重要な位置を占めるパーソンズのパーソナリティ論。理論的個別的な重要論文を網羅した本書は彼の唯一のパーソナリティ論集である。

新版 意味の意味

C・オグデン，I・リチャーズ著　石橋幸太郎訳
46判上製・504頁・4500円

現代の思想・学問を成り立たせている抽象的言語の本質を追究した名著。〈主要内容〉思想・言葉・事物／言葉の力／記号場／象徴法の基準／定義論／哲学者と意味他

〈表示価格は税別〉